A possibilidade de tudo

A possibilidade de tudo

HOPE EDELMAN

Tradução de
Gabriel Zide Neto

EDITORA RECORD
RIO DE JANEIRO • SÃO PAULO

2011

CIP-Brasil. Catalogação-na-fonte
Sindicato Nacional dos Editores de Livros, RJ

E24p
Edelman, Hope
　　　A possibilidade de tudo / Hope Edelman; tradução: Gabriel Zide Neto.
— Rio de Janeiro: Record, 2011.

Tradução de: The possibility of everything
ISBN 978-85-01-08921-2

1. Romance americano. I. Zide Neto, Gabriel. II. Título.

10-2873.
CDD: 813
CDU: 821.111(73)-3

Título original em inglês
THE POSSIBILITY OF EVERYTHING

Copyright © 2009, Hope Edelman
A possibilidade de tudo é uma obra de não ficção. Mas alguns nomes e detalhes foram modificados.

"Livro publicado mediante acordo com Ballantine Books, um selo da Random House Publishing Group, uma divisão da Random House, Inc."

Editoração eletrônica: FA Editoração

Texto revisado segundo o novo Acordo Ortográfico da Língua Portuguesa.

Todos os direitos reservados. Proibida a reprodução, no todo ou em parte, através de quaisquer meios.

Direitos exclusivos de publicação em língua portuguesa somente para o Brasil adquiridos pela
EDITORA RECORD LTDA.
Rua Argentina 171 — Rio de Janeiro, RJ — 20921-380 — Tel.: 2585-2000
que se reserva a propriedade literária desta tradução.

Impresso no Brasil

ISBN 978-85-01-08921-2

Seja um leitor preferencial Record.
Cadastre-se e receba informações sobre nossos lançamentos e nossas promoções.

Atendimento e venda direta ao leitor:
mdireto@record.com.br ou (21) 2585-2002.

EDITORA AFILIADA

Para Uzi

*Meu marido, meu parceiro,
meu príncipe*

...isso é a liberdade. Essa é a força da fé. Ninguém consegue o que quer.
E você nunca vai ficar igual. O que você busca deve ser puro.
O que você ganha é que pode ser mudado.
— Jorie Graham

Você não pode resolver um problema com o mesmo
nível de consciência que o criou.
— Albert Einstein

sumário

introdução *Distrito de Cayo, Belize, 24 de dezembro de 2000*   11

capítulo um *Topanga Canyon, Califórnia, setembro de 2000*   19

capítulo dois *Los Angeles, Califórnia, outubro de 2000*   39

capítulo três *Los Angeles, Califórnia, outubro a dezembro de 2000*   67

capítulo quatro *Cidade da Guatemala, 23 de dezembro de 2000*   115

capítulo cinco *Distrito de Cayo, Belize, 24 de dezembro de 2000*   149

capítulo seis *Aldeia de San Antonio, Belize, 24 de dezembro de 2000*   167

capítulo sete *Cristo Rey, Belize, 24-25 de dezembro de 2000*   189

capítulo oito *Distrito de Cayo, Belize, 25 de dezembro de 2000*   205

capítulo nove *Cidade de San Ignacio/Cristo Rey, Belize, 25 de dezembro de 2000*   225

capítulo dez *Parque Nacional de Tikal, Guatemala, 26 de dezembro de 2000*   247

capítulo onze *Distrito de Cayo, Belize, 27 de dezembro de 2000*   305

capítulo doze *Placencia, Belize, 27 de dezembro de 2000*   337

capítulo treze *Placencia, Belize, 28 de dezembro de 2000*   375

agradecimentos   389

introdução
Distrito de Cayo, Belize
24 de dezembro de 2000

Uma estrada de terra esburacada serpenteia em meio a 10 quilômetros de floresta tropical no lado ocidental de Belize, ligando a cidade de Cristo Rey a San Antonio. Se você fizer essa viagem um dia depois de uma forte chuva de dezembro, como eu e Uzi, meu marido, fazemos agora, a estrada estará pegajosa e traiçoeira. A superfície vai ter a cor e a consistência de um pudim de manga. Você pode se concentrar firmemente nestes dois elementos, o *pudim* e a *manga*, para desviar a atenção do quanto a van branca na qual você está derrapa na estrada escorregadia. E pode olhar para baixo, para a criança de 3 anos deitada em seu colo e pensar que ela adora mangas e adora pudim, mas que você nunca teve a ideia de juntar os dois e apresentar a ela. Você pode olhar para ela e pensar: *Pudim de manga! Grande ideia! Vamos dar um jeito de preparar um, hoje à noite!* Ou você pode pensar: *Se você ficar boa, eu faço pudim de manga para você pelo resto da vida.* Ou você pode simplesmente olhar para ela e pensar *Por favor...* e parar por aí.

Victor, o motorista da ocasião, manobra a van de capacidade para 11 pessoas com mais habilidade e menos prudência do que eu conseguiria.

— Is-sa! — ele grita, enquanto nos salva astutamente de uma derrapagem. Sempre que a parte traseira da van sai de prumo, eu agarro o apoio da porta. Não sei o que estou pensando: agarrar o apoio da porta de um carro destrancado só vai acabar com uma porta aberta no meio de uma estrada enlameada, mas quando você é jogada de um lado para o outro na parte de trás de uma van sem cinto de segurança e com uma criança doente em suas pernas, o impulso é agarrar a primeira coisa sólida.

Eu aperto a mão em volta da cintura de Maya, minha filha. *Está tudo bem*, digo a mim mesma. *Ela vai ficar bem*. Encosto a mão esquerda na janela e vejo a paisagem passar entre as pontas dos dedos. A floresta cresce exuberante dos dois lados da estrada, emaranhada e virgem. As escavadeiras dos imigrantes americanos que engolem o litoral do Caribe ainda não chegaram até aqui. Palmeiras grossas e pequenas brotam do chão como chafarizes de Las Vegas saindo do solo da floresta. Trepadeiras longas e grossas envolvem os troncos das árvores como faixas em festas opulentas. Aqui, a biodiversidade é de fazer cair o queixo. Eu nunca poderia imaginar que existissem tantos tipos de folhas diferentes num só lugar, ou tantas nuances de verde.

Do lado de fora, o ar é algo que nunca vi na vida: molecular, energético, intenso. Há algumas horas, quando estávamos sentados nos degraus da frente da nossa cabana no resort de Victor, sorvi grandes goles daquela promessa úmida e brilhante da selva, a animação rica e margosa do solo se casando com a clorofila para formar uma atmosfera tão densa que dá vontade de mordê-la.

No almoço, comemos num ambiente aberto e familiar, com mesas retangulares de madeira montadas debaixo de um telhado que Victor e seus filhos construíram com as frondosas folhas das palmeiras. Enquanto a mulher e as filhas serviam pratos cheios de arroz e feijão e tigelas de bananas fritas, Victor passava de mesa em mesa com um bloquinho de papel numa das mãos e uma garrafa de Fanta laranja presa entre o polegar e o indicador da outra. Cada vez que se aproximava de uma mesa, ele virava uma cadeira, sentava com o peito de frente para o encosto, sacava uma caneta de trás da orelha e anotava o passeio que a família queria fazer naquele dia. O grupo de quatro ingleses bem-apessoados — mãe, pai, filha e filho — queria fazer canoagem no rio Macal. Dois homens de barba que pareciam velhos demais para serem mochileiros queriam ver as ruínas maias, ali perto, em Xunantunich. Uma família de Montreal com duas filhas universitárias escolheu passar algumas horas na cidade vizinha de San Ignacio, alguns quilômetros rio abaixo.

— Claro, claro — respondia Victor a todo mundo, tomando alguns goles da garrafa. — A gente leva vocês. Não tem problema. — Victor rapidamente mostrava ser dono de hotel, motorista e faz-tudo, um homem renascentista em plena floresta tropical, com um boné de beisebol verde-oliva. Na nossa mesa, ele pousou a mão no ombro de Uzi. Nós já havíamos feito o pedido para aquela tarde.

— Às 14 horas — disse Victor. — Eu levo vocês, ou o meu filho leva.

E a viagem a San Antonio continua. Nossos pneus chiam com toda a força enquanto rasgam a terra fofa. À direita, um animal corre solto fazendo um barulho semelhante a um uivo triste e familiar. Maya ergue a cabeça reconhecendo o som, gira-a como se fosse um lento periscópio e depois volta a pousá-la em minha coxa.

— Vocês têm coiotes aqui? — pergunta Uzi. Ele está no banco da frente com Victor, uma das mãos esticada e apoiada no porta-luvas.

— O quê? — pergunta Victor, contornando uma enorme poça.

— Coiotes. São como lobos pequenos. Existem muitos onde moramos.

— Ah, sim — responde Victor, abanando o ar com a mão. — Aqui temos tudo o que você quiser.

Tudo? Maya tosse mais uma vez com força, apoiada na minha perna, fazendo um som parecido a pedrinhas chacoalhando entre suas costelas. Pouso a minha mão em sua testa. A temperatura deve estar em 38 ou 38,5; melhor que antes, mas só um pouco. Eu passo alguns cachinhos pretos por trás da orelha dela.

Mi vida. Minha vida.

As palavras que me vêm à cabeça não são do meu país, mas de uma língua que passei anos tentando aprender, uma língua que ao mesmo tempo me deixa fascinada e que também é de partir o coração. *Mi vida.* Em Los Angeles, onde moro, é a língua dos que trabalham demais e são oprimidos, da mulher que limpa a minha casa cuidadosamente uma vez por semana, do homem da picape branca que poda as palmeiras da nossa rua, da babá que não tem filhos e que ama a minha menina com uma paixão desprendida enquanto eu passo horas em frente a um computador combinando palavras. Mas, aqui em Belize, essa é a língua dos conquistadores, a língua que tomou o poder dos índios maias e que, séculos mais tarde, virou o jogo e expulsou o colonizador do império britânico. Uma língua que diz "isso... aqui... meu".

Victor dirige calmamente sentado atrás do volante da van. Talvez ele já tenha feito esta viagem com outras dezenas de hóspedes. Eu imagino uma procissão constante de americanos adentrando a floresta com bonés dos Lakers e sandálias Teva, agindo como se tivessem direito a serem curados. No entanto, com toda a certeza, devemos ter alguma coisa diferente. Aqui vai Uzi, que tem 40 anos mas feições tão de garoto que ninguém acredita na idade que ele tem, e com um sotaque israelense suave que mal aparece quando fala. Ele é o retrato do sujeito discreto, de fala macia, que toma o cuidado de pisar suavemente no chão. O contrário de mim, que irremediavelmente deixa pegadas e guardanapos de papel aonde quer que vá. E também tem Maya, com seu 1 metro de altura, a cabeça cheia de cachinhos escuros, carregando duas bonecas de borracha sob o braço direito, recusando-se a comer qualquer coisa que não seja água e pepino nos últimos três dias, porque tudo o mais dói muito para engolir.

E eu? Como devo parecer para alguém que acabei de conhecer? Provavelmente uma americana de meia-idade, vestida com uma calça de algodão listrada, que ao mesmo tempo se sente feliz e insegura de estar aqui e que não consegue parar de se preocupar com a menina de 3 anos em seu colo — inspecionando tudo, corrigindo o que estiver errado, tentando enfiar algumas colheradas de comida por seus lábios permanentemente fechados. Ou talvez eu esteja errada. Talvez não esteja passando impressão alguma. Talvez eu não seja mais que uma turista que desfaz os lençóis, agindo como se tivesse o direito de me beneficiar de uma sabedoria que os antepassados de Victor demoraram milênios para aprender.

As construções baixas e em cores claras de San Antonio aparecem a distância, como bolinhas de gude espalhadas pela suave concavidade do vale. A cordilheira maia assoma azul e cinza no horizonte. Maya tosse outra vez.

— Ai, *raina* — suspira Victor. Ele a chama de "rainha".

Aqui, no país da civilização maia, onde o corpo, a mente e o espírito são fortemente entrelaçados, as doenças físicas e espirituais são consideradas uma coisa só. Os maias acreditam que os sintomas físicos aparecem quando a força da vida que circunda o corpo de uma pessoa, a *ch'ulel*, foi atingida por um trauma ou pelo estresse. Acredita-se que aqueles que têm o corpo doente têm, antes de tudo, o espírito doente, e os curandeiros maias sempre tratam dos dois.

Uzi olha para mim por cima do ombro, procurando algum sinal em meu rosto. Meu querido marido, sempre tentando aferir o meu humor, sempre tentando evitar conflitos. *Você ainda está de acordo com tudo isso?*, é o que pergunta sua expressão. Eu mordo a parte esquerda da boca e dou levemente de ombros. Decido deliberadamente não me permitir ser lida.

Mesmo agora, oito anos mais tarde, não sou capaz de dizer se fiz aquela viagem como uma pessoa inteira, com minhas convicções pessoais intactas, ou se fui para lá como uma mulher despedaçada, seguindo mecanicamente a liderança de meu marido. Só posso dizer como me senti dentro daquela van, naquela estrada cor de manga, passando por uma vegetação cheia de marrons e verdes. Eu me sentia uma mulher de 36 anos, esposa e mãe, disposta a fazer qualquer coisa — *qualquer coisa* — para ajudar minha filha.

Mi vida. Vou te contar. Foi assim que eu me senti. Como se a minha vida estivesse deitada em meu colo, e eu a estivesse levando para a selva, até o homem que fala com os espíritos, para que ela pudesse ser curada.

A possibilidade de tudo

capítulo um
Topanga Canyon, Califórnia
setembro de 2000

As batidas suaves de uma colher de metal contra o aço inoxidável chegam ao andar de cima, vindas da cozinha, enquanto Carmen prepara o jantar de Maya. Hoje é macarrão com molho de tomate e um prato à parte, com ervilhas. Carmen cantarola de boca fechada enquanto cozinha, emitindo vibrações graves e baixas às vezes quebradas por uma série de lalaiás numa voz aguda. Dou uma olhada no relógio digital no canto da tela do computador. São 17h26. Em mais quatro minutos, vou descer e sentar com Maya durante o jantar e liberar Carmen. Então vou dar banho em Maya e, pela quarta vez na semana, ler *O balão vermelho* para ela. Vou colocá-la para dormir, ver um pouco de televisão, levar um livro para a cama e esperar Uzi chegar.

O ventilador de teto se move, lá no alto, em círculos repetidos e determinados. Eu afasto um pouco o tecido do meu top de algodão e assopro entre os meus seios, tentando secar a leve camada de suor que se formou ali. É final de setembro no sul da Califórnia, até agora o mês mais quente do ano, e o calor aumenta assustadoramente numa casa cheia de janelas no andar de baixo.

Movo os dedos mais rápido pelo teclado, como se essa velocidade pudesse gerar uma brisa. Hoje estou fazendo uma resenha dupla para o *Chicago Tribune*, dois livros de temática judaica que têm pouco em comum além do aspecto religioso. Quem quer que tenha colocado esses dois livros juntos não percebeu isso, e meu trabalho é descobrir um jeito de amarrá-los na mesma resenha. O primeiro é a história do Lower East Side de Nova York, com uma pesquisa caprichada e muitos detalhes. O segundo são as memórias de uma psicóloga americana, uma mãe solteira que se mudou para Jerusalém com uma filha em idade escolar para dar início a uma nova fase da vida. Senti-me predisposta a gostar desse, sendo uma americana casada com um marido nascido em Israel, mas cada vez que a mulher falava em colocar sua paixão pelo país adotivo na frente do bem-estar da própria filha, eu tinha de me obrigar a continuar com a leitura. Como resenhista, tenho de ser objetiva e manter o foco no texto, mas com esse livro foi difícil. Sendo mãe, encontrei várias passagens no livro em que eu queria sacudir a autora pelos ombros e gritar: "Corta essa! E põe sua filha direto num avião para os Estados Unidos!" Ainda estou pensando se minha reação revela uma fraqueza do livro ou se é apenas um reflexo do tipo de mãe que sou e das escolhas diferentes que eu acredito que faria. Conheço o esforço e a quantidade de noites de sono perdidas que são investidos toda vez que alguém escreve um livro, por isso detesto fazer uma crítica ruim enquanto não tiver certeza de que ela é válida.

Lá embaixo, Carmen põe o prato com divisões e o copo de criança na mesa do jantar — o som do plástico beijando a madeira. Depois vem o barulho de uma cadeira de madeira sendo arrastada pelo piso de cerâmica vermelha.

— La *Ma-ya* — grita Carmen. — Por favor, está na hora do seu jantar!

Ainda não me acostumei com isso, ver alguém assumindo as rédeas da nossa cozinha. Nas primeiras semanas depois que Carmen veio trabalhar em casa, quatro vezes por semana, tínhamos de sair do caminho uma da outra na área da geladeira, no café da manhã, e esbarrávamos os cotovelos na pia na hora do jantar, sem ter certeza de quem exatamente deveria estar fazendo o que e quando. Antes de ir morar com Uzi, morei dez anos sozinha e desenvolvi uma técnica muito particular de fazer as coisas. Isso não quer dizer que eu seja arrumada ou organizada por natureza — infelizmente, não sou —, mas sempre consegui manter um aspecto de ordem na cozinha. É um tipo especial de realização que me dá uma sensação de competência doméstica, como se ser capaz de encontrar a tábua de carne no mesmo lugar toda vez que preciso dela fosse uma prova viva de que, independentemente do quanto a sala possa estar desarrumada, eu sei manter uma casa, afinal de contas. Agora, toda vez que encontro a faca de cortar pão no meio da gaveta da prataria em vez de estar no seu devido lugar, no porta-facas, ou vejo as sobras de comida guardadas em potes de vidro cobertos com plástico, em vez de armazenados nos recipientes da Tupperware que a uso desde a faculdade, tenho uma sensação de pânico desorientado, como se de alguma maneira eu me tivesse tornado desnecessária em minha própria casa.

Uzi diz que luto com isso porque não consigo abrir mão de controlar as coisas. Eu não discordo inteiramente, mas acho que tenho mais problema em abrir mão das minhas responsabilidades. Nos primeiros dois anos de vida de Maya, enquanto Uzi trabalhava noventa horas por semana lançando uma empresa de internet, eu cuidava sozinha de todo o turno da noite, em casa. Era eu quem amassava as ervilhas com o garfo da baleiazinha azul, era eu quem cortava o franguinho em pedaços que ela fosse capaz de mastigar e limpava os restos de ketchup de seu queixo com uma toalha de papel. Antes de eu voltar a dar aulas e Carmen ser contratada para ajudar, era eu quem limpava os restos de comida de todos os pratos, passava uma esponja na mesa e guardava as sobras de comida na geladeira

— nos recipientes da Tupperware que uso desde a época da faculdade. Não é isso o que as mães devem fazer?

— La *Ma*-ya! — canta Carmen de novo, desta vez um pouquinho mais alto. — Onde está La *Ma*-ya?

Aperto o ícone de "salvar" no computador. Onde *está* Maya? Provavelmente no quarto dela, vestindo sua fantasia. Ontem foi a Branca de Neve. No dia anterior, um morcego preto e cinza. Chamo por ela.

— Maya, Carmen está procurando você.

Meu Deus, como esse quarto está quente. Afasto e solto o meu top algumas vezes, só para sentir um pouco de ar bater no meu queixo. Eu me abaixo para desligar o computador — e de repente aparece um vulto vermelho e roxo à minha esquerda e uma pancada forte e dolorosa de um osso contra a minha coxa esquerda.

— Ai! — grito, instintivamente.

A menina sumiu com a mesma rapidez com que bateu em mim. Aperto a minha mão com força contra a perna. No início dói bastante, mas depois vai diminuindo. Tenho certeza de que amanhã vai ficar uma marca roxa.

— Você *bateu* em mim! — Falo suficientemente alto para Maya escutar, enquanto me levanto da mesa. — *Maya!*

— Maya? — Carmen chama da ponta da escada, sua voz agora bem mais incerta.

Encontro Maya no quarto dela, acuada no espaço entre a mesinha de cabeceira e a porta do armário onde há um espelho. Ela usa um vestido de cigana vermelho e roxo, com um cinto de moedas de ouro, um traje de segunda mão que veio da filha da minha companheira de dormitório na faculdade. Ela segura as mãos com força atrás das costas, uma Esmeralda nervosa, carregada de energia, dúvidas e tensão.

Ela empina o queixo para mim em desafio, como que esperando uma punição e isso me amolece um pouco. Eu não sou uma mãe malvada. Pelo menos, não pretendo ser uma mãe malvada. Ou o tipo de mãe sujeita a rompantes espontâneos de frustração, que, com cada vez mais frequência nesses últimos meses, eu pareço ter me tornado.

Acalme-se, digo para mim mesma. *Lembre-se... de respirar fundo.*

Sento-me no edredom do ursinho Puff esticado pela grande cama de Maya e ponho as mãos no colo.

— Muito bem, você pode contar para a mamãe o que foi isso?

Ela se desarma rapidamente.

— Não... fui... eu! — grita, batendo os punhos fechados contra as pernas para enfatizar as palavras. Quando ela faz isso, vejo quatro punhos cerrados subindo e descendo, os dois dela e os dois refletidos pelo espelho. É como ver Maya e uma irmã gêmea idêntica e raivosa dando piti em perfeita sincronia.

— O que você quer dizer com "não fui eu"? Eu estava sentada lá dentro e você avançou na minha direção e bateu em mim. Eu *vi* você.

Ela choraminga, o rosto se transformando num papel amassado.

— Mamãe, não fui eu! Foi o Dodô!

— Foi *quem*?

Ela corre para mim e eu recuo um pouco, pensando que vou levar outra pancada. Mas dessa vez ela joga os braços em volta dos meus joelhos e se agarra a eles.

— Eu não queria — ela diz, chorando. — O Dodô me *obrigou*.

— Quem é esse Dodô? — A menina tem uma imaginação do tamanho da ilha de Guam, mas até então eu nunca a tinha visto falar em Dodô.

— É só... o *Dodô*! — Ela esfrega a cabeça na minha perna. Os gritos saem na forma de soluços entrecortados.

— Está tudo bem — digo para ela. — Eu não me machuquei. Shh. Está tudo bem.

Olho para a imagem de nós duas no espelho do armário, a criança chorando e a mãe com as sobrancelhas contraídas, com a expressão que nas histórias em quadrinhos quer dizer "confusa". Maya pode ser teimosa e difícil de se lidar, mas ela nunca tinha sido fisicamente agressiva até então, e muito menos em relação a um adulto. Ela me bateu com a intenção de machucar: não havia a menor dúvida quanto a isso. Eu já estava pensando se deveria contar isso a Uzi mais tarde e, se contasse, como evitar que ele se preocupasse desnecessariamente. A última coisa que ele precisa agora é de um drama ou um faniquito de minha parte, e a última coisa de que eu preciso essa noite é ouvi-lo falar como é difícil conviver com alguém que adora um drama ou faniquito, como eu.

A voz de Carmen volta a surgir da ponta da escada.

— La Ma-ya, o seu jantar está lhe esperando.

A porta automática da garagem faz o chão do quarto principal zumbir, o que não tem sentido, já que a garagem não fica embaixo deste quarto. Ela fica dois andares abaixo e do outro lado da casa, sob a sala, que no entanto jamais faz barulho quando a garagem se abre. Enfim. Acabei desistindo de tentar entender as leis da física aqui de casa. Nos três anos e meio que moramos aqui, a casa tem funcionado teimosamente sob suas regras, como um adolescente ressentido que se recusa a aceitar a autoridade de um novo padrasto ou madrasta. Vários objetos da casa param de funcionar de um modo que eu nunca vi na vida, ou fazem barulhos que ninguém sabe explicar, ou parecem funcionar perfeitamente bem até provarem que estavam nos enganando o tempo todo. Nos primeiros três meses em que moramos aqui, o ar-condicionado, a máquina de lavar louça e o mecanismo que abre a porta da garagem quebraram. Perguntei-me o que poderia ter inspirado esse motim, só que eu estava ocupada demais consertando tudo antes que outras coisas quebrassem. Pouco tempo depois, a geladeira começou a pifar e um cano no sistema de esgoto se partiu numa ruptura horizontal e subterrânea que nenhum dos três encanadores que nós chamamos para fazer orçamento se lembrava de ter visto algo igual. Depois que a escavadeira foi embora, passamos uns dias fora da cidade para dar um tempo, durante o qual um gato feroz se esgueirou por uma janela, despejou urina em todos os móveis do andar de baixo na altura do tornozelo, com intervalos de um metro entre cada jato, e manteve nossa gata de dez anos como refém até voltarmos.

E eu já falei da tarântula? A aranha do tamanho de uma bola de tênis que encontrei flexionando as pernas cabeludas, marrons e pretas, na pia do banheiro das visitas num domingo à tarde? A tal que nós tivemos que inventar um jeito de jogar fora depois que o chefe dos bombeiros locais riu quando eu liguei pedindo ajuda ao posto — dava para perceber o que ele estava pensando: *mais uma nova-iorquina que se mudou para cá* — e o homem que atendeu no Controle de Animais informou que o serviço não lidava com bichos que, tecnicamente, recebessem a classificação de "pestes"?

No meio de todo esse caos, a geladeira — provavelmente de saco cheio por não estar recebendo a devida atenção — parou de enguiçar e se curou. Atualmente, o problema é com os telefones sem fio. Independentemente do modelo ou da marca que eu comprar, todos eles têm a tecla com o número 5 muito fraca.

Uzi acha que isso é sinal de algo maior: que a casa e, por extensão, o Universo estão nos fazendo passar por um algum tipo de teste. Precisamos estar abertos ao que quer que estejam querendo nos dizer. Isso é o que ele acha. Quanto a mim, sou a pragmática da casa. Quando um aparelho quebra, não perco tempo tecendo hipóteses sobre o que isso significa. Já sei o que quer dizer: que eu tenho de estar em casa na terça, entre 8 horas e meio-dia, para atender o homem do conserto. E ponto final.

— Se tudo está quebrando ao mesmo tempo, talvez o campo eletromagnético esteja desequilibrado — comenta Uzi.

— Se tudo está quebrando ao mesmo tempo, talvez seja porque nós compramos uma casa *muito ruim* — digo para ele.

— Peraí, nós fizemos um ótimo negócio.

Esse é o meu marido: etéreo, mas prático ao mesmo tempo. Quando nós começamos a namorar, eu costumava descrever Uzi para as minhas amigas como alguém "que não é deste mundo". Ele era o desenvolvedor de software que andava pelas ruas de Nova York com a cabeça pairando numa altura próxima dos mezaninos. Uma conversa com ele era sujeita a longos silêncios e comentários aparentemente sem pé nem cabeça, até que eu entendi seu costume de retomar um diálogo umas duas ou três ideias à frente do que ele acabara de articular, já tendo ultrapassado rapidamente as etapas intermediárias em sua cabeça. É mais ou menos como se comunicar com alguém que pode digitar um computador mais rápido do que você é capaz de ler, mas topei o desafio. Meu namorado anterior era um escritor e humorista amador extremamente bonito, o tipo do cara que marchava totalmente nu pelo apartamento de manhã cantando a plenos pulmões "Don't Fence Me In" com um sotaque alemão tão carregado que me fazia rir até não poder mais, mas ao mesmo tempo era sujeito a mudanças bruscas de humor e muito contraditório quanto a assumir um compromisso. Ou talvez só a se comprometer comigo. Já Uzi se mostrou totalmente decidido a morar junto, até rápido demais, para meu espanto, apenas quatro meses depois de começarmos a namorar, mas eu estaria mentindo se negasse que isso não foi parte do que me atraiu nele. Nós namoramos por dez meses antes de ficarmos noivos, com Maya já a caminho, e no alvoroço dos seis meses seguintes nós nos mudamos para a Califórnia, nos casamos, compramos a casa e começamos a preparar a chegada dela.

Escolhemos morar em Topanga Canyon por causa do cenário natural — cujos limites são formados por três parques estaduais e áreas de preservação ambiental e também pelo oceano Pacífico — e sua lendária estética boêmia. Isso foi em 1997 e o cânion ainda vivia de sua reputação como epicentro das artes e das músicas que falavam do amor livre das décadas de 1960 e 1970, um lugar que um dia serviu de lar para Neil Young, The Eagles e Little Feat. Nós chegamos bem na época em que os hippies estavam entrincheirados na Idade Média e a nova geração de boêmios de classe média que se mudava para cá formava uma nascente subcultura de "curandeiros". Ou talvez os hippies estivessem se tornando os curandeiros, talvez sempre tenham sido, mas agora era mais aceitável socialmente usar esse termo e muito mais fácil, graças à internet, se colocar no mercado como "curandeiro". Enquanto subíamos a ladeira, com o caminhão branco e azul alugado, até a nova casa, o cânion era assaltado por acupunturistas e terapeutas que trabalhavam sobre a energia do corpo, adeptos do Rolfing e guias da Vision Quest.* Isso poderia ter me deixado completamente desesperada, oriunda que eu era do coração de Manhattan, mas acabei recebendo tudo com alívio. Massagistas, estúdios de ioga e lojas de cristais pareciam fornecer um equilíbrio saudável — e necessário — para os egos gigantescos e o materialismo feroz com que eu vivia topando em todos os outros cantos de Los Angeles.

Em Topanga, nós buscávamos uma sensação de comunidade. Era isso o que vivíamos dizendo: "uma sensação de comunidade". O que era apenas outra maneira de dizer que estávamos querendo encontrar um pequeno espaço em que pudéssemos pertencer a um grande lugar em que quase não tínhamos família e somente uns poucos bons amigos. Não era difícil encontrar uma comunidade em Topanga. A cidade, a apenas vinte minutos de Santa Monica, ainda é suficientemente pequena para ter somente um prefixo de telefone (455), de modo que os moradores locais só precisam dizer os quatro últimos algarismos quando dão seu número. A loja de departamentos é 1250; o telefone do veterinário é 1330 — é mais ou menos assim. Cerca de metade de nossos vizinhos cria galinhas; alguns possuem cavalos e um deles tem uma tartaruga de terra gigante que vive perambulando pelo terreno, mas às vezes ela se perde e atravessa a rua. É

---

* Antiga tradição dos índios americanos, segundo a qual um garoto no início da puberdade entra sozinho na floresta numa busca pessoal e espiritual, à espera de uma visão sobre o que fará na vida. Tradicionalmente, o guia ou acompanhante é um animal. (*N. do T.*)

como morar numa versão Nova Era da montanha Walton, com furgões e telefones celulares. Em jantares caseiros, pessoas que eu nunca chamaria de pensadores não tradicionais usam expressões como "carma" e "universo" sem o traço amargo da ironia e admitem livremente que consultam astrólogos e paranormais, dando seus números de telefone para que eu também possa marcar uma consulta.

É muito grande a tentação de rejeitar tudo isso como uma esquisitice do sul da Califórnia, mas essa não é a questão. Há algo maior acontecendo, algo que pode ter começado há trinta anos em lugares pequenos como Woodstock, Sedona e Topanga, mas que desde então passou a irradiar para lugares bem mais distantes. Nos últimos três anos, enquanto eu engolia ácido fólico e mudava fraldas molhadas, uma nova revolução espiritual estava lentamente envolvendo meus colegas, surgindo como uma forma de espiritualidade muito individual e baseada na alma, livre tanto de um deus colérico como de um Cristo benevolente e onipotente. Apesar de toda a riqueza sem limites da década de 1990, ou talvez por causa dela, as pessoas estavam profundamente insatisfeitas. Elas tinham entrado na década como devotas do altar do materialismo secular mas acabaram descobrindo que o trabalho que dava adquirir as coisas e a responsabilidade de mantê-las eram um substituto vazio para uma experiência mais autêntica, portanto, no fim, se sentiam desamparadas. Tinham tudo o que poderiam precisar — às vezes bem mais — e mesmo assim se sentiam atacadas pelo mais absoluto marasmo. Eram cronicamente deprimidas. Quando saí de Nova York, quase todo mundo que eu conhecia estava começando a tomar Prozac, ou tentando se livrar do Prozac, ou tentando me convencer dos benefícios da erva-de-são-joão. Até os meus amigos mais céticos e insensíveis, especialmente depois de terem filhos, tentavam encontrar um conjunto convincente de crenças para servir de base, mas em vez de voltar às suas religiões de origem, muitos estavam se voltando para dentro, desenvolvendo relações individuais com os deuses de sua própria escolha e formato. Pela primeira vez na minha experiência adulta, em festas a que compareci em Nova York, Iowa City e até Beverly Hills, eu estava ouvindo pessoas educadas e vividas falarem de crenças inabaláveis em coisas que elas não podiam provar, mas mesmo assim acreditavam existir, com boa dose de certeza.

De um lado, não posso deixar de pensar que esse tipo de mudança em plena virada do milênio nasce de uma desesperada necessidade humana de acreditar que algum tipo de plano-mestre exista, que nós não estamos todos aqui nessa imundície, nos debatendo sozinhos com nossa própria ignorância. Cinco anos como adulta naquele playground de cínicos que é Manhattan me condicionaram a ver todas as questões de fé e espiritualidade com a condescendência pedante de um intelectual da Costa Leste, relegando tais crenças aos tolos e ignorantes, a poção que as massas de oprimidos tomava por conta própria. Mas por outro lado, quando eu tirava um tempo para ouvir as ideias de alguns de meus vizinhos — como a queda de Milosevic representando um pagamento cósmico e inevitável por décadas de maldades — elas não pareciam tão desarrazoadas e é nessas horas que eu começo a me perguntar se todos à minha volta estão marchando de mãos dadas em direção a algo mais profundo e transcendente, enquanto me abandonam sozinha na calçada, preocupada com o mato que cresce entre os paralelepípedos.

Esses são exemplos dos pensamentos vagos que vão de um lado a outro na minha cabeça enquanto Uzi sobe os dois lances de escadas até o quarto, às 22h37. Eu já estou debaixo dos lençóis lendo um livro, sentindo-me um pouco irritada. Seria um tanto incomum ele chegar em casa antes das dez num dia de semana, mas isso não impede que eu pense de outra maneira.

Ele entra pela porta com a roupa do trabalho.

— Alô, você — ele diz, encostando a bolsa com o computador no lado da cama.

— Oi. Lembra de mim?

— Acho que sim. — Ele se curva e me beija na testa. — Você é aquela que se casou de branco, não?

— Eu sou aquela que planejou o casamento todo.

Uzi tira a camisa e a calça Oxford e as estica no canto da cama. Então ele tira a camiseta, faz uma bola com ela, sente o cheiro e joga na direção do cesto de roupa suja. Mas ela não voa mais que uns 30 centímetros. Ele pergunta:

— Como foi o seu dia?

— Eu já comi — respondo. Juro que às vezes não sei como ele me aguenta.

— Desculpa. O dia foi longo.

O escritório em que ele trabalha é formado por um bando de gente de marketing e especialistas em tecnologia tentando otimizar as vendas pela internet. Eu não tenho exatamente certeza por que isso consome noventa horas de trabalho por semana, mas o fato é que ele paga dois terços das contas da casa, por isso não me sinto muito no direito de reclamar. Pergunto:

— Como foi o seu dia?

— Hã? — Ele parece distraído. Às vezes demora um pouco para ele chegar em casa, depois que volta do trabalho.

— O seu dia — repito. — Como foi?

Ele pega uma camiseta nova e uma calça de moletom e se acomoda comigo na cama com um grunhido alto e dramático.

— Você precisa arranjar alguém melhor para namorar — ele diz.

— Eu tentei, por muito tempo. Você foi o melhor que consegui.

Ele ri.

— Então nós dois temos um grande problema. — Ele encosta a cabeça em meu ombro e eu lhe beijo os cabelos. Exausto, aos pedaços, fazendo drama. O que posso dizer? Ele ainda é meu.

— Como vai Maya?

— Ela vai bem. Mas acho que nós temos um amiguinho imaginário em casa.

— Hein? É mesmo?
— O nome dele é Dodô.
— Igual ao pássaro dodô?
— Parece que sim.
— É muito criativo.
— Ela me deu uma pancada e disse que a culpa foi dele.
Isso chama a atenção dele, que levanta a cabeça.
— Ela lhe deu uma pancada? É mesmo?
Dou a ele o meu melhor olhar de "é mesmo".
— Com força?
— Não foi com toda essa força. Mas foi com alguma força.
— É... Bem, amigos imaginários são bem normais, não é? Para quem não tem irmãos.
— Você tinha um amigo imaginário? — pergunto. Tanto Uzi como eu somos os filhos mais velhos, por isso era uma pergunta óbvia.
— Acho que não. Se eu tinha, não me lembro. Podemos perguntar à minha mãe.

Eu adoro a minha sogra. Ela é enfermeira e administradora de um hospital e entende mais do funcionamento do corpo humano do que qualquer pessoa que eu conheça. Mas Uzi é seu filho mais velho e o único filho homem, o que, se você sabe alguma coisa sobre as famílias judias, significa que ele poderia muito bem ter nascido com uma coroa tatuada na testa. De acordo com os meus dois sogros, Uzi era o retrato da criança perfeita e descomplicada. Eu acho que, dependendo da opinião que a minha sogra fizesse de amiguinhos imaginários, Uzi teria o amigo mais criativo de toda Tel Aviv ou então não teria nenhum.

— Eu tive um — falei.

Minha amiguinha imaginária se chamava Ellen e eu a inventei quando tinha 2 anos e meio. Era uma garota silenciosa, de cabelo escuro, um pouco mais velha do que eu, que segurava a minha mão durante o dia e dormia encolhida num espaço que eu preparava para ela no chão do meu armário, de noite. Ellen só tinha uma peça de roupa, um vestido verde-limão, de alcinha, de tecido listrado e crespo, com bolsos de cor fúcsia e forma de margarida. Trinta anos depois, eu ainda consigo ver esse vestido com mais clareza do que consigo me lembrar da maioria das coisas reais da minha infância.

— O que aconteceu com ela? — pergunta Uzi.

— Ela sumiu depois que a minha irmã nasceu.

Ele lança um olhar longo e inexpressivo para mim.

— Não foi isso o que eu quis dizer — falei.

Eu sei que ele não está pronto para ter outro filho e, para ser honesta, nem eu. Cinquenta e uma horas de parto, 42 pontos, uma infecção uterina, mastite e dez semanas de cólica pós-parto — seríamos masoquistas se quiséssemos passar por tudo isso de novo.

Eu puxo o edredom até o meu queixo e fico olhando para o teto. Existe uma rachadura pequena, na forma da letra H, bem em cima da cama, onde o antigo proprietário perdeu o equilíbrio no sótão e o sapato quase atravessou o chão. Toda vez que olho para ela, eu me lembro de uma piada no livro de piadas apimentadas que meus pais mantinham no banheiro das visitas, quando eu era criança: "Qual a diferença entre uma garota inglesa, uma francesa e uma americana na hora de fazer amor? A inglesa diz: 'Caramba! Eu nunca fiz um sexo tão bom!' A francesa diz: '*Mon Dieu!* Você é o *má-ksi-mô!*' A americana diz: 'O teto está precisando de uma pinturinha.'" Até hoje, muitos anos depois, eu ainda rio dessa piada. Porque sei que sou bem assim, a americana, sempre dirigindo minha atenção para o que precisa ser melhorado.

A rachadura no teto do quarto não chega a merecer um gesso novo, mas hoje sua presença me irrita mais do que o normal. Desde a hora do jantar, venho combatendo um desconforto de baixa intensidade, mas forte o suficiente para desnivelar levemente meu equilíbrio interno. A agressividade que testemunhei hoje em Maya me preocupa, pela maneira que ela sabia que aquele comportamento estava errado, mas mesmo assim foi incapaz de controlá-lo.

— Vou comer alguma coisa — diz Uzi. Ele se levanta da cama e fica de joelhos para encontrar os chinelos. Na porta, ele para e olha para mim com um sorriso confiante. — Provavelmente ela só está passando por uma fase — comenta.

Às vezes eu acho que o motivo do nosso casamento dar certo é porque o temperamento natural de Uzi é acreditar que qualquer coisa que não vai bem hoje certamente vai estar melhor amanhã, e portanto muito poucas coisas merecem uma atenção urgente. Por um lado, esse tipo de ponto de vista permite que pequenos problemas que provavelmente vão se resolver por si sós... bem, se resolvam por si sós. Mas por outro, isso impede que nós tratemos dos pequenos problemas antes que eles se transformem em problemas maiores. E meu instinto materno está me dizendo que nós temos um grande problema latente diante de nós. Isto porque, ao contrário de Uzi, meu comportamento natural é acreditar que o que quer que não cheire bem hoje tem o potencial de ficar muito, mas muito pior amanhã. Eu sou a rainha de identificar tudo o que há de negativo, de enfatizar as dificuldades e dramatizar os conflitos. Todos talentos muito bons de se ter quando se é escritora, embora, eu reconheça, não sejam as qualidades mais fáceis de se ter numa esposa.

De qualquer modo, de que adianta espalhar minhas preocupações pelo quarto inteiro, às 23 horas? Parece que não vamos encontrar uma solução a tempo de implementá-la hoje.

— Tenho certeza de que você tem razão — respondo, tentando fazer com que a minha voz pareça leve e despreocupada. — Em alguns dias, ela provavelmente já vai ter esquecido.

Desde que Maya saiu do meu útero, venho me ajoelhando humildemente diante do altar de Penelope Leach. De todas as especialistas em educar crianças cujos livros eu li — e eu li muito sobre esse assunto — achei a atitude prática e caracteristicamente britânica de Leach quanto à resolução de problemas o melhor antídoto para a minha ansiedade de mãe de primeira viagem. Ao contrário da energia sempre muito animada dos autores da série *O Que Esperar* ou do charme condescendente de T. Berry Brazelton, o pediatra "avozão" que aparece no programa *Today*, Leach parece adotar a ideia de que as mães de primeira viagem não precisam ser tratadas como idiotas, que nós chegamos até a nos ressentir por sermos tratadas assim e que, se tivermos a dose certa de confiança e informação, podemos aprender a identificar e resolver sozinhas a maioria dos problemas de uma criança. Ela entende que não precisamos de alguém que alimente nosso desejo obsessivo por detalhes. O que nós precisamos é de alguém que vá direto à explicação mais simples e mais plausível para todo e qualquer desenvolvimento novo e então nos diga o que fazer.

Comecei a pensar em Leach como uma senhora mais sábia, que dá o tipo de conselho direto que minha própria mãe me daria se ainda fosse viva, embora, na verdade, eu não saiba que tipo de conselhos minha mãe me daria. Ela morreu de câncer de mama em 1981, aos 42 anos, e eu ainda estava no ensino médio, muito cedo para ela começar a passar instruções ou a filosofia de como criar uma criança. Como sou a mais velha dos três filhos, o pouco que sei das vezes em que ela ficou grávida, dos partos e dos meus primeiros anos de vida foi o que recolhi das anotações do meu livro de bebê, das histórias de suas melhores amigas e das lembranças pouco nítidas de meu pai, que volta e meia confunde a minha infância, em 1964, com a da minha irmã, em 1967, ou a do meu irmão, em 1971. Eu gosto de pensar que a minha mãe, se fosse avó, estaria ansiosa para compartilhar as histórias de suas próprias fraquezas, para evitar que eu cometesse os mesmos erros trinta anos mais tarde, mas a verdade é: quem vai saber? Algumas de minhas amigas lutam com mães incapazes de amenizar o tom de suas críticas, aumentando ainda mais a confusão ou o sentimento de inaptidão das filhas e só para abrandar os seus próprios sentimentos remanescentes de inadequação. Provavelmente a minha mãe, de quem eu me lembro como sendo uma mulher de opiniões gentis, tivesse recuado e permitido que eu fizesse o meu próprio caminho como mãe. Provavelmente. Talvez? A verdade é que eu não sei e às vezes esse desconhecimento me deixa tão triste que até esqueço como é que se faz para engolir.

Sem ter uma mãe a quem consultar de maneira regular, eu passo a confiar num grupo de amigas e em revistas de pais e nas opiniões de Penelope Leach sobre tudo, desde extrair o leite com a mão até a psicologia de comedores exigentes. Por isso, no dia em que o tal Dodô aparece, vou ao meu escritório depois de Uzi dormir e pego o exemplar já bem usado de *Your Baby and Child*, de Leach, da prateleira.

Eu me sento com as pernas cruzadas no tapete cor de malva, procuro as páginas do índice e passo o dedo pelas colunas.

doenças, lidando com;
imaginação, jogando com a;
imunização

Estranho. Não há nenhuma indicação de "amigos imaginários". O mais próximo que Leach chega desse assunto é um parágrafo alertando os pais que procuram excessivamente fazer parte dos jogos imaginários de uma criança. "Só há espaço para um autor, que é a criança", ela escreve. "Esse é o mundo pessoal que ela está criando para si, a partir da matéria-prima do mundo real que você mostra para ela."

Do mundo real que mostro para ela? Eu nunca bati em Maya, a não ser por uns poucos tapinhas no braço para indicar com firmeza que ela deve tirar as mãos de alguma coisa. Eu não bato nem na gata.

Devolvo o livro à prateleira e pego *O que esperar dos primeiros anos*. O índice promete uma pequena seção sobre amigos imaginários, que, quando eu vejo, é uma lista de dicas para pais que parecem ficar quase nus na falta dos pontos de exclamação em que o livro é tão pródigo! Os autores dizem: "Aceite e dê as boas-vindas ao amiguinho. Deixe a criança ficar em destaque. Não deixe que o seu filho use o amiguinho para fugir das responsabilidades. Dê outras aberturas para os sentimentos negativos do seu filho." E "lembre-se que o seu filho vai acabar abrindo mão do seu amigo de mentirinha". Um amigo imaginário, eles acrescentam, pode proporcionar aos pais insights valiosos sobre o estado mental de uma criança.

Bem... *puxa*. É exatamente isso o que está me preocupando.

Finalmente, os autores de *O que esperar* concluem que se uma criança "se torna tão envolvida ou dependente de seu amigo imaginário a ponto de não interagir com mais ninguém, ou se ela parecer retraída ou infeliz de outra maneira, discuta a questão com o médico; pode ser necessário uma terapia".

Terapia? Isso parece ser algo muito prematuro, neste ponto. Passo os olhos mais uma vez pela prateleira.

Touchpoint [*Ponto de contato*], de T. Berry Brazelton, alardeia ser "A obra de referência essencial para o desenvolvimento emocional e comportamental de seu filho", e ele tem muitas coisas a dizer sobre amigos imaginários. Um capítulo inteiro, para falar a verdade.

Quase todas as crianças de 3 ou 4 anos criam amigos imaginários, conta Brazelton (que alívio), que são "preciosos" para uma criança e devem ser respeitados pelos adultos à sua volta (tudo bem, parece fácil), embora a maioria dos pais se julgue excluída e fique com ciúmes (é mesmo? na verdade, isso parece um pouco patético). A situação passa a ser preocupante, continua Brazelton, somente se a criança regularmente preferir ficar com seu amigo imaginário do que com os verdadeiros.

E aí vem isso:

> E o que dizer de uma criança que se utiliza de um amigo imaginário para contar uma mentira e escapar de uma situação difícil? Isso é algo extremamente comum de acontecer nessa idade. Um pai

pode muito bem se perguntar se a criança sabe distinguir entre desejo e realidade, por que mentir nessa idade representa muito obviamente aquilo que se gostaria de ter.

"Algo extremamente comum de acontecer nessa idade." A frase tem uma sonoridade bonita e melodiosa. Extremamente comum... de acontecer nessa idade... Eu quase posso ver Penelope Leach dizendo isso com um sotaque inglês carregado e uma risadinha de desdém. Leio a frase outra vez e o frio na minha espinha começa a se desfazer. Se o Brazelton entende do que está falando — e o programa *Today* obviamente acha que ele entende —, então Maya está passando por uma situação comum e transitória, facilmente explicável.

É claro. Solto o ar profundamente dos meus pulmões. Por que seria diferente? Nos últimos três anos, o desenvolvimento de Maya foi gradual e sem sobressaltos, com cada passo se sobrepondo ao anterior e com o tempo se transformando no subsequente, como um belo andaime. O engatinhar se transformou em andar, que levou a correr, a pular e a dar cambalhotas; palavras simples se transformaram em comandos simples, depois em frases mais complexas, que acabaram se transformando em perguntas existenciais de entortar o cérebro tipo "Quando você era um bebê na barriga da sua mãe, onde é que eu estava?" A mim me parece que a maturidade chega naturalmente a uma criança quando um pai tem paciência o suficiente para olhar, esperar e ficar fora do caminho. A parte mais difícil para mim é ignorar a vontade de interferir.

Foi o que aconteceu quando Maya tinha 2 anos e meio e de repente começou a se agarrar às minhas pernas no início das festinhas de aniversário, recusando-se a sair do meu lado. Eu tentava fazê-la se desgrudar de mim, incentivando-a e até oferecendo alguma coisa em troca para ela se juntar às outras crianças. Em pânico, cheguei a pensar em encontrar um psicólogo para ela, com medo de que se tornasse uma criança tímida e sem saber o que fazer socialmente. O que estava muito longe de ser verdade. Eu só não tinha então a experiência de saber que o que ocorre no comportamento de uma criança hoje pode não acontecer mais no mês seguinte ou talvez sequer amanhã. Alguns meses depois, a timidez que Maya tinha nas festas desapareceu com a mesma velocidade com que tinha aparecido, exatamente como minhas amigas que tinham filhos mais velhos diziam que iria acontecer, e eu acabei me sentindo humilhada e uma idiota por causa de uma reação tão exagerada de medo.

Dê tempo a ela, me lembrei. Uma coisa que eu devia ter aprendido em 36 anos de vida é que poucos estados são permanentes. Com o tempo, tudo muda. O problema é que me falta o que minha amiga Lori chama de "paciência". Lori é tão calma o tempo todo, não se altera com nada, que parece ser o retrato da meditação. Quando nós duas vamos juntas a algum lugar é uma verdadeira comédia, uma andando devagar e sempre, a outra tropeçando para chegar mais rápido. Ela costuma dizer que, quando Deus fez sua distribuição de paciência, eu devia estar em algum outro canto, reclamando com o supervisor que a fila estava lenta demais.

Fecho silenciosamente o livro de Brazelton e ponho-o de volta na prateleira. No quarto ao lado, Uzi dorme sonoramente, acreditando piamente que toda ruptura é uma oportunidade para se refazer alguma coisa e que toda manhã é um despertar para um novo dia. Talvez nesse caso ele esteja certo. Apago a luz do escritório e vou me juntar ao meu marido, na cama.

capítulo dois
Los Angeles, Califórnia
outubro de 2000

O parque Palisades fica escondido atrás do Sunset Boulevard, um pequeno bolsão de areia e balanços rodeado pela vizinhança ampla e imaculada das casas multimilionárias. Minha amiga Melissa foi a primeira a me dar a dica do parque um ano atrás e agora nós tentamos nos encontrar aqui uma sexta-feira por mês depois que termina a semana de nossas filhas no pré-escolar.

Eu chego mais cedo para o nosso encontro de outubro e me recosto num banco enquanto Maya corre para a área dos brinquedos, levantando montinhos de areia atrás de si. Duas mães de calças cáqui muito bem passadas e camisas polo brancas sem uma mancha ficam na saída do escorrega, tentando convencer seus filhos a brincar dividindo o mesmo caminhãozinho azul de lixo. Boa sorte para elas.

Colette, a filhinha ruiva de Melissa, chega correndo pelo gramado de piqueniques e se atira na areia, apoiando-se nos cotovelos. Colette tem o rosto redondo como a lua e uma franja que roça nas sobrancelhas. Melissa acompanha tudo três passos atrás, carregando uma bolsa azul cheia de coisas como brinquedos para a areia, protetor solar e biscoitos.

— Oi — cumprimenta ela, desabando no banco ao meu lado. Ela se inclina para me dar um beijo no ar perto da minha bochecha. — Aqui, meninas — ela grita, jogando um brinquedo de cada vez na areia à nossa frente. — Lembrem-se que vocês têm que dividir!

Melissa foi atriz adolescente na década de 1980, numa sitcom de TV bastante popular, e ainda guarda a pele perfeita e o sorriso deslumbrante de uma artista de televisão. Nós nos conhecemos numa aula de ioga pré-natal que se transformou num grupo de novas mães que se reunia toda sexta-feira durante um ano. Quando hoje nos encontramos, Melissa e eu conversamos principalmente sobre maternidade e o que está acontecendo com as outras dez mulheres do nosso grupo. Já faz quase três anos desde que o último bebê nasceu, deixando-nos naquela situação crítica em que a maioria das outras mães ou estavam grávidas do segundo filho, ou pedindo o divórcio.

— Você soube da Liz... — ela começa.

— Liz? Não. O que houve? — Liz era a mãe mais velha do grupo, grávida do primeiro filho aos 41 anos, por isso eu já não acho que a notícia seja sobre uma nova gravidez.

— Ela e Kurt estão se separando.

— Que isso! Eu não fazia *a menor ideia.*

— Nem eu. Para você ver.

— Com esse são quantos divórcios? Quatro?

Melissa conta em silêncio os nomes nos dedos, tocando o mínimo, anelar, médio, indicador, polegar.

— Cinco.

— Bem, já são cinquenta por cento.

— Mesmo assim. Com os outros, como no caso da Wendy, já dava para perceber que isso ia acontecer, mas eu pensei que esses aí estivessem bem.

— Eu também. — Dou de ombros, um gesto que é de empatia e também de desistência. — Casamento é uma coisa muito difícil.
— Uzi ainda trabalha demais?
— Praticamente o tempo todo.
— E como é que vai Carmen?
— Muito bem — respondo. — Nós gostamos muito dela.

O que eu gostaria de dizer é "eu gosto dela mais do que me sinto à vontade gostando de alguém que, tecnicamente, é uma empregada e não uma amiga". Gostaria de acrescentar que é apenas por algumas viradas da vida e das circunstâncias que eu pago a Carmen para trabalhar de domingo à noite até quinta à noite e não o contrário, e também que dar metade do que ganho para alguém cuidar da minha filha e da minha casa me parece errado e desproporcional, porque, pelo amor de Deus, eu tive uma filha para poder estar com ela, não é mesmo? Mas quando o ato de escrever é uma parte tão grande do que eu sou quanto é a maternidade, e quando eu vejo a minha carreira regredir cada vez mais sempre que tenho a ideia para um novo livro e depois deixo para lá, eu não sei se haveria outra opção.

Mais do que isso, eu gostaria de poder contar a Melissa que, nesses últimos tempos, tenho andado preocupada, mas muito preocupada, de que Uzi e eu tenhamos entrado numa lenta trajetória para nos transformarmos no Divórcio nº 6. E o que é pior: eu mesma não sei bem como me sinto sobre isso. Alguns dias tenho certeza de que ter encontrado Uzi foi a melhor coisa que já me aconteceu na vida, e noutros, com a mesma intensidade, estou convicta de que cometi o maior erro da minha vida adulta ao me casar com ele. Não tenho a menor ideia se essa oscilação nos pensamentos é comum para as mulheres casadas, ou se realmente é indicador de problemas reais, e tenho medo de comentar o ponto a que chega essa minha ambivalência com quem quer que seja, com medo do que eu possa ouvir e do que isso possa me levar a fazer. Ninguém sabe que, nos últimos tempos, eu venho me perguntando se ser uma mãe solteira seria mais fácil do que o que eu sou agora, que é uma situação meio sem pé nem cabeça, uma mulher que nominalmente tem um marido mas toma 95 por cento das decisões e cuida da educação da filha sem a presença dele. Às vezes, eu traço voos de imaginação bastante detalhados sobre abandonar o marido, a casa e as contas como se isso fosse tão fácil quanto jogar um punhado de grama ao vento e alugar um apartamento onde Maya e eu pudéssemos relaxar no tipo de vida simples e arrumado que eu tinha antes de me casar e de ser mãe.

Mas não vou comentar nada disso com Melissa, que não esperava uma resposta assim tão forte. Nossa amizade mensal só vai até um certo ponto. É assim que as coisas são para mim, sendo mãe, casada e morando em Los Angeles: minhas amigas foram divididas em quatro compartimentos diferentes. Eu tenho amigas com quem falo de escrever e ensinar; as amigas com quem converso sobre os filhos e sobre a minha infinita obsessão com as escolas; as amigas com as quais eu nunca vou além de papo furado, porque somos casadas com homens que são amigos mais chegados do que nós; e umas poucas amigas que vêm desde o ensino médio ou da faculdade e que, como eu, se mudaram para cá como adultas e a quem eu não quero assustar com discursos que podem acabar não passando de uma pequena depressão temporária. Melissa é uma das amigas com quem eu falo sobre os ossos de ser mãe. Às vezes com muita profundidade e riqueza de detalhes, mas ainda assim uma amiga com quem eu só falo de maternidade, e tenho uma forte impressão de que me desviar em outra direção sem avisar possa gerar uma tensão em nosso silencioso código de amizade.

Eu nunca pensei dessa maneira antes de me mudar para a Califórnia. Em Nova York e no Centro-Oeste, onde fiz a faculdade e a pós-graduação, eu podia falar sobre tudo com todas as minhas amigas. Será que a mudança de oceano foi uma questão meramente geográfica ou desse novo capítulo em minha vida? Ou será que o casamento, a maternidade e todas as responsabilidades que os acompanham me transformaram numa pessoa mais evasiva e estúpida? Há um ano e meio, quando o nosso grupo de mães com bebês passeava na praia com os carrinhos, Wendy me disse em voz baixa que ela e seu marido Jeff já não estavam mais se dando bem. E então ela me olhou de soslaio para aferir minha reação.

— Ah, Uzi e eu também temos os nossos atritos — tranquilizei-a com toda a firmeza. — Acho que é bem normal depois que se começa a ter filhos.

Mas mesmo enquanto eu dizia isso, parecia mais o que uma mãe moderninha de Los Angeles diria, enquanto engatava a marcha para a vida adulta (*Não se preocupe, maninha. Tudo vai terminar bem. Continue lutando!*), quando eu sabia que o que eu realmente deveria ter dito era: "Ah, não! O que foi que aconteceu?" Eu ainda não tinha entendido o quanto ela e Jeff estavam mal, ou quanta coragem ela tivera de reunir para fazer aquela sondagem. Ou o quanto ela devia confiar em mim para tocar no assunto. Eu estava concentrada demais na minha insegurança crônica naquele grupo de mulheres da zona oeste de Los Angeles, maravilhosas, realizadas, que tinham tudo, para ouvir o que Wendy estava tentando me dizer. E também, porque aquela declaração muito simples havia disparado uma sensação de pânico em mim, com medo de ouvir os detalhes mais escabrosos, porque as dificuldades no casamento de Wendy podiam revelar as dificuldades no *meu*. Eu me lembro de como ela assentiu tristemente e olhou para o outro lado, na direção do mar. Quando eu soube, seis meses depois, que ela e a filha tinham se mudado para a casa dos pais dela, no Arizona, lembrei-me daquela caminhada na praia e desejei ter tido a força de me segurar e lhe oferecer um ouvido compassivo.

Tanto para Melissa como para mim, é mais seguro manter a conversa no território que nós já compartilhamos, por isso escolho minhas palavras com cuidado para me manter na zona neutra.

— Carmen me ajuda muito, mas ela também não pode tomar o lugar de um dos pais. Independentemente do quanto ela fizer ou do quanto eu goste dela, continuo dando conta de tudo sozinha. Você me entende?

— Tão bem que você nem pode imaginar — ela diz. O marido dela trabalha com cinema, como diretor de arte, o que o faz sair de Los Angeles por vários meses de uma só vez. Essa é uma história bem comum aqui com as mulheres cujos maridos trabalham na indústria cinematográfica: assistentes de direção, câmeras, eletricistas, motoristas dos trailers. Existe toda uma subcultura de mulheres que ficam estacionadas em Los Angeles, educando os filhos, enquanto os maridos passam longas temporadas na locação dos filmes, só voltando para casa em licença especial para jantares e festas de aniversário. A maioria das mulheres, como Melissa, não parece ficar muito nervosa com esse arranjo. Acredito que algumas delas até gostem, secretamente. Quando nós, as mulheres dos empreendedores da internet, surgimos, fomos muito bem recebidas no clube.

No último mês, vim tentando escrever um ensaio sobre esse aspecto de meu casamento, de como as noventa horas semanais de trabalho de Uzi me transformaram numa mãe solteira de fato. Chama-se "O mito de se ter dois pais". Dá para imaginar como esse problema é grande lá em casa. Por algumas semanas, brinquei com a ideia de transformar o ensaio num livro e escrever sobre outras mulheres como eu, esposas de trabalhadores da internet e advogados em início de carreira, trabalhadores de poços de petróleo e militares, mulheres cujos maridos ou saem da cidade por longas temporadas ou que só chegam em casa com tempo para ter umas poucas horas de sono. Eu ia chamar esse livro de *Um pai e meio*, porque é assim que nos sentimos. Minha agente literária gostou da ideia. Achou que seríamos capazes de vendê-la. Porém, quando toquei no assunto com Uzi, pude perceber o olhar de surpresa e mágoa em seu rosto. Nesse momento compreendi que escrever o livro causaria mais problemas ao meu casamento do que alavancaria minha vida profissional. E com isso arquivei a ideia.

Melissa se recosta e estica as longas pernas. Sua calça jeans tem rombos grandes e desfiados nos dois joelhos. Com o cabelo castanho que lhe bate na cintura e seu manequim 40, ela consegue vestir uma calça dessas de uma maneira que pareça chique, em vez de desleixada.

— Quer um suco em caixinha? — ela pergunta, tirando um desses de sua bolsa multiuso.

— Não, obrigada.

Ficamos olhando Maya e Colette cavarem um buraco na areia com as pás de plástico de Colette. É uma atividade que elas fazem como se houvesse um grande objetivo. Melissa enfia o canudinho na caixinha e toma uns goles, pensativa. Pergunta:

— Você pretende ter mais um?

Na caixa de areia, Maya levanta sua pá e derruba um pequeno fio de areia em cima da própria cabeça. A coincidência com a pergunta de Melissa é tão perfeita que me faz rir em voz alta.

— Não sei. Nesse momento, já estou achando que uma é demais.

Melissa abre um sorriso bem largo.

— Eu também.

E nessa hora nós não somos mais uma escritora frustrada e uma ex-celebridade cuidando de nossas filhas por uma tarde inteira, ou amigas que se limitam a um só tema nas conversas. Somos apenas duas mulheres de 30 e poucos anos sentadas uma ao lado da outra, rindo juntas, sentadas ao sol num banco verde. Eu me sinto tão bem, mas tão bem, de estar no pequeno envelope que é esse momento... Não me permito ter essa sensação com muita frequência, esse estreitamento da consciência que afasta todos os ruídos à nossa volta — de capítulos que não estão sendo escritos ou de compras que precisam ser feitas até a hora do jantar — para me concentrar com mira a laser no tempo presente. Fico sentada e permito que o sentimento tome conta de mim, a sensação de estar ligada ao aqui e agora.

Então, Colette e Maya começam a brigar pela pá azul e Maya dá um grito de gelar os ossos. O transe acabou.

— Colette! — grita Melissa. — Divida essa grande com a Maya!

— Maya! — eu também grito. — Você precisa dividir as coisas com a Colette!

As duas deixam a pá cair, espantadas, e voltam a cavar com pazinhas cor-de-rosa.

— Crise revertida — comenta Melissa.

Nos últimos minutos, percebo que Maya está toda hora virando a cabeça para a direita, como se fosse um tique nervoso. Levanto-me para poder olhar melhor. Ela está dizendo alguma coisa para o ar perto dela. Ai!

Volto a me sentar.

— Colette tem algum amigo imaginário? — pergunto.

Melissa balança a cabeça, indicando que não.

— Por quê? Maya tem?

— Tem. Ela o chama de Dodô. Surgiu há umas duas semanas e agora parece que ele acompanha a gente por todo lado.

— E isso é problema?

— Eu não sei. Ela gosta de jogar a culpa nele quando faz alguma coisa errada. Um dia desses, ela não quis jantar. Ela tentou me convencer que o Dodô tinha mandado ela não comer. E também bate em mim de vez em quando e diz que foi o Dodô que mandou. Na verdade, é um pouco assustador.

— E como. Você consultou a Dra. Diane sobre isso?

A Dra. Diane é a pediatra de Melissa. Nós mudamos para ela mês passado, depois que nosso primeiro médico começou a receitar remédios um pouco rápido demais. Eu tinha ouvido falar que a Dra. Diane tinha uma orientação mais natural e estava disposta a trabalhar com pais que não confiavam em remédios como primeira medida de defesa. Ela aceitou fazer o check-up dos 3 anos em Maya e Colette juntas quando eu contei que Maya tinha uma tendência a se encolher como se fosse uma bola ou tapar a boca com a mão para impedir que um médico a examine. Melissa é que teve a ideia de uma consulta dupla, e tudo correu maravilhosamente. A Dra. Diane chegou a elogiar como as duas meninas eram bem-comportadas.

— Eu nunca pensei num pediatra para esse tipo de coisa — digo a ela. — Penso neles para problemas de saúde.

— Acho que eles são meio pau para toda obra. Têm que ser, não é verdade? E a professora do pré-escolar? Você já falou com ela?

— Não — respondo. — Mas a ideia é boa. Vou tentar falar com ela amanhã.

Prema, a professora do Montessori Red Room, é metade do motivo pelo qual escolhi a pré-escola de Maya. A outra metade é a irmã dela, Helen, a diretora do lugar, que dá aula às crianças. Toda vez que dirijo até a escola, sinto meu corpo aquecer com orgulho materno, com a satisfação de saber que Maya está num lugar seguro e organizado quatro dias por semana, das 9 às 14 horas. Quando eu a deixo na escola, de manhã, posso esquecer toda a preocupação pelo seu bem-estar por cinco horas até Carmen e eu irmos buscá-la. É o mais próximo de uma rede de segurança que eu já senti como mãe.

Eu espero até começar o turno extra e Maya estar ocupada nos brinquedos do quintal com três outras crianças. Dentro do Red Room, encontro Prema ajoelhada pondo em ordem os instrumentos de madeira usados para o aprendizado na Montessori, nas estantes baixas encostadas nas paredes. Sobre ela está o quadro de avisos do mês — "Descobrindo a América" — com desenhos em cartolina de Cristóvão Colombo e as caravelas pregados contra um fundo de papel ondulado azul cortado em triângulos. Quando me vê, ela se levanta e abre um grande sorriso.

Prema é do Sri Lanka, com cabelos longos, pretos e brilhosos, que ela prende com um prendedor grosso, e um sorriso tão autêntico que poderia interromper uma parada. Tanto os alunos como os pais a adoram. Todo dia de manhã quando deixo Maya na escola e dou um abraço de despedida na porta do Red Room, ela corre direto para Prema, que a levanta nos braços com um alegre "Bom-dia, Mademoiselle!". É uma maneira auspiciosa de começar o dia de qualquer um.

Prema indica uma das pequenas mesas para eu me sentar. Acomodamo-nos nas pequenas cadeiras de plástico da melhor maneira possível. Eu tenho 1,72m de altura, de modo que me sento muito sem jeito com as pernas cruzadas e os tornozelos perto do chão. Prema bate no meu queixo e por isso se dá melhor com a cadeira. Eu digo:

— Queria falar com você sobre Maya. Você tem notado alguma coisa... diferente no comportamento dela, ultimamente?

Prema morde os lábios enquanto pensa e arregala os olhos. Sacode a cabeça.

— Não. De que tipo de coisa você está falando?

— Bem, ela tem um amiguinho imaginário que é bem ativo lá em casa. Eu queria saber se ele também tem vindo à escola com ela.

— Ah — Prema assente, já sabendo o que é. — Você está falando do Dodô.

— Você sabe disso?

Ela ri.

— *Todo mundo* conhece o Dodô.

— E ele está atrapalhando alguma coisa?

— Não, não — ela fala com convicção. — Só que se uma cadeira ao lado dela estiver vazia, ela vai dizer que é a cadeira do Dodô. Ou às vezes, no parquinho, ela apresenta as outras crianças a ele, esse tipo de coisa. Acho que algumas delas vão querer ter os próprios amiguinhos, que nem ele, dentro em breve.

— Nenhuma das crianças tem esse tipo de amigo? Pensei que fosse uma coisa comum nessa idade.

— Algumas crianças têm. Eu já vi acontecer. Mas por enquanto, nessa turma, só Maya tem.

Eu devo ter mostrado minha preocupação, porque ela logo acrescenta:

— Não se preocupe. Todas as crianças deixam essas coisas para lá. Ninguém chega ao jardim de infância com um amiguinho imaginário.

Isso foi dito para fazer eu me sentir melhor, mas realmente não adiantou. É muito fácil eu imaginar Maya como uma iconoclasta no jardim de infância, insistindo em ter uma cadeira vazia permanentemente ao seu lado e o professor telefonando para a minha casa para tratar de "um probleminha". É como um tique nervoso que eu tenho, esse meu hábito de projetar uma situação bem longe no futuro e imaginar o pior resultado possível, para que eu já possa ir me prevenindo com antecedência.

Eu sei, seu sei. É tudo uma questão de ter o controle da situação.

— E na hora do recreio? Ela brinca com as outras crianças? — continuo.

— Geralmente, sim. Às vezes ela gosta de brincar no cantinho dos fundos, sozinha, atrás dos balanços.

— Com o Dodô?

— Eu não sei. Quer que eu dê uma olhada amanhã?

— Seria ótimo. E me avise se você vir qualquer coisa incomum, desvios muito grandes do seu comportamento normal, esse tipo de coisa, e também se ela puser a culpa de alguma coisa no Dodô.

Prema sorri mais uma vez, mas inclina a cabeça levemente e já não parece tão segura agora, como se não pudesse decidir se eu estou levando isso além da conta ou não.

— Está bem — ela diz. — Pode deixar que eu aviso.

— Maya? — pergunto quando estamos enroscadas na cama lendo *O balão vermelho* por aquela que deve ser a 17ª vez.

— O que é?

— Hoje na escola, Prema me contou que você tem brincado sozinha nos fundos do pátio. Você não gosta de brincar com as outras crianças?

Ela dá de ombros.

— Às vezes elas brincam comigo.

— Quando você vai para o fundo do pátio, é com o Dodô que você está brincando?

— Às vezes sim, às vezes não — ela responde. Ela tenta virar a página que o meu dedo está prendendo, para continuar com a história.

Eu seguro as páginas com um pouco mais de força para não desviar a atenção dela.

— Você pode contar a verdade para a mamãe.

Quando Maya começou a falar, há dois anos, algumas amigas minhas participavam de um programa chamado Mamãe e Eu que seguia o formato do RIE,* que incentivava as mães das criancinhas a falar usando frases claramente enunciadas, fazendo uso de adjetivos descritivos sempre que possível. Eu tentei por um período, mas estava passando tanto tempo sozinha com Maya que pronunciar frases como "Será que a Maya pode, por favor, passar para a mamãe a colher de prata que caiu sobre o grande tapete vermelho?" o dia inteiro começou a me deixar meio maluca e eu voltei a falar com ela da mesma maneira que falaria com qualquer ser humano. Às vezes eu ainda me chamo de "Mamãe", um resíduo daqueles tempos iniciais do qual eu não consigo me livrar.

— Eu não quero contar a verdade — ela responde. Um dos benefícios de não falar tatibitate com Maya é que isso lhe dá um vocabulário e uma sintaxe muito melhores que os da maioria das crianças de 3 anos. A desvantagem é que às vezes ela fala umas coisas que são tão mais adultas que a idade dela que eu me esqueço que dentro daquela cabecinha existe uma criança de 3 anos.

— Maya, o Dodô é real ou você o inventou?

— Eu inventei.

Solto um grande suspiro de alívio.

---

* Rapid Improvement Event ou, em português, Processo de Aperfeiçoamento Rápido. (*N. do T.*)

— Foi o que eu pensei.
— Ele é real.
— Só um instante. Você acabou de dizer que ele foi inventado.

Ela consegue soltar a página e virá-la. A próxima folha é uma foto de quatro cores de um garoto correndo pelas ruas da velha Montmartre com uma gangue de garotos o perseguindo.

— Eu o inventei, por isso ele é real.

Mais tarde na mesma noite, quando relato essa conversa para Uzi, ele ri bem alto.

— Você tem que admitir que isso tem lógica.

Ele está certo: essa *é* uma resposta legítima, para uma criança de 3 anos. Maya ainda não entende a diferença entre animado e inanimado, entre o que é "real" e o que não é. Eu ainda consigo me lembrar da época da minha infância em que eu também não distinguia isso. Até os 8 ou 9 anos, eu ainda acreditava de todo o coração que existissem fadas e fantasmas. Criada com uma quantidade bem grande de contos de fadas e histórias da Bíblia, geralmente lidas pela minha avó, eu vivia procurando bruxas, gnomos e vozes de trovão que desciam das nuvens. O fato de eu nunca ter visto ou ouvido esse tipo de fenômeno não queria dizer que eles não existissem. A falta de provas só abastecia a minha imaginação, permitindo que eu pensasse que possibilidades ainda mais extraordinárias pudessem existir do outro lado de uma fronteira invisível. Não era difícil ter dois mundos coexistindo simultaneamente na minha cabeça — um que eu podia ver e outro que eu não podia —, mas os dois eram igualmente reais para mim. No segundo ano, eu pensava — não, eu *sabia* — que as flores sentiam dor quando eram arrancadas da terra, e assim devíamos lhes pedir desculpas em voz alta, e que o meu springer spaniel era capaz de ler meus pensamentos. Meu livro favorito quando eu tinha 9 anos era *Uma dobra do tempo*, de Madeleine L'Engle. Os personagens principais podiam captar os pensamentos dos outros, numa forma de comunicação mental sem palavras. Às vezes eu passava as aulas mandando mensagens mentais aos outros alunos à minha volta — *Levante a mão na próxima vez que o professor fizer uma pergunta* ou *Olhe para cá, olhe para cá, olhe para cá* — para ver quem era dotado do raro dom da percepção extrassensorial.

E até ajudava o fato de essa ser uma época em que o interesse americano nos fenômenos ocultos e paranormais estivesse no auge. *O exorcista* foi um dos filmes de maior bilheteria daquela década, pequenos aviões desapareciam sobre o Triângulo das Bermudas com uma frequência jamais vista e na própria cozinha lá de casa minha mãe colocou uma colher de metal em frente à televisão para ver se o Uri Geller conseguia entortá-la com o poder da mente. Meu pai era um homem que gostava de lidar com fatos simples e diretos, mas minha mãe tinha esse lado secreto e pouco convencional.

— Estou pensando num número entre um e dez. Você pode adivinhar qual é? — ela me perguntava a troco de nada, no carro, um pequeno teste paranormal e espontâneo. Em 1981, nós nos sentamos no porão com paredes de madeira lá de casa para assistirmos juntas ao agressivo Tom Snyder, fumante inveterado, fazer uma entrevista de uma hora na prisão com o doido varrido do Charles Mason. Fiquei fascinada como as respostas circulares e desconexas de Mason, entremeadas por momentos ocasionais de uma lucidez desconcertante. Ele balbuciava "quantos anos eu tenho? A eternidade, desde o café da manhã" numa frase, para em seguida declarar "só existe uma pessoa de quem você deve ter medo, que é você mesmo". Eu não sabia como conciliar uma ambiguidade tão grande num único ser humano. Eu nunca tinha visto tal coisa chegar a esse ponto.

— Ele é completamente pirado — foi meu veredicto final.

— Ele — disse minha mãe — é o exemplo de uma mente distorcida e fascinante.

Nessa época, eu tinha 16 anos e qualquer ligação particular que um dia eu tivesse tido com o místico e o invisível já havia sido desligada havia muito tempo. Isso aconteceu, pelo que me lembro, por uma série de pequenas mortes. Eu ainda posso me lembrar do horror — pois não há outra palavra — que eu senti aos 6 anos, quando descobri que o bondinho do Mr. Rogers não vinha sozinho quando chamado. E a tristeza que eu senti quando descobri, aos 8 anos, que os Walton não eram uma família de verdade que dava boa-noite uns aos outros diariamente no escuro, com vidas que continuavam ininterruptamente depois que a televisão era desligada. Foram precisos meses até que eu digerisse essa notícia. Na época em que completei 11 anos, quase todas as minhas antigas crenças já haviam sido substituídas pelas certezas racionais de qualquer adulto. Que eu me lembre, no quarto ano eu ainda brincava com o meu bonequinho Snoopy e no ano seguinte revirava os olhos de tédio numa reunião de escoteiras quando uma índia sêneca leu o mito da criação de sua tribo para a nossa tropa, cheia de misticismo indígena. Porque afinal, me dá um tempo, *todo mundo* sabe que corvos não falam.

Treze meses depois da entrevista de Charles Manson minha mãe havia falecido, uma morte que ocorreu tão depressa que deixou todos nós fora de órbita por muito tempo. Nas primeiras semanas depois que ela morreu, a sensação de que ela ainda estava presente era tão forte que eu acordava todo dia de manhã esperando vê-la e tinha de me lembrar, mais uma vez, que ela havia morrido. Naquela noite, sozinha no banheiro, eu tentava fazer contato com ela. Eu pensava: *Mãe, se você estiver aí, por favor mande um sinal.* Se um carro passasse pela rua a essa hora e jogasse as luzes pela janela iluminando o teto sobre a minha cama, será que isso queria dizer que ela tinha me ouvido? O que ela estava querendo dizer? Por quase um ano depois que ela morreu, eu acordava espontaneamente toda noite às 2h43 da madrugada, o minuto exato em que ela morreu. Será que isso queria dizer que ela estava tentando mandar uma mensagem? O que ela poderia estar querendo dizer? Independentemente do quanto me esforçasse — e eu me esforçava muito — eu não conseguia ultrapassar a barreira invisível que me separava dela e as semanas se transformaram em meses, que se transformaram em anos e eu terminei o ensino médio, colei grau na faculdade e me mudei de Nova York para Chicago, de lá para o Tennessee, depois para Iowa e de volta para Nova York, me apaixonei, comprei um gato, me apaixonei de novo, aprendi a fazer lasanha, tudo isso sem que ela soubesse, e com o tempo tive que aceitar que ela não estava em lugar algum.

Nos 19 anos que se seguiram à morte dela, eu me tornei uma discípula ortodoxa do pensamento positivista racional, em que o rigor científico — a sagrada trindade de observação, experimentação e prova — é o padrão-ouro indiscutível para se determinar o que é "real". No entanto, bilhões de outras pessoas no mundo acharam uma maneira para integrar crenças religiosas e espirituais em suas vidas diárias e mundanas. Talvez seja exatamente porque a vida doméstica cotidiana da maioria de nós seja *tão* sem graça que o misticismo as atrai. O que explica por que, quando Maya insistiu que inventou Dodô e que portanto ele é real, sinto uma leve sensação de esperança, pela possibilidade de eu poder estar errada quando insisto arrogantemente que, só porque não sou capaz de vê-lo, ele não possa realmente existir.

Acordo instantes antes de a gritaria começar. Sempre foi assim, desde que Maya nasceu, esse radar materno que detecta até a menor perturbação no sono dela e me acorda antes de ela emitir um som. Antes mesmo de Uzi abrir os olhos, meus pés já estão no chão.

Maya está sentada totalmente dura na cama, olhando para mim com os olhos arregalados, enquanto avanço pelo quarto. Eu a levanto suavemente pelos ombros.

— Foi só um pesadelo, lindinha — digo para ela. — Está tudo bem.

Do lado de fora da janela do banheiro, os ventos de Santa Ana sopram e gemem. A lata de lixo de alguém bate no asfalto quando o vento sopra pela rua.

Maya respira soluçando rapidamente e então ela volta a gritar. Sem dizer uma palavra, apenas gritinhos de pânico.

— Está tudo bem! — digo, um pouco mais alto. Passo os braços em volta dela e lhe dou um abraço, mas ela se afasta. Uzi entra aos tropeços no quarto e de cueca samba-canção, tentando espantar o sono dos seus olhos.

— Que foi? — ele pergunta.

Maya ainda está olhando para a frente, de olhos arregalados, mas parece que não nos vê. Será que ela está tendo uma alucinação? Será que está com febre? Ponho a mão na testa dela, depois passo a minha mão por baixo de sua camisa para sentir-lhe as costas. Ela não está quente, mas há uma fina camada de suor lhe cobrindo a pele.

— Acho que ela está tendo um terror noturno! — eu digo, bem alto, para que Uzi possa me ouvir acima dos gritos dela. Li sobre terrores noturnos num dos livros sobre cuidados infantis, mas não consigo me lembrar do que o autor mandou fazer quando isso acontecesse.

Uzi grita de volta:

— O que é um terror noturno?

— É tipo um pesadelo, só que pior!

— Ela está acordada?

— Acho que não.

— Será que nós deveríamos acordá-la?

Ou você deve acordar uma criança que está tendo um terror noturno, ou não deve acordar uma criança que está tendo um terror noturno. Eu gostaria de ter prestado mais atenção ao ter lido essa página. Mas como eu não precisava daquela informação com urgência, não gravei.

Lá fora, o vento ruge como que fazendo uma péssima imitação de Halloween. É a primeira vez que o Santa Ana está soprando neste outono, o que significa que a temporada de incêndios acabou de começar. Nossos arbustos estão, como manda a lei, a 65 metros da porta de entrada, mas mesmo assim você nunca sabe quando um fio elétrico vai se soltar ou uma pessoa com um parafuso a menos vai jogar um fósforo na grama seca só para sentir o gostinho dessa emoção.

Um barulho alto e rascante seguido de um baque surdo lá fora traz uma pequena pausa aos gemidos de Maya.

— Os móveis da varanda — diz Uzi. — Eu vou lá fora prendê-los.

O barulho foi alto o suficiente para assustar Maya, mas não o suficiente para acordá-la. Se eu a acordar, isso não vai traumatizá-la — é o que penso —, pelo menos não mais do que o que já a está assustando. Eu seguro seus ombros com um pouco mais de força e lhe dou umas sacudidas firmes. Levo a boca para perto da orelha dela.

— Maya, querida — digo —, você pode acordar para a mamãe? Você está sonhando com alguma coisa ruim. Vamos acordar. Maya? Você está me ouvindo? — Balanço seus ombros um pouco mais e ela acorda com um susto.

— Dodô! — grita ela. E se agarra ao meu pescoço. — O Dodô estava querendo me levar embora!

Ai, meu Deus. *Isso?*

— Shhh — digo para ela, desenhando pequenos círculos em suas costas. — Você está na sua cama. Eu estou com você aqui. Ninguém vai levá-la a lugar algum.

Os grandes soluços se transformam em soluços pequenos e depois em umas poucas fungadas. Eu a deixo se recostar e ela gira sobre o seu lado esquerdo e enfia os dois dedos do meio na boca. Eu me acomodo atrás de suas costas e passo o nariz em seu cabelo recém-lavado.

— Ninguém vai levá-la a *lugar algum* — volto a dizer.

Quando Uzi volta ao andar de cima, ele sobe na cama pelo outro lado. Começo a contar a ele o que Maya acabou de dizer, mas logo paro. Nós passamos tão pouco tempo juntos, só nós três. E os momentos que passamos assim não podem ser maculados com conflitos. Se forem, o que mais vamos ter?

— Ela voltou a dormir — digo a ele.

Nós ficamos ali, na cama de casal de Maya, com ela presa firmemente entre nós. Às vezes nos abraçamos assim, em pé. Dizemos que é um sanduíche de Maya, e ela sempre ri.

— Será que deveríamos ter feito alguma coisa? — pergunta Uzi, que detesta se sentir sem rumo, até mais do que eu.

— Não sei. Nunca vi isso acontecer — digo. Ela já teve pesadelos sem maiores consequências, como no dia que acordou gritando "Meus óculos de sol! Meus óculos de sol!", ou subiu na nossa cama às 2 da manhã para contar, meio sonolenta, uma história sobre ursos na cozinha, mas esse tipo de gritaria, assolada pelo terror, nunca aconteceu. E aquela parte do Dodô querendo levá-la embora? Isso leva o medo a um patamar totalmente novo.

— Precisamos dar um jeito de entender o que está acontecendo.

— Eu acho que nós precisamos justamente o contrário — responde Uzi. — Acho que precisamos de um descanso. — Ele faz uma pequeníssima pausa. — Para falar a verdade, *eu* preciso de um descanso.

Ele está falando de um descanso das pressões de ser pai, ou um descanso de mim? Ai, meu Deus, acho que ele está falando de mim.

Por mais duro que tenha sido este último ano, por mais vezes que eu tenha levantado as mãos para o céu — literalmente — querendo dizer que eu já estava farta desse acerto, só de pensar que ele pode ir embora faz o meu coração parar. Eu é que devo ter a capacidade de reassumir o controle da minha vida e decidir ir embora, ou então, antes de colocar meu plano em prática, mudar de ideia. Não é ele que deve tomar a iniciativa de *me* abandonar.

— Você quer me deixar? — murmuro. Meu coração volta à ativa, batendo tão forte que posso escutá-lo nos meus ouvidos. Uma vez, Uzi me disse que sabe que eu me preocupo com ele mais do que estou disposta a admitir. Acho que é a coisa mais verdadeira que ele já me disse na vida.

— Nããoǃ — ele grita. — De onde foi que você tirou essa ideia? Eu disse que nós talvez devêssemos tirar umas férias.

Ah, umas *férias*. Ele queria dizer umas férias! Eu sou tão idiota. É assim que a minha mente funciona, entrando direto em pânico e pensando logo numa separação.

Umas férias. Eu aliso os cabelos de Maya com a mão direita, depois estico o braço e acaricio o queixo firme de Uzi. No escuro, posso sentir que ele quer uma resposta.

O que é que os psicólogos e os métodos de 12 passos costumam dizer? Cuidado com esse negócio de mudar de ambiente e achar que está curado. Argh! Na minha visão de mundo, praticamente qualquer coisa pode ser curada numa praia de areia branquinha e um garçom superbronzeado vindo em nossa direção com uma bandeja de margaritas.

— Umas férias — digo. — Parece uma ideia excelente.

* * *

Nós não tiramos férias em família há quase dois anos, a não ser que você conte três semanas na primavera passada na casa dos meus sogros, o que eu não conto. Desde então, venho fazendo uma campanha bastante veemente para tirar umas férias de verdade, nós três, mas acabo inventando desculpas sobre por que não podemos sair de Los Angeles. Uzi não quer ficar fora da empresa por mais do que alguns dias, ou tem um casamento que nós não podemos faltar, ou sou eu que tenho um prazo muito apertado, ou tenho de dar aula. Mas na semana entre o Natal e o Ano-Novo a empresa de Uzi vai estar fechada e meu trabalho cai muito nessa época, o que significa que nós ficamos sem uma boa razão para continuar em casa. E ainda estamos no começo de outubro, o que nos deixa bastante tempo para reservar tudo.

O método habitual de Uzi planejar férias é pesquisar várias ideias ao mesmo tempo na internet; ficar remoendo as opções por vários meses, tomar a decisão final semanas antes da data de embarque e então se decepcionar com o fato de que as linhas aéreas e os hotéis não oferecem mais as melhores tarifas. Para evitar o tipo de briga feia que isso sempre traz para nós, me ofereço para ocupar o cargo de planejadora da viagem, desta vez.

Todas as férias que já tiramos foram sempre no plano mais econômico possível, dormindo em quartos de hóspedes de amigos e contornando as datas proibidas dos programas de milhagem. Mas agora nós podemos gastar dinheiro numa viagem pela primeira vez, graças a um pequeno investimento que Uzi fez numa empresa de alta tecnologia que deu um retorno daqueles que as empresas de internet possibilitam uma vez na vida e outra na morte. Como eu geralmente sou o tipo de pessoa que sempre anda com uma lista interna e detalhada de coisas para fazer e lugares para ir e uma quantidade infinita de desejos não realizados, você poderia imaginar que uma entrada repentina de caixa me levaria a tomar uma decisão rápida, impulsiva e extravagante, mas o que acontece é justamente o contrário. Existem tantos países a que eu ainda não fui, tantos lugares que nunca vi que fico paralisada com tantas opções.

Um dia, depois de deixar Maya no pré-escolar, eu entro numa agência de viagens em Santa Monica e começo a olhar para os panfletos na parede. *Austrália e Nova Zelândia.* Eu fui a esses dois países para lançar um livro há cinco anos e jurei voltar lá assim que pudesse, mas os primeiros quatro dias de viagem eu passei aos tropeços, tendo que lidar com um fuso horário totalmente contrário. E isso seria um inferno com uma menina de 3 anos. *Costa Rica.* Eu nunca fui à América Central, mas Uzi fez uma viagem de três semanas como mochileiro passando pela Guatemala, Costa Rica e Honduras há nove anos e ele preferiria ir a algum lugar que ainda não conhecesse. *Japão.* Caro demais. *Peru.* Não gosto nem de pensar em ir para lá com um carrinho de bebê. *Índia.* Pode esquecer. Muitas vacinas.

Mesmo assim, consigo pegar mais de dez folhetos do mostruário na parede. Em casa naquela noite, eu os espalho na minha cama. *Taiti. Itália!*

Costa Azul. Toda aquela areia meio cinza, o céu azul e aquela elegante letra amarela nos panfletos. As imagens de casas bávaras verde e pêssego sobrepostas pelas fotos de mulheres esbeltas em sarongues estampados, sorrindo alegremente para a câmera com grandes flores de hibisco presas na orelha.

É assim que Uzi me encontra quando chega em casa, às 22h11: sentada de pernas cruzadas, em cima da cama, cercada por muitas e animadas possibilidades. Um atlas gigante está aberto ao meu lado para eu poder checar as distâncias e as mudanças de fuso horário.

— Vou facilitar as coisas para você — ele diz. Ele gira duas vezes e dá um pequeno salto no ar, perto da cama. — Au au! — ele late, e aterrissa com um grande baque, apontando o indicador para a página direita do atlas.

Ele late quando está contente. E às vezes só para me fazer rir.

— Quietinho, menino.

Levanto o dedo dele e vejo o que está escrito naquelas letras miúdas.

— Birmânia.

— Mianmar. Este atlas é velho.

— Mesmo assim. Tente outra vez.

Desta vez, o dedo vai parar no leste da Guatemala, um dos países que ele conheceu em 1991. Ele move o dedo levemente para a direita e atravessa a fronteira para o lado oeste de Belize.

Levanto a mão dele e devolvo.

— Até parece que não foi de propósito.

— De propósito? *Eu?*

Quando Uzi está mentindo, a boca dele ganha um contorno horizontal, sem a menor naturalidade, que acaba com o efeito de cara dura que ele quer passar, ao tirar expressividade *demais* de seu rosto. Sempre que vejo ele olhar desse jeito, ponho o indicador no meio dos seus lábios.

— A sua boca está daquele jeito outra vez — conto a ele. Já estou no ponto em que posso dizer se a boca dele está na horizontal só pelo som de sua voz, o que significa que ele não pode mais ligar para casa fingindo vender um aspirador de pó ou produtos para pintar o pelo do gato, como fazia antigamente. Mesmo assim, ele continua tentando com um tipo de persistência e otimismo que não se pode deixar de admirar.

Ele começa a fazer uns ruídos rápidos e pequenos como os de um cachorrinho todo animado. Eu juro que o cara é meio cachorro.

— OK, OK, vou dar uma olhada.

Eu não me importo realmente de Uzi ter resolvido o processo de seleção. Quando tinha 20 e poucos anos, ele trabalhou como guia turístico e de mergulho levando viajantes europeus ao mar Vermelho, mas desde que Maya nasceu ele não mergulhou nem uma vez. Belize tem a segunda maior barreira de corais do mundo, depois da Austrália, e eu sei que há muito tempo ele tem vontade de mergulhar. Eu mesma não me interesso por isso — tenho medo de coisas profundas e isso não é força de expressão — mas posso dizer com alguma certeza que mergulharia em águas rasas. E também, considerando-se que eu nunca estive ao sul de Puerto Vallarta, a América Central desperta a minha curiosidade.

Depois de estacionar em fila dupla e fazer rabanada, a terceira coisa que eu melhor faço na vida é pesquisar. Eu me sinto mais à vontade na biblioteca de uma universidade do que em minha própria casa. Nos três últimos anos em que morei em Nova York, aluguei o último andar de um edifício de tijolos escuros do outro lado da biblioteca da Universidade de Nova York no Washington Square Park, o que me dava direito a um cartão de membro da comunidade, permitindo uso ilimitado do acervo. Quando trabalhava em meu primeiro livro, eu andava pelos corredores de alto a baixo passando os dedos pelas lombadas macias de jornais encadernados de psicologia, à procura de uma joia de artigo que explicasse os aspectos mais importantes da perda extemporânea de uma mãe que eu precisasse compreender naquele dia. Eu passava horas em longas mesas passando a caneta fosforescente sobre páginas fotocopiadas, junto a universitários que estudavam aflitos para provas de termodinâmica ou sobre Chaucer, envoltos naquela atmosfera espessa, enquanto um vento insistente de fevereiro batia nas grossas janelas lá do alto. Eu gostava tanto do cheiro e da sensação de estar naquela biblioteca — o cheiro acre de papel velho, o teclar macio e constante dos laptops fazendo tec-tec-tec, o branco de arder os olhos do sol de inverno entrando pelas janelas mais altas, projetando a sombra das árvores prateadas do Washington Square Park — que o meu editor teve de mandar eu parar de pesquisar e começar a escrever o livro para cumprir o prazo.

Hoje a biblioteca de pesquisas mais próxima é a da UCLA [Universidade da Califórnia, Los Angeles], que fica a quarenta minutos de carro da nossa casa, mas agora tenho acesso à internet daqui mesmo e, portanto, é por aí que começo. Quando digito "Belize" no Yahoo! aparece uma longa lista de serviços de planejamento de viagem, departamentos oficiais de turismo e sites de mensagens de viajantes e imigrantes.

Guatemala, Honduras, Costa Rica, El Salvador, Panamá, Nicarágua. Conheço os outros seis países da América Central depois de passar vinte anos lendo artigos do *New York Times* sobre seus ditadores e suas guerras civis. Mas Belize? Antes de conhecer Uzi, eu nunca tinha ouvido falar em Belize. Se alguém me instasse a localizar rapidamente, eu iria procurar em algum lugar da África, provavelmente confundindo com Benin, ou arriscaria uma ilha na costa da Espanha. E agora frases como "a democracia mais estável da América Central" saltam aos meus olhos da tela da internet e explicam por que o país não tem ocupado muito espaço nos noticiários do mundo.

Falando cronologicamente, Belize nem se chama Belize há muito tempo. Até 1981, eram as Honduras Britânicas e antes disso eram parte da Guatemala e antes ainda, uma região do Grande Império Maia que se espalhava da península do Yucatán até Honduras. Falando geograficamente, Belize é pequena e pouco populosa, com menos de 300 mil habitantes. Imagine evacuar e esvaziar todo o estado de Nova Jersey e depois permitir a entrada somente dos moradores de Newark, e assim você tem uma ideia do tamanho e da densidade demográfica de Belize.

À medida que vou lendo, descubro que, por causa de mais de um século de dominação britânica, o inglês é a língua do governo e das escolas de Belize, de modo que a maioria dos habitantes de lá fala inglês, embora em casa eles tendam a falar espanhol, creole ou algum dialeto maia. O país é dividido em seis distritos, com a maioria dos índios maias morando principalmente no oeste e no sul; os creoles no norte; os garifuna, descendentes dos escravos africanos, na costa leste; e refugiados das guerras da Guatemala e de El Salvador espalhados por todo o país. Também há bolsões de fazendeiros menonitas, índios do leste, taiwaneses, libaneses, jovens americanos que deixaram para trás os Estados Unidos e aposentados idosos, também americanos, nas cidades e nas redondezas.

Passo as duas noites seguintes lendo mensagens de turistas ansiosos ou imigrantes experientes nos painéis de mensagens de Belize. O país parece oferecer uma mistura perfeita do que é familiar com o que é exótico. Uzi vai ter sua barreira de corais e o Blue Hole de 160 metros de profundidade que ganhou fama com Jacques Cousteau. Maya vai ter cavalos selvagens, quatis, macacos da meia-noite e um viveiro de borboletas azuis. E para mim, uma infraestrutura decente e jornais em inglês. Parece o tipo de lugar onde tudo pode acontecer, mas onde você já pode saber com antecedência como vai ser.

Na Amazon.com, quando escrevo "Belize", aparece a habitual lista de livros de viagem e de mergulho. Os únicos dois livros que não se referem a viagens são o *Sastun: Meu aprendizado com um curandeiro maia*, que são as memórias de Rosita Arvigo, e *Rainforest Remedies: One Hundred Healing Herbs of Belize* [Os remédios da floresta tropical: A cura através de cem ervas de Belize], que a mesma autora coescreveu. Semana que vem Uzi faz 40 anos, por isso eu peço os livros para ele e acrescento, para mim, um guia Fodor's da Guatemala e de Belize.

E assim, com apenas alguns cliques no teclado, a escolha está feita. Vamos passar o Natal em Belize.

— Você vai levar *uma menina de 3 anos* para a América Central? — é o que Melissa me pergunta quando lhe conto os nossos planos de viagem. A voz dela tem um tom que mistura doses iguais de horror e admiração.

— As pessoas de lá que se mudam para cá sempre trazem os filhos.

— Mas eles *vêm* de lá.

— Eu vejo da seguinte maneira: ou nós levamos Maya com a gente, ou então nós não vamos. E ficar sem viajar pelos próximos cinco anos não é uma opção.

Eu finjo que essa é uma decisão fácil, tão comum e banal, e naquele dia parece não ser muito importante. Até eu ligar o computador e perceber o quanto vai ser difícil chegar até Belize. A essa altura, os únicos voos disponíveis no Natal são do Grupo TACA, com conexão na Cidade da Guatemala. Eu nunca ouvi falar do Grupo TACA, e o único voo que eles oferecem de Los Angeles para Belize sai às 23 horas, com conexão na Guatemala às 5 e meia, o pior trajeto que poderia haver para uma família.

Carmen sobe as escadas carregando uma leva de roupas limpas para Maya num cesto às suas costas. A cada dois anos, Carmen pega um avião para a Nicarágua no verão, e a mãe dela vem da Nicarágua nos outros anos. É possível que uma delas já tenha voado pela TACA.

Pergunto o que ela sabe sobre a TACA e ela estremece visivelmente.

— TACA, não — responde com firmeza. — A TACA é de El Salvador.

— E o que tem de errado com El Salvador?

— A companhia que você precisa é a LACSA. A LACSA voa para *toda* a América Latina.

Começo a pensar que talvez ela não pense que a LACSA seja, objetivamente, a melhor linha aérea da América Latina, mas que seja a melhor companhia para um americano viajar, especialmente uma americana como eu, com pouca paciência para atrasos inexplicáveis de última hora. Uzi já me explicou que viajar para a América Central sempre envolve uma falta de comunicação crônica e filas intermináveis e que ele tem medo de que eu não aguente.

— Eu fui muito bem no Sinai — lembro a ele. Estivemos lá em 1998, numa viagem que fizemos a Israel, e, considerando-se que percorremos a península inteira num Peugeot velho de 1979, sem cinto de segurança ou apoio para as mãos dentro do carro, 310 mil quilômetros no odômetro e um motorista de táxi beduíno que quase não falava inglês, eu acho até que me saí muito bem.

— É verdade — ele falou. — Mas foram só três dias. E não se esqueça do assento industrial que você me fez carregar pelo deserto, mesmo eu sabendo que lá não tinha cinto de segurança. — O motorista beduíno olhou para o assento como se fosse a asa de um óvni.

— Mas você teve espírito esportivo.

Dou uma olhada na lista que o computador me mostra de companhias aéreas que voam até Belize.

— A LACSA não voa para lá — digo a Carmen. — Podemos ir de American Airlines via Miami por 1.090 dólares por pessoa (pode esquecer) ou pegar a Alaska Air, mas aí vamos ter que trocar de avião na Cidade do México *e* em San Salvador, e isso não faz sentido.

— El Salvador, não — repete Carmen. Estou sentindo um grau de complexidade aqui que não sou capaz de entender.

— A TACA parece ser a única opção.

Carmen faz aquela cara de *como você quiser* e eu sinto um cabo de guerra interior começando a se manifestar. Fico com medo de marcar essas passagens, mas realmente tenho vontade de marcar essas passagens, dois impulsos do mesmo nível brigando pela bandeira do conquistador.

Vamos chamar as forças em batalha de Eu Um e Eu Dois. O Eu Um está do lado de Carmen: é arriscado demais voar numa companhia aérea pequena; pernoitar no aeroporto para pegar um voo às 5h30, menos de seis horas de sono, vai ser um desastre; El Salvador é imprevisível, para falar o mínimo — é um país tão violento e provavelmente ainda existem algumas guerrilhas. Já o Eu Dois diz: *Amiga, fique calma*. Só estamos falando do aeroporto de El Salvador, que provavelmente está cheio de guardas de segurança, e se você nunca ouviu falar da TACA, isso deve ser bom sinal, já que um grande desastre aéreo envolvendo essa empresa provavelmente teria aparecido no seu radar.

Eu Um diz: Seja uma mãe responsável, pesquise mais, não seja burra ou impulsiva.

Eu Dois diz: Olha só, você vive dizendo que precisa mudar, que os seus dias ficaram tão repetitivos, previsíveis e chatos. E aí? Faça alguma coisa. *Reserve as passagens.*

TACA. Digo o nome em voz alta:

— TA-CA.

Gosto do som, forte, sonoro e imponente. Parece o nome de uma empresa que nunca diz não, uma companhia que vai fazer de tudo para levá-lo aonde você quer chegar.

— Vou comprar as passagens.

Carmen, sempre muito otimista, me dá um tapinha no ombro.

— Tudo bem. Talvez dê tudo certo.

capítulo três
Los Angeles, Califórnia
outubro a dezembro de 2000

Azul é a cor do cabelo das fadas, Maya me explica, e rosa é para as asas do unicórnio. A caixa de plástico retangular que nós usamos para guardar os lápis de cera está aberta na mesa da cozinha. A boneca de borracha Rúrsula Zero está aninhada entre as pernas dela. A boneca gêmea, Rúrsula Um, está de bruços no tapete da sala de TV, atrás de nós.

Quando Maya contou qual era o nome das bonecas, alguns anos atrás, Uzi sacudiu a cabeça, incrédulo.

— Como é que ela inventa esse tipo de coisa? — perguntou. Mas eu sabia. Para o terceiro aniversário de Maya, semana passada, eu me esgueirei num canto do Montessori Red Room com a minha máquina fotográfica, fazendo força para não chorar, enquanto Maya levava um pequeno globo inflável entre as mãos e dava três voltas em torno de uma vela acesa para significar três órbitas completas ao redor do Sol. Cada vez que ela completava uma volta, representando mais um ano de vida, Prema erguia uma foto que eu tinha lhe dado.

— Essa é uma foto de Maya quando ela nasceu — ela disse, mostrando para a turma a foto de uma recém-nascida num bercinho de hospital. — Esta aqui é a Maya com 1 ano.

Ao chamar as duas bonecas de Rúrsula — que eu acredito ser a pronúncia errada do nome Úrsula, que ela tirou do vídeo *A torradeira valente* — e então as definindo como Zero e Um, Maya quer dizer que as bonecas são irmãs, uma recém-nascida e a outra um bebê.

Uzi não tem a exclusividade de ser o único a não prestar atenção nessas coisas. Uma diferença fundamental entre mães e pais, que eu vim a aprender, é a quantidade absoluta de informações que uma mãe é capaz de armazenar na cabeça. Num curso de psicologia na faculdade, eu li certa vez sobre o modo como as mães atuam como contêineres emocionais dos filhos, oferecendo-lhes uma espécie de terreno baldio onde as crianças podem despejar as emoções mais fortes que elas não são capazes de carregar sozinhas; mas ninguém me disse que um dia eu também iria me transformar num reservatório sem fundo de informações, um arquivo vivo para a avalanche de detalhes familiares que precisam ser divididos em categorias e catalogados: a hora e os dias das excursões da escola e dos aniversários de cada mês; os telefones celulares de todos os nossos contatos de emergência; o nome de todos os bichos de pelúcia pela casa; os horários do consultório do pediatra; o lugar onde encontrar a tesoura da criança e aqueles onde escondemos as dos adultos; quais as mães do pré-escolar que preferem fazer festinhas no parque, e quais as que preferem fazer em casa; que venenos tratar com ipeca e quais com carvão ativado.

Eu tenho a fama de tirar uma sensação de poder por ter todas essas informações e mostrá-las ao meu marido como prova de que eu sou a metade mais competente do casal, aquela que sabe esse tipo de coisa porque sou eu quem presta atenção, aquela que está sempre presente. É assim que eu tento às vezes corrigir o desequilíbrio que há entre nós, na minha cabeça, como se quisesse dizer: "Você tem que ir até uma empresa e interagir com outras pessoas o dia inteiro e então chega em casa e encontra o jantar pronto e uma criança na cama, de banho tomado, mas *sou eu* que tenho que saber onde estão as tesouras, viu?"

E então, em noites como a de hoje, eu vejo Maya desenhando à mesa da cozinha com seus lápis de cera, a língua de fora (sinal de concentração enquanto desenha), e percebo que não sou a única pessoa em casa que sente essa falta.

Enquanto Maya desenha numa folha de papel branco, eu começo a pagar as contas do mês. Prestação da casa, seguro de dois carros, telefone, luz, água, gás, jardineiro, coleta de lixo, TV a cabo, telefone celular, seguro de residência, mensalidade da pré-escola e dois cartões de crédito. Meu Deus. Quando morava sozinha em Nova York, eu tinha seis contas para pagar por mês, incluindo o plano de saúde e o crédito universitário. Antes disso, quando eu fazia a pós-graduação em Iowa, eram exatamente três contas.

— São situações diferentes — Uzi costuma dizer.

E é verdade.

Maya se debruça sobre o desenho, querendo muito colorir alguma coisa dentro dos contornos. Então ela levanta o rosto, triunfante:

— Mãe, adivinha o que é?

Estico a cabeça para ver. A primeira obra de arte de Maya a ganhar um título veio quando ela tinha 2 anos, uma série de formas alongadas cercadas de rabiscos desordenados. O título era "Vento pedindo um cachorro-quente", por isso essa aí podia ser qualquer coisa. Olho bem de perto. De cabeça para baixo, parece um dente molar com garras de Halloween. Tento adivinhar:

— Um dente com raiva?

— Não...

— Uma nuvem com dentes?

— Não. É um tu-tu-tu... — ela diz, dando uma ajudinha.

— Um tu-tu... um tubo com dentes? Uma pasta de dentes?

— *Não*. Um tu-tuba-tubar...

— Tubarão?

— Isso!

Viro a cabeça meio de lado. É, dá para ver... mais ou menos.

— Ah, um tubarão. — Faço sinal de positivo. — Muito bom!

Ela pega um lápis de cera preto e furiosamente rabisca outra figura na folha. Dessa vez, levanta o papel para eu ver.

— Mãe, adivinha o que é?

Esse aí parece mais uma série de números "8" uns em cima dos outros, muito mal desenhados, com pressa e desleixo. *Um teste psicológico, um teste de Rorschach,* é o que eu penso.

— Hm... uma grande confusão?

— Não. *Mãe!*

— Uma tempestade?

— *Não* — ela pronuncia, com um *ão* bem alongado no final. — Anda, mãe. Vou ajudar. D... D...

— Devastação?

— Não. D... d... dô...

D... D... Dô... *Ai...*

Não acredito que não percebi isso antes. Todos esses anos em consultórios de terapeutas arranjando objetos em caixinhas de areia, todos os artigos que li a respeito de fazer as crianças expressarem seus sentimentos por meio da arte e mesmo assim, até agora, eu ainda não tinha percebido.

Pego o pedaço de papel. Os rabiscos são pretos e malfeitos, sem forma e sem limites. Têm um certo tipo de beleza, livre, sem inibições. Mas **alguma coisa** no desenho parece meio sinistra. Não posso deixar de pensar que é o tipo de desenho que um doente mental faria se você lhe pedisse para ilustrar o tipo de desordem que ocorre dentro da cabeça dele.

— Dodô? — pergunto.

Ela põe os dois polegares para cima e abre um grande sorriso.

— Muito bom!

A recepcionista da Dra. Diane me transfere direto para ela, o que eu não esperava no meio do dia. Eu achava que seria mandada para o correio de voz e já havia até preparado a mensagem na cabeça: "Oi, Dra. Diane, aqui é Hope Edelman, mãe da Maya. Gostaria de falar com você sobre um amiguinho imaginário que ela tem. Eu acho que pode ser mais do que coisa de uma garota com imaginação fértil e estou um pouco preocupada. Acho que você poderia me dar algumas sugestões. Pode me ligar de volta quando tiver uma oportunidade?" Por isso, quando uma voz de verdade atende depois de dois toques eu fico momentaneamente confusa e me atrapalho na hora de formar frases verdadeiras e coerentes.

— Ah, oi... Aqui é a mãe da Maya... Hope... Edelman? Nós fomos aí há umas seis semanas... Com a Colette...

— Eu lembro — diz a médica. — O que houve?

— Bem, eu sei que vai parecer um pouco estranho. E provavelmente não é nada. Mas a Maya tem um amigo imaginário e as coisas estão começando a ficar meio esquisitas.

Droga. Por que eu tenho tanta necessidade de entrar numa conversa dessas, me desmoralizando logo de cara? Sempre ajo dessa maneira diante de médicos, ou na frente de qualquer pessoa que acho que sabe mais de um assunto do que eu e que portanto já penso que vai desprezar a minha opinião, se eu mesma não acabar primeiro com ela. Mas fico surpresa de me sentir assim com a Dra. Diane. Ela só tem alguns anos a mais que eu, um tipo de médica mãe Terra, meio hipster, com uma cara lavada e duas tranças louras bem grossas. Vendo de fora, alguém poderia esperar que ela se sentisse intimidada por mim e meu habitual comportamento assertivo de Nova York, e não o contrário.

— O que você quer dizer com "meio esquisitas"?

— Bem, ela fala com ele. Muito. E ela o culpa por alguns de seus comportamentos, especialmente os negativos.

De onde estou sentada, na mesa da cozinha, tenho uma visão desobstruída do lugar onde Carmen estava em pé, alguns dias atrás, mexendo uma panela de sopa, quando Maya chegou correndo e bateu a boneca Rúrsula Zero com força em sua bunda — força suficiente para Carmen tropeçar e quase derrubar a panela, o que teria despejado um caldo fervente em cima das duas. Carmen me contou que Maya gritou "Foi o Dodô! Não fui eu!", enquanto saía correndo da cozinha.

Tive que me sentar com Carmen e explicar, muito nervosa, que Maya estava passando por uma fase, *só uma fase*. Era uma frase que eu já vinha guardando no último mês como se fosse uma segunda carteira, nela enfiando incidentes e preocupações em compartimentos cada vez maiores.

— Aahh — respondeu Carmen, assentindo, sua voz oscilando do dó para o lá na escala musical. Sua boca fez uma expressão que, hoje eu percebo, era de ceticismo.

— Às vezes ela bate em mim, ou na babá, e diz que a culpa foi dele — conto para a Dra. Diane. — Mas outras vezes ela é completamente normal. Eu não sei. É normal falar o tempo todo com alguém que não existe? É normal começar a bater repentinamente nas pessoas e depois jogar a culpa em cima de alguém? Todo mundo diz que é só uma fase, mas eu tenho estado com ela em todos os dias da vida. Não sei como posso me explicar melhor, mas o que sinto é que não me parece ser só uma fase.

— Quantas vezes ela já bateu nos outros?

— Cinco, talvez seis. Por enquanto, é só em casa. Mas agora eu a controlo como uma águia nas festinhas, porque tenho muito medo de que ela machuque outra criança. E tenho medo de os outros pensarem que ela é esquisita por falar com alguém que eles não podem ver.

— Com que frequência ela fala com ele?
— Todo dia. — Tenho uma sensação de profunda resignação quando digo isso. Parece que os únicos espaços de tempo mais frequentes que "todo dia" são "toda hora" ou "todos os minutos", o que também seria fácil de provar.
— Nós acabamos de fazer o check-up de três anos na Maya, não é?
— É.
— Bem, amigos imaginários fazem parte do comportamento natural nessa idade...
— Eu sei. Não é a existência do amigo que me preocupa. É o conteúdo.
— Tem alguma coisa acontecendo em casa que pode estar fazendo com que ela tenha esse tipo de reação?
— O pai dela trabalha até tarde. Mas eu estou presente na maior parte do tempo. Não existe nenhuma grande mudança ou brigas, se é isso o que está pensando.
— Às vezes as crianças criam amigos imaginários quando a casa está muito estressada. É o jeito que elas têm de criar uma situação que podem controlar.
— Faz sentido. Mas o que parece é que o amigo está controlando *ela*.
Ouço o leve barulho de batidas do outro lado da linha e posso imaginar a Dra. Diane batendo com a ponta da caneta em cima da mesa, pensando se a situação precisa de uma atitude mais séria, ou se eu sou só mais uma mãe maluca que exagera completamente as coisas. Começo a pensar que talvez eu seja mesmo uma mãe maluca. E isso me assusta mais do que a ligação de Maya com Dodô, mais do que eu gostaria de admitir.
— Nós podemos ter tido um caso de doença mental na família — eu digo.
— Não é isso o que me preocupa — diz a Dra. Diane. — Diga uma coisa: ela fala com esse amigo em outra língua?

— Outra língua? Não. Pelo menos, não que eu saiba.

— Às vezes isso acontece. Não se preocupe se acontecer. Ela tem se afastado das outras crianças?

— Acho que não. A professora do pré-escolar diz que ela às vezes brinca sozinha, mas de qualquer maneira só faz pouco tempo que ela começou a brincar com outras crianças. Ela já brincou sozinha antes. A professora não está preocupada.

— Então eu também não estou. Vamos ficar de olho nela por algumas semanas. Se você perceber qualquer coisa estranha, me ligue.

— Estranha como o quê?

— Se ela começar a se isolar das outras crianças ou começar a querer ficar sozinha em casa.

— Você não está pensando que eu vou ter que levá-la a um psicólogo?

— Você pode, se quiser. Mas não estou ouvindo nada que indique que precise. Eu não me preocuparia com isso. De verdade. Essas coisas quase sempre desaparecem sozinhas.

Minha amiga Sabine tem um menino de 8 anos chamado Léo, e Léo é brilhante. Eu não estou querendo dizer que ele é só inteligente — hoje em dia, todas as crianças são — eu digo que ele é *brilhante*. Nunca vi uma criança igual a ele, que pode se sentar numa mesa de adultos e passar uma hora desenhando um labirinto que, depois de pronto, ninguém consegue encontrar a saída. Quando nós jogamos Vinte Perguntas, ele sempre ganha dos adultos. Eu me lembro de Sabine uma vez me contando que, quando era mais jovem, Léo tinha um grupo de "primos" imaginários. Ela contou isso como se fosse uma antiga piada do passado, mas dava para perceber que houve uma época em que isso não tinha graça nenhuma.

Uma noite, depois de jantar na casa dela, enquanto lavávamos a louça, contei-lhe que Maya tinha um amigo imaginário.

— Achei que você seria uma boa pessoa com quem conversar. Por causa dos primos do Léo.

Sabine fica petrificada em cima da pia, segurando um prato azul entre as luvas amarelas.

— Ah, não. Eu tenho muita pena de você.

— Por quê?

— Porque não é uma coisa assim tão simples.

— O que quer dizer?

Ela fecha a água da pia e se debruça sobre a bancada, retirando as luvas. À noite, a janela sobre a pia, com vista para a baía, faz as vezes de espelho e posso ver meu próprio rosto olhando para mim, esperando uma resposta.

— Ele costumava dizer que tinha primos no Texas e como eles sempre pediam para ele ir visitá-los. — Ela sacode a cabeça. Sabine e o marido Martin imigraram para os Estados Unidos, vindos da Alemanha, há 15 anos, e todos os parentes deles moram lá. O que quer dizer que não existe Texas algum na história da família. — Não era pelo fato de ele falar sobre eles, era *a maneira* como ele falava. Ele falava com a maior seriedade, como se fossem pessoas de verdade. Contava todo tipo de detalhes sobre eles, pequenos detalhes sobre as casas e os carros deles e que escolas frequentavam. Eu vivia me perguntando: "De onde ele está tirando essas informações?" E Martin dizia: "Não seja ridícula, Sabine, é tudo da imaginação dele." E eu: "Como é que você pode ter tanta certeza?" Então, uma vez, quando eu estava colocando Léo para dormir, ele me disse que tinha decidido visitar os primos naquela noite e que eu não devia me preocupar se ele não voltasse logo. Isso me deixou muito assustada. Poxa, a essa altura eu realmente pensei que ele estivesse me dizendo que ia morrer. Continuei sentada perto da cama por duas horas depois que ele dormiu e passei a noite inteira me levantando para ver se ele estava bem.

— E de manhã ele estava bem?

— Ele estava. *Ele*. Eu não. Eu estava um caco.

— E com o tempo ele saiu disso sozinho?

— Com o tempo, lá pelos 6 anos. Ou talvez 5. Eu lembro que ele estava no jardim de infância.

— Ótimo. Ainda tenho mais dois anos pela frente.

— Que tipo de amigo a Maya tem?

Eu conto da primeira aparição de Dodô no meu escritório, sobre o comportamento agressivo dela, a maneira como ela o culpa, e a minha sensação permanente de que isso não é uma coisa inofensiva e boa. Conto a Sabine:

— Uma amiga minha que mora um pouco mais acima na minha rua tem um filho de 3 anos que passa o tempo todo falando dos seus "maridos". Ele diz: "Os meus maridos podem ir à praia com a gente?", ou "Agora eu vou brincar com os meus maridos". Na família, já virou piada: "Spencer e seus maridos". Mas não acho que Dodô seja engraçado e não acho que seja porque eu não tenho senso de humor. Não vejo nada para rir nessa história.

— Acho que vai acabar indo embora — ela diz, colocando a mão em meu braço. — Mas quem vai saber quando? E, até lá, pode ser um período bem esquisito.

A parte mais difícil de planejar uma festa surpresa para Uzi é inventar uma maneira de tirá-lo do trabalho numa sexta, antes das sete da noite. Eu acabo me decidindo em pedir a Roger, nosso vizinho, que trabalha na mesma empresa, para oferecer uma carona a Uzi pela manhã e então inventar uma desculpa para ter de voltar para casa às 19 horas. Deixo Roger responsável por todas as manobras; eu cuido para que, em casa, tudo esteja pronto. Compro um balão de gás hélio e algumas bolas, alguns salgados e uma torta com a inscrição "Feliz 40 anos Uzi", que eu encomendei de um mercado perto de casa. Eu sei que Uzi não vai querer que nossos amigos se sintam na obrigação de trazer presentes, por isso inseri uma nota junto dos convites pedindo que os convidados fizessem pequenas doações em vez disso. Eu escrevo uma carta incentivando-os a dar dinheiro a uma entre três instituições de caridade que eu acho que ele iria apoiar se tivesse tempo (os Médicos Sem Fronteiras, o Sierra Club e o National Wildlife Fund) e deixo tudo numa mesa da entrada. Depois ponho um maço de envelopes já endereçados ali ao lado para facilitar o processo.

Toda a ideia é uma aposta, já que Uzi me pediu especificamente para não preparar nada de aniversário, mas foi difícil acreditar que ele estivesse falando sério. Não é essa atitude que um esposo domesticamente correto deve tomar? Como quando ele fala "eu já tenho tudo que preciso, meu bem — você e as crianças já são tudo o que eu quero"? Guardo com muita nitidez o aniversário de 40 anos da minha mãe, quando ela passou semanas insistindo que não queria saber de uma festa surpresa, e meu pai, provavelmente aliviado de não ter de preparar mais esta, levou o pedido ao pé da letra. Eu me lembro de como ela entrou em casa na noite do aniversário com uma expressão de recatada humildade no rosto e a velocidade com que essa expressão deu lugar a um olhar da mais completa decepção quando se deu conta de que não haveria festa alguma para ela. Eles brigaram feio naquela noite e meu pai protestou: "Mas você me disse que não queria nada!", e a minha mãe, aos prantos: "Mas não foi isso o que eu realmente *quis dizer*!" Prometi que eu mesma daria uma festa para ela em seu aniversário de 50 anos, mas ela não chegou lá, e agora eu não quero perder a chance de celebrar os 40 anos de Uzi. Quem sabe como vão estar as coisas daqui a dez anos? O que eu sei é que não há garantias.

Às 18h30, a sala já está cheia dos costumeiros suspeitos de preparar uma festa: uma dúzia de vizinhos; o sócio de Uzi na empresa; minha irmã e a colega de quarto dela; Sabine, Martin e Léo; nossos amigos israelenses de San Fernando Valley; os membros do meu grupo de escritores; e minhas três amigas da escola e da faculdade que moram em Los Angeles, com os respectivos maridos e filhos. Só depois de todo mundo ter chegado é que percebo que não levei em conta a questão do estacionamento. O único lugar para colocar os carros dos convidados é na rua, o que significa que Uzi vai perceber tudo na hora em que Roger o trouxer para casa — que é exatamente o que acontece enquanto eu ainda corro de um lado para o outro, tentando encontrar outro lugar para estacionar os carros.

Não importa, pelo menos não para Uzi, para quem uma festa surpresa no alto da rua é tão boa quanto uma festa surpresa na porta de casa. De qualquer maneira, todos nós gritamos para ele em uma só voz quando ele entra, tanto para a nossa própria satisfação, quanto pela rara oportunidade de poder tirar uma foto dele sendo pego desprevenido. Maya se joga em cima dele e ele a levanta nos braços enquanto todos os convidados à sua volta o circundam com tapinhas nas costas e votos de feliz aniversário.

Passada a animação inicial, ele me puxa de lado e me enlaça pela cintura.

— Obrigado — cochicha ele em meu ouvido.

— Pensei que você não quisesse uma festa — retruco. Não dá para segurar.

— Eu não sabia que queria.

Seguem-se duas horas de bater papo, passar por vários grupos, rir, comer, beber e correr com pratos cheios de canapés, atrás de crianças para evitar uma queda de açúcar no sangue. As bandejas de comida evaporam no ar. Eu estou na cozinha enchendo o balde de gelo quando minha irmã, Michele, entra para jogar o prato dela no lixo.

— Ei, cadê a minha sobrinha favorita?

— Ela é a sua única sobrinha.

— Isso. Minha única sobrinha favorita.

— Provavelmente brincando. Junto com as outras pessoinhas.

Minha irmã é três anos mais nova do que eu. Ela é a chefe do departamento de marketing de um grande estúdio de cinema de Los Angeles e serve como um exemplo clássico do que uma ética de trabalho de matar, uma técnica excelente de lidar com as pessoas e um caminhão de inteligência própria podem levar alguém tão longe na vida que você se pergunta por que as faculdades de administração não têm uma cadeira chamada Fazendo Negócios como a Michele.

Por um curto período em minha vida, nós vivíamos como mulheres solteiras trabalhando em tempo integral. Então eu me casei com Uzi e tive Maya, Michele conseguiu uma grande promoção no trabalho e nossos caminhos se distanciaram. Agora eu me sinto como se tivesse me transformado numa versão da minha mãe no século XXI, enquanto Michele se tornou... bem, uma versão ainda mais bem-sucedida de quem eu sempre quis ser.

— Como é que a Maya tem passado? — ela pergunta. Ela recebeu um relatório passo a passo sobre o Dodô nesse último mês, mas já faz alguns dias que nós não nos falamos.

Eu uso as mãos para tirar várias pedras de gelo da sacola no freezer e colocar no balde de vidro na bancada.

— Depende de com quem você fala. As minhas amigas dizem "deixa ela em paz, ela vai sair dessa". A professora da pré-escola diz que eu não tenho com o que me preocupar, que ela já viu isso acontecer. A pediatra diz que amigos imaginários são um "desenvolvimento apropriado" e então me dá uma lista de sinais de perigo que devo monitorar. E enquanto isso, a menina conversa com o ar.

— Não parece uma situação tão ruim assim. Eu também tinha uma amiga imaginária. Você também. E nós ficamos normais. — Minha irmã é, em suma, totalmente prática.

— Fale por você, Laurie Bankin — respondo. Esse era o nome da amiga imaginária dela. Eu não acredito que tenha acabado de me lembrar.

Michele ri.

— Eu não me lembro da mamãe se preocupando com isso. Talvez você esteja exagerando.

— Quem? Eu?

Michele ri outra vez.

— Ela parecia muito bem quando eu cheguei.

— Essa é a questão. Ela está bem, ela está bem, ela está bem, e então, de repente, ela não está bem. Ou ela *não está nada bem*. Às vezes consigo tirá-la do transe rapidamente, e às vezes ele ainda continua um pouco. É como se outra força assumisse as rédeas, uma coisa que nem fosse ela.

— Talvez seja normal uma criança de 3 anos se comportar assim.

— O que é "normal"? Quer dizer, a gente era normal? Eu pensava que era a reencarnação de Laura Ingalls Wilder e você fazia as suas bonecas-soldado pilotarem aviões de caça sobre as minhas bonecas Barbie, e o brinquedo favorito do Glenn era um carteiro de pano. Eu não me acho nem um pouco qualificada para saber o que é normal.

— Tem toda a razão — ela diz.

— Você diria que Uzi é "normal"?

— Eu diria que Uzi é... singular.

— É isso o que eu quero dizer. Se aparecer na cidade alguém Normal, ele não vai querer se hospedar aqui.

Minha amiga Deborah entra na cozinha, enche seu copo de vinho com a garrafa aberta de Cabernet e levanta o copo num brinde.

— Saúde, garotas — ela diz, e volta para a sala.

— É sério — falo quando Michele e eu voltamos a ficar sós. — Você sabe por que eu estou preocupada.

— Por quê?

— Você *sabe*.

— Vovó? — ela pergunta, e eu faço que sim duas vezes.

Michele faz um *pfff* em voz alta.

— Agora eu *realmente* acho que você está exagerando. É a mesma coisa que dizer que vamos ter problemas na vesícula só porque o papai teve. A vovó era a vovó. A Maya é a Maya. A família é a mesma, mas cada um tem a sua história.

Cristine, minha vizinha, aproveita essa hora para entrar na cozinha, carregando seu filho exausto de 3 anos no colo.

— Se vai ter bolo, agora seria uma boa hora. Algumas pessoas estão começando a se desligar.

— Claro!

E me ponho em ação. Bolo, pratos, garfos. Vou até a gaveta que há debaixo do micro-ondas para pegar os fósforos e as velas, que Maya quer ajudar a apagar, mas só tem um detalhe... cadê ela? Percebo que não a vejo há pelo menos meia hora.

Ela não está no quarto de brincar, onde uma mesinha de jogos decorada com uma toalha sorriso, copos-sorriso e utensílios plásticos está estranhamente vazio.

Não está na sala de TV, onde três crianças derrubaram no chão todos os álbuns de fotografias que estavam nas prateleiras.

Não está na cozinha nem na despensa, seu esconderijo favorito. O que significa que ela só pode estar lá embaixo, no quarto de Carmen — que eu verifico primeiro, sem sucesso —, ou lá em cima, no quarto dela ou no meu.

— Maya? — chamo enquanto subo as escadas. — Meu bem, você está aí?

Meu quarto fica bem diante das escadas. Ponho a cabeça pela porta aberta e dou uma olhada.

— Maya? — chamo. Volto para o hall e só então percebo que a porta do quarto dela está fechada. Vou até lá e bato de leve quatro vezes na porta, com as unhas. — Maya? Meu bem, você está aí? — Só então me ocorre que eu não preciso pedir permissão para entrar no quarto de uma criança de 3 anos. Giro a maçaneta e abro a porta.

Eu a vejo antes de ela me ver. Está sentada no chão, ninando uma boneca Rúrsula em cada braço.

— Shakata piman ickter lamod vinyaka? — ela pergunta ao espaço vazio diante dela. Depois assente. — Falafa mingus.

— Maya? — eu chamo.

Ela olha para a porta, um olhar fixo.

— Nyah! — grita em minha direção, a boca curvada numa expressão zangada, e volta a brincar.

A parte superior do meu corpo estremece como se tivesse levado um choque. Às vezes, quando vou buscá-la na escola, ela grita "Não!" e foge, querendo brincar mais um pouco, mas ela nunca cuspiu na minha cara dessa maneira. Não que eu tenha certeza sequer de que eu fosse o alvo. Ela mais parecia um animal venenoso, pronto para atacar qualquer um que se aproximasse.

Eu pego na maçaneta da porta.

— *Maya* — falo outra vez. Agora é uma ordem e não uma pergunta.

Mais uma vez ela olha na minha direção e eu me vejo entrando em foco lentamente em seus olhos até ela ver que eu estou aqui, até reconhecer quem eu sou.

— Ma-mããe! — ela grita docemente. — O Dodô não quer que eu desça para a festa!

Um tipo completamente novo de pânico me percorre como um vento frio.

Preciso tirá-la desse quarto. Digo a ela:

— Você tem que descer. — Minha voz sai frágil e não muito alta. — Você está me ouvindo? Eu preciso que você desça. Agora mesmo.

Uma leve expressão alarmada passa por seu rosto.

— Por quê?

— Porque está na hora do bolo. Vá lá para baixo e fique com o papai. Por favor.

Ela fica de pé, obediente, e vai até a porta, depois volta-se para olhar o quarto vazio e dá tchauzinho.

— *Maya*. Vá até onde está o papai. *Agora*.

Ela joga um olhar confuso para trás, quando chega na beira da escada.

— Eu já vou, está bem? — digo.

Mas que merda! Do lado de fora do quarto, eu pressiono as costas contra a parede e me deixo escorregar até o tapete. Abrindo. O chão está se abrindo. Eu pouso os braços sobre os joelhos e a cabeça nos braços. É a posição em que eu digo que me rendo. Fiquei assim encostada a um TransAm num estacionamento noturno e úmido quando eu tinha 16 anos, cercada por um bando de amigos muito simpáticos e teatrais depois que o primeiro garoto que eu amei na vida tinha acabado de me dizer que dormira com Lisa Kaminsky — que era 15 centímetros mais baixa do que eu e um ano mais nova —, enquanto eu estava acampando no verão. E de novo no ano seguinte, junto a Michele no corredor de tapete laranja do hospital Bom Samaritano, do outro lado do quarto semiprivativo da minha mãe, enquanto a procissão de parentes passava por nós para dar seu último adeus.

Foi a mesma posição em que fiquei dos 20 aos 30 anos, toda vez que eu atendia o telefone tarde da noite e escutava a voz da minha avó. O que eu tinha jantado? Alguma coisa do supermercado? Eu deveria ter mais cuidado. Será que eu ainda não sabia? O governo tinha um plano para envenenar a comida da nossa família. Ela tinha ouvido no rádio. Precisávamos falar baixo. O FBI estava grampeando o telefone. Ainda ontem, funcionários da companhia telefônica estavam na rua num carro vermelho, mexendo na linha da casa dela.

— Vovó — eu dizia, tentando manter a voz calma e controlada. — Não há vozes *falando* com você pela televisão. — Quando isso não funcionava, eu usava uma tática diferente: — Diga a eles para ficarem quietos. Diga que a sua neta mandou que eles a deixassem em paz.

Eu amava a minha avó profundamente, integralmente, queria lhe dar toda a minha proteção. Quando ela começou a ter dificuldades de manter a razão, isso disparava alguma coisa em mim também. Não era só pelo fato de perdê-la, o que já era ruim, mas também pela descoberta de que uma coisa dessas pudesse acontecer a uma mente tão ativa e criativa. No entanto, havia alguma coisa levemente emocionante em testemunhar esse tipo de decadência, como descobrir um décimo planeta que contém uma forma de vida nunca vista pelo homem. Quem sabe um universo alternativo como esse poderia existir ao mesmo tempo que o nosso?

Eu o inventei, por isso ele é real.

Eu pressiono as sobrancelhas nos braços com toda a força. No andar de baixo, as vozes continuam num ruído contínuo e reconfortante. Por um breve momento irracional, penso em mandar um e-mail aos autores da coleção *O Que Esperar*, pedindo um checklist para algo bem verdadeiro e urgente. *O que esperar quando seu filho começa a ouvir vozes*, pensei. *O que esperar quando você teme que o seu filho tenha enlouquecido*. Ponto número 1: O comportamento do seu filho passou por alguma mudança dramática? Ponto número 2: Existe um histórico de doença mental na família? Ponto número 3: Você está com medo?

Meu Deus. Eu espero, até mais do que torci por mim mesma e pelos meus irmãos ao longo dos anos, que uma coisa dessas não seja hereditária. Esse é o meu medo secreto, aquele que Prema, a Dra. Diane a até Uzi, que sabe o que aconteceu com a minha avó, não sabem que eu acalento: que o que quer que tenha disparado o estado de saúde da minha avó possa ter ficado adormecido por três gerações de DNA e entrado no sangue da minha filha. Será que uma coisa dessas sequer é possível, ou será que eu é que estou me rendendo à histeria? Para falar a verdade, não sei.

Minha avó era adoravelmente excêntrica tanto quanto eu possa me lembrar, profundamente comprometida com a família, no entanto também sujeita a episódios de preocupação e arrependimento obsessivos em assuntos familiares. Ela também tinha um tipo de pressentimentos sinistros, com teorias sobre o número 13, a cor preta e carne processada que soavam como delírios aleatórios e histéricos quando eu era criança, mas que, anos mais tarde, apareceram nos ensinamentos da cabala e nos telejornais noturnos. Isso me fez pensar, depois de sua morte, que ela fora uma vidente que não se desenvolveu. Há culturas tribais que acreditam que aqueles que podem ouvir vozes têm o dom da cura, recebendo mensagens de outro mundo. Como é que eu vou saber se a minha avó não tinha um dom parecido, ao jeito dela? Mesmo assim, nós morávamos nos subúrbios de Nova York e não na floresta amazônica e, no nosso meio, os problemas que ela tinha no fim da minha adolescência estavam muito longe do normal. Mesmo assim, eu a adorava apesar disso e por causa disso, exatamente da mesma maneira que uma neta pode fazer, e passei a protegê-la e defendê-la cada vez mais à medida que os anos iam se passando. Quando ela faleceu aos 90 anos, meses antes de eu ficar grávida de Maya, senti essa perda como um golpe terrível.

É impossível eu não me perguntar há quanto tempo a minha avó tinha ficado assim. Será que essas sementes já estavam germinando na década de 1950, quando a minha mãe passava batom para sair em seu primeiro encontro? Começando a se espalhar em 1948? Dando os primeiros passos em 1939? Ou será que eu tenho que voltar ainda mais no tempo, antes do nascimento da minha mãe, a um apartamento de imigrantes em Newark, Nova Jersey, no ano de 1912, onde uma mãe de cinco filhos, nascida na Polônia, deixa de lado seu trabalho de costureira e vai até o fogão, enquanto um pai se debruça sobre o seu livro de rezas em silenciosa concentração? Ela mexe o caldo de galinha, seu pensamento perdido no vestido de noiva de Tanya Levitsky. Ele manuseia a beira das páginas entre o polegar e o indicador enquanto reza baixinho em hebraico, ambos sem saber o que começou a bater na mente de sua generosa menininha, de coração leve e cabelos cor de cobre.

Depois que os últimos convidados se retiram, Uzi faz a ronda pela casa com um saco plástico preto, recolhendo os últimos guardanapos e xícaras, e eu carrego Maya para a cama. Ela se enrosca no meu peito e põe os dedos médio e indicador na boca. Eu a beijo na testa.

— Boa-noite, Ursinho Maya — eu digo.

Ela se prende ao meu pescoço para um último abraço.

— Boa-noite, mamãe.

Não há sinal da desordem mental que eu vi em seu quarto duas horas atrás, nem qualquer indício de que ela se lembre do que aconteceu.

Eu a coloco gentilmente na cama e passo o edredom de ursinhos em volta da cintura dela.

— A melhor menina do mundo — cochicho em seu ouvido.

— A melhor mãe do mundo — ela responde, baixinho. E, antes de eu chegar à porta, já adormeceu. São 22h07.

Eu pego o telefone sem fio da sala de TV e ligo para minha amiga Sarah, que é psicóloga em Manhattan. Sarah mora confortavelmente num apartamento espaçoso, desorganizado e atulhado de coisas na West End Avenue, com seu filho de 13 anos. Ela geralmente fica lendo até bem depois da meia-noite, o que significa que é uma das minhas poucas amigas de Nova York a quem eu posso ligar a essa hora.

— Maya acabou de fazer 3 anos, não é mesmo? — ela pergunta. — Acabou de chegar à idade onde começa a ter impulsos negativos com que ela não sabe lidar. Ela não pode descontar em você. É uma ameaça grande demais para ela. Então ela cria um personagem imaginário em que pode projetar esses sentimentos negativos. É chamado de um racha. Dessa maneira não é realmente ela que está se comportando mal. Faz sentido?

— Por que ela iria querer descontar alguma coisa em mim?

— Ela não quer. Essa é a questão. Há quanto tempo isso tem acontecido?

— Há uns dois meses. Será que eu tenho dado duro demais?

— E você *tem* dado duro demais?

— Na verdade, não. O que eu digo é que talvez eu esteja trabalhando muito.

— Você não está trabalhando muito — ela diz. Sua voz fica dura e macia ao mesmo tempo. Sarah é 14 anos mais velha do que eu. Nós duas perdemos nossas mães de câncer quando éramos adolescentes, mas ela também perdeu o marido quando tinha 40 e poucos anos e teve de criar o filho deles sozinha. Às vezes parece que ela sente muita compaixão por mim e, ao mesmo tempo, não muita compaixão por mim.

— Ela estava falando com ele em gromelô essa noite. Não se parecia com qualquer língua que eu já tenha ouvido falar.

— Talvez ela esteja tentando falar hebraico, como Uzi...

— Ela sabe falar hebraico de verdade. A última babá dela era israelense. Você acha que eu estou tendo uma reação exagerada? — O que quer dizer: criando um drama onde não existe nada? Não seria a primeira vez. Nem a décima.

— Uma reação exagerada? Eu não gosto dessa expressão. Se você está preocupada, você está reagindo a alguma coisa que é verdadeira para você.

Se o telefone tivesse fio, eu o estaria enrolando em meu dedo. Em vez disso, pego uma das bonecas de pano de Maya e começo a coçar o interior da orelha dela. Tenho medo de dizer o que vou dizer, mas então vou em frente e digo.

— Você sabe o que aconteceu à minha avó.

— Nem fale nisso. Não tem nada a ver.

— Como é que você sabe?

— Porque eu sei — ela diz.

— Eu sinto que estou começando a pirar. Realmente começando a pirar.

— Você não está começando a pirar.

— Como é que você pode ter tanta certeza sobre o que está acontecendo na minha vida?

— Porque eu estou vendo de fora, o que põe as coisas em perspectiva. E você está do lado de dentro, o que deixa as pessoas míopes. Escute: Maya é uma garota inteligente. Por que você não tenta falar com ela? Tente dizer "o Dodô não tem se comportado bem ultimamente. Por que nós não o mandamos para casa da mãe dele por uns tempos?" e veja o que acontece.

— E se ela surtar totalmente?

— Então ela surtou. E nós tentamos outra coisa.

No dia seguinte, depois que pego Maya na pré-escola, passo para a pista de baixa velocidade da Pacific Coast Highway. Eu passo algum tempo ajustando o espelho retrovisor até que ela se encaixa direitinho no meio dele. Então abaixo o volume da fita de músicas infantis e vejo se tem alguma mensagem no meu celular. Depois de não ter mais com que me desviar, eu conto até cinco na cabeça... e aí eu falo.

— Maya, eu andei pensando. O Dodô não tem se comportado muito bem ultimamente. Talvez nós devêssemos mandá-lo passar uma temporada com a mãe dele. Talvez ele precise de um tempo.

— Nã-*ão* — ela exclama. Ela bebe o resto de suco da caixinha, um barulho bem alto, de quem está sugando tudo. — E, além disso, ele não tem mãe.

— Ele não tem mãe? Como é que pode?

— Nenhum Dodô tem mãe — explica ela. — Eles moram sozinhos numa ilha grande e fria. Eles só protegem a si mesmos.

Nenhum Dodô?

Olho para a minha filha no espelho, seu cabelo escuro, cacheado e desgrenhado, suas unhas pequeninas e seus dentes incrivelmente pequenos e brancos e sinto um jato de amor tão grande que os ossos do meu rosto chegam a doer.

— Maya — digo com o maior cuidado, medindo cada palavra. — São quantos Dodôs exatamente?

— Muitos — ela diz. — Existem Dodôs meninos e Dodôs meninas. E existem os Dodôs bons e os Dodôs maus. — Ela mastiga o canudinho pensativamente. — É claro que o meu é um menino.

— E ele é um dos maus?

— Às vezes. Às vezes ele é bom.

— E você pode ver esses Dodôs?

Pelo espelho retrovisor, ela faz que sim.

— Posso ver todos eles — ela diz, pronunciando nitidamente cada palavra e eu sinto o meu peito afundar, como um elevador que passa um pouco do andar.

Naquela noite, Uzi e eu estamos no sofá com o meu pé no colo dele e o History Channel mostrando algum filme em preto e branco na sala de TV cheia de brinquedos.

— O quanto você acha que nós devemos nos preocupar? — eu pergunto.

Eu sei o quanto *eu* estou preocupada, mas estou tentando verificar se devo me afundar nisso ou se devo tentar me restabelecer com mais força. Eu conto com ele para me tirar dessa. Porque, se eu simplesmente me afundar, tenho uma sensação de que estaríamos lidando com um poço sem fundo.

— Sobre o quê? — ele pergunta. Eu estava certa. Ele não está prestando atenção.

— Os Dodôs. Eles estão... hum... se *multiplicando*.

Ele arregala os olhos e ergue levemente os ombros. Eu conheço esse olhar. Não está descartando nada e não é desinteressado, mas, muito sutilmente, ele não toma o problema como seu. É um olhar que diz: "Quem, *eu*? Eu deixo esse tipo de coisa para você." Às vezes parece que Uzi acredita que, se você ignorar um problema por tempo suficiente, ele simplesmente vai desaparecer através de uma mágica secreta que só as esposas sabem como fazer. Eu venho pensando em arranjar uma esposa dessas para mim.

— Eu não sei. A quem podemos perguntar?

— Falei com Sarah. Ela acha que Maya está dividindo o ego em dois para empurrar todas as coisas negativas para outra pessoa. Ela diz que isso é bem comum nessa idade.

— Faz sentido — ele diz, sem ser muito convincente. Pelo tempo que eu o conheço, Uzi nutre certa desconfiança por psicólogos, alegando que a maioria deles entra na profissão para consertar outras pessoas, porque eles mesmos precisam ser consertados. A julgar por alguns psicólogos que conheci, não posso dizer que ele esteja totalmente errado.

Eu levo os joelhos ao peito e os mantenho ali. Uma unidade do Terceiro Reich marcha em formação nas imagens granuladas da televisão. Eu roço a perna de Uzi com o calcanhar.

— Eu preciso que você leve isso a sério.

Ele aponta o controle para a televisão e a tela fica preta no meio de uma parada alemã.

— Muito bem, estou ouvindo.

— Tem alguma coisa que parece errada com esse Dodô — eu digo. Já parece estranho o suficiente falar dele como se fosse uma pessoa de verdade. — É como se ele a controlasse, entende?

Uzi aperta a têmpora com a mão esquerda. Parece estar tão cansado... Como é que eu não vi antes o quanto ele parecia estar cansado? Nas fotos do nosso casamento, há três anos e meio — antes de ele montar a empresa, antes de começarem as semanas extenuantes —, o rosto dele era totalmente macio e o cabelo da mesma cor castanha. Hoje, essas imagens parecem versões trabalhadas em computador do Uzi atual. Vou até ele e gentilmente pouso as pontas dos dedos em seu rosto.

—Desculpa. Eu não devia ter dito isso.

Eu devia ter sido, sei lá, menos dramática? Mais positiva? Menos brutal? Eu não sei nem mais como representar. Tenho que ser de um jeito com Uzi, de outro com Maya e de um terceiro com Carmen. Tenho que acreditar que, em algum lugar de mim, existe uma mulher que ainda é capaz de identificar suas próprias convicções e agir de acordo com elas, mas aqui eu vou precisar de uma reapresentação formal.

— Está tudo bem — diz Uzi. — Aliás, eu andei pensando a mesma coisa.

Se o meu marido — o suprassumo das reações controladas, a única pessoa em que eu posso confiar para me assegurar continuamente que tudo vai ficar bem, mesmo quando todos os sinais apontam para o outro lado —, mostra preocupação, isso quer dizer, pelos padrões das outras pessoas, que alguma coisa está seriamente, quase catastroficamente, errada.

— Achei que você não tinha percebido.

Ele me olha como se eu tivesse acabado de lhe aplicar uma combinação de golpes baixos que prometi que jamais usaria.

— É claro que percebi — ele diz. — É *claro* que percebi.

É na sala de TV que ele me encontra na madrugada de 26 de novembro, agarrada ao controle remoto e com a gata aninhada em meu colo, enquanto zapeio obsessivamente entre a CNN, a ABC e a NBC.

— Que foi? — ele pergunta, parando na soleira da porta quando vê a expressão em meu rosto.

Quando olho para ele, me sinto como uma criança que esperou o dia inteiro pela chegada da mãe, só para explodir em lágrimas quando a vê.

— Estão roubando a eleição — eu conto. Ele passou o dia inteiro trabalhando em seu casulo e provavelmente ainda não sabe. — Esses merdas estão roubando a eleição.

Uzi se acomoda no sofá ao meu lado. Ele é um dos 100 milhões de americanos que acreditam que não há diferença entre os candidatos à presidência deste ano e que todo político faz parte de um mesmo sistema falido. Mesmo assim, se alguma vez ele se cansa de ouvir a esposa esquerdista resmungar sobre a recontagem dos votos na Flórida, ele não me deixa perceber.

— O que foi que aconteceu?

— Katherine Harris acabou de sacramentar a recontagem da Flórida em favor de Bush. O município de Palm Beach terminou a contagem duas horas depois do prazo e por isso os seus votos não foram incluídos. — West Palm Beach é o lugar onde os meus avós passavam o verão, e eu sinto uma sensação de revolta familiar em nome do país inteiro. Além do mais, tenho amigos e parentes lá que passaram noites em claro recontando os votos a mão.

— Bush acabou de anunciar que sua equipe de transição já vai começar a trabalhar.

— Sinto muito — ele diz.

Eu encosto minha cabeça em seu ombro. Nos últimos 19 dias, o país ficou em suspenso com a questão de quem fora eleito presidente e foi um golpe duro para mim. Eu sou a menina que fazia o juramento de obediência à nação todas as manhãs no ensino fundamental com a maior seriedade e com o cuidado de dizer claramente as palavras com a mão no coração e a adolescente que automaticamente se levantava no começo de todo jogo dos Yankees contra os Mets quando todos se erguiam para cantar "The Star-Spangled Banner", o hino nacional americano. O orgulho nacional sempre foi uma parte mais importante da minha identidade do que qualquer regionalismo ou religião e o meu sentimento de dever cívico nunca diminuiu, mesmo durante os aparentemente ilógicos anos do governo Reagan.

Mas isso? Eu estou ciente de que, num sistema democrático, a maré sobe e desce entre líderes que representam os seus ideais e outros que não representam. Mas entregar uma eleição inteira ao candidato republicano por causa de 537 votos contestados num estado onde o secretário de estado republicano é o codiretor da campanha? Onde o *irmão* do candidato é o governador? Mal posso esperar para ver o que os livros de história vão dizer sobre isso daqui a trinta anos.

No andar de cima, Maya grita durante o sono. Mais um terror noturno. A gata pula do meu colo, enterrando as patas traseiras em minhas coxas, e vai se esconder debaixo da mesa da cozinha. As persianas da janela atrás de mim escolhem esse exato instante para se soltar do lado esquerdo e cair atrás do sofá, por pouco não acertando a minha cabeça.

Existe um limite de coisas que posso suportar e isso não está incluído.

Estou começando a me perder. Eu realmente acho... que estou... começando... a me perder, é isso.

— Vou ver o que é — diz Uzi. — Você fica aqui.

Ele sobe as escadas correndo, me deixando com essa dissonância cognitiva em que se transformou a CNN.

Carmen é a primeira a finalmente aparecer com um plano. Carmen, filha de uma nicaraguense do interior, e que acredita profundamente em tudo o que seja mágico, cliente assídua de um curandeiro da zona leste de Los Angeles, que ela diz limpar seu espírito com banhos de ervas e com as *veladoras* que ela acende toda noite. O porta-malas do Toyota dela faz um barulhão com as sacolas de compras cheias de retratos de Jesus, da Virgem Maria e vários santos protetores. Quando ela passa a noite com a gente, uma fumaça cheirosa sai por baixo da porta do quarto de hóspedes.

— Dona Hope — diz Carmen uma noite na cozinha, depois de eu desligar o computador —, eu estive pensando. Acho que está na hora de a gente se livrar de El Dodo!

— É mesmo? — eu digo, imediatamente fazendo uma careta. Chega a ser constrangedor como tanta ansiedade pode se comprimir numa única palavra. — Você acha? — acrescento, sem que isso soe melhor.

Carmen apaga o fogo debaixo de uma panela de arroz e se vira para olhar para mim. Sua voz está cheia de certeza.

— Ele está atrapalhando demais.

Uma sensação de alívio toma conta de mim. Talvez toda a equação, afinal, seja simples assim. Dodô está atrapalhando o caminho e precisa ser retirado. Carmen tem um plano. Eu ponho o jarro d'água na bancada. Vidro sobre granito. Coisas sólidas.

— Muito bem, o que vamos fazer?

— Primeiro, precisamos de um ovo. — Carmen vai até a geladeira e tira um ovo de seu devido lugar na porta. Ela o esconde à altura da coxa e passa furtivamente para a minha mão, embora não haja mais ninguém na cozinha.

— A senhora pegue esse ovo e esfregue a Maya inteirinha com ele. Pra cima e pra baixo nos braços dela. Pra cima e pra baixo nas pernas. Assim. — Carmen esfrega a mão esquerda pelo seu braço direito e pela perna esquerda para demonstrar. Suas unhas são pintadas com um azul bonito, quase cor de gelo. — Depois a senhora traz o ovo pra mim. Eu levo ele daqui e jogo na natureza. E também vou fazer uma reza em espanhol.

Eu olho para o ovo e ele parece... um ovo.

— Só por curiosidade — pergunto —, o que é que o ovo faz?

— Ele tira o mau espírito de dentro do corpo.

— Você acha que ela tem um espírito encostado nela?

— Mas é claro! — Ela parece surpresa por eu não ter percebido algo assim tão óbvio. — O que mais pode ser El Dodo?

Para Carmen, a vida é um conjunto de polaridades sem meios-termos: bom e mau, terreno e espiritual, certo e errado. No começo, eu confundi a obstinada certeza dela com simplicidade. Foi só com o tempo que percebi que essa era uma forma invejável de se ter clareza. O que seria preciso fazer para pensar como Carmen pensa, acreditar com tanta certeza no poder sobrenatural de um tipo de alimento? Mas o fato é: quais são as minhas outras alternativas? Um diagnóstico psicológico significa Deus sabe quantos tipos de testes e remédios. Um espírito parece ser infinitamente mais administrável. Um espírito, Carmen explica, pode ser realmente removido. Uma coisa, de tudo que parece perdido, que eu sou capaz de corrigir.

Fecho os olhos e sinto o ovo frio e duro em minha mão. Passo meu polegar sobre a casca macia e imaculada. *Ovo*, eu penso. *Um ovo*.

Percebo que posso fazer uma escolha: doença mental ou espírito. Eu escolho o espírito.

Encontro Maya no quarto dela, vestida de Fada Sininho e tentando colocar um vestido de festa numa boneca Barbie que não a obedece.

— Oi, lindinha! — falo, com muitos pontos de exclamação. — Eu tenho aqui uma coisa engraçada para a gente fazer!

— O que é? — Maya olha para mim, meio desconfiada.

— Está vendo esse ovo? Eu vou esfregá-lo nos seus braços e suas pernas, para cima e para baixo, assim. — E demonstro no meu antebraço.

— Por quê?

— Porque a Carmen disse que era para fazer isso. É só esfregar para cima e para baixo, para cima e para baixo. Dá uma sensação boa. — Eu passo o ovo na coxa de Maya. Ela ri. Solta um gritinho. — É gelado! — Uma rápida demonstração de interesse aparece em seus olhos. — Tá — ela concorda.

Depois, como combinado, eu devolvo o ovo a Carmen, que o carrega cuidadosamente em suas mãos e parte para a ravina no fim da rua. Quando volta, ela esfrega as mãos com força, duas vezes, como que dizendo "está feito". Depois ela pega um pedaço de manjericão que está na geladeira há uma semana e explica que tenho que colocá-lo na água de banho de Maya e despejar em cima da cabeça dela.

Depois que você aceitou passar um ovo para cima e para baixo nos membros da própria filha para afastar um mau espírito, não é preciso muito para dar um banho de manjericão. Eu não só não me sinto ridícula de fazer isso, como também me esforço para fazer tudo direito.

— Agora as coisas vão ficar mais fáceis aqui, eu sei — concorda Carmen, supervisionando o banho. — São atos *muito* poderosos. *Muito* poderosos.

Até que o fracasso não é total. Maya não fala em Dodô durante dois dias inteiros. Na ausência dele, sinto uma leveza pouco comum. Pela primeira vez em meses, escrevo cinco páginas num dia. Limpo as gavetas na bancada do banheiro principal, organizando todas as coisinhas em células de plástico individuais. Num ato de inspiração, encontro uma agente de viagens de Belize chamada Carolyn nos quadros de mensagem da internet e telefono para ela para começar a fazer as reservas da nossa viagem.

Mas na manhã do terceiro dia, enquanto estou no carro para levar Maya à escola, ela diz "a-lô-*ou*" do banco de trás num tom de voz que me faz lembrar de meninos de 13 anos no shopping Sherman Oaks Galleria.

— Será que nós podemos ter mais uma *cadeirinha* aqui?
— Mais uma cadeirinha? Para quê?
Ela faz um barulho leve e impaciente no fundo da garganta.
— Para o *Dodô*.

E assim, simplesmente assim, ele está de volta, como se tivesse tomado um pequeno desvio antes de vir com toda a força retomar seu lugar de direito.

— El Dodo é mais difícil do que a gente imagina — conclui Carmen, seriamente.
— Você quer que eu recomende alguém? — pergunta Sarah.
— Talvez a gente precise achar um xamã em Belize — fala Uzi.

A ideia de uma explicação do outro mundo para Dodô parece, se não agradar o meu marido, pelo menos ativar seu interesse no processo de remoção. Uma ligação assim apoiaria sua crença de que uma outra dimensão, invisível e simultânea, existe ao lado daquela que nós experimentamos diariamente. Desde que ele começou a ler *Sastun* e conhecer o processo de aprendizado da autora com Don Elijio Panti, o último grande curandeiro maia de Belize, ele tem se mostrado ansioso de encontrar um xamã para nós visitarmos lá.

Ele acredita em determinismo. Acredita em reencarnação, em carma e numa série de outros conceitos intangíveis que me faz torcer um olho e recuar a cabeça dez centímetros quando aparecem numa conversa. Por um breve período na década de 1980 eu acreditava em ideias assim, ou pelo menos tentava acreditar nelas, até que três anos de mestrado seguidos por cinco anos em Nova York retiraram de mim os últimos resquícios desse tipo de coisa. Mas o meu marido... meu marido acredita nisso com uma convicção, com uma firmeza calma e inamovível que eu não consigo romper por mais força que eu faça.

Essa é uma maneira de explicar a expressão que ele faz, quando lhe conto sobre Carmen e o ovo, mostrando um leve espanto — não pelo ato em si, que ele pensa ser uma boa ideia, que valia a pena tentar, mas porque eu tenha concordado com ela e posto em prática. Ele não pensava que eu estaria aberta a esse tipo de ideia. "Aberta" — essa é a palavra que ele usa, como, por exemplo, ao dizer que eu não sou suficientemente "aberta". Como se eu fosse teimosa e andasse de propósito com uma abertura pequena demais.

— Aberta a quê? — pergunto. Xamanismo? Novas ideias? Às ideias *dele*?

— A tudo — ele responde. — Você precisa ter mais confiança.

— Em quê?

— No Universo.

Ai. Essa palavra de novo!

Eu não esperava nada disso de Uzi quando nos casamos. Sempre achei que eu é que era a parceira mais suscetível, aquela cujas inúmeras ansiedades tornassem mais provável de abraçar algo fora do comum, se isso oferecesse segurança, por mais breve que fosse. Mas, nesses últimos meses, comecei a pensar em mim mesma como a parceira mais pé no chão, tendo que fazer malabarismos com todas as coisas pequenas e práticas da vida familiar, enquanto meu marido gasta o pouco tempo livre de que dispõe lendo livros sobre o poder da consciência e das curas alternativas. É como se eu tivesse me tornado as letras maiúsculas desse empreendimento — ousada, sólida, assertiva — enquanto Uzi fica vagando em itálico: adorável e dando voltas; meio fora de compasso; sempre querendo mais.

No fim de outubro, ele fez amizade com um grupo de pessoas que se intitulam Curadores Prânicos e afirmam ter a capacidade de acabar com campos de energia negativos. Nos fins de semana eles vêm e se sentam em volta da mesa da cozinha, tomando chá de ervas e jogando as mãos para o céu. Uma vez, enquanto eles nos visitavam, tive uma crise feia de soluços. Uma das mulheres pediu para eu colocar uma faca de prata num copo cheio d'água e beber. Ela explicou que o metal agiria como um condutor para a energia que está à nossa volta, que acalmaria os espasmos no meu diafragma. Raciocinei que não haveria nada a perder se tentasse. Eu também não queria ser grosseira me recusando a fazer isso. E eu fui a única na cozinha a ficar surpreendida quando isso funcionou.

Quando o pai de Uzi, que é médico, veio nos visitar no início de novembro, ele aceitou deixar que os Curadores Prânicos trabalhassem nele. Ele estava nos primeiros estágios do mal de Parkinson, já com problemas de equilíbrio, e absolutamente ciente de onde aquela situação levaria. Eles o fizeram sentar numa cadeira no meio da sala de TV e ficaram circulando em volta dele, em silêncio, por quase meia hora, com as mãos apontadas para ele, em pleno ar. Quando terminaram, ele se levantou e andou em linha reta pela primeira vez em meses. Os efeitos duraram várias horas. Isso foi mais difícil de explicar.

Uzi me perguntou certa noite:

— Em que você acredita?

— Eu sou membro de carteirinha da Igreja dos Sentidos. Preciso ver para crer.

— Estou falando sério. Em que você acredita? No que você *realmente* acredita?

Analisar e separar aquilo que eu realmente acredito daquilo que eu costumava acreditar e daquilo em que eu gostaria de acreditar é uma tarefa mais difícil do que se pode imaginar. Quando criança, eu acreditava piamente num Deus poderoso e onipotente, o Deus dos meus livros ilustrados da Bíblia, tão poderoso que o nome Dele tinha de ser cercado de eufemismos, escrevendo D'us ou me referindo a ele, nas minhas aulas de hebraico, como Ha Shem, "O Nome". Aquele a quem eu fazia preces silenciosas para pedir proteção para minha família e a quem eu pedia desculpas toda noite por todos os pecados que eu acreditava ter cometido aos 11 anos: xingar alguém, responder aos meus pais, intimidar minha irmã menor. "Me perdoe, me perdoe, me perdoe." Toda noite na cama, eu rezava vinte orações, só para garantir ter algumas extras no banco, caso eu me desequilibrasse na manhã seguinte e sem querer pensasse "droga". Mas ficou impossível, aos 17 anos, continuar orando a uma divindade que se mantinha em silêncio enquanto um câncer destruía o corpo de uma mulher de 41 anos que nunca fizera mal a ninguém e a mataria em 16 meses, deixando sozinhas três crianças em idade escolar e um marido que não fazia ideia de como criá-las sozinho.

E mesmo assim... mesmo assim... tinha de haver *algo* lá fora maior do que nós, não é mesmo?

Pode chamar de fim da inocência ou mesmo da minha desgraça. Mas, da noite de 12 de julho de 1981 em diante, eu nunca deixei de acreditar inteiramente que algum tipo de poder mais alto deveria existir, mas parei de querer qualquer associação pessoal com um poder que permitiu que um sofrimento tão grande acontecesse. Se Deus, ou qualquer entidade que estivesse por trás de tudo, não tinha tempo de proteger minha família, então eu não iria desperdiçar meu precioso tempo com Ele. Ou Ela. Ou O Que Fosse.

A verdade é que não estou bem certa agora daquilo em que acredito. Minha atual vida espiritual se parece com uma coletânea de sucessos religiosos, misturando os melhores momentos do budismo, do hinduísmo, da teologia judaico-cristã, da psicologia junguiana e algumas coisas que se aprende na vida, e mesmo a minha lealdade a tudo isso muda de acordo com as circunstâncias. Dependendo do meu humor, posso achar que os Curadores Prânicos são realmente o máximo ou que não passam de uns charlatães.

— Em que você acredita?

A pergunta implica que, obviamente, eu tenha que acreditar em alguma coisa.

Em que você acredita?

Bem. Eu acredito no som de um solitário violão acústico tocando nos fundos de um bar esfumaçado. Acredito no cheiro do jasmim que desabrocha de noite. Acredito na expressão de placidez que vi no rosto molhado da minha filha depois que ela foi tirada de dentro de mim e colocada no meu peito. Acredito no milagre do rádio e na maneira como ele puxa a música do ar. Acredito que gatos possam sorrir. Acredito, especialmente ao olhar pela janela traseira de um táxi passando pela ponte Triboro, chegando tarde da noite do aeroporto de La Guardia, que Nova York é a cidade mais maravilhosa do mundo. E acredito que vou voltar para lá algum dia, de alguma maneira.

— Eu acredito na possibilidade de tudo — digo ao meu marido. — Mas não consigo confiar em nada sem ter uma prova visível. — Nunca me faltou imaginação. Minha dificuldade é ter fé nas coisas.

— E em que *você* acredita? — eu pergunto. Nada mais justo que inverter a pergunta.

Ele mexe um dos ombros, como quem diz "é tudo muito simples". Ele não tem o mesmo conflito interno que eu, que é provavelmente o motivo de eu tentar provocar isso nele, para justificar o meu próprio cinismo.

— Eu acredito que o mundo seja governado por paradoxos e polaridades — ele responde —; alguns a gente vê, outros não. Alguns nós já conhecemos, outros nem podemos imaginar, por enquanto. Nós achamos que as polaridades existem para criar divergências, mas na verdade elas existem para criar dinamismo. E isso é só uma parte. Pensar que nós já sabemos de tudo que há para se saber ou que somos capazes de ver tudo o que há para ver, é só o nosso ego falando. É a arrogância falando. Nós só conhecemos uma pequena faísca do que há para se conhecer.

— Caramba. Eu sou empírica demais para acreditar numa coisa dessas.

— Esse é exatamente o problema. Depois de um certo ponto, você tem que abandonar o pensamento racional e simplesmente acreditar.

Na maioria das vezes, eu deixo comentários desse tipo simplesmente passarem por mim.

— Se isso faz sentido para você — digo a ele. — Se é assim que você se sente feliz.

Mas de madrugada, quando Uzi cai no sono, e de manhã cedo, antes de ele acordar, nas horas cinzentas em que meus pensamentos são apenas meus, eu fico deitada ao lado dele e ponho a mão em sua coluna para sentir sua respiração regular. E fico nervosa.

Eu me pergunto, e isso me dá medo, se o meu marido está formando um sistema de crenças baseado nas convicções de outras pessoas ou se ele realmente acredita naquilo que diz.

— Metade das pessoas que nós conhecemos são espiritualmente nulas — diz ele, na hora em que expresso minha preocupação. — Eu aprendo coisas novas todos os dias. Que mal pode haver nisso?

Mas eu conheço o mal que isso pode fazer por experiência própria, anos antes de conhecer Uzi, quando eu me sentia perdida e só e de alguma maneira tive a ideia que misturar os encontros dos Filhos Adultos dos Alcoólatras, as missas semanais da Igreja da Unidade e cristais de várias cores e tamanhos deixados do lado de fora de casa para absorver a energia do sol poderiam me curar. Eu conheço em primeira mão o entusiasmo sem limites de quem está procurando uma cura e da sensação de desespero que o acompanha. E eu sei que a razão que faz alguém procurar alguma coisa não é necessariamente encontrar algo de novo, mas se afastar de algo que existe na vida presente.

Eu conheço as expressões que muita gente faz quando falo das muitas noites que Uzi passa no escritório. Eu conheço a maneira como a minha voz fica um pouco firme demais quando tento convencer as pessoas com um pouco mais de força, quando insisto que "ele nunca faria isso". O que eu não revelo é que tenho medo de perdê-lo para algo bem menos concreto que outra mulher ou um trabalho exaustivo.

— Ele está agradecendo pela *comida* — falo para Sarah no telefone, numa madrugada de dezembro.

— Ele está o quê? — De trás de Sarah vem o som de uma sirene desaparecendo na distância e então vários carros buzinando na West End Avenue. Sons que para mim significam *lar*.

— Quando ele se senta para comer, ele fecha os olhos por uns instantes e fica com aquela expressão de beato no rosto. Ele ergue as mãos sobre o prato como se estivesse tentando pressionar o ar para baixo. Outro dia eu perguntei o que ele estava fazendo. Ele me disse que estava agradecendo aos animais e às plantas que sacrificaram suas vidas por aquela refeição e agradecendo à comida por nutrir o seu corpo.

— Mas isso parece tudo muito bonito — ela responde.

— *Sarah!*

— Tudo bem — ela diz, recuperando-se prontamente. — Isso não deixa você à vontade. Não é um comportamento normal da parte dele.

— Não é um comportamento normal, ponto. — Eu omito a parte em que sento em cima das mãos quando vejo Uzi fazer isso, como uma forma de protesto silencioso. Mas não tenho tanta certeza de que esse também não seja um comportamento normal.

— O que a Maya fala quando ela vê uma coisa dessas?

— Nada. Ela nem percebe.

— Talvez seja melhor assim.

Quando eu me sento em silêncio e me lembro de respirar fundo, sei que Sarah está certa. Rezar pela comida é uma coisa pequena, afinal de contas. Bilhões de pessoas fazem isso mundo afora, provavelmente milhões em Los Angeles, tanto quanto eu saiba. Minha própria família fez isso durante os meus primeiros 17 anos de vida, toda sexta-feira, recitando preces em hebraico pelo pão e pelo vinho antes da refeição do sabá. Foi tudo ideia da minha mãe, que fora criada na ortodoxia judaica, e era um bom plano para todos nós, criando um ritual previsível e consistente numa família que de outra maneira tinha uma forte tendência a viver num caos.

Depois que ela morreu, meu pai tentou manter os jantares de sexta-feira à noite, mas era difícil demais para ele cozinhar uma refeição de três pratos depois de passar oito horas trabalhando e mais uma hora para voltar do centro da cidade para o subúrbio. Em vez disso, ele passou a trazer uma pizza de champignon ou coxinhas de galinha do Kentucky Fried Chicken para casa. Não parecia muito respeitoso fazer orações por causa disso e então acabamos parando com o vinho também. Em poucos meses, a ideia dos jantares de sexta-feira à noite acabou se transformando numa memória exótica e apagada, como uma antiga reminiscência de um imigrante que um dia se lembra de ter morado num país distante, com um objetivo de vida. Talvez seja isso o que mais me incomoda sobre as preces de Uzi à mesa, a ideia de que ele tenha voltado a uma versão idealizada de uma casa sem mim, em vez de trabalhar duro para criar um lar para nós.

A tosse de Maya me acorda, me tirando de um avião com as poltronas dispostas em forma de auditório, onde um namorado de faculdade me apresenta à sua mulher, para o quarto principal de uma casa no sul da Califórnia, onde meu marido lentamente se vira em minha direção e abre os olhos.

— Ah, não — ele diz.

Nós conhecemos aquela tosse mesmo em estado semiconsciente, uma espécie de latido seco, como as tentativas determinadas de um trompete quebrado de emitir algum som. Eu sei que quando eu puser a minha mão nas costas de Maya, ela vai estar fervendo. Afasto as cobertas e saio da cama.

— Vou ligar o chuveiro — grita Uzi. Essa é a quinta vez que a gente acorda assim em três anos. A essa altura já temos todo um esquema montado.

A primeira noite do crupe é sempre a pior. Maya e eu vamos passar a próxima meia hora sentadas no banheiro, tomando um banho quente para o vapor abrir seus canais respiratórios. Eu já sei o que esperar depois: três dias de febre alta e uma tosse que parece um latido, seguidos de três dias sem febre com uma tosse grave e rascante e uma garganta terrivelmente inflamada, seguidos de mais dois dias de letargia antes de ela ficar forte o suficiente e retomar suas atividades normais. São oito dias, do princípio ao fim.

Na faculdade, eu tinha uma companheira de quarto de Greenville, Mississippi, que, quando passava por algum estresse inesperado, colocava as mãos nas cadeiras e anunciava, lamurienta:

— Será que *este* não é um daqueles momentos de se chupar a pica grande e verde de um burro?

O atual momento pode ser qualificado assim, se não houver nada pior.

Dez minutos depois, sentada no tampo da privada com Maya dormindo em meu peito, o pequeno banheiro tomado por um vapor diáfano, começo a fazer alguns cálculos na cabeça. Hoje é dia 13 de dezembro. Mais oito dias e estaremos em 21 de dezembro. Nosso voo até Belize parte na noite do dia 22. Tempo suficiente para o vírus percorrer todo o seu ciclo e permitir que nós façamos a viagem. Por pouco.

Só que dessa vez a matemática não deu tão certo assim. Seis dias depois, Maya ainda tosse como se estivesse latindo e tem uma febre moderada de 38 graus. A Dra. Diane não recomenda que se trate uma febre menor que 38,3, por isso aplicamos compressas frias e a fazemos beber muito líquido. Já tentei todos os remédios — *Aconitum, Hepar sulphuris* e *Spongia* — que o meu homeopata receitou, e eles tampouco parecem funcionar. Ligo para o consultório da Dra. Diane e consigo encaixar uma consulta para mais tarde.

O consultório dela fica em Santa Monica, a cinco quadras do trabalho de Uzi, e eu prometo a Maya que vamos visitar o papai se ela se comportar direito na médica. Nosso ex-pediatra chamava isso de "oferecer um incentivo". Eu chamo pelo verdadeiro nome — um suborno — mas não me furto a usar esse estratagema para conseguir sua cooperação. E num consultório médico, não há outra solução. Desde a idade de 1 ano, Maya sempre nutriu uma aversão visceral a que qualquer prestador de serviço, de qualquer profissão, sequer tocasse nela. Depois de seu primeiro exame odontológico, a odontopediatra usou a palavra "combativa". A última cabeleireira que nós tentamos simplesmente jogou a tesoura na bancada de fórmica e falou "Meu Deus". Nos últimos seis meses, eu mesma tenho cortado o cabelo de Maya.

A Dra. Diane chega à sala de exames de jaleco branco, com a pasta de Maya agarrada ao peito.

— Então, como é que estamos hoje? — pergunta.

— Oi, Dra. Diane! — falo, um pouco animada demais. E Maya imediatamente tapa a boca com a mão.

— A Dra. Diane só vai olhar a sua garganta. E também seus ouvidos, para ter certeza de que você pode viajar de avião. Só vai demorar um minutinho e depois nós vamos visitar o papai.

Maya muda de posição, agora para tapar os dois ouvidos e fechar a boca com tanta força que os lábios desaparecem.

— Lembra da última vez que nós viemos aqui com a Colette? — eu lembro à médica. — É por isso.

— Está tudo bem — ela diz.

Ela não parece ter ficado impressionada ou aborrecida com o showzinho da Maya.

— Muito bem, Maya — ela diz —, nós vamos usar isso aqui para olhar o interior dos seus ouvidos. Ela mostra o otoscópio para Maya poder examiná-lo e o vira de um lado para o outro. Maya não poderia estar menos interessada.

— Você quer ver os meus ouvidos primeiro? Ou os da mamãe?

— Boa ideia — ofereço. — Você quer olhar os meus ouvidos primeiro, Maya?

Maya sacode a cabeça com um movimento controlado, mas mesmo assim de negação. Esquerda, direita, esquerda, direita.

— Não! — ela grita. — O Dodô manda dizer que não!

— O Dodô? — pergunta a Dra. Diane.

— É o tal amigo imaginário de quem eu falei.

Ela recua um passo e examina a ficha de Maya.

— Ela já fez isso antes, de ter esse amigo?

— Ela sempre fez isso. Você devia vê-la no dentista. — E logo acrescento, antes que ela comece a ter ideias: — Ela nunca foi tocada por ninguém contra a vontade, que eu saiba. — *A menos*, eu penso, *que você conte um médico na nossa primeira equipe de pediatras*, que segurou Maya na cadeira quando ela tinha 1 ano e meio para tirar cera do ouvido dela, o que a levou a irromper num surto violento de gritos e pontapés, o que é mais uma razão para a Dra. Diane ser nossa pediatra atualmente.

— Onde é que vocês vão passar as férias?

— Belize, na América Central.

A Dra. Diane faz um trabalho voluntário todo ano para vacinar crianças pobres em Honduras, o que provavelmente explica o fato de, em vez de me olhar perplexa por levar uma criança de 3 anos para Belize, ela assentir e dizer:

— Legal. Vocês vão gostar de lá.

Depois ela acrescenta:

— Se vocês quiserem embarcá-la num avião, eu realmente vou ter que examinar os ouvidos dela.

— Eu não sei se ela vai deixar.

— Qual é a importância dessa viagem para vocês?

— É muito importante — admito. E eu sinto um pequeno *unk* nas minhas costelas ao dizer isso, aquele beliscãozinho de culpa; afinal, que tipo de mãe dá preferência a uma viagem, até mais que à saúde da própria filha? *Uma mãe que precisa urgentemente de férias*, penso. *Uma mãe que as palavras* não reembolsável *fazem entrar em pânico*. Procuro me acalmar, lembrando que Maya não está tão doente assim. Com um desconforto, sim; com uma doença que não vai embora, sim; mas terrivelmente doente, não.

— Muito bem, Maya — diz a médica —, primeiro nós vamos examinar os ouvidos da mamãe. — Ela aponta o otoscópio para mim e eu obedientemente inclino a cabeça de lado. Posso sentir o instrumento tocando o exterior do meu canal auditivo, enquanto a médica finge que me examina.

— Hm, parece que está muito bom — ela diz. — Muito bem. É a sua vez, Maya.

Maya sacode a cabeça fortemente de um lado para o outro. A Dra. Diane me olha nos olhos e aponta para Maya com a sobrancelha. Eu capto a mensagem.

Em momentos como esse, minha filosofia tão bem talhada de educar uma criança — respeite a criança, trate-a como você gostaria de ser tratada, não quebre o espírito dela — vai completamente para o espaço, substituída por uma funcionalidade utilitária e autoritária que eu me pergunto se passei o tempo todo me enganando com o meu discurso. Num único movimento rápido, eu a seguro firme, prendendo os braços nas laterais do corpo, e a Dra. Diane avança e, segurando a cabeça de Maya firme com uma das mãos, examina o ouvido direito e depois dá a volta por trás de mim para examinar o ouvido esquerdo. Tudo acontece tão rápido que, quando Maya percebe o que nós fizemos, já acabou.

— Está limpo — diz Diane, recolhendo a ponta preta do otoscópio.

Eu solto os braços de Maya. Imediatamente, as mãos dela voam para tapar os ouvidos.

Tudo limpo. Eu não esperava por isso. Pensava que um diagnóstico de ouvido inflamado facilitaria minha decisão de cancelar a viagem, mas, em vez disso, essa notícia acaba acrescentando mais um nível de incerteza. Será que isso significa que podemos levar Maya até Belize sem preocupações? Ou será que a notícia de que uma parte do corpo dela passou no exame não pode querer dizer que outra parte pode dar problema numa distante cidade da América Central?

— O que você acha? — pergunto a Diane. — Nós devemos ir?

Ela ergue os ombros como quem diz: *Quem vai saber?*

— É um vírus e um vírus tem que seguir seu ciclo. Ou ela vai melhorar aqui, ou ela vai melhorar lá. Realmente, a decisão é sua.

— Sem querer ofender, mas isso não me ajuda muito.

Ela abre um esboço de sorriso.

— E se você estivesse no meu lugar?

— Se eu fosse você, eu iria. Não acho que exista uma razão forte o suficiente para cancelar tudo.

Faço que sim com a cabeça. Estou pronta para agradecer quando, de repente, minha atenção se dirige para um frenesi de atividade à minha esquerda onde... o quê? Maya *está dando socos na parede.*

— Maya — eu chamo —, o que você está fazendo?

Ela se atira à parede verde-clara perto da pia e arremete os punhos fechados contra a parede dura. Seu rosto está todo vermelho e contorcido numa careta feia.

— Eu quero quebrar essa casa! — ela grita, recuando os braços para dar mais socos. — Eu quero quebrar essa casa!

Eu me jogo para impedi-la de derrubar os potes de vidro cheios de cotonetes e abaixadores de língua. Eu já a vi agressiva antes, mas nunca com tanta violência e tão fora de controle. A Dra. Diane parece tão surpresa quanto eu. Eu viro a cabeça para ela enquanto tento acalmar Maya. Espero que o meu olhar de súplica consiga dizer: *Você é que é a especialista em crianças neste consultório. Será que pode assumir as rédeas... agora?*

— Muito bem — diz a médica —, vamos tirá-la daqui já.

Ela abre a porta e faz sinal para eu sair. Eu pego Maya, que ainda grita, e sigo a médica até outra sala, com menos móveis e uma espécie de tecido macio de listras amarelas na parede. Alguma coisa em seu aspecto faz com que eu tenha vontade de testá-lo com os dedos e é isso o que eu faço. Acolchoado.

Acolchoado? É mesmo? Ai, meu Deus. Paredes acolchoadas.

— Por que você não espera um pouco aqui até ela se acalmar? — diz a doutora. Ela me passa uma receita antes de sair pela porta. — Remédio para a tosse. Vai ajudar a superar a crise. E também vai ajudá-la a dormir. — Ela sabe que nós não gostamos de dar remédios de farmácia a Maya, mas não faz sentido lembrar disso agora. Eu pego o pedaço de papel.

— Eu vou estar do outro lado do corredor se precisarem de mim.

Já entendi. Ela quer que fiquemos isoladas. Outros pacientes estão esperando e não podem ver uma coisa dessas.

Maya se atira na parede, bate de volta e, sem desanimar, tenta de novo. Eu me sento na cadeira giratória e fico olhando para ela. Isso já vai além de qualquer momento "pica de burro" e eu não sei nem mais como chamar.

Eu fico apavorada nessas horas, e quero dizer realmente apavorada, quando a única barreira que separa a minha filha de um perigo potencial maior sou eu, com todas as minhas imperfeições e incertezas. Nessas horas, as limitações maternais de uma mulher são testadas ao extremo — será que ela consegue juntar forças para se manter em controle, ou será que as pressões das responsabilidades vão fazê-la recuar e desmoronar?

Eu não posso desmoronar. Eu não posso desmoronar. *Eu não posso desmoronar.* Porque nesse exato instante eu sou o único parente presente e confiável nessa situação.

Ergo a cabeça.

— Maya, você tem que parar com isso. *Agora mesmo.* — Eu a seguro pelo braço. — *Já chega!*

Para minha verdadeira surpresa, ela engole o próximo grito com um soluço e o surto diminui e ela passa a chorar copiosamente. Será que ela só estava esperando eu assumir o controle? Eu seguro os dois ombros dela e olho firme em seus olhos. Eu não pareço nem remotamente tão calma quanto a minha voz, mas ela sai firme e segura.

— Você pode controlar isso — eu digo para ela. Eu preciso acreditar que ela pode. — Você *pode*. Você pode fazer com que qualquer coisa que a esteja atormentando pare agora mesmo.

Em mais dez minutos ela já se recuperou o suficiente para voltar à civilização e eu a tiro dali com tanta rapidez que nem paro na recepção para pagar. Eu a levo direto para a calçada e para o sol fraco de dezembro. Minhas mãos não conseguem parar de tremer. Eu não sei como é que vou poder me acalmar o suficiente para dirigir até em casa.

Uzi está na empresa, a cinco quadras daqui. *Por favor*, eu penso, *ele não pode estar em reunião*. Eu cato o telefone celular e ligo para o telefone do escritório.

— Sou eu — falo quando ele atende e então, antes mesmo de ele poder responder: — Você está em reunião? — O fato de eu saber que ele provavelmente está e que não devia ser interrompido me faz começar a chorar.

— Está tudo bem — ele diz, indicando que está em reunião. — O que aconteceu?

— É a Maya. Ela surtou no consultório médico. Ela estava gritando, batendo nas paredes, completamente fora de controle. Eu nunca vi nada tão terrível assim.

— Onde ela está agora?

— Bem aqui. Ao meu lado, na calçada.

Eu olho para Maya, que agora está sentada no pequeno muro de concreto em frente ao prédio. Ela sorri para mim, obediente.

— Agora ela até parece muito bem. Mas acho que não estou em condições de dirigir. — Lágrimas e catarro escorrem pelo meu rosto, mas eu nem ligo. — Nós estamos bem do lado de fora do consultório. Eleventh Street, entre Broadway e Arizona. Você pode vir aqui?

Há uma pequena pausa do outro lado da linha, o suficiente para eu me arrepender de ter perguntado.

— Vou tentar.

Ele vai tentar.

Desligo o celular e jogo-o de volta na bolsa. Ele vai *tentar*? Não sei nem o que dizer a isso. Que tal dizer "vou *tentar* levar Maya ao médico na próxima vez que ela estiver doente". Ou "vou tentar me lembrar de alimentá-la todo dia".

Maya pergunta:

— O papai está vindo?

— Eu não sei.

Eu sento ao lado dela no muro de concreto em frente a um monte de gerânios vermelhos e limpo o nariz com as costas da mão. Ela tira a pétala de uma das flores e deixa cair na calçada. Quando vê que eu não me oponho, ela repete a ação. Normalmente, eu mandaria Maya parar, mas nesse momento não consigo ter a consciência social de me importar com isso.

Ele vai *tentar*. Seria tão fácil tomar Maya pela mão e começar a andar para o nordeste. Brentwood fica a menos de 2 quilômetros daqui, com sua longa fila de conjuntos complexos e pequenos prédios de apartamentos, margeando a Montana Avenue. Nós podemos alugar um apartamento com vista para um pátio e uma piscina. Eu poderia ir com ela de carrinho todo dia de manhã até o Starbucks. Eu pintaria o quarto dela de malva, da mesma cor que já é agora, e compraríamos um cachorro — um Lhasa apso, ou talvez um daqueles pequenos pugs — e o chamaríamos de Ernie. De noite, ficaríamos vendo televisão antes de dormir e iríamos dormir juntas, sem esperar que alguém mais tivesse que chegar.

— Pai — grita Maya, e aponta na direção da empresa.

Eu o vejo se aproximar pela rua, uma imagem de apenas 3 centímetros no horizonte. Ele está vestindo uma camisa de um azul vivo e calças pretas e a cabeça dele sobe e desce, o que é estranho, e ele está crescendo rápido demais e é aí é que eu percebo que ele está correndo.

A respiração dele está saindo em pequenos e rasos espasmos quando ele chega.

— Oi — ele diz, se estendendo para acomodar minha cabeça. — Eu vim o mais rápido que consegui. — E nesse momento eu o perdoo por tudo.

Daqui a mais algumas horas, depois que eu me acalmar, vou ter o bom-senso de me perguntar por que será que, quando Uzi diz "vou tentar", ele quer dizer que vai tentar mas eu sempre ouço ele dizer "eu não vou". Mas agora estou tão aliviada em vê-lo que não há nada mais que eu possa fazer a não ser chorar mais alto.

— Pai-ê — grita Maya, levantando os braços para ser erguida.

Ele a apanha e a beija no rosto.

— O que está acontecendo com você, Maya?

Ela ri e alisa os cachos desgrenhados com as duas mãos.

— Nada.

Parece que, no momento em que ele chega, ela volta a ser o retrato de uma pessoa normal, fazendo com que o meu telefonema seja, francamente, uma enorme reação exagerada.

— Eu não inventei tudo — digo. — Juro. — Levanto as mãos para que Uzi veja que ainda estou tremendo.

— Eu acredito. — Ele me beija no rosto. Afundo a cabeça no ombro dele. É assim que devia ser, nós três unidos como se fôssemos um só, ligados por compaixão e desejo, e não por dependência e conveniência.

— Tudo vai ficar bem — ele murmura no meu ouvido.

— Você promete?

— Prometo. — Ele aperta minha cintura com mais força. — Prometo, sim. Nós vamos encontrar um xamã em Belize.

Quando criança, eu tinha uma brincadeirinha bem simples de jogar uma moeda num grande pote de água, mirando um pote menor lá embaixo. A moeda descendo pela água... é assim que eu sinto o meu peito, neste exato instante.

Eu me solto dos braços de Uzi com tanta força que é como se ele não estivesse me segurando.

— Um *xamã*?
— Por quê? Foi só uma ideia.

Eu lembro da voz calma e equilibrada de Sarah me dizendo "lembre-se de respirar fundo".

— Por favor, tente ser aberta a isso — ele diz.

Eu pressiono a base da palma das mãos na minha testa. Penso: *Estou perdendo ele.*

Lembre-se de respirar fundo.

Respiro bem fundo e solto o ar. Um xamã.

Não posso acreditar que estou fazendo isso.

— Tudo bem — digo.

Respire fundo, digo para mim depois de me acalmar o suficiente para dirigir até em casa, com Maya tossindo no banco de trás e Dodô amarrado num lugar invisível ao lado dela.

Respire fundo, digo para mim na manhã seguinte, enquanto estou na fila da farmácia para pegar o remédio de Maya e colocar na minha bolsa de mão, para o caso de precisar.

Respire fundo. Não deve ser tão difícil assim. É um ato involuntário, afinal de contas. Mas quando meus pensamentos começam a sair de controle, quando o que eu vejo diante de mim é uma criança que não consegue melhorar e um marido cujo julgamento sobre a situação dela é obstruído pela crença numa origem sobrenatural, eu me sinto totalmente exaurida. A única ideia capaz de me energizar é o pensamento de embarcar num avião para Belize. Belize, com sua estonteante selva e o jeito suave do Caribe; Belize, com suas promessas de corais vermelhos e azuis e sua areia branquinha. Belize, onde meu marido acredita que um homem pode tirar o mau espírito de uma criança como um bando de corvos voando para o céu. Quando eu fecho os olhos e penso em nossa viagem, sinto algo pequeno e que ainda brilha dentro de mim. E isso me sustenta nos últimos dias, frios e chuvosos, antes da partida. Então, Maya faz uma mala para ela e para Dodô, Carmen acende uma vela para Jesus pedindo para que voltemos em segurança e a TACA nos leva ao céu.

capítulo quatro
Cidade da Guatemala
23 de dezembro de 2000

Don Elijio Panti, o último grande xamã maia de Belize, contava com poucos parentes de sangue a quem poderia passar seus conhecimentos. Sua única filha morrera num parto e os netos sobreviventes tinham, no início, pouco interesse em aprender os métodos de cura tradicionais da família.

— Escute só — diz Uzi. Ele se debruça por sobre a poltrona de Maya no avião, para que eu possa ouvi-lo sobre o barulho das turbinas. — As pessoas não gostam de parecer "atrasadas", se associando com curandeiros. Muitas preferem os métodos dos médicos ocidentais em seus jalecos de laboratório, que fazem drogas sintéticas caras, algumas delas extraídas exatamente das plantas e ervas que crescem na terra deles. Os missionários cristãos também fizeram com que as pessoas se envergonhassem de usar os métodos de cura locais, dizendo que eram coisa do demônio.

Ele está lendo em voz alta um trecho do *Sastun*, as memórias de Rosita Arvigo estudando a cura tradicional com Panti, quando ela tinha 40 e poucos anos e ele já beirava os 90. Arvigo se mudara de Chicago para Belize com o marido e a filha no início dos anos 1980 com um plano de cultivar um pedaço da floresta e criar um centro de curas ali, até que descobriram que o ambiente de uma floresta tropical era um desafio maior do que imaginavam. Toda vegetação que eles cortavam logo voltava a crescer e as ervas de cura que eles trouxeram de Chicago mofaram na umidade constante. Na hora em que estavam prestes a desistir e voltar para os EUA, Arvigo conheceu um velho maia com uma capacidade incrível de curar até mesmo as doenças físicas e espirituais mais complexas. Ele era um xamã de idade avançada, que precisava passar adiante seus conhecimentos. E ela era uma especialista em ervas e naprapatia, treinada para manipular articulações, músculos e ligamentos para tratar de doenças e aliviar a dor, que precisava de um professor local. Essa união resultou, depois da morte dele, em 1996, aos 103 anos, nela se tornando uma das curandeiras mais conhecidas de Belize — uma mulher nascida nos Estados Unidos, com ascendência italiana e iraniana.

Algumas semanas atrás, Uzi perguntou a Carolyn, a agente de viagens, se ela conseguiria marcar uma hora com a Dra. Arvigo para atender Maya.

— É mesmo? — disse Carolyn, parecendo surpresa. Ela deve ter achado que nós éramos o tipo de clientes que só queriam mergulhar e fazer passeios pelas ruínas maias. — Vou tentar.

Alguns dias mais tarde, ela ligou com um horário marcado para as 13 horas do dia 23 de dezembro. Que vem a ser — ou melhor, vinha a ser — há quatro horas.

Uma boa pergunta a se fazer agora seria por que, às 13 horas de hoje, nós estávamos embarcando num avião no aeroporto de Los Angeles, em vez de sentados na fazenda da Dra. Arvigo, no lado ocidental de Belize. Outra boa pergunta poderia ser por que, às 17 horas, nós estamos sobrevoando o México a 10 mil metros de altitude, quando deveríamos ter chegado a Belize há oito horas. A resposta a essas duas perguntas teria de ser que eu fui teimosa demais para dar ouvidos a Carmen. Em vez de seguir suas palavras de cuidado, eu fui em frente e marquei as passagens para aquela que provavelmente é a companhia aérea mais desorganizada do hemisfério ocidental.

Chegamos ao Internacional de Los Angeles às 20h15 de ontem, umas boas duas horas e meia antes do horário marcado para o embarque, e descobrimos que a fila no balcão da TACA se estendia por todo o saguão do terminal internacional antes de fazer uma curva. Devia ter pelo menos umas 150 pessoas à nossa frente, muitas delas equilibrando enormes torres de bagagem em cima dos frágeis carrinhos de metal do aeroporto. Malas enormes balançavam perigosamente em cima de lavadoras e secadoras de roupas em suas embalagens originais. Eu não podia imaginar como todas essas bagagens caberiam no avião. E, aparentemente, nem os funcionários da TACA. Sempre que eu ia lá para a frente verificar se havia algum sinal de progresso, os dois sitiados funcionários em serviço ou apertavam furiosamente as teclas dos telefones, ou passavam instruções para as famílias desfazerem as malas e as embalarem de outra maneira para melhor distribuir o peso. Não tinham o menor interesse no sofrimento daqueles de nós mais para o fim da fila. Não pude deixar de perceber que todo mundo do meio para a frente era latino e todos da metade de trás eram caucasianos. Nitidamente, os centro-americanos sabiam de alguma coisa dessa companhia que todas as outras pessoas estavam aprendendo da maneira mais difícil.

A cada dez minutos, mais ou menos, eu corria até o balcão, depois corria de volta para fazer o mesmo relatório de progresso, ou seja, nenhum. Eu me senti como um pedestre num cruzamento que vive apertando o botão de "sinal verde" a cada cinco ou dez segundos até o sinal mudar. Isso não faz com que ele mude mais rápido, mas pelo menos lhe dá alguma coisa em que descarregar sua energia acumulada.

— Ninguém se preocupa com o tamanho da fila — falei para Uzi, depois da minha terceira missão de reconhecimento. — E ninguém à nossa frente está reclamando, o que já é muito esquisito.

— Foi isso o que eu quis dizer sobre viajar para a América Central.

— Vão ter que segurar o avião para todo esse mundo de gente.

— Eu não contaria com isso.

Maya puxou minhas calças, num movimento suave. Quando olhei para baixo, ela estava chorando.

— Qual o problema, filhinha? — perguntei, me acocorando ao seu lado.

— O Dodô me chamou de cagona.

Ela estava com uma fralda pull-up, que ela ainda precisa usar de noite. Quem sabe essa não era a maneira dela de me dizer que teve um "acidente"?

— Você precisa se trocar?

— Não.

Fiz sinal para ela se inclinar para a frente, puxei a fralda na altura da cintura para examinar o interior e lhe dei um tapinha nas costas reconfortante quando terminei.

— Você não é cagona. O Dodô está errado. Diz a ele que *ele* é que é um cagão.

Sete anos de ensino superior, dois diplomas universitários e é a esse tipo de conversa que eu chego. Impressionante.

Maya balança a cabeça com força.

— Ele não para de me encher.

— Então vamos mandá-lo de volta à ilha fria.

— Mas o Dodô não mora numa ilha. Ele mora numa privada.

— Uma privada? — falei.

— Uma privada cor de laranja.

— Isso quer dizer que... a gente pode dar descarga nele.

— Não! — ela gritou, horrorizada.

— Você acha que ele iria me ouvir, se eu dissesse para ele ir para casa?

— Ele não gosta de mães.

— Bem, eu não sei mais o que dizer, Maya — falei, voltando a me levantar. A fila, a conversa, aquela hora... tudo estava me levando além dos limites da exasperação. — Eu não consigo ver o Dodô e não consigo ouvir o que ele fala. Então não sei o que posso fazer para mandá-lo deixar você em paz.

Ela cruzou os braços com força e afundou em seu carrinho, como que numa postura de desafio, apertando bem os joelhos.

— Você é uma chata — sentenciou.

— Eu sou chata — concordei. E cansada. E rabugenta. Muito rabugenta mesmo. — Sou uma mãe bem chata. Uma mãe ruim e chata, é isso o que eu sou.

— Hein? — Uzi olha para nós. Ele estava olhando a agenda telefônica do seu celular e escolheu esse momento para voltar à Terra.

— O Dodô mau disse que a Maya é uma cagona — falei, para colocá-lo a par da situação. — O Dodô ruim mora numa privada cor de laranja.

Uzi piscou para mim, depois riu. *Devia* ser engraçado, eu acho.

— Essa eu vou deixar com você. — Dei-lhe um tapinha no ombro, fiz minha melhor voz de *Missão impossível* para dizer "boa sorte, Jim" e saí dali.

Todas as lojas do terminal internacional ou já estavam fechadas ou estavam fechando às 22 horas. Eu me esgueirei para dentro de uma Hudson News e comprei uma caixa de chiclete Trident e uma garrafa de água logo antes de o gerente fechar a porta de aço. Depois dei uma volta rápida pelo terminal, comparando as filas das outras companhias aéreas com a nossa. A British Airways tinha um voo partindo para Londres às 23h35 e a fila nem passava da área destacada pelos cordões.

Quando voltei para Uzi e Maya, eles só tinham avançado uns dez passos em direção ao balcão de check-in. Maya tinha voltado a dormir, com as Rúrsulas Zero e Um firmemente agarradas sob os seus braços. Uzi começara uma conversa com a mulher atrás de nós, na fila. Comecei a tirar camisetas e cuecas das mochilas e colocá-las na bagagem de mão.

— O que você está fazendo? — perguntou Uzi. Maya abriu os olhos com uma expressão neutra, viu que continuávamos no mesmo lugar e voltou a fechá-los.

— Não estou muito otimista quanto às malas — falei. — Com esse nível de caos, vamos acabar em Belize enquanto a bagagem vai para El Salvador. — Peguei meu estojo de maquiagem e mais roupas de baixo para todo mundo.

— Boa ideia — respondeu Uzi.

Acabou sendo mesmo, já que, às 23 horas, quando o nosso avião decolou para a Guatemala, nós ainda estávamos com uma dúzia de pessoas à nossa frente. Quando finalmente chegamos ao balcão, a funcionária sabiamente evitou nos encarar, enquanto informava que não haveria mais voos para a Guatemala até amanhã.

— Amanhã? — falei. — Isso é o melhor que você pode arranjar?

Ela deu de ombros, como que dizendo *não é problema meu,* e continuou teclando o computador, posicionado na altura da cintura.

Eu bati com a mão espalmada no balcão.

— Eu devia ter ouvido o que a Carmen disse — gritei, sem me dirigir a alguém em particular. — Ela *avisou* para não viajarmos nessa empresa!

A funcionária olhou para mim tempo suficiente para dar um olhar fulminante.

— A senhora está livre para procurar lugar em qualquer outro voo que esteja saindo daqui esta noite.

— E existem outras companhias que voam para Belize esta noite?

— Não faço a menor ideia.

— Não é minha função encontrar lugar em outra companhia. É seu trabalho arranjar lugares para nós *nesta* companhia.

— Ei, ei — interrompeu Uzi, mas não ficou claro com quem ele estava falando. Acho que comigo.

No fim das contas, nossas malas foram despachadas até Belize e pediram que voltássemos para um voo às 8 da manhã. Um avião seria levado para nós. De onde, ninguém soube dizer.

— Inacreditável — murmurei, enquanto empurrávamos o carrinho para longe do balcão. Maya, que tinha acordado durante a discussão, estava sentada ereta, ninando uma boneca em cada braço. As bochechas dela estavam quentes e rosadas, o que não era bom sinal. — Eles precisam trazer um avião especial para colocar todas as pessoas que eles não puderam acomodar? O que é isso? Será que eles têm um avião vazio o dia inteiro à disposição na pista, esperando pela próxima burrada da TACA?

Não tive que ver a expressão no rosto do Uzi para saber o que ele estava pensando. Viajar para a América Central: difícil. Comportamento de Hope: difícil ao quadrado.

— Eu sei, seu sei — concedi. — Você avisou.

Nós não tínhamos carro para voltar para casa, já que havíamos pegado uma van para o aeroporto e teríamos que estar de volta às 6 da manhã para fazer o check-in, por isso escolhemos o hotel mais perto com traslado de graça e um quarto livre: o Sheraton Gateway. Se eu tivesse me acalmado, poderia ver isso como a primeira etapa de uma alegre aventura natalina de família, uma história pitoresca para se contar depois que aterrissássemos em Belize — *Como vocês podem ver, Carmen estava certa!* —, mas não tive condições de formatar a história desse jeito, muito menos depois de acordar Maya pela manhã. Depois de apenas quatro horas e meia de sono, ela estava pálida e tossia roucamente, embora ainda parecesse estar de bom humor. Eu me sentei com as pernas cruzadas na cama do hotel, pensando em voz alta se deveríamos voltar para o aeroporto ou fazer uma opção mais segura e arranjar um carro para nos levar para casa, dando a viagem por encerrada antes de começar.

— O que diz a sua intuição? — perguntou Uzi.

Fechei os olhos e tentei intuir uma mensagem. Tudo o que eu sentia era uma dor na lombar por estar de pernas cruzadas numa cama macia demais.

— Minha intuição diz para eu deixar outra pessoa decidir — falei.

Eu estava começando a me sentir como uma participante de um reality show cósmico, a quem é enviado um obstáculo depois do outro para testar o quanto eu queria ir a Belize e o quanto estava disposta a passar para chegar lá. Pensei em ligar para Carolyn para saber se teríamos alguma chance de receber nosso dinheiro de volta se cancelássemos as reservas do hotel tão em cima da hora. Eu teria de ligar para ela de qualquer maneira para avisar que não estaríamos chegando a Belize na hora prevista e que não poderíamos estar com a Dra. Arvigo às 13 horas.

Se desistíssemos e voltássemos para casa, nós perderíamos com certeza as passagens de avião. E eu me lembrei da Dra. Diane dizendo "ou ela vai melhorar aqui, ou ela vai melhorar lá" com uma certeza que eu gostaria de ter.

Uzi me olhava esperando uma decisão. Para chegar ao aeroporto a tempo de pegar o avião às 8 horas, nós teríamos de sair... exatamente agora.

Olhei para Maya, que fazia uns rabiscos no bloquinho do hotel com a caneta dada pelo Sheraton.

— Como está se sentindo, Maya?

— Bem.

Se fôssemos para casa, eu teria que ficar presa, cuidando de Maya, até que ela se recuperasse totalmente. Carmen estava visitando os pais em Miami e Uzi iria trabalhar todo dia, mesmo com o escritório da empresa estando fechado. Em Belize, pelo menos nós três estaríamos juntos. Mas em Los Angeles, teríamos a Dra. Diane se a situação de Maya piorasse. Mas talvez em Belize nós conseguíssemos encontrar alguém que pudesse nos ajudar de outra maneira. Se nós desistíssemos e pegássemos um táxi de volta para Topanga, estaríamos abrindo mão desta oportunidade.

Desistindo. Era assim que eu me sentiria.

Olhei para o relógio: eram 5h45.

— É melhor irmos para o aeroporto.

Chegamos ao portão de embarque às 6h30, mas não embarcamos no prometido voo das 8 horas. Nem às 9h, nem às 10h. Às 11h, comecei a desconfiar que o avião que "vem aqui buscá-los" estava mais parecendo "um avião que ainda temos que localizar". Ao meio-dia, já parecia "um avião que a Boeing ainda tem que construir". Enquanto Uzi ficava numa cadeira de plástico, calmamente lendo *Sastun*, e Maya desenhava em folhas soltas de computador, todas as outras pessoas que haviam perdido o voo para a Guatemala na noite anterior — e eram muitas, o que revelava que a companhia tinha feito um overbooking considerável — rondavam inquietas as imediações do portão de embarque, pedindo informações a qualquer pessoa que estivesse com o uniforme da TACA, até que, justamente quando metade de nós estava realmente a ponto de desistir, um avião se materializou na pista e nós fomos levados a bordo com o que podia ser considerado, àquela altura, uma eficiência e rapidez sem precedentes da companhia.

Uzi e eu tomamos nossos lugares, com Maya entre nós. Ele ficou na janela, como sempre, deixando o corredor para mim. Meu medo de altura e, por extensão, meu medo de voar é uma característica que herdei da minha mãe. Ela tinha o espírito esportivo de pegar um avião nas férias de família, sem querer se limitar, ou a nós, às viagens de carro, mas passava a maior parte do tempo agarrando o braço da poltrona com toda a força até os dedos ficarem brancos e sempre fazia um seguro nos quiosques dos aeroportos, perto dos portões de embarque. Antes de me casar com Uzi, eu viajava de avião frequentemente a trabalho, e a única maneira que encontrei de lidar com isso foi reservar um lugar no corredor, fechar os olhos na decolagem e no pouso, e nunca, mas nunca mesmo, olhar para baixo.

Depois de colocar o cinto em Maya, tirei um bloco de desenho e alguns lápis de cera da minha bolsa de mão, coloquei na mesinha e depois pus a mão na testa dela. Quentinho, mas nada de mais. Olhei para as passagens reemitidas na noite passada. Nosso novo voo para Belize estava marcado para partir da Guatemala às... ai, deixa para lá. Também não ia dar para pegar esse.

Uma definição perfeita de não ter poder, pensei, *é estar presa num tubo de metal alçando voo na atmosfera, sem poder controlar aonde se está indo, quando se vai chegar ou o que vai acontecer quando você chegar.*

— Acho que vamos ter que decidir o que fazer quando chegarmos à Guatemala — comentei com Uzi.

Ele sorriu e me beijou no rosto.

— Esse é o espírito.

O voo de Los Angeles à Cidade da Guatemala dura quatro horas e meia. Depois que o avião chega à altitude de cruzeiro, eu levanto o braço da poltrona entre o meu assento e o de Maya para que ela possa deitar no meu colo. Ela põe o indicador e o dedo médio da mão direita na boca e logo está dormindo.

Uzi pega o *Sastun* da minha bolsa e abre na página em que parou, no aeroporto.

— Tem mais aqui — ele conta, se aproximando um pouco mais por cima de Maya, que dorme. — "As pessoas não entendem o curandeiro e geralmente desconfiam de nós." Isso é Don Elijio falando para Rosita. "Quando nós curamos aquilo que os médicos não sabem curar, eles nos chamam de *brujos* e contam mentiras sobre nós. Dizem que nós trabalhamos com os demônios. É uma vida bem solitária, vou logo avisando."

— Ele levanta um pouco as sobrancelhas e deixa sair um pouco de ar.

— É um milagre que, com esse comportamento, ainda existam xamãs hoje em dia.

Xamã. Sempre que ouço essa palavra, não posso deixar de me lembrar da primeira vez que a ouvi fora de uma sala de aula, com um homem que conheci em Iowa City no início da década de 1990. Burt era um conselheiro de medicamentos de meia-idade que fazia pós-graduação em religião e tinha um lindo gato abissínio chamado Six que ficava comigo sempre que ele tinha que viajar. Num dia em que Burt veio pegar o gato em minha casa, ele comentou *en passant* que era um xamã. Ele pronunciava "chei-mã" em vez de "xa-mã", que era como eu sempre tinha ouvido falar. Devo ter parecido confusa, porque ele acrescentou:

— Você sabe o que é: um curandeiro.

Eu sabia o que era um xamã. Foi a pronúncia que tinha me assustado e também a ideia de que um homem branco pudesse assumir essa função. Na faculdade, tive uma formação menor em antropologia cultural e uma aula introdutória com Napoleon Chagnon, o cientista que fez o primeiro contato com os índios ianomâmis na floresta amazônica, nos idos de 1960. Xamãs ianomâmis, como podíamos ler no livro *Yanomamo*, de Chagnon, são os líderes espirituais da tribo que unem o mundo espiritual com o natural. As aulas se constituíam principalmente de palestras e leituras, pontuadas por alguns trechos de filmes feitos por Chagnon na aldeia na selva. Num deles, ele só usava uma bermuda preta de andar de bicicleta e uma camiseta Converse cortada, enquanto se movia acocorado numa roda de ianomâmis soprando drogas alucinógenas nas narinas dos outros por cachimbos finos do tamanho de um taco de golfe. Não demorava muito e o nariz de todo mundo estava verde. Todo o auditório, formado por alunos do primeiro e do segundo ano, achava hilário.

Mas um homem branco sendo xamã? Parecia mais um paradoxo profissional, uma apropriação indevida que beirava a comédia, como um eletricista Amish ou um sargento budista treinando um exército. Além disso, eu nunca soube mesmo se Burt era um conselheiro de medicamentos — ou mesmo se era um estudante de pós-graduação, ou quem sabe um mentiroso compulsivo. Seria de se pensar que um verdadeiro xamã soubesse no mínimo pronunciar a palavra como todo mundo fazia.

Um ano depois, conheci Arthur numa cafeteria do campus. Arthur era um cara grande e desengonçado, de cara redonda, grandes óculos de armação de plástico, e cabelos pretos até o traseiro, que se arrastava pelo campus de blusão azul e calça jeans baggy. Ele estava fazendo mestrado em sociologia e passava os fins de semana em seu lar na reserva indígena de Mesquakie, a uma hora a oeste de Iowa City, onde ele fazia um estágio com o curandeiro da tribo. Passei aquele inverno todo doente, pegando uma doença após a outra, e Arthur passou o tempo todo sugerindo que eu devia passar o fim de semana com ele. "Eu vou fazer você suar", ele dizia. O convite pode ou não ter sido sexual — com Arthur, nunca dava para se dizer —, mas eu nunca aceitei. Não conseguia enxergar sequer além dos óculos dele. Eram grandes e octogonais com armação de plástico levemente dourada, daqueles que em 1982 se viam em secretárias ou professoras primárias. Eu não sabia o que devia esperar de um curandeiro, mas certamente não eram óculos. Sei que isso era completamente superficial de minha parte, mas os óculos destruíam qualquer aura de misticismo que eu precisava pôr em volta de Arthur para considerá-lo seriamente como um homem capaz de curar.

Uzi abre *Sastun* para mostrar uma série de fotografias em preto e branco no meio do livro. A primeira foto mostra duas mãos calejadas exibindo um pequeno pote de barro sobre um mármore liso. *Don Elijio segurando seu sastun*, diz a legenda. O livro fala que um *sastun* é o instrumento de adivinhação de um xamã maia. Uzi vira a página.

— Olha ele aqui. Don Elijio.

Noutra foto, um homem de pele morena, do tamanho de um jóquei, atende uma aldeã e seu filho numa pequena mesa de madeira, onde estão uma lâmpada de querosene, uma garrafa térmica e um pequeno maço de folhas secas. Ele está de boné de beisebol, óculos de aviador e um blusão sujo. É tão pequeno que parece uma miniatura de gente.

— Parece mais um jogador de golfe pequenininho.

— Ele tinha mais de 90 anos quando essa foto foi tirada.

— Não parece.

— Não parecia — corrige Uzi. — Ele já morreu.

Ele aponta para uma pequena foto na página ao lado. Essa é de uma mulher aparecendo na janela de um carro.

— E essa é Rosita Arvigo, que escreveu o livro.

Eu pego o livro de suas mãos para dar uma olhada melhor. Ela parece ser agradavelmente normal, sem qualquer coisa de exótico ou de mal-assombrado. O canto exterior de seus olhos tem uma leve curvatura para baixo e seu sorriso parece feliz e natural. Seu cabelo é curto, escuro e despenteado. Embora o rosto não pareça muito, não posso deixar de notar que ela tem o mesmo tipo de cabelo da minha mãe, menor nos lados do que na parte de cima da cabeça.

Outra foto mostra Don Elijio com um enorme saco branco colhendo folhas na selva. O saco propriamente dito fica nas costas dele e a alça do ombro, na testa, para deixar os braços livres para a colheita. Parece um método engenhoso. Além da minha bolsa de mão, estou levando uma pequena bolsa bordada com uma alça longa que contém nossos passaportes, dinheiro, minha carteira de motorista, hidratante labial e dois cartões de crédito. É mais ou menos do tamanho de um livro de bolso. Eu a coloco entre as minhas costas e a poltrona do avião e passo a alça por cima da cabeça para ver qual é a sensação de usar uma sacola dessa maneira. Mas a verdade é que não dá para saber. A bolsinha é leve demais para fazer diferença. Eu vasculho a bolsa de mão, aos meus pés, e tiro uma caixa de suco, um baralho e uma escova de viagem, jogo tudo na bolsinha e me sento ereta. Pronto. Até que não é mau.

— O que você está *fazendo*? — pergunta Uzi. Pela expressão em seu rosto, posso sentir o quanto pareço estranha para qualquer um que não esteja pensando o mesmo que eu.

Aponto a foto no livro.

— Estou testando.

Verdade seja dita em favor do meu marido: tudo o que ele fala depois de uma pausa é "Ah..." E com isso ele volta à leitura.

Maya se mexe na poltrona e Rúrsula Um rola da poltrona para o chão.

— Pode pegar a Rúrsula Um? — peço a Uzi.

Ele se inclina para pegar a boneca, dá uma olhada e põe de volta sob o braço de Maya.

— Como é que você sabe que é a Um? — pergunta.

A Rúrsula Um é tecnicamente uma Boneca Aquática, que veio vestida de biquíni, com uma banheira e sabonete próprios. Rúrsula Zero é uma boneca que uma vizinha de 7 anos nos deu. A distância, ela é idêntica a Rúrsula Um, mas de perto dá para perceber que é um modelo mais antigo da mesma boneca, feita de uma borracha mais flexível.

— A Zero é mais maleável — digo.

Passo os dedos pelos cachos frontais de Maya e pressiono um pouco sua testa com a mão. Toco as costas dela, por baixo da camisa, para ter certeza. Digo:

— Ah, não. Ela está com febre.

Uzi põe a mão na testa dela.

— Tem certeza?

— Absoluta. Sinta as costas dela.

— Quanto?

Espalmo bem a minha mão sobre as costelas e deixo o calor irradiá-la.

— Trinta e oito e três, 38,8. Com certeza mais de 38.

Ele solta o ar lentamente.

— Bem, agora não dá para fazer muita coisa.

Na mochila que despachei no balcão da companhia, há um kit homeopático infantil, apetrechos de primeiros socorros e uma pequena farmácia de suplementos naturais que carrego comigo desde que tive doença de Lyme no ano passado. Eu a preparei com todo o cuidado, para ter certeza de que teríamos tudo de que precisássemos, mas nada disso adianta agora, já que nossa bagagem tem grande chance de estar indo para Tegucigalpa. Na bolsa de mão aos meus pés, eu viajo com um frasco de Dramamine, fraldas de bebê e o xarope contra a tosse que a médica prescreveu — e que até agora não foi preciso tomar. Meto a mão mais fundo na bolsa. Duas caixinhas de suco. Biscoitos na forma de peixinho. Muitas calcinhas extras. Continuo remexendo até que os meus dedos envolvem um frasco grande de Tylenol mastigável, para crianças. Ótimo. Vou dar um para ela quando acordar.

Olho pela janela ao lado de Uzi e vejo um vasto céu azul sem nuvens, e mais céu e mais céu, o que me deixa meio mal de saber que estamos voando tão alto e em algum momento devo ter fechado os meus olhos, porque quando volto a abri-los as aeromoças estão pedindo para colocarmos as poltronas em posição vertical e Uzi indica para eu olhar pela janela, onde o cume de uma montanha se projeta do solo como um perfeito triângulo cinza. Um vulcão. É a Guatemala. Chegamos.

O saguão de desembarque do Aeroporto Internacional La Aurora está com mais gente do que qualquer construção destinada ao transporte de passageiros seria capaz de conter. Daqui a sete anos, o aeroporto vai ser ampliado para incluir mais 18 portões, um estacionamento para quinhentos carros e uma segunda esteira de vidro, mas esta noite nós ainda estamos passando por um terminal construído em 1968 e o lugar mais parece uma colmeia humana. Milhares de viajantes chegam ali ao mesmo tempo, vindos de tudo quanto é lado. Famílias guatemaltecas se debruçam sobre o corrimão que circunda o segundo andar da sala de desembarque, olhando e acenando com força para as pessoas aqui embaixo. Olho para cima e vejo uma quantidade enorme de jovens com cabelos curtos e pretos, mulheres idosas com xales escuros e bebês vestidos de branco como se estivessem numa festa. Os gritos deles têm uma vibração tão alta que até meu ouvido está zumbindo.

Seguro minha bolsa de mão com bastante força ao meu lado e fico perto de Uzi, para evitar que nos separemos. Dentro da minha bolsa estão as novas passagens, a terceira tentativa patética da TACA, que agora inclui um voo às 7h30 para San Salvador com conexão às 10 horas para Belize.

— Tente pensar positivo — sugere Uzi, olhando para trás, enquanto empurra o carrinho de Maya com a maior habilidade em meio à multidão. — Vamos conhecer todos esses países de graça.

É difícil dizer se ele só está jogando um pouco de sarcasmo em cima de nós ou se está sendo otimista por natureza. Não consigo ver seu rosto para poder dizer. Estou apertada bem próxima de suas costas, enquanto nosso pequeno grupo de infelizes clientes da TACA tenta seguir o representante extraoficial da companhia até o traslado para o hotel, do lado de fora do saguão. Só conseguimos dar poucos passos de cada vez, ao mesmo tempo. É como fazer parte de um processo biológico.

Nosso grupo de passageiros em conexão é formado por nós três, uma mulher de uns 30 anos viajando a El Salvador com dois filhos em idade escolar, uma mulher hondurenha um pouco mais velha voltando para casa depois de dois anos em Los Angeles, e um homem de meia-idade, de barba, que não diz uma só palavra até o hotel. De onde ele é e para onde vai, ninguém sabe. O aeroporto fica a apenas 6,5 quilômetros da Cidade da Guatemala, mas as ruas estão cheias e o ritmo é lento. O sol está se pondo quando nós entramos na cidade e as pequenas *tiendas* cheias de gente e os estacionamentos pelos quais passamos nos arredores da cidade são todos inundados por uma luz cinza.

Por todo o caminho até a cidade, Maya fica tossindo. É uma tosse baixa e profunda, como que chacoalhando vários pedregulhos no peito, e às vezes ela tem uma tosse rouca e violenta, como se estivesse querendo se livrar de toda essa bagunça.

Toda vez que ela tosse, minha própria garganta se comprime, uma resposta involuntária, de ansiedade. Eu me lembro o quanto meu pai era intolerante a doenças quando eu era menina, como nós tínhamos de esconder os sinais de um nariz entupido ou de uma laringite das vistas dele, ou então ficarmos diante do seu olhar fuzilante ou, o que é pior, nos contorcermos diante dos seus gritos de "Mas que droga!" toda vez que tossíssemos, e como isso ainda me faz sentir, trinta anos depois, vontade de pedir desculpas automaticamente toda vez que sinto o meu peito gripar. As viagens de carro da família pareciam intermináveis porque não havia lugar para se esconder. Eu passava longos trechos da autoestrada do estado de Nova York prendendo a respiração no banco de trás para evitar tossir. Agora é a minha filha que está doente, e eu sinto um tipo de raiva desesperada borbulhando dentro de mim, esperando para explodir, exigindo que eu volte a assumir o controle. E agora compreendo que não era raiva — mas uma ansiedade e a sensação de desamparo por não saber agir ao ver os filhos sofrendo — que fazia com que meu pai agisse daquela maneira.

— Dói quando você tosse? — pergunto a Maya. Ela faz que sim.
— A garganta dói também? — Ela volta a assentir.

— Coitadinha — diz a mãe dos dois filhos, lançando um olhar condolente para Maya. O nome dela é Maria e ela é caixa de um banco em Reno. Está levando os filhos para passar os feriados com a família em El Salvador. Eu soube de tudo isso no aeroporto mesmo, quando passamos duas horas em pé, enquanto a TACA decidia o que fazer com a gente, depois que perceberam que não haveria mais voos partindo para San Salvador ou para Belize naquela noite.

— Ela não conseguiu dormir muito na noite passada. E, aparentemente, não vai dormir muito hoje à noite também.

— O meu filho mais velho costumava sofrer de bronquite o tempo todo — conta Maria. O filho olha para mim e concorda com a cabeça. Ele tem 9 anos, o irmão tem 7 e é impossível não perceber o quanto eles são comportados. No aeroporto, enquanto esperávamos as novas passagens, eles se ocupavam levando um ao outro nos carrinhos de bagagem, e quando a mãe pediu calmamente que eles parassem, eles pararam, sem reclamar ou pedir mais tempo. Então, eles esperaram em silêncio durante mais meia hora, até que o funcionário da companhia incumbido da lamentável tarefa de marcar novos voos para nós organizava nossas passagens, vouchers de hotel e cupons de refeição. Os meninos estavam cansados — como poderiam não estar, se passaram a noite passada inteira no Internacional de Los Angeles? —, mas em momento algum reclamaram. Chegava a dar aflição o quanto aqueles garotos eram bonzinhos.

— Qual é o segredo? — pergunto a Maria.

Ela dá de ombros, mas posso dizer que gostou quando eu perguntei.

— Tenho sorte. Os meninos são fáceis.

Mesmo assim, eu estou convicta de que tem que haver algum ingrediente especial, algo palpável, que uma mãe faz ou deixa de fazer para criar meninos tão maravilhosos. Ao mesmo tempo, estou ciente desse mistério aleatório que é o comportamento humano. É difícil não perceber como bebês que são dóceis tendem a crescer e se transformarem em crianças calmas e de boa índole, enquanto os mais ativos deixam os pais pulando de um lado para o outro por todo o ensino fundamental. Eu fico meio horrorizada pensando aonde isso vai me levar. Maya saiu do meu útero com a cara toda vermelha, gritando e chorando sem parar pelas primeiras dez semanas. "Calma" e "fácil" nunca foram palavras usadas para descrevê-la, mas "excepcional", "criativa" e "precoce" foram. Esses podem ser adjetivos que as outras mães provavelmente gostariam que seus filhos tivessem, mas eu não me importaria de ter um ou dois dias "descomplicados" por semana.

Uzi e Maya brincam de "eu vi" pela janela traseira da van — "eu vi um carro preto, eu vi a letra W" — enquanto eu abro o guia Fodor's. Só vamos passar nove horas na Cidade da Guatemala, mas o bichinho da pesquisa mora dentro de mim. Preciso saber o máximo que puder sobre qualquer lugar que visitar, mesmo que eu esteja só de passagem.

Aqui está, na página 89:

A capital é uma cidade grande, movimentada e — sejamos honestos — feia, dificilmente uma razão para se visitar o país. No entanto, é quase inevitável passar por ela, já que isso geralmente é necessário para viajar pelo país. Apesar da cidade em si não ser lá muito atraente, ela tem alguns dos melhores e mais variados hotéis e restaurantes do país, vários museus excelentes, alguns acontecimentos culturais, uma vida noturna bastante ativa e todos os confortos do mundo moderno de que você é capaz de sentir falta enquanto estiver visitando as regiões menos desenvolvidas.

Uma ampla metrópole dividida em 21 zonas, essa cidade de cerca de 2,5 milhões de habitantes pode parecer intimidante quando você olhar um mapa pela primeira vez. Mas os viajantes têm poucas razões para se afastar de quatro zonas centrais, o que faz com que a Cidade da Guatemala — ou Guate, como é chamada pelos moradores — fique bem mais fácil de se lidar. Essas áreas podem ser divididas em dois grupos: a cidade velha, centrada na Zona Uno (Zona 1) e a cidade nova, ao sul, que compreende as Zonas Nueve y Diez (Zonas 9 e 10) e se estende até a Zona Cuatro (Zona 4). A Zona 4, que é uma espécie de transição entre a cidade velha e a cidade nova, é suja, desarrumada e o melhor mesmo é ignorá-la.

Coloco o meu dedo para marcar a página e olho para o motorista.
— *En qué zona está el hotel?* — pergunto.
— *Qué?*
— *En qué zona... a qué zona vamos?*
Já faz oito anos desde a minha última aula de espanhol, e, nos 15 anos em que eu comecei, parei e recomecei a estudar a língua, tive professores de vários países diferentes: México, Chile, Espanha — com tantos sotaques distintos que não posso nem imaginar como é que deve ser o meu para um cidadão de língua espanhola. Provavelmente como uma boba sem educação.

— *A Zona Nueve* — ele diz.
— *Gracias.*

Olho para o mapa da cidade no livro. Bem, faz sentido. Zona 9 é a que fica mais ao sul da cidade, a mais próxima do aeroporto. Pelo menos, não vamos ter um trajeto muito grande para fazer pela manhã.

— *Y el nombre del hotel?* — pergunto.
— *Princesa Reforma.*
— *Toda.*

Uzi sorri para mim e eu percebo que acabei de dizer "obrigado" em hebraico. Isso é o que acontece quando se fala duas línguas estrangeiras e nenhuma delas muito bem. As palavras de uma aparecem sem querer no meio de uma conversa na outra. É como se um centro cerebral de línguas "não inglesas" perdesse a capacidade de distinguir, quando está sob pressão para funcionar.

Eu viro algumas páginas e pulo para a 99, em que o Fodor's avalia o hotel Princesa Reforma. "Este confortável hotel, situado numa antiga residência oficial, é uma alternativa maravilhosa aos quartos mais modernos que dominam a cidade nova", diz o parágrafo. "Você entra na propriedade passando por portões de ferro e tanto a estátua clássica no meio da rua circular e a grama e os jardins muito bem-cuidados aumentam a beleza da mansão branca à sua frente."

A TACA está nos colocando numa antiga mansão? É difícil acreditar, mas aí aparece isso: "Logo depois da recepção vem um salão confortável com uma lareira. O restaurante é no antigo pátio central; suas cadeiras de ferro são cercadas de pilares e arcos vigorosos e pelo verde de filodendros descendo pelas paredes brancas. Os quartos têm chão de cerâmica e paredes brancas com arte guatemalteca e são decorados com antiguidades e reproduções."

Parece muito bom. Se bem que os guias de viagem sempre fazem as coisas parecerem melhores do que realmente são. Não é parte do trabalho deles? Mas quando nós estacionamos em frente ao hotel, está claro que o

Fodor's não exagerou. Um porteiro num terno preto bem cortado aparece no pátio de paisagismo perfeito para nos cumprimentar. É como sair da terceira classe e cair direto num hotel de luxo, de primeira. O lobby é cheio de detalhes em cerejeira e mármore bege, com um átrio de quatro andares logo acima. Minhas calças de algodão rosa e laranja e minha camisa azul real estão vários pontos abaixo do nível de vestuário que o lugar está acostumado a ver, mas todo mundo nos trata amavelmente. É um alívio muito bem-vindo depois de interagir com os funcionários irritados de uma companhia aérea nas últimas 24 horas.

No andar de cima, nosso quarto é impecável, com lençóis brancos e macios bem arrumados na cama king size, ladrilhos de mármore bege no banheiro e papel de parede branco e verde nas paredes. Eu me jogo de costas no colchão, numa grande e dramática exibição do quanto estou exausta. O teto é pintado num branco macio e imaculado.

Quero ficar aqui para sempre.

— Eu quero ficar aqui *para sempre* — anuncio.

Maya se ergue no carrinho e olha para a cama como se quisesse pular nela. O Tylenol diminuiu sua febre o suficiente para lhe devolver um pouco da energia, mas não muita. Ela decide subir na cama e fica de joelhos perto de mim.

— Eu gosto daqui — ela diz. — Dodô também.

— Se quiser, podemos passar mais uma noite — diz Uzi.

Não é má ideia, mas isso significa passar mais uma vez por um calvário com a TACA. Além disso... e Belize? Quando liguei para Carolyn do aeroporto da Guatemala, há algumas horas, ela me garantiu que o dono do resort da floresta iria nos encontrar pessoalmente no aeroporto da Cidade de Belize na manhã seguinte. A viagem poderia continuar dali conforme planejado, com exceção da visita à Dra. Arvigo. Quanto a isso, ela tinha más notícias. Com a véspera de Natal e o Natal logo adiante, não havia mais hora disponível durante a nossa estada. Não sei dizer se eu devia ficar decepcionada ou aliviada.

— O que eu realmente gostaria é de um bom banho quente — confesso. Eu não tomava um banho desde que deixamos a nossa casa, havia... somente um dia e meio? Parecia que pelo menos o dobro desse tempo já havia passado.

Maya tem mais um acesso de tosse, longo e sustentado, e eu massageio as costas dela até ela terminar.

— Por que você não toma um banho? Posso levar Maya lá embaixo e ver se o restaurante ainda está aberto.

Nós ainda não jantamos e já são quase 21 horas, pelo horário guatemalteco. Eu realmente devia descer com eles. Temos de pegar a van de novo dentro de oito horas. Pela porta do banheiro, consigo ver toalhas brancas felpudas e espelhos bem iluminados. Esse pode ser meu último banho quente em uma semana. Será que 15 minutos vão fazer tanta diferença?

— Vou tomar um banho rápido — digo.

Depois que a porta se fecha atrás deles, o quarto é tomado por um vazio repentino e envolvente. Quando eu era criança, pensava que o silêncio tinha um som que eu era capaz de ouvir, um crepitar de baixo volume, como se fossem faíscas, igual a bilhões de átomos explodindo ao mesmo tempo. Eu ficava ouvindo de noite, deitada na cama, e me perguntava se estaria ouvindo mensagens de outro mundo, que precisavam ser decodificadas. Eu não ouvi esse tipo de silêncio por muito tempo, o tipo que não é interrompido por uma criança me chamando, ou pelas notícias do rádio ao fundo, ou os suspiros leves de meu marido à meia-noite. O silêncio que me circunda agora é mais parecido com uma frequência regular, que me faz pensar nos Curadores Prânicos, que me faz pensar em Uzi querendo encontrar um xamã para Maya em Belize, o que me faz pensar que eu realmente preciso de um longo banho quente.

A banheira tem torneiras antigas de louça branca em forma de X — C e F para *caliente* e *fría* — que parecem bem grandes na minha mão.

Eu aperto a garrafinha de xampu do hotel na água quente até a espuma começar a crescer. Três paredes espelhadas circundam a banheira e começam a se cobrir imediatamente de vapor. Com uma tolha macia eu abro um espaço na parede, o suficiente para mostrar o meu rosto.

O-pa. Depois de duas noites de viagem, o reflexo no espelho parece mais do que simplesmente desarrumado. Meu cabelo ficou totalmente desgrenhado com a umidade da América Central. Minhas franjas se enrolaram em duas "vírgulas" rebeldes. Eu não me preocupei em me maquiar esta manhã no Sheraton e minha pele parece abatida e sem brilho.

Dou uma busca no meu estojo de maquiagem por uma máscara para os cílios, passo nos meus olhos, faço o mesmo com um pincel de blush, depois ponho um arco no cabelo. Melhorou. Com meu cabelo penteado para trás, fico mais parecida comigo mesma: o mesmo nariz reto de sempre, os mesmos olhos pequenos e castanhos, a mesma pele levemente sardenta. As mesmas pequenas rugas acima das sobrancelhas que apareceram quase no mesmo dia em que completei 35 anos, as tais que a franja deveria esconder. A mesma cicatriz horizontal embaixo do queixo de quando caí no concreto perto da piscina do prédio, quando eu tinha 3 anos. Oi, aqui estou eu.

A banheira está quente. Dobro as minhas roupas cuidadosamente e ponho tudo perto da pia, então vou entrando na água aos poucos. Com as pernas esticadas e a água na altura dos ombros, eu inspiro e expiro, inspiro e expiro. E começo a me sentir voltando ao meu corpo, depois que a tensão desse dia parece se desfazer como se fosse uma pele extra e desnecessária. O efeito é lentamente intoxicante, da mesma maneira como os primeiros goles de bourbon diminuem praticamente qualquer tipo de ansiedade e os próximos fazem a ansiedade se parecer com... mais ansiedade? Uma memória curiosa e distante.

Desenho círculos com o dedão do pé na parede embaçada ao pé da banheira. No desenho que surge consigo ver imagens fractais de mim mesma, enquanto mexo as minhas pernas: um pedaço do joelho aqui, um canto da coxa ali. Desembalo o sabonete do hotel, mergulho-o na água e começo a ensaboar meus braços. A essa hora amanhã, já teremos encontrado algum xamã em Belize? O pensamento ao mesmo tempo me intriga e me repulsa.

Esse é o problema comigo e com o xamanismo: não importa o quanto eu me esforce, não consigo acreditar. Por mais que eu aprecie o conceito de um mortal se aventurando no mundo dos espíritos em busca de respostas e trazendo-as para este mundo para serem executadas, tomar essa ideia como fato me faz sentir como se eu estivesse traindo um compromisso com o mais básico senso comum. No entanto, um pequeno e insistente recôndito da minha personalidade quer acreditar, precisa desesperadamente acreditar, na possibilidade de existirem fenômenos mágicos como esse, e eu não sei como conciliar essa ambiguidade. Como é possível ao mesmo tempo não acreditar numa ideia e também torcer para que ela exista?

Uzi sabe dessa minha ambivalência e isso o deixa frustrado. Ele indica os dois dias depois de Carmen passar o ovo, quando Dodô parecia estranhamente longe de casa. Ele indica as muitas passagens de *Sastun* onde Don Elijio adentra o véu entre os mundos físico e espiritual para curar seus pacientes, desde enxaquecas até uma paralisia ou maus espíritos. Uma mulher foi trazida à sua porta grunhindo e babando e ele a devolveu a seu estado normal depois de nove dias de uma combinação de chás, rezas e incenso.

— De que outras provas você precisa? — ele pergunta.

— Mais do que isso — respondo. Para acreditar do jeito que ele acredita, eu mesma teria que testemunhar os atos. Mas é sobre isso que estou pensando agora: se o meu ceticismo automaticamente me desqualifica. Alguns filósofos dizem que o sistema de crenças que nós trazemos a uma situação se amplificam e refletem de volta para nós, fazendo com que criemos para nós mesmos mais e mais da mesma coisa. Se você entra numa situação a partir de uma postura de descrença, você acaba gerando mais ceticismo e assim não se permite ter a chance de testemunhar algo profundo? E se você observar algo extraordinário, a força da sua resistência não estaria diretamente relacionada à veemência com que você atribui os resultados a uma coincidência ou à mera imaginação?

Nessa mesma linha de raciocínio, se você quiser muito alguma coisa, isso não significa que você sempre vai encontrar significados em fatos que não têm qualquer significado real? A mim me parece que Uzi e eu...

Passos se fazem ouvir do lado de fora do banheiro e a maçaneta da porta começa a rodar, impacientemente.

— Mãe! — grita Maya.

Bem, foi bom enquanto durou. Apenas o tempo suficiente para me lembrar que eu ainda tenho um cérebro capaz de ruminar as coisas.

— Já vou aí num minuto — grito de volta.

— Desculpa — diz Uzi. Posso deduzir, pelo pequeno eco na voz dele, que ele está de pé do outro lado da porta. — Ela realmente precisa de você.

— Já vou aí num minuto! — digo, dessa vez um pouco mais alto. As vozes deles me tiram tão rápido da beira do relaxamento que são como um alarme de incêndio rompendo o meu sono. Essa é a velocidade com que volto à minha postura de mamãe.

Com muita relutância, eu me ergo da banheira. A espuma ainda se prende à minha barriga e às pernas como se fosse gelo. Estico a mão para pegar uma toalha branca felpuda e me enxugo.

— Mãe! — Maya bate na porta quatro vezes e gira a maçaneta outra vez. — Já passou um minuto?

O restaurante no lobby fica aberto até mais tarde para nos servir jantar, ao ver três crianças famintas no nosso grupo de sete pessoas. Nós nos sentamos numa longa mesa retangular com Maria, seus filhos, e Rosa de Honduras. Maya enfia Rúrsula Zero num balde de gelo vazio no meio da toalha de mesa branca e engomada e põe Rúrsula Um no colo. Ela põe um apoio debaixo do bumbum para ficar no nível da mesa. Graças a Deus ela não pediu mais uma cadeira para o Dodô. Eu não sei o que Maria ou os filhos dela diriam disso e eu não gostaria de ter de explicar a outra mãe, que pode ou não entender por que eu haveria de pedir outra cadeira ao garçom.

— Vamos tirar uma foto — diz Uzi. — Você está com a máquina aí?

Eu pego a minha bolsa embaixo da cadeira e tiro uma Minolta de 35mm que nós compramos em Nova York, no ano passado. Uzi sabe tudo sobre nuances de luz e perspectiva; o que quer dizer que ele tira fotos muito melhores do que eu. Eu sou o tipo de fotógrafa que aponta a câmera e bate uma foto, com interesse na quantidade. Quando viajamos, eu gosto de catalogar todos os detalhes da vida cultural diária: a forma dos ônibus, a cor dos pratos servidos no café da manhã, os sinais de trânsito locais, rótulos de comida, o uniforme dos funcionários dos correios. Eu não me importo se eles vão ficar perfeitos em quatro cores, porque estou rabiscando algumas notas no calor da hora, que depois eu vou usar para preencher os espaços. É a estudante de antropologia dentro de mim. Prefiro passar uma tarde explorando as ruelas de uma cidade e tirando fotos, o tempo todo, de tudo que eu vejo, do que ir a um museu ou sair numa visita guiada. Já Uzi só se interessa pela qualidade artística. Ele é adepto do método de fotografar que diz: prepare a câmera, calibre e tire muitas fotos, achando que, se ele tirar fotos suficientes do mesmo enquadramento, isso aumenta consideravelmente suas chances de conseguir uma foto perfeita. Isso ainda era nos anos antes das câmeras digitais, por isso sempre que eu levava um filme para revelar, era bem provável que ele tivesse 12 fotos completamente diferentes e mal iluminadas, que eu tirei de coisas do lado de fora dos restaurantes e dos armazéns, e mais 12 fotos tiradas por ele da mesma esquina, só que de ângulos ligeiramente diferentes. Mas duvido que pelo menos uma delas não estivesse quase perfeita.

Por isso me surpreendo hoje à noite quando Uzi ajusta a câmera para enquadrar todo mundo à mesa pelo visor, na abertura adequada e depois passa a câmera ao garçom. E rapidamente ele volta a sentar na cadeira ao meu lado para tirar a foto.

— *La ninã* — diz o garçom, girando o indicador no ar. Maya está de costas para a câmera e ele quer que ela se vire.

— Maya, será que você pode se virar para tirar a foto? — digo mesmo assim, sabendo que é um pedido totalmente inócuo. Nesses últimos meses, Maya fugiu impreterivelmente de toda e qualquer câmera apontada em sua direção, teimosamente só querendo mostrar a parte de trás da cabeça.

— Está tudo bem — eu digo ao garçom, quando Maya me ignora. — Pode ir em frente. *Puede continuar, por favor.*

Daqui a alguns anos, eu vou olhar essa foto e todos os detalhes sensoriais do momento vão voltar rapidamente: a sensação da toalha branca engomada debaixo dos meus braços, a pele fresca depois do banho, o leve pulsar atrás da testa devido ao jet lag e às horas perdidas de sono. Mas naquela hora, sentada na mesa, eu só tenho consciência dos olhos de Maria em mim, bondosos e preocupados, e o meu próprio e breve desejo de que Maya agisse mais como os filhos dela, amáveis e obedientes, uma criança que olha para a câmera quando a mãe pede, com um sorriso radiante que diz "Olá, mundo! Estou tão feliz de ser eu mesma!", e então o rápido chute de culpa que eu sinto depois de querer que a minha filha seja qualquer coisa que não ela mesma.

Uzi e Rosa conversam sobre Honduras, um país que ele viajou de ponta a ponta em 1991. Ele gosta de contar a história de uma tarde que passou em Utila, uma ilha na costa do Caribe, onde foi convidado a assistir a um casamento entre uma mulher local com um americano. Durante a cerimônia, que aconteceu num dialeto de inglês angloamericano caribenho — "inglês pirata", como Uzi chamou — o padre pediu à noiva que ela prometesse ser obediente ao marido. Como era costume no local, cada sílaba foi pronunciada com o maior cuidado: o-be-di-*en-te*. Às vezes, quando Uzi acha que eu não estou sendo razoável, ele me lembra:

— Mulher, em Honduras você teria de ser o-be-di-*en-te*.

Rosa acha a história de Uzi muito engraçada.

— Utila tem os seus próprios costumes — ela comenta, rindo.

— Eu gostaria de ser mais obediente, para o bem dele — digo para ela. — Mas eu simplesmente não sou assim.

— Pfff... — ela diz, afastando o ar com a mão. — Em Honduras, as mulheres não são obedientes. É melhor o homem fazer o que elas mandam, senão...

— É assim que eu gosto. Uzi, por que estamos perdendo tempo com Belize? Vamos para Honduras. Eu vou lhe obedecer em Utila, mas no continente quem manda sou eu.

— Com certeza — ele diz, simpático.

O mais engraçado é que, quando Uzi diz "com certeza" sobre Honduras, ele realmente quer dizer "com certeza". Enquanto eu estou sempre tentando minimizar as chances de mudanças enormes acontecerem no último minuto, Uzi nem se altera com isso. Se eu ligasse para a TACA nesse momento e pedisse para mudar nossas passagens para Honduras, ele se adaptaria sem mágoa ou reclamação. Ele provavelmente até me aplaudiria por agir espontaneamente, pelo menos uma vez na vida.

O garçom chega com pratos de tortillas, ovos, arroz e feijão, tudo comida que eu espero que Maya goste. Ela não comeu nada desde que saímos de Los Angeles, tem de estar com fome, mas balança a cabeça depois de dar somente uma mordida em cada coisa, dizendo que tudo faz doer a garganta na hora de engolir.

Nós lhe oferecemos banana cortada. Oferecemos o miolo macio dos pãezinhos com manteiga com sal, que ela normalmente adora. O garçom, entendendo o nosso calvário, traz um prato de sobremesa com abacate e pepino. Maya consegue engolir algumas fatias de pepino.

— Tome mais água — pede Uzi.

Ela levanta o copo d'água com as duas mãos, mas no meio de um gole começa a tossir. "Opa", eu digo, e a água derrama na mesa. Eu pouso o meu garfo na mesa para dar uns tapinhas leves em suas costas, um reflexo automático, mas isso não adianta. Ela continua a tossir e a tossir e a tossir e aí eu entendo que ela está tossindo com tanta força que não consegue nem respirar. Todo mundo em volta fica em silêncio. Maya se curva para a frente na cadeira, leva as duas mãos ao peito e pressiona. A cena é mais tenebrosa do que eu poderia imaginar, uma menina tentando dar um jeito em seu pequeno corpo da maneira mais crua e rudimentar que ela pode pensar. O medo sobe à minha garganta. O que posso fazer? O que devo fazer? Eu me lembro de ter ouvido em algum lugar que, se uma pessoa está tossindo, quer dizer que ela ainda está respirando e que a melhor coisa a fazer é deixá-la tossir. Eu envolvo Maya em meus braços e a seguro de leve, de uma maneira que ela perceba que eu ainda estou aqui. Quando a tosse finalmente passa, ela respira com dificuldade mais algumas vezes e eu olho para Uzi.

— Temos que dar a ela o remédio da tosse — digo. — Isso não pode continuar assim. Eu vou lá para cima, e enquanto isso você paga a conta.

Ao ouvir falar em remédio, Maya enrijece. Carregá-la de volta para o quarto enquanto ela imita um peso morto de 20 quilos é exatamente tão difícil quanto parece.

— Remédio, não — ela geme, enquanto as portas do elevador se fecham. — Remédio, não — ela implora outra vez, quando as portas se abrem. Dentro do quarto, ela se solta e sai engatinhando por cima do colchão, esgueirando-se no pequeno espaço entre a cama e a parede.

Se alguma coisa faz a Mamãe Má entrar em cena é exatamente esse tipo de comportamento nesse tipo de situação. Se eu tenho um trabalho crucial para fazer e o controle começa a escapar das minhas mãos, eu me desligo de tudo e viro uma máquina funcional, sem dar espaço para emoções ou discussões interiores. Há poucos minutos eu estava me equilibrando à beira do desespero, o que me deixa tão acelerada que quase se pode sentir o cheiro de borracha fritando o asfalto.

Eu pego o frasco com o remédio da bolsa de mão, passo os meus braços no exíguo espaço entre a parede e puxo Maya para a cama.

— Vamos lá, Maya — falo para ela, que não resiste. Mas também não ajuda. Eu a coloco numa posição meio sentada e a seguro com as pernas.

— É só uma colherzinha de chá. Vai fazer você parar de tossir. — *Deus, me ajude*, penso.

— Não! — Ela bate para afastar a minha mão e a colher de chá sai voando pelo quarto. Ela passa como um avião pelo rosto de Uzi, quando ele abre a porta.

— *Que isso!* — ele diz.

— Pois é, Uzi, a colher. Tem um conta-gotas na bolsa. Rápido.

— OK, OK, calma.

Maya põe as duas mãos sobre a boca. Eu derramo uma medida certinha na colher que Uzi me dá e passo a garrafa para ele. Digo a Maya:

— Você vai ter que tomar. Vamos lá.

Ela fecha os olhos e balança a cabeça de um lado para o outro. Bem, pelo menos desta vez, Uzi é testemunha.

— Ponha as mãos dela para trás — digo a ele.

Ele hesita, sem ter certeza.

— Não sei. Não sei se estamos agindo do jeito certo.

— Nós não temos outro jeito — eu digo, tentando controlar Maya, que tenta me espancar com o braço livre. — Se nós não conseguirmos parar com essa tosse, ela vai passar a noite inteira tossindo e amanhã vai estar pior. Quanto tempo ainda vamos ter que ficar esperando piorar?

— Está bem — ele diz, mas tenho certeza de que não gosta da ideia.

Não há jeito de eu chegar com a colher sequer perto de Maya sem derramar todo o xarope.

— Tenho que tentar o conta-gotas — digo.

— Não! — berra Maya. — O Dodô está dizendo que não!

— O quê? — Uzi larga a mão dela e levanta a sua num gesto que quer dizer: *Que diabo é isso?*

Eu pego o conta-gotas e uso para puxar o remédio da colher de chá na minha mão.

— Remédio não! — grita Maya. — O Dodô está dizendo que remédio não! O Dodô não quer que eu melhore! — Ela se vira de bruços e começa a agarrar o lençol para fugir dali.

— Pouco me importa o que o Dodô está dizendo! — grito de volta. Cansei desse negócio de Dodô. Agarro Maya, viro-a de frente para mim e a seguro com os joelhos. Eu realmente estou perdendo as estribeiras. — *Eu* sou a sua mãe e *eu* digo quando é hora de tomar remédio!

Ela abre a boca para gritar de novo e eu aperto suas bochechas com uma das mãos, forçando o conta-gotas pelo lado da boca com a outra. Ela joga a cabeça de lado, recusando-se a engolir. O líquido vermelho é expelido da garganta e escorre pelo seu rosto até cair na cama, formando uma mancha nos lençóis brancos.

— Não! — ela diz, ofegante. — O Dodô... está dizendo... que não!

— A mamãe está dizendo que *sim*! — grito de volta.

— Não faça isso — pede Uzi.

Eu rapidamente ponho mais uma dose no conta-gotas, enfio no canto da boca de Maya e aperto, mas o meu timing é terrível. O remédio entra exatamente quando ela está inalando e ela começa a engasgar e a tossir. O xarope é expelido por cima de todos os lençóis, espalhando gotículas vermelhas que parecem um jato de sangue. Manchas de sangue num lençol branco. Minha filha. Meu Deus. Eu deixei chegar a esse ponto.

— *Hope* — fala Uzi, a voz suficientemente firme para eu sentir que é um aviso. — Pare com isso.

Eu rolo Maya para o lado e espero que ela recupere a respiração, e a vergonha toma conta de mim tão rápido que é como se fosse uma náusea. Deitada ali, ela é tão pequenininha, e eu, debruçada sobre ela, sou tão grande. No entanto, na hora da luta, ela pareceu tão poderosa, uma força que precisava ser imobilizada e contida.

— Dodô — ela chora, tentando normalizar a respiração. — Dodô-ô-ô...

Eu me viro para o outro lado da cama e olho para a parede. Eu devia ter parado quando senti a violência se aproximar. Agora eu sei como um pai pode surtar e realmente maltratar uma criança sem ter essa intenção. Pode acontecer muito rápido. Que grande golpe de sorte impediu que isso acontecesse aqui? Eu sei que Uzi teria me parado, porém, mais do que isso, tenho que acreditar que eu teria tido presença de espírito suficiente para me refrear. Eu preciso acreditar.

Uzi conforta Maya no colchão ao meu lado, mas eu não posso me virar. Eu não quero que eles me vejam. Não consigo nem ver a minha cara.

Depois de algum tempo, sinto a mão de Uzi no meu ombro e pego nela. Ele entrelaça os dedos com os meus e beija a minha orelha.

— Está tudo bem — ele diz, massageando de leve o meu ombro, e depois acrescenta: — A gente devia tentar dormir um pouco.

Mais tarde, depois de ter dado banho em Maya e de muitos beijos e pedidos de desculpas entre todos, ficamos na cama com ela dormindo entre nós. Eu estico a mão e acaricio o rosto dele.

— Me desculpe — digo.

— Está tudo bem — ele devolve, acariciando meu braço. Como ele ainda é capaz de me amar depois de testemunhar o que se passou é um dos maiores milagres da minha vida.

— Eu sinto como se estivesse enlouquecendo.

— Eu sei.

— Você acha que eu estou enlouquecendo?

— Não.

— Não, você acha que não, ou não, você não quer que eu saiba que é exatamente isso o que você pensa?

— Não, eu acho que não. Mas acho que estamos todos muito estressados neste momento.

— Essas deviam ser as nossas férias.

Ele dá uma risadinha que quer dizer *é, exatamente.*

— Talvez as coisas fiquem mais fáceis daqui a pouco — eu digo. Não que eu acredite nisso, mas essa é a frase que usamos para nos confortar quando o ritmo das coisas parece estar indo rápido demais. Falar isso dá a esperança de que é possível as coisas serem mais simples, e é o suficiente para nos fazer sentir melhor. O problema é que, nos últimos três anos e meio, desde que nós compramos a casa, nos mudamos para a Califórnia, e a Maya nasceu, o ritmo nunca diminuiu, nunca, nem um pouquinho.

Eu passo meu braço em volta de Maya e ponho a mão de Uzi na minha.

— Boa-noite, meu príncipe.

Ele beija os meus dedos.

— Boa-noite.

Fecho os olhos e trago Maya mais para perto de mim. Há alguns meses, na rádio pública, eu ouvi uma entrevista com um especialista em calendário maia. Ele falava do conceito de aceleração do tempo, um fenômeno que alguns pesquisadores de hoje acreditam estar codificado nos complexos sistemas astronômicos e matemáticos que os antigos maias usavam para medir o tempo. Os maias, que, dizia ele, achavam que o tempo era cíclico, identificaram nove ciclos de criação de consciência, que eles chamaram de os Nove Submundos. O primeiro começou há 16,4 bilhões de anos com o desenvolvimento das células, o segundo começou há 40 milhões de anos e deu início à evolução dos mamíferos, o terceiro viu o surgimento dos sistemas familiares e assim por diante até o nono e último submundo, o Universal, que vai ter início em 2011. Quando esse acabar, espera-se que uma nova forma de consciência humana comece a surgir e o calendário principal dos maias vai voltar a zero.

Você tem que imaginar todos os Nove Submundos, dizia o homem, começando em momentos diferentes do tempo, mas todos correndo concomitantemente. Imagine-os sobrepostos uns aos outros, como um bolo de casamento ou uma pirâmide, de modo que a cada vez que um novo submundo começa, ele é acrescentado como uma camada sobre os demais, que servem de base para ele. E imagine cada camada da pirâmide dividida em 13 fatias do mesmo tamanho, representando períodos alternativos de luz e de sombra que podem trazer progresso e criatividade, ou caos e destruição para a Terra.

Você pode dizer: *o quê?* Era isso que eu estava pensando no meu carro. Mas aqui está a parte da entrevista que capturou minha atenção e me deixou parada meia hora no estacionamento de um café, para que eu pudesse ouvi-la na íntegra. Nós usamos um sistema decimal para calcular o tempo, enquanto os maias adotavam um sistema vigesimal, o que significa matemática à base vinte. De acordo com os cálculos deles, cada um dos Nove Submundos dura exatamente um vigésimo do tempo daquele sobre o qual ele foi construído. Por exemplo, conforme explicou o homem no rádio, o Sétimo Submundo, que começou em 1755, dura 256 anos. O Oitavo Submundo, que é onde nós nos encontramos agora, começou em 5 de janeiro de 1999, e vai durar menos de 13 anos — um vigésimo de 256. O nono e último submundo vai começar em fevereiro de 2011 e só vai durar 263 dias. Esse é o motivo, de acordo com o entrevistado, de ter demorado 15 bilhões de anos para as células se desenvolverem, mas só uma dúzia para a internet conquistar o seu espaço. Como as mudanças entre luz e escuridão acontecem vinte vezes mais rápido em cada novo submundo, a quantidade de mudanças que costumava acontecer numa vida inteira agora ocorre num único ano. Se às vezes parece que o tempo está se acelerando, disse o homem, é por causa disso.

Por toda a minha vida, eu pensei que a crônica falta de tempo que eu sentia fosse minha culpa, que eu tentava enfiar atividades demais num único dia. Mas agora começo a pensar se o que eu estou sentindo é a própria natureza do tempo nesse novo milênio. Talvez eu vá ter que aprender a nadar mais rápido, em vez de esperar infinitamente que a corrente à minha volta se abrande.

capítulo cinco
Distrito de Cayo, Belize
24 de dezembro de 2000

Algumas pessoas rezam por um milagre, outras se contentam em esperar pacientemente que ele venha a acontecer, enquanto outras, como eu, são mais propensas a chamar de coincidência os acontecimentos extraordinários. Por essa razão, fico sem palavras para me expressar, quando, certa de que toda a esperança de encontrá-las está perdida, nós adentramos o pequeno aeroporto refrigerado da Cidade de Belize e passamos pelos carimbos-carimbos-carimbos do controle de passaporte, para avistar nossas três malas alinhadas, perfeitamente em pé ao lado de uma esteira, como se estivessem esperado ali, pacientemente, a manhã inteira, pela nossa chegada.

BIENVENIDO A BELICE, dizem as letras de imprensa no lado de fora do terminal, quando descemos os degraus metálicos da escada do avião e pisamos na única pista do aeroporto, e elas realmente parecem dar agradáveis boas-vindas.

— Chegamos! — eu grito, e dou um soco no ar, em triunfo. É bom sorrir. Até Maya abre um sorriso de orelha a orelha em seu carrinho, quando vê sua malinha do Scooby-Doo. Animados por essa inesperada boa sorte, entregamos nossos formulários de alfândega e caminhamos pelo aeroporto meio vazio, a uma claridade que nos pega de surpresa. Eu cubro meus olhos com a mão direita e olho para meia dúzia de taxistas com camisas tropicais estampadas e chapéus-panamá, encostados no capô dos carros, fumando cigarros enrolados à mão. Ninguém parece ter muita pressa em arranjar um cliente.

Colocamos as bagagens num banco para esperar Victor Tut, o dono do resort da selva que Carolyn, nossa agente de viagens, disse que viria nos encontrar aqui. Nós esperamos por apenas alguns minutos, até ouvir alguém gritar do outro lado da rua. E lá está um homem de pé, ao lado de uma van branca, acenando com os dois braços por cima da cabeça.

— Ai-ya! — ele grita, e atravessa a rua correndo, pega minha mochila numa das mãos e dá um tapa no ombro de Uzi com a outra.

— Finalmente! São vocês!

Um homem robusto e com a pele seca, usando um boné de beisebol e uma camisa branca de manga curta, toda abotoada, Victor pega a mala de Maya e a minha mochila e as carrega para o outro lado da rua.

— Vocês conseguiram! — ele grita, olhando para trás. — Nós não tínhamos certeza!

Não temos muitas opções a não ser ir atrás de Victor, e é isso o que fazemos.

— E aqui estão vocês, no nosso pequeno país — diz Victor, abrindo a porta da van para Maya e eu entrarmos. — Não é tão grande como o de vocês, mas é bonito. Pelo menos, nós gostamos.

É menor que a Califórnia, sim, mesmo assim vai demorar duas horas para atravessar a selva até chegar ao resort de Victor, perto da fronteira com a Guatemala, o que, depois das últimas 37 horas de viagem, faz Belize parecer suficientemente grande para mim.

Uzi fica na frente, no banco do passageiro, e Victor manobra a van para longe do meio-fio.

— Qualquer coisa que vocês precisarem aqui, é só pedir ao Victor — ele diz, enquanto passamos por baixo de um arco verde que anuncia, desta vez em inglês, WELCOME TO BELIZE. — Até para a sua filha, nós temos o meu netinho, um amigo automático.

Nós passamos por um campo de árvores baixas e cavalos e então por uma rua cheia de casas e lojas aos pedaços. Uma construção branca e industrial, que parece um caixote, tem a placa da Maia — Companhia Maia de Cimento de Belize.

— Olha, Maya! — aponto para ela. — Olha o seu nome ali! — Ela levanta a cabeça e assente, depois volta a deitar.

— Ela está com crupe — explico a Victor. — E dessa vez está bem ruim.

Victor balança a cabeça.

— Não conheço essa doença.

— Talvez vocês deem outro nome para ela.

— Talvez.

Casas pequenas e caindo aos pedaços, pintadas em diferentes tons de verde, amarelo e azul e *tiendas* com anúncios de refrigerantes pontuam os dois lados da estrada. À nossa esquerda, passamos por um pequeno barracão branco com um letreiro pintado à mão: BARBEIRO DA ESTRADA. E depois nós passamos pelas luzes de neon verdes do Everyday Market, à direita.

— É verdade que só existem duas estradas asfaltadas no país inteiro? — pergunto a Victor. Eu li isso em algum lugar, mas a informação deve ser antiga. A estrada em que nós estamos não tem uma linha central, mas de resto está muito boa.

— Vocês querem estradas asfaltadas?

— Para falar a verdade, não. Só estava perguntando.

— Essa aqui é asfaltada — ele responde. — Mas as outras não. Como é que vai a pequenina, aí atrás?

Como que aproveitando a deixa, Maya tosse contínua e vigorosamente, levando Victor a olhar para trás, preocupado

— Ai, *reina* — ele diz. E depois, para mim: — Sabe o que é *reina*?

— Rainha?

— Muito bem. Você fala espanhol?

— Um pouquinho.

— *Un poquito?*

— *Muy poquito.* — esclareço. Mostro meu polegar e indicador com dois centímetros de distância para mostrar quanto.

Victor sorri, pelo retrovisor.

— Muito bem. Então vocês sabem. A pequenina é como uma rainha.

Nós dirigimos num silêncio confortável por alguns minutos, enquanto a van deixa os arredores de Belize. Por muitos anos, a Cidade de Belize foi a capital das Honduras Britânicas, até o dia de Halloween de 1961, quando o Furacão Hattie atravessou o Caribe e dizimou a cidade. Para evitar uma repetição, o governo fez as malas em 1970 e se transferiu 80 quilômetros para o interior, em Belmopan, mas ninguém foi atrás. Trinta anos depois, a Cidade de Belize continua sendo o núcleo social e econômico do país, enquanto Belmopan, a nova capital no meio de Belize, existe principalmente para alguns milhares de funcionários públicos que vão trabalhar lá todos os dias.

Agora nós estamos na Western Highway, de duas pistas, por onde vamos seguir até o Distrito de Cayo, para as cidades gêmeas de San Ignacio e Santa Elena. O resort familiar de Victor fica logo ao sul de San Ignacio, às margens do rio Macal. O Macal corre para o norte para se juntar ao rio Mopan, que vem do oeste, e formar o rio Belize, que atravessa o país e desemboca no Caribe. Dos tempos do império maia até recentemente, essa rede interna foi a principal artéria para a comunicação e o comércio do país, e quase metade da população de Belize ainda mora nesse percurso.

Ao longo da estrada, barracas de madeira anunciam a venda de feijão e carne de porco. Nós diminuímos a velocidade para cruzar uma ponte estreita na entrada da aldeia de Burrell Boom. Mais adiante, nós viramos à esquerda numa circular, onde um garoto de 7 ou 8 anos, de pé no acostamento, ergue um enorme lagarto morto acima da cabeça.

— Está vendo a iguana? — pergunta Victor.
— Ele está vendendo? — digo.
— É claro. A carne, nós chamamos de "Frango de Bambu".
Maya levanta a cabeça.
— Cadê a iguana? — ela pergunta, mas ele já ficou para trás.
— Nós já vamos ver outro, filhinha — prometo a ela, alisando seu cabelo. Ela traz as Rúrsulas bem para perto do peito e aquiesce.

A cada vinte casas, uma é uma loja cujas janelas nos permitem entrever refrigerantes e comida em conserva, uma referência, eu imagino, a uma época em que poucas pessoas tinham carro e o comércio local era a única maneira de se comprar os produtos. A maioria das casas é construída sobre palafitas, embora não haja qualquer tipo de água à vista. Quando eu pergunto a Victor por que, ele diz que é para melhorar o fluxo de ar e para reduzir o calor lá dentro, no verão.

— E também é bom quando há enchentes — ele explica. Essa estrada sofreu uma grave inundação há apenas dois meses, durante o Furacão Keith, e tudo o que estava no chão se perdeu. O que nós estamos vendo é o que sobrou da enchente. Eu penso nisso quando passamos por uma casa azul-clara, feita de blocos de concreto, com as palavras JESUS AMA VOCÊ pintadas com letras pretas do lado de fora. Nessa hora, Uzi se vira para Victor.

— Nós gostaríamos de saber se você conhece algum xamã em Cayo.

Ele quer ser direto e eficiente, sem desperdiçar tempo ou palavras, mas a pergunta surge abruptamente e fora de contexto. Eu dou uma olhada no rosto de Victor para ver algum sinal de irritação, esperando ouvir uma resposta padrão que descarta esse tipo de coisa, uma resposta que ele dá para todos os americanos que perguntam isso, mas seu rosto bronzeado e enrugado permanece impassível, enquanto ele tamborila com os dedos no volante do carro. Ele parece estar avaliando a pergunta.

— O senhor quer dizer um médico herborista?

— Acho que sim. Gostaria que um deles examinasse nossa filha.

— Havia um que era muito famoso. Ele morava em San Antonio, não muito longe de nós.

— Elijio Panti? — pergunta Uzi. — Nós já lemos sobre ele.

— Hm-hum... Ele treinou algumas pessoas antes de morrer. Eu conheço uma em San Antonio. Quando é que vocês gostariam de ir?

— Pode ser hoje?

— Ôô! —Victor ri. — Tudo bem. Talvez dê para ser hoje.

— Talvez nós devêssemos telefonar primeiro — sugiro. — Ver se tem hora.

Victor balança a cabeça.

— Não se telefona. Você simplesmente vai. Tudo bem. Vamos tentar hoje.

Uzi olha para mim e levanta a sobrancelha. *Viu como é fácil?*, é o que fala a sua expressão. Eu também levanto as sobrancelhas e descanso a mão nas costas de Maya. Ela dormiu de novo. Fácil. Por enquanto.

Eu olho pela janela e vejo o cenário passar. Um jovem negro de uniforme militar pede carona ao lado da estrada, sua expressão mudando de esperançosa para desiludida quando passamos por ele. Duas meninas vestidas de branco para uma festa brincam de amarelinha em frente a uma casa de palafita baixa. Na altura do meu ombro, um homem barbado, num uniforme azul de ciclista escrito Cinzano, corre com o que parece ser, estranhamente, um pequeno bolo de aniversário de plástico nas mãos. As casas aqui parecem todas feitas da mesma forma: retangulares, de madeira, um só andar, metade delas sobre palafitas, e um solitário fio elétrico ligado do canto de um teto de folha de flandres ondulada até o poste na rua. Cada casa faz uma declaração colorida. Azul-celeste, verde-hortelã, amarelo-canário, rosa, pêssego e água-marinha se repetem a cada quilômetro.

Passamos por algumas escolas vazias, edifícios de cimento sem nada de mais, com grandes quadras de basquete que mostram anúncios apagados de Sprite nas tabelas. Antigos ônibus escolares amarelos ficam estacionados nos pátios vizinhos, com os nomes dos distritos americanos de onde vieram em letras pretas nas laterais: NEPTUNE CITY, NOVA JERSEY; BAYTOWN, TEXAS; ESCOLAS COMUNITÁRIAS DE LINCOLN. O sistema educacional daqui deve comprá-los quando os distritos escolares americanos renovam suas frotas. Falando em escolas, é terça-feira de manhã. Onde estão os alunos?

— Não tem aula hoje? — pergunto a Victor.

— É feriado, véspera de Natal.

Ah, sim, eu perdi a noção dos dias.

Victor liga o rádio e uma música reggae chega ao banco de trás. Uma chuva leve despeja pequenos pingos no para-brisa. A música é hipnótica, calmante, no estilo de Bob Marley. Uzi descansa o pé direito no painel enquanto passamos por Belmopan, a capital, que só se distingue por um cruzamento ao norte, onde uma parada de ônibus, feita de cimento, faz a volta na rua, no que parece ser uma feira vazia. Num ponto qualquer, Victor estende a mão direita para a janela do carona, gesticulando para o norte.

— Menonitas — ele diz. Devo ter cochilado porque só sou capaz de murmurar um sonolento "hm-hum", o que faz Victor e Uzi rirem, e a floresta começa a se adensar.

O Crystal Paradise Resort é um complexo bem-arrumado de cabanas de dois quartos, num leve aclive sobre o rio Macal. A grande placa quadrada na entrada traz a inscrição: "Crystal Paradise, A Aventura Continua.

Hospitalidade de Belize." Saímos da Cristo Rey Road e seguimos por uma longa estrada de cascalho, emoldurada por exuberantes árvores ornamentais e folhas de palmeiras acima de nós. Enquanto Victor manobra a van no estacionamento à direita, ele fala que ele e os seis filhos fizeram pessoalmente todos os tetos da propriedade com folhas de palmeira. No almoço, eu olho para os milhares de folhas bege e secas de palmeira costuradas uniformemente acima de nossas cabeças, no refeitório ao ar livre. Deve ter dado um trabalhão.

A comida é arroz, feijão, galinha e banana da terra, servida à moda da casa no refeitório. Como Maya não consegue comer nada a não ser pepino, Teresa, a esposa de Victor, corta um em rodelas, que ela arranja num círculo num prato raso. Carolyn, a agente de viagens que foi criada em Cayo, me disse que nós íamos gostar da família dona do resort.

— Eles têm muitos filhos. Uns dez, eu acho.

Estamos sentados numa mesa retangular, com uma mulher loura muito bronzeada e animada e seu filho de 15 anos, um garoto de peito nu e pés descalços com shorts largos e usando óculos de sol de aviador espelhados durante todo o almoço. Percebo que a mulher ergue as mãos sobre o prato de comida antes de comer, igual a Uzi. Ela tem cara de quem passou os primeiros quarenta anos de vida em cima de uma prancha de surfe. O filho parece perdido sem uma prancha.

Começamos a nos apresentar. O garoto se chama Kevin. Uzi é Uzi.

— Igual à metralhadora? — pergunta Kevin. Todo americano, e eu realmente estou falando de todo americano, que conhece Uzi quando ele viaja se sente compelido a fazer essa mesma pergunta.

— A metralhadora foi inventada por um israelense — eu explico. — A arma é que tem o nome de uma pessoa, e não o contrário. — A propósito, o nome do inventor era Uziel, mas as pessoas geralmente não estão interessadas nesses detalhes. Tudo o que elas têm de saber é que o meu marido não recebeu o nome de uma arma.

— E o seu nome, queridinha? — a mulher pergunta para Maya.

— Maya — ela murmura.

— Maya — eu falo, um pouco mais alto, para ter certeza de que a mulher escutou.

— Maya! — repete a mulher. — Um nome muito bom para cá.

É um bom nome para uma americana, mas na verdade é meio esquisito aqui. Os habitantes de Belize jamais chamariam uma filha de Maya. Seria como um americano chamar uma filha de "latina" ou "sueca".

— É um nome muito popular em Israel — eu digo e é verdade. Nós estávamos em busca de um nome que tivesse a ver com nossas duas culturas e também queríamos que Maya tivesse um nome que homenageasse a minha mãe, Marcia, o que, pela tradição judaica, significava que precisaríamos de um nome que começasse pela letra M. No fim do oitavo mês de gravidez, a lista já havia se reduzido a Maya ou Melanie. Então nós tiramos nossas últimas férias antes do bebê chegar, mais ao norte na costa da Califórnia. Uma noite estávamos no centro de São Francisco, num hotel na porta de entrada para Chinatown. Enquanto nos aprontávamos para o jantar, pulávamos de um nome a outro. Maya ou Melanie? Melanie ou Maya?

Descemos para comer e, quando saíamos do hotel para a calçada, ali mesmo, bem diante do hotel, havia uma máquina de vender jornais com o nome MAYA grafitado na lateral, em grandes letras pretas. Será que ele já estava lá quando entramos no hotel? Não sabíamos. De qualquer jeito, até para mim, esse era um sinal óbvio demais para se ignorar.

— Eu sou a Hope — falei, para continuar com as apresentações na mesa.

— Outro nome bonito — observa a loura.

O nome dela é Shanti ou Shakti ou coisa parecida que não pode ser o seu nome verdadeiro, e ela afirma ser uma paranormal. Ela conta que mora em Santa Cruz, na Califórnia, e que nunca tinha ouvido falar em Belize até algumas semanas atrás, quando procurou na internet pacotes de última hora e encontrou esse com um grande desconto. A mim me parece que, se você for mesmo uma paranormal, já saberia com antecedência onde é que iria passar as suas férias de inverno, mas eu guardo esse comentário para mim.

No fim da refeição, Maya encosta a cabeça na mesa e Uzi perambula até a estante de madeira no canto, onde tem livros. É a biblioteca de um mochileiro, cheia de livros bem usados, esquecidos por antigos hóspedes, e algumas enciclopédias sobre a fauna e a flora de Belize. Ele volta com um livro de fotografias das borboletas da América Central para Maya e um exemplar meio acabado de *Muitos mestres, muitas vidas* para ele.

— É um clássico — diz a paranormal, vendo a capa.

Eu li esse livro há dez anos, durante a minha curta fase de Nova Era, e me lembro das linhas gerais. Um psiquiatra percebeu que alguns de seus clientes, durante a hipnose, descreviam detalhes de outras culturas e outras épocas que eles não teriam como conhecer em suas vidas atuais. Ele pensou que eles deviam estar acessando materiais de vidas antecedentes à atual e deu alguns exemplos bem convincentes para apoiar sua tese. Mesmo assim. As pessoas leem livros, veem filmes, exercitam a imaginação, respondem às sugestões. Não pode ser tão impossível assim enganar um psiquiatra, especialmente um que se encontre à procura de qualquer prova mínima que comprove sua nova teoria.

Eu aliso o cabelo de Maya e tento colocar um pedaço de pão em sua boca. Ela balança a cabeça vigorosamente. Ponho o pedaço de pão de volta no prato.

— Ela está doente? — Shakti pergunta a Uzi.

— Está com crupe. E um amigo imaginário. Vamos levá-la a um xamã hoje à tarde.

— Que máximo — ela diz.

Atrás de nós, na cozinha, Teresa grita alguma coisa em espanhol e um pequeno garoto com sandálias de borracha vem correndo e rindo da cozinha, levando uma banana agarrada ao peito.

— Mãe — cicia Maya, o peito colado à mesa.

— Hum?
— Estou vendo um menino.
— É o neto de Victor.
— Eu queria brincar com ele.
— Eu sei, querida. Talvez daqui a alguns dias.

Levanto sua cabeça com cuidado e levo um copo d'água aos seus lábios. Uzi e a paranormal estão falando de reencarnação e guias espirituais e, apesar do assunto, eu sinto certo arrependimento por estar excluída da conversa. Apesar da minha total convicção de que nunca fui uma camponesa chinesa do século IV, ou Mary, a rainha da Escócia, Uzi e a paranormal riem agradavelmente e eu não quero parecer antipática. Além disso, não consigo deixar de ser excessivamente solícita quando estou junto a pessoas de pensamento alternativo, como se tentasse compensar pelo meu ceticismo e ser difícil demais para ser dobrada em direção ao que eles acreditam.

Quando Uzi se abaixa debaixo da mesa para pegar um garfo, eu me viro para a paranormal.

— Isso é realmente interessante — digo. — Então esses guias espirituais de que vocês falam são realmente vozes que vocês ouvem dentro da cabeça?

— Na verdade, isso soa um tanto esquizofrênico — diz a mulher.

— Então, é mais como uma forma de consciência.

— Pode-se colocar assim — ela dá de ombros, sem descartar a ideia.

— Não é muito fácil de explicar.

Depois do almoço, Uzi se aninha numa rede maia amarela e azul no alpendre da nossa cabana lendo o tal livro sobre vidas passadas, enquanto Maya cochila no quarto. Fico sentada no alto dos largos degraus de cimento da cabana, por vezes esfregando os polegares no esmalte vermelho claro dos meus pés. Nossa cabana é dupla, com dois quartos privativos lado a lado, sendo que a paranormal e o filho dela vêm ocupando o outro há três dias. Eles relaxam em espreguiçadeiras de madeira, animados pelas garrafas escuras da cerveja de Belize. Ela está contando um sonho que teve de manhã, uma história complicada que envolve um xamã, uma pena e um sino.

— Caramba — o filho fica dizendo. — Caramba.

Quando a história chega ao fim, a paranormal levanta a garrafa de cerveja em direção a Uzi, num brinde simulado. É só a minha imaginação, ou ela virou o peito de propósito na direção dele? Tudo bem, ele é bonito — pelo menos, *eu* penso assim —, mas peraí. A mulher dele não está a dois metros de distância?

— Não é engraçado — ela comenta com Uzi — como você pode vir até aqui e acabar dividindo uma cabana com alguém que mora pertinho de você?

Não foi só imaginação.

— Topanga não é não é exatamente "pertinho" de Santa Cruz — interrompo, antes que Uzi tenha a chance de se manifestar. É algo como seis horas de carro. E eu também queria acrescentar que nós não estamos exatamente dividindo uma cabana, mas Uzi me manda um olhar que quer dizer *segura* e eu paro por aí.

São apenas 14 horas. A tarde mal passa. No gramado em frente à cabana, um cavalo cinza come a grama próximo de uma buganvília explodindo de flores cor-de-rosa. Pela porta de tela atrás de mim, ouço Maya tossindo enquanto dorme.

— Talvez eu consiga colocar um pouco de remédio dentro dela enquanto ela dorme — digo.

Uzi olha para cima, relutantemente.

— Não é melhor esperar até depois?

— Nós esperamos *até agora*.

Levanto-me para esfregar as mãos úmidas uma, duas vezes, na minha calça de algodão.

— Ele já vai chegar — diz Uzi e vira uma página lentamente.

Suspiro, forte e dramaticamente, e me dirijo ao quarto, fechando a porta atrás de mim com um ventinho sutil. Lá dentro, o ar abruptamente fica mais fino e os azulejos de cerâmica mandam um calafrio através dos meus pés descalços. Tudo no interior da cabana é desenhado para minimizar o calor, das persianas de madeira até o ventilador de teto, que se move preguiçosamente dia e noite. Olho para o teto feito com palmeiras e vejo que não há cimento: o ventilador é pendurado de uma viga de madeira horizontal que passa de um lado ao outro do teto. Quando olho para cima, vejo claramente as filas de folhas de palmeira muito bem compactadas. Fico pensando que este é o quarto de hotel mais estranho e mais maravilhoso em que já me hospedei.

Maya está enrolada num lençol laranja da Guatemala na cama de solteiro, os cachos pretos aparecendo por baixo da borda rendada. Agacho-me perto dela e encosto meu queixo no colchão. Sua testa é rosada e macia, sem os traços das preocupações do dia. Ponho a mão nela. Ainda está com febre. Decido não dar o remédio para a tosse. Melhor não interromper seu sono.

Aliso o lençol em volta de seus ombros e deixo as Rúrsulas bem ao lado dela. A língua de Maya passa levemente entre os lábios algumas vezes, como se estivesse chupando um polegar invisível, e então para.

Um dia eu li que ser mãe é semelhante àqueles momentos numa cirurgia de coração em que o sangue do paciente circula fora do corpo. Como é que posso explicar essa sensação às minhas amigas que não têm filhos, ou até mesmo a Uzi? Desde o momento que Maya chegou, meu mundo se reduziu aos pequenos parâmetros do corpo de minha filha. Na manhã que ela nasceu, eu a segurei nos braços enquanto o sol se levantava sobre o hospital em Van Nuys. Com apenas duas horas de idade, ela era a página mais em branco que eu poderia imaginar. Tanto potencial dentro daquela pequena forma. Era uma ideia quase poderosa demais em matéria de beleza e graça. Apertei meus lábios contra a sua testa quente. Minha filha. Ela seria alegre, riria com facilidade e com frequência, perdoaria rapidamente e sempre se lembraria do final das piadas. Ela conheceria a segurança e a confiança que só podem vir quando se é criada numa família íntegra e amorosa. Ela seria aquela para quem tudo daria certo.

Um som arrastado e rangente vem da varanda frontal da cabana e eu acho que talvez seja Victor chegando. Mas quando vou lá fora, Uzi está sozinho, apenas ele, lendo e balançando na rede, um dos pés apoiado no azulejo do chão, seu cabelo preto e ondulado curvado sobre o livro. Quando ouve a porta de tela se abrindo, ele olha para cima e sorri impulsivamente, um olhar cheio de contentamento e devoção, e, com o mesmo impulso, meu coração dá um salto à frente para encontrá-lo.

— Você é linda — ele diz.

— Você não me vê há dez minutos. Provavelmente já se esqueceu da minha cara. — Depois de quatro anos, ele ainda consegue me deixar toda vermelha.

— Primeiro, isso é verdade. Segundo, você *é* linda.

Ele estica a mão para mim, os dedos bem afastados para ter o máximo de contato. Eu estico a minha mão e entrelaço os meus dedos nos dele. Ele tem as mãos mais bonitas que eu já vi, um pouquinho maiores que as minhas, com dedos magros e unhas bem cuidadas. Ele normalmente não usa aliança de casamento, porque não gosta da sensação de metal no corpo, mas hoje ele está usando o anel de hematita que Maya me ajudou a escolher para ele numa loja de cristais em Topanga, alguns meses atrás.

— Como ela está?

— Dormindo.

— Com febre?

— Mais ou menos a mesma coisa. — Olho o alpendre vazio. — Onde está Shanti?

— Shakti.

— Shakti — repito.

— Foi procurar Victor. Ela quer ir com a gente até o xamã.

— Ai, meu Deus. Ele devia vender ingressos.

Uzi olha para mim por um longo tempo e solta a minha mão.

— Não vejo qual é o problema. Ela só está tentando ser simpática.

— Um pouquinho simpática demais, se quer saber.

— O que isso quer dizer?

— Exatamente o que dá a entender.

Ele suspira alto e volta para o livro. Depois de um momento, ele diz:

— Ela acha que você tem muito medo.

— Ela disse isso?

Ele faz que sim, olhando o livro.

— Como é que ela pode saber?

Ele dá de ombros.

— Acho que só de olhar para você.

— O que eu tenho não é assunto dela — eu digo, embora numa voz muito mais fraca do que o normal.

Eu não sei ao certo o que me irrita mais: o fato de meu marido estar falando de mim com uma loura de meia-idade num top dois números abaixo do correto que me conhece há exatamente 12 minutos, ou que essa tal de Shakti seja capaz de fazer uma leitura tão rápida assim de mim. Não que seja preciso ser um paranormal para saber que estou à beira de um abismo; qualquer um com as retinas funcionando pode ver a mesma coisa. Mas o que eu achava que conseguia disfarçar é que essa não é uma situação temporária. Nos dias de hoje, eu tenho medo *o tempo todo*, de câncer de mama a sequestradores de carros e telefonemas no meio da noite, de incêndios, de me sufocar, de furacões, de ratos, de Aids, de turbulência de avião e críticas literárias mal-intencionadas. Uzi diz que eu tenho a reação de susto mais extrema que ele já viu em alguém. Às vezes, quando estou de pé no banheiro, de costas para a porta, e ele entra sem avisar, meu corpo inteiro estremece e eu literalmente grito de tanto medo. E isso o deixa muito preocupado.

E a mim *me* preocupa ele estar discutindo esse tipo de coisa com Shakti.

— P.S.: Eu não estou sequer convencida de que ela seja uma paranormal — eu digo e Uzi suspira.

E, a bem da verdade, *eu não estou*. A mim me parece que uma paranormal de verdade não teria a necessidade de se apresentar como tal. Será que uma verdadeira paranormal não faria, humildemente, *atos* paranormais durante o dia, deixando que eles fossem o seu cartão de visitas? Como o meu professor de psicologia no ensino médio, o Sr. Gelman, que parecia um mini-Albert Einstein. Você nunca diria isso se julgasse pelas aulas que ele dava sobre Pavlov ou Skinner, mas ele era capaz de pegar uma joia sua nas mãos, ao fim da aula, e falar detalhes específicos e aleatórios da sua vida que ninguém mais seria capaz de saber. E o que dizer das Gêmeas Paranormais, que o meu amigo Jeff me instou a procurar há quatro anos, logo antes de eu e Uzi ficarmos noivos? Terry e Linda eram réplicas idênticas uma da outra, ambas com 1,77m e magras como um palito, com cabelos ruivos longos e ondulados partidos no meio. Elas se sentavam lado a lado no sofá do apartamento em que moravam em Culver City, vestidas com saias de veludo púrpura e camisas vermelhas de mangas compridas, tomando notas rapidamente em blocos amarelos, por toda a sessão.

Não parecia grande coisa, até que elas começavam a falar. Disseram-me que eu não teria nenhum câncer de mama no curto prazo — foi um alívio — e que meu pai viveria pelo menos mais alguns anos, o que também mostrou ser verdade. Disseram que eu teria uma filha em 2001, e que ela seria bailarina, mas isso foi em 1997 e elas não viram que eu já estava grávida de Maya, algo que nem eu mesma sabia. Contaram-me que a minha alma gêmea tinha cabelo meio ruivo e óculos com armação de metal e que era advogado. Quando perguntei se elas não poderiam estar confundindo com o homem que eu estava namorando, embora ele tivesse cabelos castanhos e uma visão 20/10 e trabalhasse no setor de alta tecnologia, elas rabiscaram mais algumas frases nos blocos amarelos, balançaram a cabeça ao mesmo tempo e imediatamente se levantaram.

— Mas lembre-se — falou a gêmea da direita —, você sempre pode mudar o seu destino!

Eu não estava muito preocupada com o comentário sobre a minha alma gêmea. A ideia de que existe alguém, uma pessoa específica desenhada como o meu perfeito complemento espiritual e que eu preciso encontrar para me sentir completa... isso eu nunca aceitei. Da maneira que sempre pensei, o panorama das ligações humanas se parece mais com uma cidade gigante, com muitas subdivisões. Cada subdivisão tem o seu próprio conjunto de ruas, cada rua tem casas enfileiradas, cada casa tem os seus cômodos e cada cômodo tem duas mesas. Você pode sentir quando conhece alguém que mora na sua vizinhança espiritual e você sabe quando alguém vem da mesma casa que você. Aqueles por quem você sente uma atração magnética e automática são os que se sentam na sua mesa. Eu tive dois ou três relacionamentos com homens da minha mesa e todos eles foram gloriosos desastres. (Eu nunca entendi a atração que pode existir em namorar alguém capaz de terminar as suas frases. Isso realmente me deixa maluca.) Uzi e eu, tenho certeza de que somos da mesma rua. E acho que isso é o máximo de proximidade que eu posso administrar num romance.

Quanto a Shakti e eu, posso dizer que não pertencemos sequer à mesma cidade.

Eu olho para cima quando Everald, filho de Victor, vem se juntar a nós na varanda. Ele é um dos filhos mais velhos, talvez tenha uns 25 ou 30 anos, com um bigode ralo e cabelo castanho cortado rente. Ouvimos falar que um dos filhos é especialista na flora local; será que é ele? Não, é Jeronie, o mais velho, diz Everald, embora ele também saiba bastante, só de ter sido criado aqui. Nós temos algum plano para a noite de amanhã, de Natal?, ele pergunta. Vai haver uma festa no refeitório com uma banda de marimba, a música local; nós deveríamos ir.

— Temos que ver como a Maya vai estar — eu digo, e ele assente.

O barulho de chaves faz-se ouvir do gramado lateral, indicando que Victor está chegando. Olho mais além para ver Shakti alguns passos atrás dele, com uma expressão de decepção que faz a boca ficar meio torta para um lado.

— Ah, bem — ela grita para Uzi —, acho que não era para ser.

capítulo seis
Aldeia de San Antonio, Belize
24 de dezembro de 2000

O médico herborista mora numa casinha que parece ter saído do Banco Imobiliário, verde, quadradinha e acanhada. Fica perpendicular à rua, a cerca de 15 metros da beira da selva. A van de Victor para ao lado de uma casa redonda com teto de folhas de palmeira, que parece servir como o depósito da casa ou um galpão improvisado. Lá dentro, caixotes com leite ficam armazenados ao lado de barris com ração de galinha.

Victor toca a buzina três vezes, cada uma um ruído impressionante que interrompe a calma da floresta. *Tem... alguém... aí?* Maya se encolhe e tosse baixinho, um barulho isolado e prolongado, como um trovão a distância.

— Está tudo bem, lindinha — digo, beijando o alto da cabeça dela.

Há seis minutos, na entrada para a aldeia de San Antonio — que no dialeto iucateque se chama Tanah, ou "Nossa Casa" —, Victor encostou a van perto de um depósito amarelo que mais parecia uma casinha de criança que fazia as vezes de loja de variedades. Uma placa vermelha da Coca-Cola ficava em cima da porta aberta, ao lado de uma janela por onde dava para ver comida em conserva e toalhas de papel nas prateleiras.

Duas garotas adolescentes vestidas com tops de amarrar e shorts cortados estavam sentadas em cadeiras no gramado em frente, cuidando de dois bebês. Victor trocou algumas frases com uma delas e depois voltou à cadeira do motorista.

— Perguntei o caminho até o médico herborista que eu conheço, mas elas disseram que há outro em que as pessoas confiam mais — falou, enquanto tirava a van do gramado e a conduzia de volta para a estrada. As garotas acenavam alegremente enquanto partíamos. — Por aqui, à esquerda — acrescentou.

Subimos um pequeno monte e passamos por uma casa azul e depois uma roxa. Pintar a casa é um luxo de que as pessoas aqui não abrem mão, mesmo quando tudo o que elas podem é pintar a parte da frente. Quase todas as casas pelas quais passamos são um jorro de tinta contrastando com o verde permanente ao fundo, formado por campos e árvores.

Dentro da aldeia, casas de madeira regularmente distribuídas e lojinhas que vendem de tudo guardam e abastecem os mais de dois mil índios maias que moram aqui. As galinhas catam comida à beira da estrada e as roupas lavadas balançam mansamente em varais bem esticados de pátios bem conservados. Existe um senso visível de igualitarismo aqui; nenhuma casa parece ser maior ou ostenta mais do que as outras. Uma placa pintada à mão perto do centro da cidade dá as boas-vindas aos visitantes da casa de Don Elijio Panti, o grande curandeiro maia de Belize. Sua casa original de madeira e a tradicional cabana maia de toras de madeira, onde dezenas de carros faziam fila nos dias de atendimento, foram preservadas como um pequeno museu administrado por seu neto.

Antes dos conquistadores espanhóis chegarem a Belize no século XVI, 1 milhão de maias habitavam essa região, mas tantos morreram pelas doenças trazidas da Europa e em guerras pelos territórios que hoje somente uns vinte mil maias — o que mal chega a um décimo da população do país — moram em Belize e mesmo assim muitos ainda imigraram de outros lugares. O grupo Kekchi maia migrou das montanhas da Guatemala quando a terra lhes foi tirada para servir às plantações de café; os maias Mopan, que moram principalmente no extremo sul do país, foram expulsos de Belize para a Guatemala pelos ingleses no final do século XVIII e voltaram cem anos depois; e os iucateques chegaram no século XIX e no início do século XX, fugindo das guerras raciais na península de Yucatán, no México. A língua mais falada em San Antonio é o iucateque, um idioma tão complicado — com inúmeros pronomes, prefixos e sufixos complexos e delineações de tempo extremamente detalhadas — que um famoso antropólogo declarou que ela só era fácil de aprender se você fosse um bebê maia.

Victor estaciona a van a cerca de 30 metros da cabana de madeira verde-clara.

— Ai-ya! — grita ele, saltando do banco do motorista para o gramado. Dou uma olhada na casa diante de nós. Ela é formada por sobras de madeira de diversos tamanhos que parecem ter sido pregadas como se fosse um trabalho de patchwork. Uma tinta verde, leve e desbotada, cobre a frente da casa e uma parte da lateral. As tábuas em volta da porta da frente estão sujas de barro até a altura do tornozelo, e cortinas azuis desbotadas emolduram duas janelas sem contorno nem tela. A casa não tem nenhum caminho visível para a porta nem para o carro, só grama por todo o lado. Se não fosse pelo único fio elétrico que vai do canto do teto de folha de flandres até um poste na estrada, pareceria que a casa tinha caído direto do céu.

Um pequeno grupo de crianças brinca de pique no campinho à esquerda, dando voltas ao redor de um fogo ardendo numa velha lata de óleo. Quando ouvem o grito de Victor, um garoto de 9 ou 10 anos para de correr, leva dois dedos à boca e assobia alto. As galinhas aos seus pés correm na maior desordem.

Ainda dá tempo de eu dizer não a tudo isso, mas não muito. Não sei o que fazer. Dou uma olhada completa no gramado procurando alguma indicação de "curandeiro de confiança": uma fila de clientes circunspectos do lado de fora esperando para serem levados lá para dentro, ou talvez uma série de jarras de vidro enfileiradas, cheias de ervas secas na beira da janela, como as que cobriam a parede de uma loja de vodu que eu encontrei no bairro francês de Nova Orleans. Em vez disso, vejo um monte de areia cercado de pedras com um cachorro dormindo ali ao lado, bem no meio do lugar, e uma fila de baldes de 40 litros, cor-de-rosa, verdes e brancos, em pé na grama. E então, exatamente quando eu me pergunto que serventia um curandeiro pode fazer de tantos baldes, o médico herborista aparece dando a volta na parte de trás da casa.

Eu esperava que um xamã maia se parecesse com o quê? Certamente não com uma caricatura dessas, um homem de peito nu com um turbante e joias pesadas balançando num transe ritmado e extasiado. E certamente não uma pessoa tão comum como Burt, o conselheiro de medicamentos em Iowa City. O que eu quero ver, suponho, é alguém que pareça conhecido, porém não tão conhecido, autêntico, porém não tão autêntico, indígena, porém não tão desconfortavelmente anacrônico. Exotismo demais vai forçar muito a minha credulidade, mas exotismo de menos vai ter o mesmo efeito.

Eu estou esperando *alguma coisa*. Algo diferente desse homem baixinho, com cabelo de capacete e jeans sujos, botas Wellington que vão até os joelhos cobertas de barro e cocô de galinha, que caminha em nossa direção pelo gramado enlameado.

— É esse aí? — sussurro para Uzi.

— Acho que sim — ele responde.

O homem retira uma luva de trabalho e cumprimenta Victor. Ele parece ser bem inofensivo. Eles começam a falar, mas eu só posso entender uma em cada dez palavras. Ouço alguns números em espanhol e outros sons entrecortados que não se parecem com nenhuma língua que eu já tenha ouvido antes. A palavra *curas* com um ponto de interrogação, vinda da parte de Victor, e o homem faz que sim com a cabeça.

— Acho que estão falando uma mistura de espanhol com maia — digo.

— É melhor eu ir lá — diz Uzi, abrindo a porta do passageiro. Maya se levanta no meu colo, com Rúrsula Um firmemente abraçada ao peito.

— Nós vamos descer? — pergunta Maya fracamente.

— Num minutinho só — respondo.

Observo Uzi andar cuidadosamente pelo gramado com suas sandálias abertas. Ele se junta aos homens ao lado da estrada e cumprimentos e afirmações com a cabeça são trocados de parte a parte. Então eu vejo Uzi fazendo gestos com as mãos que indicam os dois lados da boca, indicando uma tosse. O médico herborista olha para nós. Eu bato no vidro.

— Não é só isso! — grito.

Uzi olha para mim sem expressão.

— *O quê?* — dá para ler em seus lábios.

— *Não é só isso!* — grito mais alto, fazendo Maya estremecer. Eles ainda não conseguem me ouvir. Eu a levanto do meu colo e a coloco no banco cinza.

— Eu já volto. Espere a mamãe aqui.

No gramado, os homens estão tentando se comunicar numa mistura de inglês, espanhol e mímica. A conversa é tão quebrada que eu nem sei onde estou entrando.

— Ele quer que você conte para ele — diz Victor.

O espanhol é a segunda língua para a maioria dos habitantes de San Antonio, e o inglês, geralmente a terceira. Vou arriscar o espanhol.

— *Habla español?* — pergunto ao médico.

Ele sorri e diz que sim. Os olhos dele são bem pretos, como se as pupilas tivessem engolido totalmente as íris. A pele dele é exatamente cor de canela.

— *Nuestra hija está enferma* — começo. — *Por dos semanas.* — Levanto dois dedos e faço uma pausa.

— *Sí* — diz o curandeiro.

— *Ella tiene... Victor, como se dice* "ela está tossindo"? — Bato no meu peito e faço um barulho alto e repetido, para enfatizar.

— *Está tosiendo.*

— *Ella está tosiendo mal, muy mal* — começo. Atrás de mim vem o som suave e ecoante de Maya batendo na janela da van com as duas mãos.

— *Mãe!* — ela grita. A voz dela chega a nós como se estivesse vindo de muito longe. Faço para ela o sinal de um minuto.

— *Y ella no quiere tocar su... medicino? Mi esposo piensa que... es posible?... um espíritu mal...* — Minha voz vacila e eu volto a olhar para a van. O rosto de borracha de Rúrsula Um está colado contra o vidro ao lado do rosto de Maya, num ângulo pouco natural, congelado em seu perpétuo sorriso de botão de rosa.

— *Mi hija...* — digo, e não consigo ir mais além. Não estava esperando que isso fosse acontecer.

— Ah — entende o baixinho. — *Necesita una cura.* OK.

— *Una cura* — repito. — *Sí.*

Pressiono a ponta do meu tênis na grama macia e vejo a água sair do chão. As bordas da sandália de Uzi já estão sujas de barro alaranjado. Maya nos olha pela janela enquanto Victor e o médico conversam um pouco mais. Talvez estejam tentando negociar o preço?

Victor mostra com a cabeça a janela da van, mas mantém os olhos em mim.

— Ele quer saber alguma coisa sobre a boneca.

— *Mãe!* — estrila Maya, voltando a bater com força na janela com as duas mãos. Começo a ir em sua direção.

— A boneca? — pergunto sobre o meu ombro. — Não sei. É só uma bonequinha. Ela a tem deve fazer uns três meses. *Tres meses?*

Eles voltam a falar em voz baixa.

— Três dias entendo — diz o homem, em inglês. — E o bebê um banho.

Não entendo exatamente o que isso quer dizer.

— Tudo bem — digo.

— Muito bem — diz Victor —, você vai com ele lá para dentro. Eu fico esperando aqui fora.

Existem momentos na vida de uma mãe quando as respostas aparecem com uma clareza óbvia e acachapante, mas existem muitos outros que eu vim a perceber em que somos levadas pelo embalo da ocasião. Todas as suas amigas do grupo Mamãe & Eu começam a colocar os filhos para dormir nas caminhas, e depois as revistas para pais alertam sobre os perigos da cama da família, e então você deixa o seu filho chorar sozinho na caminha dele e passa metade da noite chorando também. Ou o pediatra zelosamente lhe dá uma receita e a recepcionista lhe indica a farmácia no térreo e você passa o papel ao balconista de avental branco, sem parar para pensar que pode haver outra alternativa. Na aldeia de San Antonio, Victor disse para eu entrar na casa, o médico herborista indicou para eu ir atrás dele e eu fui.

— Agora nós vamos entrar na casa do moço — digo para Maya, erguendo-a do banco da van. Ela prende as pernas na minha cintura e tenta me puxar para baixo. Tudo o que nós dissemos a ela é que vamos fazer uma visita a um amigo do Victor. Se eu usasse a palavra "médico" com ela, nós nunca conseguiríamos tirá-la da van.

— Eu não quero.

— São só alguns minutos — minto, e depois acrescento, como que para amenizar as coisas: — Mamãe e papai precisam falar com ele. Vamos deixar a Rúrsula na van.

A porta da frente da cabana mal tem 2 metros. Uzi tem que se abaixar um pouco para passar com segurança e, atrás dele, eu instintivamente também abaixo a cabeça ao entrar. Uma vez lá dentro, temos que ajustar o olhar à escuridão repentina. No início, só dá para discernir o desenho dos objetos. Então uma rede azul e branca imunda esticada na parte de trás do quarto começa a tomar forma e, na frente dela, uma mesa simples de madeira. Meu joelho esquerdo bate num pequeno banco perto da parede, pintado de azul-celeste e coberto com um pano laranja. Além da rede, esse é o único lugar para se sentar, então nós nos sentamos. Ajeito Maya no colo, as costas dela encostadas em meu peito. Diretamente à nossa frente, à altura dos olhos, uma pequena televisão em cores cabe certinho numa abertura na parede. Quatro dançarinos latinos com roupas brancas cantam e rodopiam na tela com o volume no zero, dando a impressão de uma dublagem de grande intensidade.

— Desculpe — diz o homem, girando o braço num arco. — Minha casa...

— Tudo bem — diz Uzi, gentil.

Debaixo da televisão, um engradado plástico de leite aloja uma pilha de sapatos brancos e já gastos de mulher. Será que a esposa dele está no quarto dos fundos? Há crianças que moram aqui? Olho pela sala à procura de algum indício, mas os indicadores culturais que eu estou acostumada a ver — brinquedos da Fisher-Price, canecas de plástico, uma pintura a dedo com o nome e a data no canto inferior direito — não são as pistas a se procurar aqui. *Huaraches*, penso, sem lógica, e minha mente se centra na imagem de pequenas sandálias de laços. Olho pelo chão procurando um par de huaraches de criança. Nada.

O médico herborista põe uma mochila preta de náilon na mesa e começa a procurar alguma coisa lá dentro. Eu olho um pouco mais pelo quarto. Retratos de imagens religiosas estão pregados em três paredes. O pálido linóleo do chão já furou em alguns pontos e embaixo dele pode-se ver a terra batida.

Meu Deus. Os descendentes dos astrônomos e dos matemáticos mais brilhantes que o planeta já conheceu chegam ao limiar do século XXI em cabanas improvisadas de madeira e chão de terra batida. Onde é que foi parar a justiça?

É o que acontece em toda parte quando os homens brancos chegam e pegam o que bem entendem, mas a regularidade com que essa história acontece não me faz sentir melhor de estar nesta cabana com minha pele clara e um pouquinho sardenta — eu, que vim passear na floresta com uma filha doente, para tirar proveito da sabedoria de outra cultura, e prestes a voar de volta para a Califórnia e a recém-colocada madeira de lei em meu quarto. *Desculpe... minha casa...* O médico herborista sentiu necessidade de pedir desculpas, porque nós o obrigamos a olhar a casa dele através dos olhos de um americano e com isso ele acha que tem pouco. Não é à toa que meio mundo nos odeia. Olho para as minhas mãos e me sinto aliviada de ter deixado meu anel de noivado em casa. Eu teria nojo de mim mesma se o estivesse usando agora.

Maya muda de posição no meu colo e aperta a barriga contra mim, o rosto encostado em meu peito. Dou uma olhada para ver se ela está começando a cochilar. Não está. Ela está olhando para o médico com a maior atenção, mas está calma. Bom sinal.

Uzi toca no meu ombro e aponta para a porta da frente, onde um cartaz escrito à mão está pregado na parede.

TRADIÇÃO MAIA

Eu sou um índio maia que morei a vida inteira em San Antonio. Fui treinado na arte da medicina maia pelo falecido xamã e curandeiro Don ELIJIO PANTI Posso oferecer um passeio pela mata para ver e no lugar apropriado pegar ervas medicinais para fazer os seus próprios remédios.

TRATAMENTOS

Herborismo   Massagem   Sangria
Injeções   Leitura de Espíritos
Orações de Limpeza de Espíritos
favor trazer câmera sua lembrança será
sabedoria & o remédio que fizer
Ovencio Canto
San Antonio

— Trouxe a câmera? — cochicha Uzi.

Ela está na mochila, aos meus pés.

— Não — sussurro de volta.

Ovencio Canto. Então esse é o nome dele. Olho outra vez para o cartaz e percebo um cartão laminado logo acima, uma espécie de identidade. Viro-me um pouco no banco e forço o olhar. Na linha de cima está escrito MÉDICO HERBORISTA AUTORIZADO/MEDICINA e embaixo há uma pequena foto colorida de passaporte do médico, seu nome, endereço, aniversário e assinatura. Faço algumas contas rápidas e percebo que ele tem 44 anos. Eu teria chutado no mínimo uns dez anos a menos.

Uzi me toca com o cotovelo para trazer minha atenção de volta à sala, onde Canto tira um frasco plástico pequeno e obscuro da mochila preta na mesa.

— É para passar — ele diz, desenhando grandes círculos em frente ao peito — *tres veces...*

— Passamos isso no peito dela três vezes? — pergunto.

— *Sí.*

— Três vezes ao dia ou três vezes no total?

— *Sí.* Além disso, colocamos ervas no banho. Agora eu pego... — diz ele, agachando-se ao lado de Maya, balançando em suas botas cheias de barro — ...a mão do *bebé* para rezar... — Ele pega a mão de Maya entre seu polegar e indicador e é aí que a sala explode.

— Não! — grita Maya, tirando a mão e trazendo para o seu lado. — Eu não quero que ele me toque!

— Maya — eu digo —, está tudo bem. Ele só vai pegar na sua mão. Ele não vai machucar você. — Eu quero sentir que a estou acalmando, mas alguma coisa crítica se perde na tentativa e minha voz sai pequena e apertada, o que surte exatamente o efeito contrário de acalmá-la.

— *Nã-ã-o!* — ela berra, enrijecendo o corpo inteiro. Essa é a sua pose de resistência abjeta. Quando bebê, ela ficava exatamente nessa posição de estátua sempre que eu queria colocá-la no banco do carro. Uzi e eu costumávamos chamar a isso de "embarcar a estátua".

Maya chuta o peito de Canto, e ele cai para trás, apoiando-se nas mãos.

— *Maya!* — recrimina Uzi. Ela tapa os ouvidos bem forte com as mãos e grita, cada berro seguido por outro, outro e mais outro, mal parando para respirar.

Olho para Canto pedindo desculpas.

— *Lo siento* — digo, subindo a voz o suficiente para me fazer ouvir sobre os gritos de Maya. — Isso é parte do problema.

Ele se curva, pousando os cotovelos nos joelhos.

— *Bebé* — murmura para Maya. — *Bebé*, eu quero pegar na sua mão.

— Não! — ela grita. Ela solta as orelhas e joga os braços no peito, as mãos fechadas em punhos cerrados. — Não! Não! Não! Não!

— Talvez você deva... — eu começo.

— *Maya* — interrompe Uzi. — Vamos lá.

Ele está perdendo a paciência. Eu também perderia, se já não a tivesse visto se comportar desse jeito uma meia dúzia de vezes antes de hoje. Com exceção daquela vez no consultório da Dra. Diane, eu aprendi que, uma vez que ela comece, não há nada que eu possa fazer para acabar. A não ser esperar dez minutos, depois mais dez e mais dez, até ela terminar.

As mãos de Canto ficam penduradas entre as pernas, sem ele ter o que fazer.

— *Bebé, bebé* — ele murmura. Ou ele é extremamente calmo ou é ridiculamente passivo, não sei dizer o quê. De qualquer maneira, ele não parece estar dando a menor importância aos chutes ou aos gritos.

— Tudo bem — diz Uzi. — Vamos em frente.

Ele se estica e pega à força no braço de Maya.

É tudo tão rápido. Meu marido... minha filha... e então Canto está com o pulso dela firmemente seguro entre as mãos, o polegar dele pressionado na pulsação dela enquanto ele começa a murmurar rapidamente em maia.

Maya imediatamente fica quieta. Por um momento, pareceu que o toque dele a acalmou. Isso está mesmo acontecendo? Depois de meses do show do Dodô, 24 horas por dia, sete dias por semana, tudo o que nós temos a fazer é aterrissar em Belize, perguntar onde encontrar um xamã, ser levado a um no mesmo dia, ele tocar em Maya e ela está curada? Eu tenho apenas o tempo suficiente para sentir uma pequena e irracional sensação de esperança nesse sentido e então o corpo de Maya se contorce violentamente, uma, duas vezes e o silêncio se quebra como um caleidoscópio de braços e pedras e um grito que parece vir de outro mundo.

Ela arremessa o braço que está livre, mas quando eu tento agarrá-lo, uma perna se solta, e quando eu tento segurar a tal perna, o braço fica livre de novo e se move no ar ao seu lado. Eu não tenho braços e pernas suficientes para contê-la. Jogo o meu peso para a direita, depois me apoio contra a parede, tentando ficar firme no banco. Quinze anos atrás, num bar de Nova Orleans, eu bebi três cubas-libres e tentei montar no touro mecânico. Era mais fácil do que isso. *Segure-a*, penso. *Não a deixe escapar.* Mas tentar abraçá-la era como tentar abraçar um catavento ganhando velocidade.

Os gritos que agora saem dela não são humanos. São piores que no cabeleireiro, piores que no consultório da Dra. Diane, piores do que qualquer coisa que eu já ouvi vinda de uma criança. Se nós estivéssemos num lugar público em Los Angeles, uma dúzia de pessoas já estaria sacando o telefone celular, freneticamente tentando discar o número de emergência.

Ela joga a cabeça para trás e solta outro uivo. Eu beijo a pele macia e clara do seu pescoço exposto.

— Está tudo bem, bonitinha — sussurro. Por cima do ombro dela, dou uma olhada nos dançarinos latinos de roupa azul-marinheiro formando uma pirâmide humana na televisão. À minha direita, logo além da porta aberta, o fogo no tambor de óleo vai a dois metros de altura. Será que esse dia ainda pode ficar mais surreal?

— Está tudo bem — sussurro. Minha voz estremece como se eu estivesse tremendo. — Está tudo bem. Está tudo bem.

O médico ainda está murmurando rapidamente com o pulso de Maya nas mãos.

— Eu não quero que ele... me toque! — ela fala com a voz arfante, debatendo-se contra mim. — Eu não quero... que ele... me... toque! — O peito dela está tão congestionado que ela tem que lutar para respirar.

Ela tem que parar antes que venha a machucar alguém. Ou que sufoque.

Será que eu sou a única a pensar dessa forma? Alô-ô, tem uma mãe aqui que está entrando em parafuso. Homens? *Ho-mens?*

Mas os homens estão agindo com tanta naturalidade... E Victor não corre para dentro para ver de onde vem tanto barulho. Talvez a cena não seja assim tão dramática ou alta como parece ser para mim. Eu olho para Canto, cujo rosto é a própria definição de inexpressivo. Ele faz sinal calmamente para Uzi abrir a outra mão, que Maya tem contra o peito, coloca seu polegar no lugar do pulso e continua a rezar. Maya joga a cabeça para trás e geme, um som alto e rouco, como um animal nascendo, um grito de dor, terror e desespero. Canto nem pisca. Será que esse cara é de verdade? Ou será que é apenas mais um autômato que continua com a sessão de cura, sem dar atenção às respostas ou às necessidades dos clientes, só pensando nos dólares americanos que vai receber no final?

Tudo aquilo em que eu acredito me diz para me levantar exatamente agora e sair pela porta, levando Maya comigo, mas interromper o progresso da tentativa pode ser interpretado como um sonoro *foda-se* para o meu marido e o que ele acredita. Será que vale a pena arriscar isso? Então

Maya repete aquele som horroroso e um ruído de sufocamento começa a vir de sua garganta e eu imediatamente deixo de me sentir ambígua e passo a ficar oficialmente assustada. E não tem nada que me faça passar à ação mais rápido do que o medo.

Eu me levanto abruptamente, agarrando Maya junto ao meu peito.

— Acabou — anuncio. — Chega. Está feito.

Canto solta o pulso de Maya e olha do chão para Uzi.

— Será que nós não poderíamos nem... — Uzi começa.

— Eu já disse que *acabou*.

Ele sabe que é melhor não enfrentar esse meu tom de voz. Hoje à noite eu vou ouvir bastante sobre o meu comportamento, mas não posso me preocupar com isso agora. Neste exato instante, todo o meu livre-arbítrio está limitado a uma pequena maçaneta na porta com um único propósito: tirar a minha filha desta casa.

— Nós vamos lá para fora — digo.

Passar à ação é mais fácil do que eu imaginava. Com Maya agarrada em mim como um macaquinho, dou as costas para os homens. Olho para a porta. Passo por ela sem olhar para trás.

No gramado, um pintinho isolado passa por nós, tentando se juntar a uma fila de irmãozinhos que acompanham a galinha mãe. Eu tento fazer Maya se interessar pelo esforço do pintinho ("Veja, Maya! Um pintinho! Tão bonitinho! Olhe, Maya! Olhe!"), mas ela está presa num transe exausto e histérico e nada que eu possa dizer vai tirá-la dessa situação.

— Aquele homem! — ela geme, batendo com as pernas em minhas costelas. — Aquele homem tentou! Ele tentou tirar a minha tosse!

As crianças do vizinho se esgueiram para poder ver. Um dos meninos aponta para Maya e cochicha algo para um menino mais novo, que cobre a boca e ri. O que é que eles sabem? Eu sinto uma vontade repentina de lhes dar um tapa na cara e mandá-los voando pelo gramado, empurrar com as duas mãos aquele latão com fogo e entrar numa dança maníaca e desinibida enquanto toda a grama à nossa volta se incendeia. Eu aperto

Maya com mais força e corro para a van, fechando a porta atrás de nós com um puxão tão forte que parece que ela vai arrebentar.

— Aquele homem tentou tirar a minha tosse e jogá-la no fogo! — chora Maya, enquanto se debate no banco almofadado, tossindo e cuspindo. Um pequeno fio de saliva escorre da sua boca para o banco.

Eu limpo o queixo dela com a ponta da minha camisa.

— Como é que ele poderia tirar a sua tosse? Ele não é médico.

— Mas ele queria! Ele tentou tirar a minha tosse com a mão! E jogar tudo no fogo!

— O fogo? — pergunto. — Ah, não. O fogo estava aqui fora.

— Eu quero sair daqui agora! Agora! Quero ir para casa agora!

— Shhh, shhh. — Eu a pego nos braços. — Nós vamos sair assim que o papai voltar. Shhh.

Tenho que inventar algum tipo de distração, para fazer com que a cabeça dela mude para outra coisa, mas os meus recursos são muito limitados dentro da van. O que devo dar a ela? Dramamine? Mas aí o Dramamine me faz pensar em viajar de avião e o pensamento de viajar de avião me faz lembrar que tenho chiclete na bolsa. O chiclete que comprei no aeroporto. Eu pego dois, coloco-os na boca e masco rapidamente.

— Veja, Maya — digo. E sopro uma bola redondinha. — Pode estourar. — Indico a bola frágil. Ela geralmente adora fazer isso. — Vai em frente — incentivo quando ela não se move. — Está tudo bem.

Ela arremete o dedo indicador bem no meio da bola, esparramando tudo pelo dedo dela e pelo meu queixo, e a surpresa acaba com a sensação de histeria.

Ela funga.

— Outra vez.

Sopro outra bola. Maya estoura. Sopro mais uma. Ela estoura. Sopro uma bola dentro de outra e ela estoura as duas. Desse jeito, nós passamos os vinte minutos seguintes até ela pousar a cabeça no meu ombro.

— Shhh — eu digo, ninando a menina. Eu a acalento até os meus braços doerem, até os cotovelos dela se soltarem e o peso morto dela me dizer que ela já passou do limiar do sono profundo.

Quando a respiração dela se acalma, eu levanto o meu punho e o lanço contra a janela da van. Dói, mas não o bastante. Volto a socar o vidro e dessa vez com força suficiente para os ossinhos dos dedos ficarem doendo.

Não posso acreditar no que acabei de fazer. O que eu estava pensando? Não, sério: o que eu estava *pensando*? Que podia vir aqui com a cara e com a coragem e conseguir o que queria, à custa da minha filha, só porque era isso que eu queria?

Pela janela, vejo Uzi entrar na selva atrás de Canto. Num segundo os corpos deles estão envolvidos pelo verde e no outro eles já foram totalmente engolidos pelas árvores. Victor está sentado num tronco de árvore a uns 15 metros dali, absorvido numa conversa séria com um homem local. E então eu vejo, vindo da minha extrema esquerda, uma mulher segurando pela mão uma garota de uns 5 ou 6 anos, uma menininha num vestido branco cheio de babados, as duas dançando alegremente pela grama molhada até a porta aberta da cabana.

Jogo os meus punhos de novo contra a janela. Desta vez, a dor manda uma mensagem que vai da garganta até os meus olhos e eu fecho os olhos para segurar as lágrimas. É aí que me lembro que ninguém está me vendo e deixo elas correrem.

— O que eu estou fazendo aqui? — sussurro para ninguém em especial. Um dos motivos de eu sempre me plantar em mundos tão diferentes do meu é passar pela sensação de desorientação de um viajante que, no fim das contas, reafirma quem eu sou. Esse é o aspecto das viagens de que eu mais gosto, a reafirmação profunda e doce que vem de me cercar de línguas, comidas, música e arquitetura que não se parecem nem um pouco com a minha história e no entanto perceber que as minhas lembranças e o meu padrão de pensamento continuam estáticos. Mesmo diante de uma desorientação cultural completa — perambulando febrilmente na chuva em Luxemburgo, ou cercada por motoristas de táxi beduínos enfurecidos no Sinai — o "Eu" que forma o "eu" nunca se modifica. Eu poderia estar andando nos paralelepípedos de Roma já mais do que lisos por dois mil anos de pessoas passando a pé e de repente me lembrar de como a minha professora favorita do ensino médio, a Sra. Davis, nos ensinou a usar cartões de referência para organizar o material para as provas de história da Europa, ou posso perceber que acabei de tomar a barca errada no porto de Sidney e ao mesmo tempo pensar no dia em que vi uma cobra-d'água devorar um camundongo na beira de uma lagoa em Long Island quando eu tinha 10 anos.

Aonde quer que você vá, lá está você. Ou é uma expressão de monotonia e desespero, ou de reafirmação e alívio. Para mim, sempre foram esses dois últimos. Quando todos os marcos que você conhece desaparecem, a única fonte que resta para se tirar informação ou inspiração é o *self* e eu sempre confiei em mim para sair de uma enrascada. Mas aqui em San Antonio, todo esse conceito foi virado de cabeça para baixo. Quanto mais os dias ficam diferentes, mais perdida eu fico. Eu ainda guardo as mesmas experiências e memórias dos meus 36 anos, sim, claro, mas pela primeira vez parece que a maneira como eu as sintetizo, armazeno e descrevo são apenas a formatação de uma mulher branca de classe média e meia-idade de Nova York. Aqui eu não entendo nada. Eu sou criança, bebê, recém-nascido, a mente zerada de um iniciante e, como eu não consigo compreender o que aconteceu, não tenho como descrever. E sem palavras eu me sinto duplamente perdida, porque as palavras são a minha moeda e sem elas eu não posso dar sentido a nada.

É meu instinto e minha profissão elaborar, explicar e decodificar. E aqui nesta van branca, eu procuro por palavras da minha visão de mundo que possam criar uma ponte para entender esta outra visão.

Crise... Reza... Exorcismo.

Exorcismo. É essa a palavra de que eu não consigo me livrar. Quando o médico herborista tocou no pulso de Maya, a reação dela foi tão violenta que foi impossível não pensar em fiéis se contorcendo no chão de madeira de uma igreja pentecostal, Linda Blair vomitando sopa de ervilha, corpos entrando em convulsão ao sinal da cruz. Quem iria dizer que os filmes de Hollywood realmente mostravam como é que é?

O sol começa a sua lenta descida, jogando as sombras raquíticas dos postes de luz sobre a estrada de terra batida. Agora deve ser pelo menos umas quatro e meia. Espero Uzi voltar e depois espero mais um pouco. Quando estou aborrecida, remexo a minha bolsa até encontrar a máquina fotográfica e a coloco na altura da janela para tirar uma foto da casa do médico. Eu giro o pescoço à minha volta, mas não tem nada mais de que eu queira me lembrar ou registrar e assim devolvo a máquina à bolsa.

As galinhas desaparecem por trás da casa. O cachorro termina seu cochilo e vai se juntar à brincadeira das crianças, correndo nos seus calcanhares enquanto dão voltas ao redor do tambor de fogo. Victor continua imperturbável, sentado no tronco e conversando com o homem. Eles gesticulam com as mãos, inclinam a cabeça e riem. As poças d'água no barro brilham e depois morrem à medida que o sol vai se pondo atrás das árvores. Eu sou a única por aqui que parece ansiosa em seguir em frente. Toco a buzina para chamar a atenção de Victor. Dois toques rápidos. *Vamos embora*. Ele olha para cima, acena alegremente em minha direção e volta a conversar.

Há tempo bastante aqui em San Antonio, nada além de tempo. Bem, isso não devia ser tão surpreendente. Os próprios maias foram chamados de os senhores do tempo. Seus ancestrais sempre foram os mais exatos e mais obsessivos guardiões do tempo que a história já conheceu. Sem dispor de calculadoras, sem sequer dispor de ábacos, eles registravam os ciclos do tempo de uma maneira incrivelmente complexa e sofisticada. Quando eles inventaram o conceito do zero e da notação de lugar, trezentos anos antes dos hindus, eles de repente se viram capazes de contar centenas, milhares e até milhões de anos em relação ao futuro e ao passado. Seu calendário de Contagem Longa registrava a quantidade de tempo que já havia se passado desde o dia em que eles acreditavam que o Quinto Mundo, ou o mundo do fogo, começou, que era — de acordo com o cálculo mais aceito pelos estudiosos — 11 de agosto de 3114 a.C. Eles mediam o tempo em unidades que eram múltiplos de 20, 18 e 360, e a notação deles resultava em datas bem esquisitas de se ver. O meu aniversário no nosso calendário (17 de junho de 1964) aparece como 12.17.10.14.1 no calendário de Contagem Longa dos maias. Que, de acordo com a matemática deles, é outra maneira de dizer que eu nasci 1.854.281 dias depois do início dos tempos.

Eu aliso os cabelos de Maya e mudo sua posição para encostá-la no meu outro ombro. Sempre que a minha mente volta a pensar na cabana, eu a dirijo para o outro lado do terreno, para as crianças que continuam correndo atrás umas das outras no gramado. O jogo delas parece não ter regras, mas então eu percebo que os mais jovens passam entre os mais velhos numa espécie de padrão estabelecido. O tambor de óleo ardente serve como algum tipo de marcação, embora não tão simples como a *home base* de um jogo de beisebol. Eu sinto um jorro de adrenalina em mim cada vez que uma das crianças menores passa perto demais do fogo. Parece que não tem nenhum adulto cuidando delas. A não ser Victor e o amigo dele. E eu.

Dou uma olhada no relógio. Meia hora se passou desde que eu trouxe Maya para a van. Por que Uzi está demorando tanto? Pensamentos de bandidos armados e guerrilhas... peraí, isso é na Guatemala. Mas e se hoje o precário equilíbrio de fronteiras entre a Guatemala e Belize mudar? E se Uzi não conseguir sair da floresta? Meu coração começa a bater com o dobro da velocidade. Uma corrente fria passa pelo meu pescoço e faz os meus braços estremecerem. Oh, Deus, me perdoe, me perdoe por qualquer pensamento ruim que eu tenha tido sobre ele. Apenas traga-o de volta em segurança.

Respiro fundo duas vezes e conto até cem para me acalmar. Eu realmente preciso me controlar.

Mas com a mesma rapidez com que desapareceram na floresta, eles saem dali, dois homens de cabelos negros, um grande e um pequeno, materializando-se como duas aparições saídas de um fundo verde. Meu alívio é enorme. Não há outra maneira de descrever. Na mão esquerda de Uzi balança uma sacola branca de compras cheia de folhas. Quando ele se aproxima, percebo que as sandálias dele estão quase que totalmente cobertas de lama alaranjada.

Quando eles chegam na van, ele e Canto se cumprimentam Eu ainda consigo dar um pequeno sorriso e um pequeno aceno pela janela. Então Uzi sobe para ficar perto de mim, Victor se acomoda no banco da frente e liga o motor, a van faz uma manobra e começa a sair pelo mesmo caminho pelo qual viemos.

Uzi olha para mim. Estou com os olhos fixos à frente, totalmente concentrada na estrada que vai nos levar para longe daqui.

— Ela está bem? — ele pergunta.

Eu dou de ombros e assinto ao mesmo tempo.

— Você está?

Balanço a cabeça dizendo que não.

— Você está puta?

Balanço a cabeça de novo.

— Estou muito mais do que puta. No momento, estou simplesmente aterrorizada.

Vejo a cidade passar na ordem contrária: varais, casa de Don Elijio, casa de concreto, barraco da Coca-Cola. Tudo parece tão diferente na segunda vez.

— Eu não consigo *acreditar* no que fizemos — murmuro. O carro vai balançando na estrada de terra batida. Uzi suspira e toma a minha mão.

— Você o pagou? — pergunto.

— Ele só quis dinheiro pelos remédios. Eu dei 20 dólares e mais 20 extras. — Ele franze a testa. — Era tudo o que eu tinha. Você acha que é o bastante?

O bastante? Eu estou tão fora das minhas referências quotidianas que não tenho ideia do que possa ser o bastante. Quarenta dólares americanos nunca me pareceram uma quantia tão imprecisa. Quarenta dólares para pagar um médico herborista pode ser um pagamento imensamente alto ou uma ofensa: posso acreditar em qualquer uma das duas coisas. Penso na garota de vestido branco de mãos dadas com a mãe quando entravam pela porta da cabana. O bastante? Quanto seria o bastante?

Uzi ainda espera pela resposta.

— Acho que está bom — falo.

Ele levanta a sacola de compras cheia de folhas recém-colhidas.

— Nós devemos ferver isso hoje à noite e dar para ela tomar. E também dar um banho nela. Ele quer vê-la amanhã outra vez.

— Não há a mais remota possibilidade.

Uzi acaricia o alto da cabeça de Maya.

— Como é que ela está?

— Agora está bem. Mas ela passou quase 15 minutos gritando: *"Aquele homem tentou tirar a minha tosse e jogá-la no fogo!"* Não estava dizendo coisa com coisa. E o que aconteceu lá dentro. Foi um absurdo.

Uzi suspira alto e passa a mão pela frente do cabelo espesso e escuro.

— Como é que ela soube disso? — pergunta.

— O quê? Sobre a tosse? Não tenho a menor ideia.

— Não, sobre o fogo. O fogo neutraliza a energia negativa. Na Cura Prânica, você empurra a energia negativa em direção ao fogo, ou pensa numa fogueira e joga ali toda a matéria ruim que estiver poluindo a sua mente. É capaz de eles fazerem algo parecido aqui.

Um calafrio rápido mas poderoso percorre toda a minha coluna. Aperto Maya com mais força.

— Não faço a menor ideia de como ela poderia saber uma coisa dessas — digo.

Pressiono meu rosto contra o pescoço quente de minha filha, remexendo para encontrar o lugar onde os meus lábios sempre cabem, não importa o quanto ela cresça. Maya está com cheiro de óleo bronzeador, de uma menininha e do xampu do hotel na Cidade da Guatemala. Eu inspiro profundamente, como um aspirador puxando todas as partículas maléficas, como se eu fosse um inferno vivo sugando todo o ar contaminado. Eu me vejo como se fosse um tambor de óleo ardendo. Sou uma mãe pegando fogo.

Bebê, bebê, sussurro. Pode mandar tudo para mim.

capítulo sete
Cristo Rey, Belize
24-25 de dezembro de 2000

Jeronie, o filho mais velho de Victor, pega uma folha em forma de coração da sacola de compras e a gira pelo caule.

— Essa aqui é a *cordoncillo* — pronuncia —, também chamada de jaborandi-falso.

Estamos de pé na cozinha do Crystal Paradise. Atrás de nós, uma panela prateada de 75 litros de água está aquecendo no fogão industrial com o sol jogando sombras cada vez maiores no gramado lá fora. No escuro, você pode passear pela grama com uma lanterna presa na testa e ver centenas de olhinhos verdes de aranha faiscando entre as folhas. A noite é quando a floresta ganha vida: mais da metade dos animais são notívagos. Os jaguares fazem a ronda pelo chão da floresta, macacos-da-meia-noite passeiam pelas copas das árvores e macacos-gritadores negros acordam a floresta com seus urros e gemidos primitivos. A noite é o horário nobre, ao vivo, hora de tratar de negócios, portanto parece adequado preparar o banho de folhas para Maya somente quando o sol se põe.

Jeronie, um homem imenso, corpulento e simpático, com olhos castanho-claros e uma barba bem tratada segura outra folha para a mãe dele, Teresa, verificar. O pai de Teresa foi um famoso curandeiro de Cayo para quem, eu imagino, as folhas medicinais da região eram imediatamente reconhecíveis, tanto como os rótulos dos remédios que se compram numa farmácia americana são para mim. Ela olha para o exemplar que Jeronie segura, murmura alguma coisa e balança a cabeça.

— Não sei — diz Jeronie. — Eu acho que essa aqui é venenosa.

— Tenho certeza de que não é venenosa — diz Uzi. — Ele não daria a ela uma folha venenosa para beber.

Eu também não acho que a planta seja venenosa, mas como é que eu vou saber? O cartaz na parede do herborista diz que ele foi treinado por Don Elijio Panti, mas um currículo escrito a mão serve muito pouco como prova de competência.

— Vocês conhecem esse herborista que nós fomos ver, Ovencio Canto? — pergunto a Jeronie.

Ele faz que não com a cabeça.

— Já ouvi falar dele. Mas não o conheço.

— Nós queríamos ver a Rosita Arvigo — conto a ele. — Tínhamos uma hora marcada com ela, mas deixamos escapar quando perdemos o avião de Los Angeles. Ela não tinha outro horário essa semana.

— Rosita fica muito ocupada esses dias. Muita gente vem vê-la.

Imagino uma fila de carros passando por todos os obstáculos de uma floresta tropical para chegar à fazenda da Dra. Arvigo, as mesmas filas de gente que um dia se formaram na frente da casa de Don Elijio, em San Antonio. Isso me faz lembrar da cena final de *O campo dos sonhos*, quando a câmera recua e mostra uma fila de faróis de carros iluminando a paisagem, à noite, a caminho do campo de beisebol encravado numa plantação de milho em Iowa — *Se você construir, eles virão* — o que, por sua vez, me faz lembrar dos campos nos arredores de Iowa City, como eles balançavam verdes e suaves na brisa do início de outono, quando eu passava correndo por eles na minha mountain bike preta, tentando queimar a energia nervosa que bloqueava a minha capacidade de escrever. Agora eu estou sentindo a mesma energia nervosa e então o tempo e o espaço dão algum tipo de cambalhota e eu me vejo aqui e lá ao mesmo tempo, tanto de pé nessa cozinha numa floresta tropical, como pedalando forte ao lado dos grande milharais. Estou passando pela estrada barrenta de San Antonio e passando às pressas pelo aeroporto de San Salvador e me sentando numa banheira quente onde seguro Maya, enquanto ela respira com dificuldade em meu colo. É a sensação mais estranha e desorientada, estar de pé aqui e agora e também estar em toda parte ao mesmo tempo e se você viesse me dizer que eu saí de Iowa ontem ou que eu poderia piscar os olhos e estar de volta à nossa cozinha em Topanga em um segundo, eu acreditaria que de alguma maneira isso seria possível. Juro que acreditaria.

A panela borbulha e treme no fogão à nossa frente. Teresa apaga o fogo e joga várias folhas na água quente e as deixa afundar. Dentro da panela, paredes celulares começam a se partir, membranas se dissolvem. Eu olho pela borda enquanto Teresa mexe as folhas. A água já adquiriu um tom verde-escuro. A ideia de beber aquilo dispara um reflexo imediato na minha garganta. E o uso que Jeronie fez da palavra "venenosa" vem junto.

Eu me encosto em Uzi.

— Não há hipótese de nós deixarmos ela beber isso — digo, mantendo a voz baixa. — Tomar banho, tudo bem, mas ela não vai beber isso a não ser que nós saibamos exatamente o que é.

Maya está sentada no refeitório do outro lado da porta com cortina, folheando o livro de borboletas. É muito bom que ela não esteja aqui para ver o que tem na panela. Não precisava nem falar em beber. Se ela visse essa água escura, não haveria jeito sequer de levá-la a cinco metros da banheira.

Uzi vai até a panela, dá uma olhada e volta para o meu lado.

— Para falar a verdade, eu concordo com você.

Ele parece surpreso de como foi fácil ter uma opinião igual à minha. Ultimamente, nossa sequência um-dois, um-dois mais comum é eu tomar uma decisão e Uzi automaticamente resistir, às vezes porque ele realmente discorda, mas outras, eu desconfio, porque não quer me ceder o controle tão facilmente. Desta vez nós começamos de pontos diferentes, mas, de maneira independente, chegamos à mesma conclusão e uma ocasião como essa é suficientemente rara para deixar nós dois numa cozinha em Belize piscando um para o outro, ao descobrir que um acontecimento desses pode surgir com tamanha naturalidade.

Teresa retira as folhas da água quente e tira a panela do fogo.

— Vamos deixar esfriar um pouco.

Mais cedo, quando pedimos a Teresa para nos ajudar a preparar o banho, ela aceitou sem piscar os olhos, como se esse fosse um pedido perfeitamente natural para um casal de americanos fazer. Jeronie também sempre agiu de maneira profissional durante toda a nossa iniciativa, assim como Victor, na van, quando perguntamos pela primeira vez sobre um herborista. Eu fico meio que esperando que alguém ria dos nossos pedidos ou que simplesmente desmereça as curas tradicionais como pura mistificação e em vez disso nos mande procurar um hospital na Cidade de Belize, mas isso simplesmente não acontece. Também não acho que eles estivessem fazendo hora com a nossa cara. Ferver folhas para dar banho e curar uma criança parece ser uma solução tão sensata para a família Tut quanto para uma mãe em Los Angeles levar essa mesma criança a um psiquiatra em Wilshire Boulevard. E embora o ato de banhar uma criança numa água com sumo de folhas possa parecer um plano primitivo e ridículo para essa mãe de Los Angeles, tenho a sensação de que levar uma criança semanalmente a um psiquiatra ou dar remédios a ela que mudem seu comportamento seriam considerados igualmente absurdos aqui na floresta.

Existe algo de inegavelmente sedutor na facilidade com que a família Tut entende a nossa situação e nos ajuda a tomar as iniciativas. Quando eu olho na panela de prata tudo o que vejo é uma água escura e impenetrável, mas, olhando para os Tut, que têm tanto conhecimento sobre tantos assuntos locais, os vejo considerando isso um método aceitável de resolver nosso problema, isso me deixa disposta a fazer um teste.

Dar um banho em Maya na nossa cabana vai exigir certa dose de criatividade, já que os banheiros têm grandes chuveiros azulejados, mas não têm banheira. Jeronie vai até a casa da família no outro lado da propriedade e volta com uma bacia de plástico, remanescente da infância de Everald Junior. É pequena demais para Maya caber lá dentro, mas Uzi acha que ela pode ficar de pé enquanto nós derramamos a água sobre o seu corpo e sua cabeça. Teresa me dá um grande pote de plástico para manejar a água. Eu não estou lá muito otimista com esse plano, mas não consigo pensar em nenhum melhor, por isso vamos à cabana para tentar.

No banheiro, empurro de lado a cortina de plástico e ponho a bacia no chão do chuveiro. Enquanto tiro o vestido de Maya por cima da cabeça e a ajudo a tirar a calcinha, Uzi derrama uns 10 centímetros da água de banho na bacia de plástico.

Como esperado, Maya não quer nada com isso.

— O Dodô não quer — ela diz, tão logo olha para a água verde, lançando-se para trás e balançando a cabeça de um lado para o outro.

Dou uma olhada na água na bacia. O líquido é de um verde tão escuro que poderia muito bem ser preto, um chá de *cordoncillo* e Deus sabe lá mais o quê. Eu também não me banharia nisso. Só que eu sou a mãe e qualquer repulsa que eu exiba vai ser absorvida por Maya em dose dupla.

— E se você ficar de pé? — pergunto. — Só com os pés. Como é que seria?

— Não quero — ela responde, recuando para a parede do banheiro.

Mergulho a minha mão na água e levanto para mostrar que a minha pele não ficou verde.

— A água não é verde de verdade, está vendo?

Na verdade, eu mesma estou um tanto surpresa.

— Eu não *quero*! Não!

Uzi quer levar isso até o fim e eu também acho que deveríamos. Então, se nós queremos ver Maya dentro d'água, um de nós vai ter que levantá-la e colocá-la ali. Lanço um olhar para Uzi, que está encostado na parede, de braços cruzados. O movimento é meu e quanto mais rápido eu o fizer, mais rápido estará feito.

Seguro Maya pelas axilas, levanto-a a uns 15 centímetros do chão e a coloco na bacia, mas logo antes de seus pés tocarem na água, ela dá um chute forte, pegando na borda da bacia e jogando uma onda sobre a borda. Uzi despeja mais dois centímetros da água da panela para reabastecer.

— Maya — eu digo. Tento beijar o alto da cabeça dela. Meus lábios só tocam o ar. — Lindinha, é pela mamãe. Por favor.

— Eu não quero.

— Mas será que você não pode nem tentar? Por favor...

Ela para de dar chutes. Já é um começo. E também para de gritar. Faço os pés dela entrarem na bacia, onde a água lhe bate nos tornozelos.

— Muito bom, Maya — diz Uzi. — Está indo muito bem.

A não ser que agora ela está de pé na bacia, nua, chorando, com os braços junto às laterais e com a cabeça para baixo, numa postura de completa submissão. A Maya combativa e vigorosa é suficientemente difícil de se lidar, mas essa nova versão derrotada, que chora como se o seu espírito tivesse sido morto, consegue ser ainda pior. Todos os meus impulsos me dizem para tirá-la da bacia e colocá-la no colo. No entanto, estou convicta de que temos que ir com este ritual até o fim, em parte por curiosidade, em parte pela mais pura determinação. Eu estou ficando impaciente com a ambiguidade da situação. Esse caminho que nós tomamos ou tem valor ou não tem, e eu preciso saber a resposta. Alguma coisa aconteceu na cabana do herborista hoje, eu sei que alguma coisa aconteceu, mas aí a história parou. Foi como Carmen e o ovo dela. Os resultados aconteceram, eu sei, mas não foram suficientemente conclusivos ou dramáticos para eu entender o que significavam.

Com movimentos rápidos e fluidos, pego a água com o pote de plástico e começo a passá-la nas pernas de Maya. Ela tenta me afastar com as mãos. Eu derramo mais algumas doses na barriguinha redonda dela, que está ali, aos 3 anos, lisinha, rechonchuda e aparecendo.

— Manhê, não — ela implora.

Derramamos a água sobre um dos ombros, depois o outro, então mergulho o pote pela última vez e o levanto o suficiente para derramar a água sobre a cabeça dela, mas antes que eu tenha a chance de derramar, ela arremete o braço esquerdo e o pote sai voando. A água explode num festival espetacular de gotas que borram a pia, o espelho e o chão. O pote quica na parede de azulejos com um barulho ressonante, quase atingindo a moldura da porta, onde Jeronie, que agora eu posso ver, se encontra de braços cruzados, nos observando. Eu vejo os olhos dele e nós nos olhamos em silêncio. O rosto dele não traz nenhuma expressão. Então ele faz que sim duas vezes. Só isso. Simples assim.

Pela manhã, dezenas de pequenos insetos estão presos às garrafas de plástico na prateleira do banheiro, presos pela fina camada de umidade que há em todas as superfícies do quarto. As asas deles estão bem abertas, como borboletas em miniatura presas. Eu tiro um deles com a unha e tento jogá-lo no ar para lhe dar uma segunda chance, mas ele aterrissa nos azulejos e fica ali. Não dá mais, coitado.

Meu relógio de viagem marca 6h49, o que significa 5h49 na Califórnia. Eu quase nunca acordo assim tão cedo quando estou em casa, mas acabei de dormir oito horas ininterruptas pela primeira vez em vários meses e meu corpo está descansado e pronto para mais uma. Acima da minha cabeça, de algum lugar do teto do banheiro, vem um clique alto e animado. Um passarinho? O nascer do sol é o horário nobre dos passarinhos em Belize. Fora da cabana, as copas das árvores já ressoam com uma sinfonia de gorjeios e assobios. No jantar de ontem à noite, Jeronie ofereceu um passeio de observação de pássaros às 6 da manhã e cerca de dois terços dos hóspedes se inscreveram imediatamente. Os demais olharam uns para os outros como se esse fosse o conjunto de palavras mais incompreensível já reunido numa frase. Seis da manhã? Passarinhos? Antes do *café*?

O lado de Uzi na nossa cama está vazio. Ele deve ter saído para dar uma volta ou talvez tenha se juntado aos observadores de pássaros. Eu não acho que seja a praia dele, mas ele está sempre interessado em aprender alguma coisa. Na cama de solteiro ao lado da parede, Maya dorme pacificamente, chupando os dedos médio e indicador da mão direita. Ponho minha mão na testa dela. Está sem febre. Fecho os olhos num momento silencioso e particular de gratidão. Seja lá o que tenha sido — as rezas, o banho na água verde, o unguento de Canto, uma boa noite de descanso depois de duas noites maldormidas consecutivas, ou o sistema imunológico dela simplesmente voltando a funcionar — eu estou grata.

Uma das garrafinhas que Canto nos deu está na mesa de cabeceira. A garrafa é de plástico branco, com um filme de plástico sob a tampa protetora. Pedaços escuros de um centímetro do que parecem ser folhas ou uma casca de árvore boiam dentro do unguento. Meto o dedo indicador na garrafa e levo uma bolota ao meu nariz. Tem um cheiro levemente parecido com o de Vick Vaporub, mas a consistência é mais fina e mais oleosa. Dentro da garrafinha plástica, tem uma aparência amarelada, mas na minha pele é transparente e claro.

Puxo o lençol de Maya e com cuidado levanto a camisolinha dos 101 Dálmatas que comprei apressadamente para ela no aeroporto de San Salvador, quando eu estava convicta de que a nossa bagagem havia se perdido para sempre. Massageio uma colher de chá do unguento no peito dela. Ontem à noite, depois do banho, tentei convencê-la a esfregar o unguento na pele ou mesmo em seu corpo, como se fosse uma pintura a dedo. Quando ela cruzou os braços contra o peito e recuou, deixei passar. Deus está vendo que a garota já passou por traumas suficientes num dia só. Esperamos até que ela caísse no sono, à noite, e então Uzi passou o unguento no peito dela. Ela fez uma careta como se tivesse cheirado algo ruim, mas então rolou para o outro lado e dormiu ininterruptamente, a noite inteira.

Tres veces, Canto havia dito. Três vezes por dia durante três dias foi como Uzi entendeu. Portanto, nove vezes ao todo. Enquanto eu acordar antes dela de manhã e garantir que ela tire um bom cochilo todo dia de tarde, acho que consigo passar o unguento todas as nove vezes enquanto ela estiver dormindo.

Eu seco as mãos numa toalha e procuro um livro para ler e passar o tempo. O guia *Fodor's Belize & Guatemala* está em cima da mesa, as páginas começando a ondular com a umidade. De fora chegam o ruído baixo das vozes e dos passos dos hóspedes enquanto eles se dirigem ao refeitório. Verdade seja dita sobre a família Tut, eles sabem administrar um resort como um navio. O café da manhã é servido exatamente às 7h30, mesmo no Natal; o jantar é servido às 18 horas em ponto, e eles têm um sistema de transporte que faz ligações diretas com o aeroporto e com os principais pontos de interesse. Carolyn não estava brincando quando disse que esse era um dos melhores pacotes em Cayo.

Eu gostaria de pegar uma xícara de café no refeitório, mas não quero deixar Maya sozinha, por isso levo o *Sastun* para a varanda da frente e me deito numa das redes esperando por Uzi. Subir na rede é como subir num balanço baixinho: você tem que se agachar com as pernas abertas dos dois lados, depois sentar e levantar as duas pernas ao mesmo tempo, trazendo-as para dentro da rede enquanto se recosta. O resultado final é que você está encapsulado por três lados como uma espiga de milho, balançando a poucos centímetros do chão.

Eu abro o *Sastun* na primeira página do capítulo sete, que foi onde nós paramos no aeroporto. A autora acabou de decidir ficar na casa do xamã Don Elijio três dias por semana para imergir no treinamento. O livro tem uma densidade diferente nas minhas mãos esta manhã do que em

Los Angeles na semana passada ou no avião sobrevoando o mar de Cortez há apenas dois dias. Agora que fui a San Antonio e vi a casa de Don Elijio, a história ganhou uma característica tridimensional, como se estivesse se passando em tempo real, como se nós pudéssemos ir hoje à tarde até lá e dessa vez encontrar a Dra. Arvigo colhendo ervas do lado de fora da cabana de Don Elijio, enquanto ele está sentado à mesa de madeira lá dentro, tomando o pulso de uma mulher com uma criança enroscada em seu peito, muito embora as cenas do livro se passem na década de 1980 e Don Elijio tenha morrido em 1996, aos 103 anos.

Cada capítulo do *Sastun* começa com uma passagem em itálico que apresenta uma planta medicinal dos maias, ou *xiv*. O *xiv* que abre o capítulo sete é o jaborandi-falso — também conhecida como *Piper amalgo* e *cordoncillo*.

Opa. Quais são as chances de isso ser uma coincidência?

"Planta medicinal comum de muitas variedades, altamente respeitada por sua versatilidade como um remédio tradicional nas curas dos maias", diz o parágrafo. "As folhas e os botões são fervidos na forma de um chá e usados para lavar todo tipo de doença de pele, para ajudar na cura de insônia, ansiedade, dores de cabeça, inchaços, dores e tosses e para o tratamento de todas as doenças infantis. A raiz é aplicada em chicletes para aliviar a dor de dente. O sumo puro da raiz cura cortes e evita a infecção. Essa planta é uma das Nova Xiv usadas pelo Dr. Elijio em seus banhos de ervas."

Isso me faz sentir melhor de ter encontrado *cordoncillo* na sacola cheia de folhas, ontem à noite. Bem melhor.

A porta de madeira à minha direita é aberta com força e fechada com uma batida leve.

— Bom-*dia*! — canta uma voz. É assim que a nossa paranormal residente dá as boas-vindas ao dia.

— Bom-dia, Shiva — digo, levantando um pouquinho os olhos.

— Shakti — ela me corrige.

— Está certo, desculpe. Shakti.
— Vai tomar café?

Balanço a cabeça.

— A Maya ainda está dormindo. Estou esperando Uzi voltar.
— Para onde ele foi?
— Não sei. Ele já tinha saído quando eu me levantei.
— Posso ir procurá-lo, se quiser.
— Não precisa — digo rápido. — Ele já vai voltar.
— Tudo bem. — Ela começa a descer as escadas, então muda de ideia e se vira. — Você quer que eu traga uma xícara de chá?

É uma oferta gentil, mesmo eu não sendo uma grande bebedora de chá, e parece autêntica. Não posso evitar de sorrir para ela.

— Obrigada. Mas eu sou da turma do café.
— Argh, eu costumava tomar café. Mas aí descobri que é como derramar óleo de motor já usado goela abaixo.

Eu poderia passar muito bem, obrigada, sem essa imagem na minha cabeça. Digo isso a Shakti exatamente com essas palavras.

Ela ri.

— Eu sei — ela diz. — Também fiquei maluca quando soube. Tem certeza de que não quer que eu ache o Uzi para você?
— Absoluta. — Ah, sim, absoluta. — Vejo você mais tarde.

Vejo Shakti tomar o caminho do refeitório, seu corpo compacto e enxuto de atleta se movimentando como uma unidade singular e sincronizada em vez de uma série de braços e pernas. Shakti caminha vigorosamente, com a insolência de um gângster da década de 1930, como alguém carregando um revólver. Se a cena desta manhã fosse um desenho animado, o chão iria tremer levemente debaixo dos seus passos. Garotas como ela me assustavam no ensino médio. E ainda me assustam.

Retorno ao capítulo sete, que começa numa fria manhã de inverno em San Antonio, com insetos voando e folhas de palmeira balançando no horizonte, uma manhã — que eu percebo olhando rapidamente para cima — que se parece muito com a que estou vivendo. Don Elijio e a Dra. Arvigo levantam cedo para colher plantas e raízes medicinais, entrando na floresta com facões e sacos de farinha. Neste dia, Don Elijio ensina a aprendiz a dizer *ensalmos*, rezas especiais, enquanto ela colhe plantas com o objetivo de curar. Se alguém não agradecer ao espírito da planta antes de colher suas folhas, ele diz, o espírito da planta vai continuar na planta e as folhas colhidas não terão o poder da cura.

— Muita gente diz que colhe o que me veem colher, mas que não funciona para elas — ele explica. — Isso é porque não se lembraram de dizer o *ensalmo*.

Eu me pergunto se Canto rezou para agradecer quando colheu as folhas para Maya, ontem. Deve ter rezado. Eu me pergunto se Uzi o ouviu rezando e sinto uma leve pontada de inveja, embora não saiba exatamente a quem ela se dirige: a Uzi, por provavelmente ter testemunhado um antigo ritual de respeito — fazendo a minha formação em antropologia se coçar de desejo — ou a Canto, por acreditar com tanta força no espírito de uma planta que ele diria isso em voz alta, humildemente, antes de pegar suas folhas para usar.

— E, Rosita — continua Don Elijio —, quando você estiver colhendo as plantas medicinais, nunca diga a si mesma "espero que isso dê certo" ou "talvez dê certo". Nada disso. Você tem que dizer com total confiança na planta e ter fé em Deus de que essas plantas vão mesmo curar. E elas vão curar, posso garantir a você.

Ela pede para que ele não se preocupe, que ela é uma pessoa imbuída de um alto grau de fé.

— É bom ter fé. Essa é a lição mais importante que você vai aprender comigo — ele diz. — Com fé, tudo é possível. Acredite nisso, porque é verdade.

Fé. Lá vem essa palavra outra vez. *É bom ter fé*. Não duvido que isso seja verdade. Só não sei como é que eu devo me sentir. Quando alguém me manda "ter fé", eu penso, automaticamente, *você deve estar brincando*.

Quando você perde a mãe muito cedo, você perde também a ilusão de que um poder mais alto está zelando por você. Há muito tempo que eu parei de acreditar que "as coisas sempre acabam dando certo" ou que "tudo acontece por uma razão". Não tenho tempo para esse tipo de platitudes. Estou ocupada demais tentando garantir que qualquer segurança que eu tenha conseguido criar para mim não me seja tirada de novo. O nível de hipercompetência que isso gera foi o que me salvou do desespero, mas também destruiu minha capacidade de ter fé em qualquer outra coisa que não seja em mim mesma. Para pessoas como eu, um desejo de "ter fé" pode até existir, mas está muito, mas muito abaixo das responsabilidades do mundo diário e da necessidade sempre presente de ter tudo sob controle. Para ter fé, é preciso soltar as rédeas do controle, ou pelo menos da ilusão de que se tem controle, e aprender a acreditar que alguém mais vai trazer o que eu preciso. E esse é o passo que eu simplesmente não consigo dar.

E mesmo assim... Sentada aqui nessa cadeira verde na varanda da frente de nossa cabana, debaixo do teto feito de palmeiras, olhando para a treliça de buganvílias cor-de-rosa enquanto o cavalo cinza mastiga a grama e as abelhas zumbem e as juruvas fazem coisas misteriosas de juruva no viveiro, todo um ecossistema acordando para um novo dia... bem, eu não acredito que vou dizer isso, mas quando Don Elijio diz Rosita para ter fé, que tudo é possível, a ideia de que outras pessoas possam pensar assim sem serem totalmente bobos que se autoenganam... é algo que eu posso aceitar agora.

Um barulho de passos rápidos vem da calçada em minha direção e logo Uzi está subindo os degraus da escada da varanda, suado e ofegante. Sua camiseta desbotada de TANTOS LIVROS, TÃO POUCO TEMPO que eu peguei num tour de lançamento há alguns anos está escura de tanto suor, no peito e nas costas. Ah, bom, ele estava correndo.

— Oi, querida — ele diz, inclinando-se para me dar um beijo. Bem na hora eu fecho a rede e cubro a cara.

— Eu te amo, meu amor, mas quando você tenta me molhar de suor... Existe um limite para compartilhar tudo — digo a ele.

Ele se afasta com um sorriso e passa as costas da mão pela testa.

— Estou tão ruim assim?

— Tão ruim, não. Mas uma chuveirada continua sendo altamente recomendável. Aonde você foi?

— Peguei a estrada para a cidade. Não está tão enlameada agora.

— Viu alguma coisa de interessante?

— Cachorros, galinhas... Pouca gente. Acho que ainda é cedo.

— É Natal. Vai ver que está todo mundo dormindo.

Uzi olha em direção à porta.

— Oi, Maya — diz.

Eu não tinha ouvido sequer a porta se abrir. Eu me viro para cumprimentar Maya, mas a moldura da porta está vazia. Então sinto alguma coisa se mexer perto do chão, onde ela está rastejando perto da porta.

— Adivinha o que eu sou?

É um bom sinal. Um ótimo sinal.

— Uma cobra? — pergunta Uzi.

Maya ergue a cabeça e faz que não, com força.

— Um peixe?

— Não. Uma r... r...

— Ratazana?

— Pai! Eu não sou uma ratazana!

— O que mais começa com *r*?

— Uma rã — eu digo.

— Mãe! Você me entregou!

Uzi se abaixa e bate de leve com o indicador na pontinha do nariz de Maya.

— E como está se sentindo, minha rãzinha?

— Bem — ela diz, e tosse alto e bastante. Hm, talvez não tão bem.

— Ótimo. — Ele se levanta, estica os braços bem alto sobre a cabeça, alonga o ombro esquerdo, depois o direito. — Bem, se ninguém precisa de mim aqui, vou tomar um banho rápido.

— Nós sempre precisamos de você.

— Digo agora.

— OK, vou levar Maya para tomar café. — Fecho o meu livro e deixo-o no chão. — Está com fome? — pergunto a ela, esperançosa.

— Será que eles têm cereais?

Encho-me de alívio como se fosse um balão de gás. A garota está pedindo comida. Ela está melhorando. Está melhorando!

— Não sei, fofinha. Podemos perguntar a Teresa. Mas primeiro você tem que se levantar do chão.

Ela fica sentada. A frente da sua camisolinha cor-de-rosa dos 101 Dálmatas tem um pouco de sujeira bem no rosto do cachorrinho Lucky. Não há nada de extraordinário nesse momento, que é o que o torna, depois de tudo o que aconteceu nessa última semana, tão extraordinário.

Eu me levanto da rede com uma energia vibrante e forte. Se existir algum cereal nesse lugar, eu vou achar. Sucrilhos, corn flakes, Raisin Bran, preparem-se. Aqui vai a Mamãe.

— Está pronta? — pergunto a Maya.

Ela sorri para mim com carinho.

— O Dodô quer cereal de café da manhã — ela diz. — E eu também quero.

capítulo oito
Distrito de Cayo, Belize
25 de dezembro de 2000

Everald Jr. se materializa ao pé da escada da nossa cabana depois do café da manhã, com dois dados e um alfabeto de brinquedo vermelho na forma de um ônibus escolar de plástico. Sem dizer palavra, está pedindo para brincar. Maya sai porta afora e já está na grama antes de eu ter a chance de apresentá-los. Debaixo da camisolinha, ela está vestindo uma calça jeans e botas para trilha e, por cima, uma camisa de brim de manga comprida. Perto do pequeno Everald, de camisa Adidas e bermuda azul-marinho, ela parece pronta para escalar o K2. Quem quer que tenha vestido Everald já sabia que à tarde ia esquentar, enquanto nós vamos ter que mudar de roupa umas três ou quatro vezes, tirando ou colocando peças à medida que o termômetro subir ou descer.

Como é que uma criança pode estar tão doente num dia e, bem, tão *não doente* no seguinte? Ela nunca se recuperou tão rápido assim do crupe. Até a Dra. Diane teria ficado surpresa com a velocidade da recuperação. Eu chego até a duvidar que Maya tenha estado tão doente como eu pensei que ela estivesse, mas não. A febre, a tosse... era tudo verdade. Eu sei que eram verdadeiras. E ela continua sem comer. Apesar de ter pedido cereais, ela só comeu uns poucos corn flakes e só bebeu meio copo d'água no café da manhã. Quando ela não come, meu estômago embrulha com tanta força que eu também não consigo comer, e portanto nós duas não nos alimentamos direito hoje de manhã. Mas se ela tem interesse e vontade de brincar, então por que não deixar? As outras opções seriam mantê-la isolada no quarto ou fazê-la ficar quieta na varanda com os adultos, o que parece mais uma punição do que prudência.

Olho o meu relógio: 8h58. Vou deixá-la brincar com Everald por meia hora. É o que posso fazer.

Em casa, na Califórnia, onde acordamos às 6h30, já teríamos tomado o café. A essa hora, nós provavelmente estaríamos de pé no deque do terraço, cobrindo os olhos e apontando para o céu, para dar uma olhada rápida no eclipse parcial do sol que acontece hoje. Aqui embaixo, na latitude dos trópicos, não dá para ver, mas do ponto privilegiado que é a nossa casa em Topanga, a Lua está passando entre o Sol e a Terra exatamente agora e de uma maneira a se pensar que uma mordida redonda foi tirada do canto do Sol. Os antigos maias idolatravam o Sol como um Deus e viam os eclipses como acontecimentos tão significativos que criaram tabelas complexas e elaboradas para tentar prever quando eclipses futuros iriam acontecer. Eles acreditavam que, durante um eclipse solar, um monstro estava devorando o Sol. Dependendo da tribo maia em questão, acreditava-se que o monstro fosse uma cobra, um lagarto, um escorpião ou uma formiga. É de se imaginar como eles interpretariam um raro eclipse total do Sol, quando o céu escurece totalmente durante o dia e uma sombra percorre a Terra a uma velocidade de 2.900 quilômetros por hora. Isso deve ter literalmente provocado alguns ataques cardíacos, com gente achando que o mundo fosse acabar.

Maya e Everald caminham pela grama úmida de mãos dadas. Eu me sento na minha espreguiçadeira verde, com meu diário encapado de couro preto, que no ano passado comprei de presente para Uzi, e que depois ele me devolveu. Não posso deixar de sentir inveja das pessoas que têm a disciplina de registrar páginas de ideias e reflexões em seus diários, todas as noites. Já no meu caso, prefiro os estirões. Posso passar meses sem escrever nada e então um dia eu me sento por uma hora e registro obsessivamente todos os detalhes de um único fato. Meu diário existe para os propósitos mais utilitários: para anotar as coisas engraçadas que Maya diz; anotar ideias para futuros ensaios; e descrever os sonhos em que encontro minha mãe numa casa de recuperação e descubro que sua morte foi uma mentira mantida em segredo por vinte anos. Do jeito que a minha mente funciona, é o ato de anotar os fatos e ver as palavras florescerem nas páginas que coloca tudo na minha memória. Eu raramente volto a ler o que escrevi. Mantenho um diário não tanto como uma ferramenta para me lembrar das coisas, mas como um seguro para não esquecê-las agora.

Quero registrar todos os detalhes do que aconteceu ontem, antes que os menorezinhos comecem a me escapar; tudo, desde a cor da estrada esburacada até o engradado de leite cheio de sapatos gastos de mulher encostado na parede da cabana. Mas quando abro o diário numa página totalmente em branco... não consigo imaginar um jeito de começar. As palavras comuns, nas quais eu sempre confiei, de repente parecem ser evasivas demais, sem substância demais, vagas demais.

Praticamente todo mundo que conheço já passou por pelo menos uma experiência extraordinária que sabe ser real, mas que não tem palavras para descrever. Estou falando daquele cheque inesperado que chega pelo correio no mesmo dia que o banco ia cobrar uma dívida, ou um encontro casual na base de uma estupa em Katmandu que muda o curso da vida de dois nova-iorquinos, ou uma conversa às 3h da manhã com a Tia Gloria, três meses depois de ela ter morrido. Talvez em alemão exista uma palavra polissílaba, cheia de consoantes, para "parente que vem fazer uma visita depois de morto", dando à experiência uma legitimidade cultural, mas o inglês não tem uma palavra assim. Aparição? Visita?

Fantasma? Sem um vocabulário reconhecido e amplamente aceito para esse tipo de fato, temos que nos contentar com expressões mais amplas e costumeiras — *coincidência, visão, invenção da imaginação* — que mal conseguem capturar a experiência e o impacto que ela exerceu sobre nós. Ou então nós nos tornamos fábricas de adjetivos, soltando palavras como *extraordinário... incrível... inexplicável... esquisito...* Eu olho para Uzi, do outro lado, que balança mansamente na rede do lado da varanda de Shakti. Será que ele tem o mesmo problema quando escreve em hebraico? É de se pensar que, com todas as passagens místicas do Velho Testamento, o hebraico da Bíblia teria uma palavra precisa e concisa para "voz que surge dos céus" ou "criança que uma mulher tem muitos anos depois da idade para a gravidez ter passado".

— Uzi — eu chamo, querendo lhe perguntar isso. Ele levanta a cabeça do livro com um sorriso tranquilo e ergue a sobrancelha levemente, como quem diz, pacientemente, *sim?* Meu Deus, este homem é tão calmo e elegante, eu devia deixá-lo em paz.

— Nada — digo. — Só que eu te amo.

Ele manda um beijo pelo ar, num gesto de afeição.

— Eu também te amo.

Eu aperto o pino da minha caneta esferográfica uma, duas, três vezes.

Os antigos escribas mesoamericanos, que moravam aqui, registravam a história e os acontecimentos de seus povos em torres de pedra muito bem esculpidas, ou então os pintavam em cerâmica, ou os escreviam em folhas dobradas feitas de cascas de figueira, cobertas de cal. A maioria das inscrições começava com uma data, seguida do relato factual dos acontecimentos. Penso no meu professor de jornalismo na faculdade, Dick Hainey, lendário jornalista da velha escola de Chicago que se aposentou e passou a ensinar segundanistas a escrever notícias.

— Mantenham a simplicidade, pessoal — ele gritava, na frente da sala. — Quem! O quê! Onde! Quando! Por quê!

Datas. Fatos. Já é um começo.

25 de dezembro de 2000

Chegamos ontem a Belize, depois de um desvio de duas noites — 1ª num Sheraton perto de LAX, depois no Princesa Reforma, na Cidade da Guatemala, cortesia da TACA. Victor do Crystal Palace foi nos pegar no...

A caneta para no meio da frase, sem sequer um espasmo de aviso. A tinta acabou. Dentro da cabana, tudo o que eu consigo encontrar é uma caneta de pena com tinta azul. Vai ter que ser ela.

...aeroporto. Maya mal consegue comer ou beber — e a tosse dela piorou consideravelmente depois de duas noites dormindo muito mal. Mesmo assim, ela está de bom humor e cada decisão que tomamos parece uma questão de vida ou morte. Ontem, depois de chegarmos ao Crystal Paradise, Victor nos transportou alguns quilômetros por uma estrada de terra esburacada, da cor de suco de manga...

Como que ensaiado, Victor aparece dando a volta na cabana e põe o pé confortavelmente num degrau da escada, o cotovelo apoiado no joelho.

— Como é que está a pequenina, hoje?

Eu aponto para o gramado, onde ela e Everald Junior estão de mãos dadas a cerca de 10 metros do cavalo cinza.

— Melhorou. Ela comeu um pouco de cereal no café da manhã.

— Ótimo, ótimo. Eu acabei de receber uma mensagem do herborista. Ele disse que vai poder vê-la outra vez, hoje.

— Podemos ir de carro até lá? — pergunta Uzi.

— Não, hoje os carros já estão todos ocupados à tarde. Ele disse que pode vir aqui. Ele pega uma bicicleta emprestado.

A imagem do herborista pedalando 10 quilômetros numa bicicleta emprestada, por uma estrada peçonhenta para atender Maya no dia de

Natal faz bater uma tristeza e um cansaço no fundo do meu estômago. Ele pode até tê-la ajudado ontem, acho até que isso é bem possível, mas não há jeito de eu fazê-la passar outra vez pelo trauma de ser tocada por ele.

— Victor — digo —, você poderia dizer a ele que nós agradecemos muito, mas muito mesmo, mas que a Maya está melhor hoje e que nós achamos que ela não precisa de outra consulta?

— Tem certeza? — pergunta Victor.

— Só um momento — interfere Uzi. — Eu acho que nós deveríamos aceitar.

— Certeza absoluta — digo a Victor. — Eu realmente acho que ela está melhor hoje. E você poderia dizer a ele que o unguento parece estar funcionando?

Victor dá de ombros.

— OK — ele diz, se levantando lentamente. Ele parte na direção do escritório. Olhando-o sair, eu me pergunto se acabamos de quebrar algum tipo de etiqueta local. Será que, quando um médico herborista diz que quer vê-lo, você deve aceitar sem fazer perguntas, porque ele sabe melhor do que você o que fazer? Se você se recusar, estará esnobando ou ofendendo a cultura dele? Espero que não.

Maya e Everald sobem correndo as escadas e entram na nossa cabana, batendo a porta atrás deles.

— Eu gostaria tanto que você não tivesse feito isso — fala Uzi, com a maior calma, mas o fato de ele ter esperado até Maya e Everald estarem num lugar em que não possam ouvir mostra que ele está aborrecido.

— Não tivesse feito o quê? — pergunto. Sinto o coração se acelerar levemente, do jeito que ele sempre faz quando eu percebo, tarde demais, que não deveria ter agido de uma determinada maneira.

— Tomar decisões como essa sem mim. Eu estou bem aqui. Você podia me consultar antes.

Ele está certo. Eu sei que ele está certo, mas a verdade é que ele tem estado tão ausente nesses últimos tempos que eu me acostumei a tomar as decisões de momento sozinha. O que ele acabou de ver não foi uma esposa dispensando a opinião do marido, mas uma esposa que acabou sendo condicionada a tomar decisões sozinha a respeito de sua filha. Mas tentar explicar isso a ele só vai deixá-lo ainda mais na defensiva, porque ele está certo, ele *está* aqui nesse momento. E se ele ficar na defensiva, eu vou defender minha postura ainda mais fervorosamente e nós vamos acabar brigando de novo sobre quem deve fazer o que, quanto e quando, e isso vai acabar nos afastando totalmente do X da questão, que é Maya e tem que ser Maya.

— O cara está disposto a vir até aqui de bicicleta — diz Uzi. — Ele quer ajudar.

Do outro lado da porta de tela, os dados pulam na cerâmica do quarto de hóspedes e batem na parede de estuque.

— Eu estou ganhando! — Maya grita. — Estou ganhando muito!

— O que aconteceu ontem não pareceu ser uma "ajuda" — digo. — E eu não quero fazê-la passar por aquilo outra vez.

Mas mesmo quando digo essas palavras, não acredito inteiramente. Realmente, não *pareceu* que Canto estivesse ajudando Maya na cabana, no entanto hoje ela está visivelmente melhor e tudo aconteceu muito rapidamente. Parte de mim está pronta a acreditar que as rezas e as folhas, por mais simples que parecessem, tiveram um efeito mensurável, enquanto ao mesmo tempo meu intelecto luta para desacreditar este impulso. *Você sabe que o que você está vendo é real, mesmo que não entenda totalmente*, diz a primeira parte, até a segunda reagir com veemência: *Dá um tempo! O corpo humano se cura sozinho o tempo todo. E o que aconteceu naquela cabana foi uma loucura total. Você não pode deixá-lo fazer isso de novo.*

É a sensação mais estranha, me ver presa nesse tipo de discussão... comigo mesma. Eu continuo não tendo ideia de como é possível acreditar no potencial de alguma coisa, ao mesmo tempo que se repudia o fato dessa coisa existir, mas é assim que eu me sinto.

— Ela está melhor — insiste Uzi. — Você mesma disse isso. E isso já deveria ser motivo suficiente para vê-lo de novo. Ele não é um médico comum, onde você vai uma vez e pronto.

— Quando é que você começou a ser maquiavélico comigo? Os fins não justificam os meios.

Ele balança a cabeça lentamente, como se a minha resposta desafiasse a sua crença. Ele não vai continuar brigando, mas também não vai se esquecer, eu sei disso.

Victor volta a fazer a curva e aparecer, retomando sua posição anterior nos degraus da escada. Já espero outra mensagem de San Antonio, mas quando ele não fala, eu percebo que ele só quer se sentar. Todos os outros hóspedes partiram em excursões; nós somos os únicos que ficamos no hotel. O dia se estende diante de nós, longo, úmido e verde.

Maya e Everald chegam pulando como sapos de dentro do quarto, ela na frente e ele atrás. Victor ri jovialmente.

— Você quer que eu adivinhe? — pergunto e Maya mostra que sim. — Vocês são sapos, certo?

— As rãzinhas cresceram — ela diz.

— Sabem como é que é rã em espanhol? — pergunta Victor. — *Rana*. Quase como *reina*.

— *Reina rana* — eu digo. — A Rainha Rã.

Maya dá um sorriso amarelo, como se não tivesse certeza de como entender isso.

— Tá — ela diz, e sai pulando para a grama com Everald.

Victor pergunta:

— Vocês vão querer fazer alguma coisa hoje à tarde? Querem ir a algum lugar? Talvez eu possa levá-los.

— Que tal Tikal? — pergunta Uzi.

Tikal? A antiga cidade maia? Fica no norte da Guatemala, uma viagem a pelo menos duas horas daqui. Maya está melhor, mas não acho que esteja tão melhor assim.

— Tikal? — pergunta Victor. Ele faz parecer ainda mais inviável do que pareceu para mim. — Tikal é viagem para um dia inteiro. Vai sair uma van amanhã, acho que ainda tem lugar. Se quiserem ir a Tikal, podem ir amanhã. Talvez hoje nós possamos ver os menonitas. Vocês precisam de móveis? Eles fazem bons móveis.

A comunidade menonita chegou a Belize vinda do México na década de 1950 e hoje produz a maior parte dos ovos e laticínios do país. Uma de suas colônias, a Vista Espanhola, fica a cerca de meia hora daqui. Já ouvi falar que as fazendas deles são limpíssimas e organizadas, valem uma olhada. Mas é Natal. E eu tenho quase certeza de que quase tudo na Vista Espanhola vai estar fechado.

— Nós precisamos de móveis? — Uzi me pergunta.

— Na verdade, não. Além do mais, como é que nós íamos levar para casa? Provavelmente a remessa vai custar o mesmo preço da compra. Além do mais, é Natal. Provavelmente vai estar tudo fechado.

— Ah, sim — comenta Victor. — Talvez então amanhã. Eu posso ligar para lá e perguntar.

— Os menonitas têm telefones?

— Mas é claro. Telefones, carros, até computadores! Os menonitas daqui têm tudo!

— *Computadores?* — me espanto. A minha casa em Iowa não era muito longe de uma comunidade amish, mas eles eram amish da velha guarda, muito sérios, com moinhos, cavalos e bugres. Eu sei que os menonitas são mais modernos que os amish, mas não sabia que chegavam a esse ponto.

— Eles têm e-mail? — pergunto.

Victor dá uma risadinha. Eu adoro o jeito dele de rir. Seus ombros levantam e caem levemente, e o som surge como um "he he".

— Não sei — ele diz. — Provavelmente! — Ele olha para o relógio.

— E que tal canoagem? Talvez o meu filho Everald possa levá-los para fazer canoagem no Macal.

— No Natal? — pergunto. Eu me sinto mal de afastar alguém da família no Natal. Por outro lado, o resort está aberto, é um dia de trabalho normal para eles e nós continuamos sendo os hóspedes. Talvez não haja nada de errado.

— Claro, claro — responde Victor. — Sem problemas. Vocês podem descer o rio e almoçar em San Ignacio. Eu conheço um lugar muito bom lá. Os donos vieram do Sri Lanka. Vocês gostam de comida do Sri Lanka?

— Eu não sei se algum dia já experimentei comida do Sri Lanka — respondo. — Mas se for como comida indiana, nós vamos gostar. Será que eles abrem no Natal? — Eu sei que estou começando a parecer uma pessoa que só sabe fazer essa pergunta, mas é difícil acreditar que todos esses serviços estejam disponíveis hoje. Na Califórnia, as únicas coisas que você encontra abertas no Natal são os cinemas e os restaurantes chineses.

— Claro, é um grande dia. Tem um monte de turistas aqui. E eles precisam comer em algum lugar. Então, vocês querem sair de canoa?

Olho para Uzi, que dá de ombros num simpático gesto de quem diz *por mim, tudo bem.*

— Será que Maya pode só ficar sentada na canoa? — pergunto a Victor. — Eu não gostaria que ela fizesse nenhuma atividade física.

— Claro. A pequena pode ficar simplesmente sentada no meio, como uma rainha, e ficar olhando os pássaros.

— E nós quatro vamos caber numa canoa? — Se formos depender da minha técnica de canoagem de acampamento, vamos acabar em Honduras.

Victor fecha os olhos e dá uma risadinha divertida. Estou fazendo perguntas muito chatinhas, já sei.

— Quatro pessoas cabem perfeitamente. Everald e o seu marido podem remar. Você e a pequena podem relaxar e apreciar a paisagem.

O rio Macal faz uma curva suave em Cristo Rey, como que segurando a aldeia levemente na palma da mão. Everald guia a canoa verde-clara do Crystal Paradise por entre os bancos de areia, o remo cortando as águas frias e límpidas com fortes e regulares *pulp, pulp, pulps*. O rio tem um cheiro fértil, como um arbusto que acabou de ser arrancado da terra. Dele vem um frescor que vai parar bem no interior das narinas. Passo a mão pela água, formando uma marolinha ao lado da canoa.

— Cuidado com as tartarugas — Everald fala atrás de mim, e eu tiro a mão tão rápido que algumas gotas molham minha calça cáqui.

O Macal é um rio manso numa manhã de final de dezembro, levando os canoeiros para um passeio tranquilo em vez de uma viagem nervosa. Paredes de folhas verdes se erguem nas duas margens do rio. Em alguns lugares, os galhos se curvam 45 graus na direção da correnteza, como se fossem mantidos ali por um vento forte. São os danos remanescentes do Furacão Keith, em outubro, quando o Macal, que é muito sujeito a enchentes rápidas, subiu seis metros acima do nível normal.

É difícil imaginar uma força tão grande irrompendo de um rio tão calmo como ele está, hoje. Só precisamos de duas pessoas remando para seguir a fraca correnteza e provavelmente bastaria uma. E isso faz eu me tornar basicamente inútil no banco central da canoa, por isso seguro Maya entre os joelhos e aponto para as paisagens que Everald vai narrando atrás de nós.

— Sumaúma — ele fala, apontando o remo para uma árvore grande cujo tronco, cinza-claro e sem galhos, se ergue 3 metros acima das copas das outras árvores, antes de desabrochar numa magnífica meia-lua verde.

— A árvore nacional da Guatemala.

Os maias chamavam a sumaúma de *Yax Che* ou "Primeira Árvore". Na história que os maias contavam da Criação, o mundo começou como um mar primordial num campo de escuridão sem fim. Então o Primeiro Pai criou a Árvore do Mundo, a *Wakah-Chan*, para separar a terra do céu e convidar a luz do Sol a entrar. De acordo com a lenda, ele posicionou a coroa da árvore para o céu do norte, criando assim o eixo central do cosmo, em torno da qual todas as constelações do céu se movem. Para os antigos maias, a frondosa e gigantesca sumaúma era a representação terrena dessa mítica Árvore do Mundo. Seus galhos mais altos se estendem pelas treze camadas do Mundo Superior, ou o céu; os outros galhos ficam no Mundo do Meio, onde ocorrem os ciclos da atividade humana e da natureza; e as raízes se estendem pelas nove camadas do Mundo Subterrâneo. Através do seu canal central, de alta energia mística, as divindades do céu podiam viajar para a Terra quando chamadas e as almas humanas podiam viajar para o Mundo Subterrâneo depois da morte. Como a Árvore do Mundo da mitologia nórdica, a Árvore da Vida dos judeus, a *Etz HaChayim*, a árvore budista de Bodhi do Baghavad-Gita e a Árvore Cósmica de inúmeras culturas xamanistas — como se uma árvore que simbolizasse a consciência cobrisse o mundo inteiro mais ou menos na mesma época —, a Árvore do Mundo dos maias oferecia uma plataforma para a cosmologia humana. Ela colocava os seres humanos e seus comportamentos dentro do contexto de um Universo em expansão e revelava a conexão humana com o divino.

Mas eu ainda não sei nada disso enquanto estou aqui nessa canoa, e se Everald sabe, ele não diz. Ele aponta para um bambuzal que cresce na margem do rio à nossa esquerda. Uzi conta como os pisos de bambu se tornaram populares entre as pessoas ecologicamente conscientes de Los Angeles, porque o bambu volta a crescer no meio ambiente mais rápido do que as madeiras nobres como bordo e carvalho.

— Eu ouvi alguém dizer que você tem que cortar o bambu numa certa hora porque senão ele não dura muito — comenta Uzi. — Você já ouviu essa história?

— Os fazendeiros daqui cortam depois da lua cheia.

— Por quê?

— Porque assim ele não tem insetos e dura mais tempo.

— Interessante.

— Um crocodilo — indica Everald.

— O quê?

— Ali. — Com o remo, ele aponta para um banco de areia raso, onde um pequeno crocodilo cinza, do tamanho de um lagarto grande, relaxa na beira da água. Uzi e eu gritamos:

— Olhe, Maya! Um crocodilo de verdade! Olhe ali! Eu tiro a câmera da bolsa e bato umas três ou quatro fotos em sequência.

— Onde? — grita Maya. — Onde?

Ela fica de joelhos para ver melhor, balançando a canoa perigosamente. O crocodilo se move calmamente para o rio e desaparece sob a superfície. Everald continua jogando o remo na água, com movimentos lentos e circulares, sem se impressionar.

À nossa frente, um pássaro preto, de bico longo e fino, se empoleira numa tora de madeira dentro d'água. Com um grito alto, ele estica as asas de penas pretas e as abana de leve, deixando-as secar ao sol.

— Um corvo-marinho — diz Everald.

Everald é o guia turístico menos prolixo que eu já conheci. Na minha opinião, quando você identifica um objeto no caminho, não existe absolutamente nada de indispensável a acrescentar a não ser que os clientes peçam mais explicações, mas mesmo assim, a maioria dos guias não para de falar mesmo quando os clientes não perguntam, apenas para valorizar seu trabalho. Everald parece mais confortável ficando em silêncio. Eu ouvi dizer, talvez por parte de Carolyn, a agente de viagens, que ele tem um conhecimento enciclopédico de arqueologia maia e é considerado um especialista na cidade em ruínas de Caracol, a 40 quilômetros daqui, mas ele não fica exibindo isso para os outros. Ele parece tão contente remando o barco para uma família de californianos como estaria caminhando por um palácio em ruínas na selva. Qualquer tipo de conhecimento que ele possua parece mais um fato interessante a seu respeito do que uma característica determinante.

Sinto Everald mudar de posição atrás de mim e o ritmo das remadas aumentar.

— Corredeira ali à frente — anuncia.

— Onde? — pergunta Uzi. Eu enrijeço. Victor não falou nada sobre corredeiras.

— Logo ali. Você já remou numa corredeira?

— Uma ou duas vezes.

Eu já, e muitas, mas isso foi há 13 anos e com um equipamento completo no leste do Tennessee, usando um capacete resistente e remando numa balsa inflável, enorme e amarela, com outras cinco pessoas, enquanto um timoneiro na parte de trás gritava "Esquerda! Direita! Esquerda! Esquerda!". Agora, uma canoa velha de fibra de vidro e bonés de beisebol na cabeça, no lado ocidental de Belize? Muito diferente.

— Classe I? — pergunto a Everald, tentando aferir o nível da corredeira. — Classe II?

— Geralmente é classe I, mas com tanta água a mais no rio, não sei como vai estar hoje — ele diz. Depois instrui Uzi: — Ao chegar àquelas pedras ali, fique bem para a esquerda. Quando a correnteza ficar mais forte, reme com força.

À nossa frente, posso ver a água se partindo e aumentando de velocidade em volta de umas pedras lisas no meio do rio. Não há nada que eu possa fazer a não ser segurar Maya bem firme, e assim eu seguro Maya bem firme.

— Pronto? — diz Everald, nos colocando em curso para uma pequena passagem na esquerda. — Já! — Ele e Uzi começam a remar vigorosamente, enquanto somos sugados para uma passagem por onde a água se multiplica. Perto da canoa, ela dobra sobre si mesma uma, duas, três vezes, como uma trança mecânica.

Com a mesma velocidade com que fomos puxados, somos expelidos do outro lado. A canoa praticamente para nas águas tranquilas. Essa foi a corredeira mais curta que eu já atravessei. Eu preciso me virar para verificar se nós realmente acabamos de passar pelo que eu acho que nós passamos. E a resposta é sim, nós passamos.

— Todo mundo está bem? — pergunta Everald.

— Essa foi a corredeira mais fácil da história — digo. — Não passou de classe meio. Foi quase uma hidromassagem.

Everald ri.

— Para algumas pessoas, já é muito.

Hoje também foi muito para mim, mas não posso resistir à tentação de fazê-lo dar um sorriso. Aliás, me sinto até meio idiota de ter me alvoroçado tanto por nada. Eu largo Maya e me debruço para ver como ela vai. Ela está sentada de pernas cruzadas no chão da canoa, brincando com os pequenos leopardos de pano que eu trouxe de casa e lhe dei na cabana, para evitar que tivéssemos de resgatar uma Rúrsula do rio Macal. As bochechas dela estão rosadas, mas do sol e não da febre. É a primeira vez, desde que saímos de Los Angeles, que ela está quieta por estar contente, e não por estar doente. A serenidade dela, tão rara nos últimos meses, faz com que eu queira registrar o momento e guardar essa imagem.

Tiro a Minolta da bolsa, passo a alça pelo pescoço e miro em sua direção.

— Maya! — digo, para chamar sua atenção. Ela se vira.

— Nã-ão! — grita ela, ao ver a máquina, com tanta força que me faz cair para trás e bater nos joelhos de Everald. Ela me bate com o braço direito e o leopardo que estava em sua mão vai parar atrás da câmera. O golpe faz a máquina voar sobre o meu ombro direito, puxando a alça de náilon pela minha garganta.

— Meu Deus, Maya! — eu digo, tirando a alça do queixo. Everald gentilmente me devolve a câmera, por cima do ombro. — Para que tudo isso?

— Nã-ão! — Ela volta a fazer uma carranca, a boca retorcida de tão zangada. Ela nem sequer parece a mesma criança de antes de eu levantar a câmera. Uzi se vira e me lança um breve olhar de preocupação, sobre o ombro.

— Iguana — anuncia Everald.

— O quê?

— Lá em cima. — Ele aponta para os galhos mais altos de uma figueira na margem direita.

Maya está esperando para ver uma iguana desde que ela não viu o que nós passamos na estrada do aeroporto. Ela vira a cabeça de um lado para o outro.

— Onde? — pergunta.

— Logo ali — Everald aponta para o céu, numa diagonal.

— Não estou vendo nada.

— Lá em cima, no meio do caminho. — A canoa desliza ao lado de uma árvore. — Não dá para ver agora. Está bem em cima da gente.

Maya e eu nos viramos quando a canoa passa pela árvore e, deste ângulo, com os galhos iluminados por trás, pelo sol, eu vejo o que parece ser a silhueta de um lagarto peludo desproporcionalmente grande, deitado majestoso no alto de um longo galho. A iguana se mistura direitinho com a árvore, numa camuflagem quase perfeita. Só a coluna dela, parecida com os dentes de uma faca, é que a entrega.

— Logo ali — diz Everald, apontando para o lugar, no exato instante em que Maya grita:

— Estou vendo!

Ela recosta satisfeita e mete os dedos médio e indicador na boca. Crise abortada, por enquanto.

Uzi descansa o remo no colo e vê as árvores passarem. Everald fica em silêncio atrás de mim.

Ficamos boiando na correnteza. Não temos pressa para ir aonde queremos. O tempo fica suspenso entre os bancos. Só o rio se move.

E nós ficamos boiando.

E nós ficamos boiando.

Daqui a seis anos, uma escritora amiga minha vai ler um primeiro rascunho deste livro e comentar que os personagens passam muito tempo se deslocando de um lugar para o outro.

— Você estão sempre num avião, num carro, ou numa canoa — ela vai dizer.

E eu não vou falar nada para me defender. Nós *realmente* passamos muito tempo nos deslocando nesses últimos dias. Mas será que isso é tão incomum? Todos nós estamos o tempo todo num estado de perpétuo movimento, como tubarões, que precisam nadar constantemente para manter o oxigênio passando pelas guelras, como roedores no inverno que precisam manter a temperatura do corpo alta o suficiente para poderem sobreviver. Quase todo o tempo que passamos acordados, nós estamos em trânsito: tropeçando do quarto para o banheiro, correndo do metrô para o escritório, saindo do estacionamento do supermercado para as prateleiras de produtos, depois para a seção das pastas de dentes e de lá para o caixa. Eu atravesso a sala para atender o telefone, pego a estradinha até a caixa do correio, depois volto e torno a subir; faço a cadeira do meu escritório rodar da mesa para o arquivo e para a estante umas 13 vezes por dia. Nós estamos, sempre, no processo de ir a algum lugar.

Quando eu estava na pós-graduação, um dos meus professores de redação convidou a turma para visitar sua casa, uma escola com um dormitório no meio da comunidade amish. Naquela noite de inverno, sentados em volta da fogueira, fomos incentivados a ler trechos de trabalhos que estivéssemos elaborando. Uma de nossas colegas estava escrevendo sobre a relação dela com um jovem professor da universidade, um homem em pleno processo de ascensão numa brilhante carreira acadêmica. "Quando você se apaixona por uma pessoa que está indo de um lugar ao outro", ela leu em voz alta, "você está se apaixonando por uma pessoa que ainda não existe." Na época eu tinha 26 anos e estava saindo de um relacionamento com um escritor que queria ser romancista e pensei que eu nunca tinha ouvido uma declaração mais verdadeira.

Eu saí de Iowa um ano e pouco depois, a caminho de Nova York, onde terminaria de escrever o meu primeiro livro. Logo após ele ser publicado, meu pai foi parar no hospital com problemas cardíacos. E ele foi parar no hospital, nós descobrimos, porque a sua situação financeira era catastrófica. E ele estava numa situação financeira catastrófica porque...

bem, eu não vou entrar em maiores detalhes aqui, mas acreditem em mim quando eu digo que a situação era realmente muito séria. Ficar sem casa não estava fora de cogitação. Tive de contratar um detetive particular para analisar o que era fato e o que era ficção nos últimos anos. Eu era a filha mais velha da família e a única que na época morava em Nova York, por isso era eu que tinha de saber o que fazer.

Nas semanas seguintes, dei entrevistas sobre meu livro para revistas e emissoras de rádio, que eram intercaladas com visitas ao hospital e com intermináveis reuniões com advogados e contadores, cada um com uma ideia diferente de como consertar tudo. Houve momentos, e não foram poucos, em que me senti como se estivesse com coisa demais na cabeça, com o meu pai correndo muitos riscos, mas eu me recusei a desmoronar em frente a pessoas nas quais eu tinha que confiar para me ajudarem. As únicas horas do dia em que eu me permitia baixar a guarda era nos pequenos intervalos de tempo entre os compromissos. E assim me tornei o tipo de pessoa que até então eu sempre ridicularizara: uma pessoa que chora em público. Eu chorava nos bancos traseiros dos táxis, nas plataformas do metrô e correndo pela Park Avenue toda desengonçada, de salto alto. Tão logo eu saía de uma reunião e partia para outra, um botão era acionado e a choradeira começava. Quando o carro estacionava em frente do edifício para o qual eu me dirigia, ou quando eu entrava no lobby, eu podia desligar as lágrimas como se elas fossem um chafariz. Eu havia compartimentalizado o meu comportamento no mais alto grau.

E tudo isso foi em Nova York, onde quase todos os deslocamentos se dão por transporte público, de modo que tudo isso se passava na frente de uma plateia. Numa situação normal, eu teria me sentido mortificada, mas não tinha tempo nem presença de espírito para me preocupar com isso. E uma coisa impressionante aconteceu. Pessoas absolutamente estranhas foram de uma gentileza comigo, como nunca havia me ocorrido em Nova York. Um motorista de táxi do Sri Lanka prometeu que iria rezar por mim e pela minha família quando chegasse em casa, de noite, e eu acredito que ele estivesse falando sério. Uma mulher enorme, afroamericana, na Grand Central Station, colocou o braço à minha volta e tentou me dar uma Bíblia já bem usada. Era como se a visão de uma mulher chorando sozinha despertasse um humanismo latente na essência dos nova-iorquinos que em geral eles preferiam abafar. Um homem de casaco de couro marrom, na linha F, não falou uma palavra, mas tirou uma coisa da sacola de compras e cuidadosamente retirou o plástico de um rolo de toalhas de papel e me entregou a primeira folha. Eu mal conseguia aguentar tanta gentileza. Eu vivia agradecendo a todo mundo, imensamente, por todo mínimo ato de compaixão, como uma máquina de gratidão urbana. Durante aquelas duas semanas, eu me apaixonei pelos meus queridos nova-iorquinos. Não estou querendo dizer que eu os amava alegremente, estou querendo dizer que eu *realmente* os amava, com uma radiância, uma pureza e uma sensação de sermos um só, que não consigo me lembrar de jamais ter experimentado na vida.

Eu nunca havia me sentido mais perdida, amedrontada ou sufocada do que naquelas duas semanas, no entanto, ao mesmo tempo, nunca me senti mais liberada, mais ligada aos outros, ou mais real. Quando baixei as barreiras que eu normalmente erguia entre mim e o resto do mundo, eu não era mais uma escritora estreante ou a namorada de um escritor que morava na 51st Street, ou uma palestrante que ficava diante de um público de cem pagantes nas noites de quinta-feira, falando da perda precoce de uma mãe. Eu era apenas uma garota num trem que temia pelo pai e desejava que a mãe ainda estivesse ali para ajudá-la. Eu era um ser humano com emoções humanas, as mesmas de todos os seres humanos do mundo. E foi então que percebi que a minha colega da pós-graduação estava errada. Uma pessoa a caminho de outro lugar não é uma pessoa que está "em suspenso", mas um *self* em processo de formação. Uma pessoa no ato de viajar de um lugar para o outro é uma pessoa que está despida até a sua mais pura essência, talvez o *self* mais verdadeiro que possa existir.

Aqui, nesta canoa no rio Macal, entre a aldeia de Cristo Rey e a cidade de San Ignacio, eu sou uma mulher em trânsito. Uma pessoa flutuando. Esperando. Observando. Tentando. Impaciente. Imperfeita. Esperançosa.

Eu mesma. E nada mais.

capítulo nove
Cidade de San Ignacio/Cristo Rey, Belize
25 de dezembro de 2000

A ponte suspensa Hawkesworth se estende sobre o rio Macal, ligando San Ignacio à sua cidade-irmã menor, Santa Elena. Construída em 1949, a Hawkesworth se parece com uma versão em miniatura e de aço vermelho da ponte do Brooklyn, em Nova York. Everald e Uzi remam por entre dois píeres de cimento até chegar a um pequeno banco de areia na margem esquerda do rio. À nossa frente, um carro solitário desliza por outra ponte, de madeira e mais rudimentar, que quase trisca a água. Na base dela, um pequeno grupo de pessoas entrou de roupa, com a água na altura das coxas. As crianças batem no rio e gritam em vozezinhas agudas e arremessam no ar arcos de água cristalina.

Everald desce na água rasa e puxa a canoa para o banco de areia, onde vai esperar Victor vir buscá-lo com a van. Ele aponta para uma ladeira que vai dar na cidade. Uzi põe Maya nas costas e nós seguimos a trilha de dois pneus de carros deixada na grama, numa rua cercada por pequenos prédios de cimento que parecem caixotes, a maioria deles vazia.

Dobrando a esquina vamos dar na esquina da praça municipal, onde um coreto vermelho e laranja se ergue bem no meio do mar de concreto.

Nós acabamos de chegar à capital do distrito de Cayo, onde os rios Macal e Mopan se encontram, formando aquele que um dia foi um entroncamento natural para as indústrias da madeira e de chicletes. Cem anos atrás, a região era cheia de madeireiros e *chicleros*, que subiam nos sapotizeiros para extrair o látex natural para fazer chicletes. Hoje na cidade de San Ignacio, a terceira mais populosa de Belize, você tem muito mais chance de encontrar funcionários públicos e ecoturistas andando pelas ruas. A população da cidade é primordialmente mestiça — uma mistura de antepassados europeus e indígenas — e maia, com grupos menores de *creoles* que migraram do norte e do leste, fazendeiros menonitas da Vista Espanhola ali perto, libaneses cujos avôs e bisavôs chegaram como comerciantes de chicletes no início dos anos 1900 e imigrantes chineses que vieram de Guangzhou na metade do século XX e agora administram muitos dos armazéns e padarias de Cayo. Para uma cidade do seu tamanho, San Ignacio tem uma diversidade impressionante, mesmo para um país tão diverso quanto Belize.

Com 13 mil habitantes, San Ignacio normalmente é um aglomerado urbano cheio de agitação e de sons, mas às 13 horas do dia de Natal ela está só uma fraçãozinha acima de deserta. Aqui e ali, nós vemos uma ou outra pessoa na calçada, mas só uns poucos e solitários veículos transitam pelas ruelas estreitas. Todas as placas de carro, preto e brancas, têm a inscrição BELIZE, C.A., e nas primeiras oito vezes que percebo isso, leio automaticamente "Belize, Califórnia", um puxão inconsciente de volta ao lar. Junto à praça municipal, uma estação de ônibus amarela não está vendo muita movimentação hoje. Um funcionário está sentado atrás de uma janela de madeira e dobradiças, tranquilamente vendo uma televisão em preto e branco, enquanto dois motoristas de táxi ficam encostados em seus carros, de braços cruzados, olhando para a rua vazia.

— Olhe só isso — diz Uzi, indicando com a cabeça a parede do outro lado, onde os horários semanais dos ônibus estão pintados à mão nas tábuas de madeira amarelas. Você pode pegar um ônibus aqui e ir até a fronteira com a Guatemala, a Belmopan e até mesmo à Cidade de Belize por 3,50 dólares ou menos que isso.

O ar continua sendo o de um cenário de cinema abandonado. Os motoristas de táxi nos cumprimentam silenciosamente com a cabeça quando passamos. E ouvimos nossos passos soando na calçada enquanto subimos.

— Aqui está tudo *tão* silencioso — digo para Uzi. Mesmo sussurrando, minha voz parece estar interrompendo alguma coisa. Ele faz que sim com a cabeça.

A uma quadra da praça municipal, nós encontramos a avenida Burns, uma rua pavimentada ladeada por construções de madeira carcomida, alinhadas lado a lado em tons de amarelo, verde ou azul. Os andares térreos abrigam restaurantes, agências de viagem ou lojas diversas; os andares de cima têm pequenas varandas e quartos de hóspedes para se alugar. Fios elétricos passam por cima de nós na mais absoluta desordem. A não ser pelos onipresentes anúncios de Sprite, Pepsi e Belikin, todas as placas aqui são pintadas à mão, dando à cidade uma ideia de provisoriedade, como se fosse uma última fronteira. Se você pegasse uma rua do Velho Oeste americano e pintasse as casas com todas as cores do arco-íris, seria uma descrição perfeita do que estamos vendo. Tudo nela parece gritar "alternativa discreta a preços baixos!", e eu sinto uma pontada de saudade do tempo em que eu podia chegar a uma cidade estranha com uma mochila nas costas e um guia de viagem, suja, estafada e feliz, e ir de casa em casa perguntando se havia um lugar barato para eu dormir. A placa que se projeta da varanda acima do restaurante Eva diz: "Hotel barato para mochileiros, tarifas baixas, atmosfera amigável", e eu juro: se me tirassem dez anos, minha família e a hipoteca que temos que pagar, eu dormiria como um bebê num desses quartos aí de cima, adormecida pela melodia de um velho violão de viajante e das garrafas de cerveja tilintando no andar de baixo.

O restaurante de comida do Sri Lanka fica em frente ao Eva. Na placa presa à parede amarela, alguém pintou os mapas de Belize e do Sri Lanka lado a lado. Essa estranha combinação surgiu quando o proprietário do restaurante chegou a Belize para trabalhar para os institutos da Marinha, do Exército e da Força Aérea britânica e ficou por aqui. Ele chamou seu negócio de Serendib, o antigo nome árabe para o Sri Lanka. Em 1754, o escritor inglês Horace Walpole usou esse nome para criar uma palavra nova, *serendipity*, para descrever um incidente de sorte. Ele tirou a ideia de um conto de fadas persa, *Os três príncipes de Serendip*, cujos heróis viajantes, ele escreveu, "estavam sempre fazendo descobertas, por sagacidade ou acidente, de coisas que eles não estavam procurando".

Dentro do restaurante, uma brisa fresca entra pela porta da frente direto para o pátio lotado nos fundos. Victor tinha razão: os turistas sempre precisam de um lugar para comer no Natal e a maioria parece ter vindo comer aqui. O salão principal é simples e limpo, com um bar completo do lado direito; paredes cobertas por uma falsa madeira clara dão a atmosfera de um porão de gravação dos anos 1970: toalhas de mesa verdes e vermelhas presas debaixo de vidros quadrados; e um conjunto de lâmpadas de Natal em volta de uma pilastra central. Um lânguido aroma de curry paira no ambiente como se fosse um leve perfume. No canto de trás, duas mulheres sentadas embaixo de um retrato em preto e branco da princesa Diana conversam animadamente. Uma delas tem um rabo de cavalo castanho e usa um boné amarelo do Los Angeles Lakers.

Nós nos sentamos em cadeiras com encosto de madeira na única mesa vaga do lugar, no meio do salão. Maya se agacha e começa a pular para cima e para baixo. Ela está animada de estar aqui. A professora do pré-escolar dela é do Sri Lanka e, para uma criança de 3 anos, isso quer dizer que ela sabe das coisas.

— Olha, Maya — diz Uzi, apontando para um pôster do outro lado do restaurante, com um grande elefante asiático e dois elefantes menores numa clareira e a inscrição "Sri Lanka" escrita embaixo.

— Uma mamãe, um bebê e um bebê — observa Maya, apontando um de cada vez.

Um garçom se materializa ao meu lado esquerdo e enxuga algumas vezes o tampo de vidro, limpando uma superfície já totalmente limpa.

— Feliz Natal — ele deseja, colocando dois menus em cima da mesa.

— Feliz Natal — eu e Uzi saudamos de volta.

— Natal? — pergunta Maya, franzindo o rosto, numa expressão de perplexidade e eu sou quase capaz de ver as pequenas engrenagens no interior da cabeça dela. Natal? Então cadê o Papai Noel... a música... a árvore da Natal? Ela estava tão mal antes de sairmos da Califórnia que nós não a levamos a nenhum lugar público, nem à rua em San Fernando Valley onde todas as casas se enchem de luzes, nem ao Papai Noel do shopping de Santa Monica. Hoje também é a quinta noite do Hanucá e, exceto por termos aceso algumas velas na sala de jantar na primeira noite e dado a Maya alguns presentes, nós também não o comemoramos. E, a propósito, eu mesma estou meio confusa.

— O Natal aqui é diferente dos Estados Unidos — digo. É uma explicação fraca, mas que parece satisfazê-la. Ela olha para cima e sorri timidamente para o garçom.

— Você conhece a Prema? — pergunta.

— Perdão?

— Ela está falando da professora dela — explico —, que é do Sri Lanka. Eu não acho que ele a conheça, querida — digo para Maya. — A Prema mora lá na Califórnia. — Penso então que Maya também não faz a menor ideia da distância a que estamos de casa. As noções de tempo, distância e geografia só existem nos níveis mais rudimentares na cabeça dela. Em abril, quando estivemos em Israel, ela começou a chorar no carro uma tarde, exigindo que nós continuássemos dirigindo até chegarmos em casa. Para uma criança de 3 anos, uma viagem de duas horas ao município vizinho, um voo de três dias ao redor do mundo ou uma semana passeando de camelo pelo deserto de Góbi significam a mesma coisa: não é a nossa casa.

— Você conhece a Helen? — pergunta Maya ao garçom, ainda com esperança.

O garçom inclina a cabeça pacientemente.

— É a irmã da Prema — digo para ele. Viro-me para Maya e balanço a cabeça negativamente. — O Sri Lanka é um país muito grande. Talvez há muito tempo os parentes dele tenham conhecido os parentes dela, mas, mesmo assim, duvido.

Uma família nos fundos do salão começa a acenar, chamando a atenção do garçom.

— Temos que pedir — digo para Maya, que se encolheu um pouco, decepcionada.

— Bem, pelo menos você conhece os *elefantes*? — ela pergunta. O tom de voz dela indica que ele deveria, no mínimo, conhecer os *elefantes*. Ela está falando dos elefantes do pôster, mas não há jeito do garçom saber.

— Ah, sim — ele responde —, existem muitos elefantes no Sri Lanka.

Maya faz que sim e dá um sorriso radiante de realização. Eu aproveito a deixa para fazer as coisas andarem.

— Você pode dizer o que o menu tem de bom para uma criança?

Ele aponta para uma seção intitulada "Sanduíches". A lista apresenta seis variedades de hambúrgueres, um hambúrguer de peixe e um sanduíche misto-quente.

— As crianças também gostam do arroz...

— Eu não quero arroz — diz Maya e eu lhe dou o sinal de um minuto para o garçom poder continuar.

— ...e nós também podemos fazer um molho de curry bem leve com frango e salada.

— Eu não quero salada! — grita Maya, batendo com o punho na mesa. — O Dodô está avisando que não quer salada! — O garçom olha assustado por esse rompante repentino. A mulher com o boné do Lakers olha em nossa direção e imediatamente abaixa a cabeça.

Olho para Uzi, cuja expressão pretende dizer *vamos enfatizar o que há de positivo, por favor*. A febre de Maya passou e eu acho que ela finalmente vai poder comer alguma coisa hoje. Muito bem, são dois pontos positivos indiscutíveis.

— Salada *não*! — Maya volta a gritar, agarrando a borda da mesa. O homem lá do fundo, que acenava freneticamente para o garçom já recolheu a mão. Agora todo mundo está olhando.

— Eu vou levá-la para fora — diz Uzi, tomando a iniciativa. — Vamos lavar as mãos. Pode pedir para mim. — Ele levanta Maya no ar antes que ela tenha a chance de reclamar e imediatamente a retira pela porta dos fundos.

— Desculpe — digo ao garçom, que assente com a cabeça, simpático.

Faço dois pedidos de arroz com açafrão e frango ao molho de curry e uma omelete com batatas fritas para Maya. Espero que ela coma. Eu passo o menu para o garçom e olho para o pátio, onde uma única mesa de clientes acumula inúmeras garrafas de cerveja Belikin.

— E uma garrafa de Belikin — acrescento.

Uma pequena pintura com o rosto de Jesus está pendurada diretamente em cima da porta dos fundos do restaurante, acima da placa de saída. Eu me pergunto se a pintura foi colocada ali estrategicamente, igual a uma bandeira tibetana de preces, para abençoar todo mundo que passa por baixo dela. Na pintura, Jesus olha para nós no restaurante vestido num grande manto branco, um halo dourado de luz rodeando a cabeça e raios de luz branca e vermelha emanando de seu peito. Ele parece tão... *tranquilo*. Eu sempre pensei em Jesus como o principal líder divino.

Abençoados sejam os fracos; dê a outra face: ele nos deu todos os insights mais importantes de que nós precisamos para viver em paz e igualdade. Faz você olhar o resto do mundo e perguntar: *E se...?* E se mais pessoas vivessem segundo a pureza dos seus ensinamentos, em vez dos dogmas que deles surgiram?

O garçom volta com uma garrafa gelada de Belikin. Eu pego a garrafa e imediatamente começo a tirar o rótulo de papel, um hábito que eu tenho desde a faculdade, só que desta vez não há rótulo de papel. A logomarca da Belikin é gravada no vidro escuro, a ilustração em preto e branco de um templo maia, emoldurada por quadrados verdes e vermelhos. Eu raspo a unha numa das beiras, mas a tinta está bem presa à garrafa.

A mesa no fundo do pátio explode numa sonora e espontânea gargalhada. Uzi e Maya ainda estão lá fora, no banheiro. Mas será que estão, há tanto tempo assim, só lavando as mãos? Sinto meu peito apertar um pouco, me preparando para o caso de algo mais dar errado. É assim que eu me sinto a maior parte do tempo: como se estivesse dirigindo por uma rua, quieta e tranquila, no entanto pronta para ver, a qualquer momento, uma parede de tijolos se materializar à minha frente. Falei dessa imagem para Sarah logo antes de embarcar para Belize. Ela disse que parecia que eu estava passando tempo demais no carro.

— Perdão — alguém diz.

Olho para cima. É a mulher de rabo de cavalo e boné do Lakers, parando à nossa mesa, a caminho da saída.

— Eu ouvi vocês falarem em Califórnia. Por acaso vocês são de Los Angeles?

— Nós moramos em Topanga Canyon. Perto de Malibu.

— E aquela era a sua filha?

Faço que sim.

— Quantos anos ela tem? Uns 4?

Ah, não. Será que os gritos de Maya a irritaram? Espero que não, porque eu não estou com humor para ter alguém me enchendo os ouvidos, reclamando do comportamento da minha filha exatamente agora.

— Ela acabou de fazer 3 — digo. — Por quê?

A mulher faz um ruído de *aah*, como que pedindo desculpas.

— Desculpe, eu devia ter me apresentado antes. Meu nome é Robin Goldstein.

Ela oferece a mão para me cumprimentar. Então, põe a mão na bolsinha preta na altura da cintura e começa a remexer. Tira de lá um cartão e passa para mim.

Advantage Casting. Ai, meu Deus, Uzi nunca vai acreditar.

— Eu sou dona de uma agência de elenco em Los Angeles que representa crianças e estava observando a sua filha. Eu tenho um olho clínico para ver meninas bonitas e posso lhe dizer que essa é bem bonita.

O mundo é realmente glorioso quando os astros se iluminam em momentos assim. Eu não aguento e solto uma gargalhada.

— Obrigada, mas... — como é que eu posso dizer? — ...acho que ela ainda não está pronta para o horário nobre.

— Não tem problema — responde Robin, fechando a bolsa. — Ela ainda é nova. Fique com o cartão e ligue para mim quando ela estiver pronta. Mas não deixe passar muito tempo. Às vezes, meninas dessa idade são muito fofas e, de repente, já não ficam mais tão fofas assim.

— Com certeza. Eu sei tudo sobre "não ficar mais tão fofa". — Levanto o cartão e o utilizo para dar tchauzinho. — Que o resto da sua viagem seja boa — digo quando ela sai.

— Feliz Natal — ela responde.

— Feliz Natal! — digo. E aí está: duas judias de Los Angeles desejando Feliz Natal uma para a outra num restaurante de Belize, com comida do Sri Lanka. Não dá para não gostar desse lugar.

A comida chega à mesa em pratos brancos redondos, com Uzi e Maya vindo logo atrás.

— Desculpe — pede Uzi. — Não consegui fazê-la lavar as mãos.

Maya morde uma batata frita e imediatamente cospe em cima da mesa. Quente demais. Ela se debruça em cima das outras e começa a soprar fazendo *Ffffuuu! Ffffuuu!* bem altos, como Uzi ensinou. O casal mais velho na outra mesa olha para ver. Dessa vez, eles sorriem.

— Aqui — diz Uzi, pegando uma batata. Ele sopra dois *Ffffuuu* bem altos e passa para Maya. — Último Ffffuuu! — ele anuncia. Ela olha para ele, meio que em dúvida, mas dá uma pequena mordida, mastiga e engole. — O que é isso? — pergunta Uzi, apontando para o cartão no meio da mesa.

— É o cartão de uma agência de elenco de Los Angeles. De uma das mulheres sentadas ali, naquele canto. Ela viu a Maya e quer que a gente ligue para ela. Ela disse que a Maya é "uma menina muito fofa".

A boca de Uzi está cheia de comida, então ele ri pelo nariz.

— É brincadeira, não é?

— Meu amor, eu não sei inventar uma coisa dessas. Se eu soubesse, escreveria ficção.

Eu corto um pequeno pedaço da omelete para Maya e seguro para ela no garfo. Ela abre a boca obediente, mastiga e cospe no prato.

— Eca! O Dodô odiou!

— Está bem, está bem. Coma só a batata frita — eu digo. São batatas, e batatas alimentam: aceito isso. Vejo-a comer uma, depois outra e uma terceira. Eu como um pouco do meu arroz com salada. Ela come outra batata. Misturo um pouco de curry no meu arroz. O gosto é bom. Mais do que bom. Estou com mais fome do que imagino. Maya come uma sexta batata.

Seis batatas fritas! Quem diria que ver a minha filha comer seis batatas me deixaria tão elétrica?

Maya estica a mão e bebe meio copo d'água. Hoje *é* um dia de glória. Na diagonal acima de nós, Jesus olha para ela de sua postura beata, acima da placa de saída, com raios brancos e vermelhos emanando de seu peito. Com cabelos longos e habilidades de carpinteiro, ele seria o retrato fiel de um morador de Topanga. O feixe de luzes em volta da pilastra central do restaurante acende e apaga. Hoje é dia de Natal, 25 de dezembro de 2000.

No calendário judaico, é o 28º dia do Kislev do ano 5761, a quinta noite do Festival das Luzes. No antigo calendário maia da Contagem Longa, é 12.9.7.15.1, ou exatamente 1.867.621 dias desde que o Quinto Mundo começou. E no calendário tzolkin dos maias, a contagem sagrada de 260 dias que ainda é usada, hoje é o dia 6 Imix. Imix é o dia do jacaré, o primeiro dia do ano sagrado, um momento muito propício para se começar algo novo.

Antes dos índios do leste, antes do menonitas, antes mesmo de os libaneses chegarem, escravos africanos foram trazidos para a América Central, de navio, para fornecer mão de obra para a lavoura de açúcar e para a derrubada de madeira. Em Belize, os descendentes desses escravos se misturaram aos europeus para formar a cultura *creole* que dá ao país boa parte da vibração que ele tem hoje. Os africanos não podiam trazer muitas coisas com eles, mas trouxeram os ritmos da terra natal e a lembrança de seus instrumentos. Acredita-se que o balafo do Oeste da África, uma série de teclas de madeira melódicas tocadas por duas baquetas acolchoadas, tenha sido misturado com um instrumento maia pré-colombiano para gerar aquilo que hoje se conhece como a marimba centro-americana. Quatrocentos anos depois, a marimba é o instrumento nacional da Guatemala e muito usado nas culturas mestiças de Costa Rica, Honduras e Belize. Você pode ouvir as suas vibrantes melodias por toda a região, em festivais e nas ruas, com a mesma facilidade nessas bandas que a flauta pan-andina no Peru. O que é uma maneira muito longa de eu explicar por que a diversão desta noite apresentada pelo Natal do Crystal Paradise vem a ser uma banda de marimba, composta por três pessoas.

Os artistas da noite começam preparando seus instrumentos e microfones nos fundos do refeitório quando o sol se põe. Eles vestem camisas brancas, largas e bordadas com desenhos coloridos em volta de imensos colarinhos em forma de V. A marimba deles se parece com um enorme xilofone de jaracandá. É um instrumento tão grande que todos os três precisam carregá-lo pelas escadas e precisam ficar lado a lado atrás das teclas para tocá-lo.

— Ei, *niña*, quer experimentar? — pergunta um dos músicos a Maya, passando-lhe uma baqueta. Ela se levanta na ponta dos pés para ter uma visão melhor e timidamente bate a baqueta contra as teclas de madeira. Uma nota longa ecoa pelo refeitório. Ela sorri e bate na seguinte com muito mais força. Desta vez, o efeito se parece mais com o de um gongo alto e oco.

— Opa, opa, opa — diz o músico, rindo, e pega a baqueta de volta.

A festa está marcada para as 19h30, mas às 20 horas ainda não há o menor sinal de que o show esteja para começar. Os músicos estão sentados em volta de uma mesa bebendo cerveja com os hóspedes e Shakti tenta conversar em espanhol com eles. Todos jogam a cabeça para trás e batem nas pernas rindo alto quando ela comete um erro. Alguns dos convidados parecem ser gente local, amigos ou parentes dos Tut, e eu fico feliz de que eles pelo menos agora tenham a chance de comemorar o feriado. Todo mundo está pegando Belikins e refrigerantes do bar self-service. Pouco antes das 20h30, os músicos se dirigem à marimba, pegam as baquetas, fazem um sinal rápido entre si e, com apenas isso, o refeitório explode numa série de batidas altas e harmoniosas.

Olho para Maya para ver como ela está lidando com aquele som. Ela está tão cansada que tem de lutar para evitar que a cabeça caia sobre a mesa. Uzi está amplamente entretido numa conversa com um homem de cabelo louro espetado e óculos redondos à la John Lennon, um engenheiro biomédico de Houston, idade em torno de 40, que desenha próteses para braços e pernas. O nome dele é Brian e está viajando sozinho. Nós jantamos com ele, quando ele pôde nos contar histórias do passeio que fez a uma caverna mais cedo naquele dia, que incluía nadar de roupa, subir paredões molhados e ver antigas ruínas maias no meio do lodo. Ele parece ser um homem de extraordinária inteligência e mais do que um pouco nervoso em matéria de segurança, o tipo de cara que provavelmente manteve as duas mãos espalmadas contra a parede da caverna o tempo inteiro — como seria o meu caso, sem a menor sombra de dúvida.

Eu dou um grande bocejo para tirar esse pensamento da cabeça. Então, toco no ombro de Uzi.

— Preciso colocar Maya para dormir. Você quer ficar aqui?

— Eu vou daqui a pouco e rendo você.

Na cabana, ajudo Maya a escovar os dentes e a vestir o pijama e então ajeito as duas Rúrsulas ao seu lado, debaixo das cobertas. Ela mete o indicador e o dedo médio na boca. Menos de um minuto depois de deitar, já está dormindo. Massageio o unguento de Canto no peito dela e tento ler um pouco na cama, à luz de uma simples lanterna. Em dois dias vamos partir para a cidade de Placencia, na costa do Caribe, e eu quero saber o que esperar quando chegarmos lá, mas em menos de dez minutos as pilhas da lanterna já começam a enfraquecer. Ponho minha sandália outra vez e tento a rede lá fora, mas a música da marimba está alta demais para eu poder me concentrar. Leio quatro vezes o mesmo parágrafo sobre a história de Placencia sem conseguir gravar nada, enquanto insetos de todos os tipos e tamanhos são atraídos pela luz exposta da varanda.

A festa continua lá embaixo, com as teclas da marimba ecoando num ritmo furioso, e os gritos e risadas dos convidados fazendo-se ouvir entre as notas. Se eu der alguns passos na grama, posso olhar para um lado e estrategicamente ver o nosso alpendre e, do outro, o final do refeitório. Os músicos estão inclinados sobre o instrumento, os cotovelos se movendo rapidamente enquanto eles batem com as baquetas por todo o teclado de madeira. Por cima de seus ombros, vejo um casal dançando pela pista com passos rápidos e bem estudados, os longos cabelos negros da mulher balançando no ritmo como se fosse um véu escuro. Isso me faz desejar, por um momento, estar lá embaixo com todo mundo. Se eu estivesse, Uzi e eu poderíamos estar sacudindo o esqueleto e pisando no pé um do outro, e rindo tanto que não haveria nada a fazer a não ser parar de fingir que conhecemos os passos e começar a inventar os nossos próprios movimentos tolos. Ensaio passinhos rápidos na grama, com as folhas úmidas triscando os lados dos pés, mas logo me sinto ridícula de estar dançando sozinha no gramado.

Os dançarinos se separam por um momento e entre os casais entrevejo rapidamente Uzi sentado na mesa e rindo. Perto dele está Shakti, inclinando a cabeça perto da dele. Rindo, também. Meu coração sente um rápido aperto no peito. Nos cinco anos desde que nos casamos, eu não consigo me lembrar de sentir ciúmes ou sequer ter desconfiado que outra mulher estivesse interessada nele, nem uma única vez. Até agora.

Eu dou as costas para a festa e olho para a vasta extensão de árvores e grama. Respiro profundamente três vezes, para arejar. Já melhorou. Hoje é noite de lua nova, clara e sem nuvens. Lá no alto, as estrelas se espalham pelo céu como quinhentas fagulhas de luz brilhando como se alguém tivesse furado aleatoriamente uma tenda preta. Eu só sei reconhecer os padrões mais comuns na noite estrelada, aqueles que todo mundo conhece: Órion, as duas Ursas (Maior e Menor) e Vênus. Em casa, o terraço fica na rota dos aviões entre o Internacional de Los Angeles e São Francisco e quando você está lá de pé, tem que ficar olhando cada luz por alguns segundos para ver se ela está parada ou em movimento. Aqui, todas as estrelas são fixas. Ou melhor, elas se movem tão devagar e em tamanha sincronia que você não percebe o movimento até ele já ter acontecido.

Hoje em dia nós não confiamos mais nas estrelas, não com relógios e calendários para marcar a passagem do tempo. Mas estar aqui, debaixo de tamanho esplendor celeste, e ser incapaz de ler o céu parece uma forma de analfabetismo. Para as pessoas que moraram aqui há milhares de anos, o céu era um mundo tão rico e animado como o que eles habitavam na terra. Eles acreditavam que os padrões das estrelas e dos planetas eram a maneira pela qual os deuses se comunicavam com o Mundo do Meio — das pessoas, pirâmides e árvores — e ignorar as mensagens divinas não só era sinal de desrespeito como uma receita certa para um desastre cósmico.

Os antigos maias eram experts na astronomia a olho nu, passando noites incontáveis em cima das pirâmides acompanhando o progresso das estrelas e dos planetas pelo céu. Eles confiavam nos ciclos celestiais para lhes dizer quando plantar e quando colher, quando declarar guerra e como calibrar o calendário mais detalhado do mundo pré-colombiano. Os mapas astronômicos que os maias criaram para acompanhar Vênus e prever eclipses eram tão minuciosos e precisos que é quase impossível de se compreender que foram feitos unicamente com as formas mais rudimentares de instrumentação. Esqueça telescópios ou instrumentos de calibragem: esse povo não tinha nem *metal*. Acredita-se que eles usavam um par de gravetos cruzados para indicar em que lugares do horizonte os objetos apareciam e se punham, plantavam os gravetos no chão para marcar o lugar e registravam quanto tempo demorava para que a estrela ou o planeta voltassem ao mesmo lugar. Outros podem ter feito observações semelhantes usando as próprias pernas cruzadas como instrumentos de medição. Eles precisaram de décadas, e em alguns casos de séculos, para atingir esse nível de exatidão. Eu sempre acreditei que uma cultura só pode ter a inteligência que os seus atuais sistemas tecnológicos permitem, mas então vieram os maias, que traçaram mapas astronômicos extremamente acurados, valendo-se apenas de dois gravetos, pernas nuas e tempo suficiente para acertar tudo. Isso é que é aproveitar ao máximo os recursos que se tem.

Do lado de lá, à direita, um único ponto aparece mais que todos os outros no céu. Deve ser Vênus. Nesse momento, ela é a Estrela da Noite, erguendo-se no Ocidente quando o sol se põe. Em pouco tempo ela vai desaparecer por oito dias, ao fim dos quais vai aparecer no leste, antes de o sol nascer, como a reluzente Estrela da Manhã. Vênus foi, com toda a certeza, o corpo celeste mais importante no céu dos maias, tão importante que os reis marcavam guerras, coroações e sacrifícios humanos de acordo com a sua posição. Os maias acreditavam que Vênus era o equivalente celeste da deusa serpente emplumada Kukulkan (chamada pelos astecas de Quetzalcoatl), o mensageiro celestial que um dia habitou a Terra como deus.

Passos suaves sobem as escadas do pátio atrás de mim, e eu viro a cabeça para ver quem é. Ah, é só Shakti, indo para a cabana dela. Sozinha. Ótimo. Posso voltar a olhar para o céu.

Não consigo mais ver a Ursa Maior esta noite, mas lá no alto, bem acima de mim, estão as três estrelas que formam o Cinturão de Órion. A da esquerda, Alnitaka, se junta às outras duas, Saiph e Rigel, para formar um triângulo equilátero perfeito. Para os maias, este é o Lugar das Primeiras Três Pedras, o lugar do céu onde nasceu a humanidade. De acordo com o mito maia da criação, os deuses do milho, incumbidos de criar a vida, remavam para o centro do universo numa canoa cósmica. Eles colocaram as três pedras criando o Lugar das Primeiras Três Pedras para conter o Fogo da Criação que daria origem à humanidade. Quinhentos e quarenta e dois dias depois, eles cortaram o cosmos em quatro cantos e quatro lados, para lhe dar ordem e forma. O Primeiro Pai ergueu a Árvore da Vida — representada pela Via Láctea no céu e no papel como uma cruz — para separar o céu da terra, colocando suas raízes no sul do horizonte e o cume apontado para o norte. Os deuses se utilizaram dos movimentos de um tecelão para distribuir as constelações ao redor dos eixos mais ao norte da árvore, dando assim aos humanos um método de medir o tempo.

Os deuses criaram o Lugar das Três Pedras na data zero do calendário maia da Contagem Longa, considerando este o dia da criação, ou, pelo nosso calendário, dia 11 de agosto de 3.114 a.C. Até hoje, nos trópicos, todo dia 11 de agosto as constelações surgem e desaparecem numa alegoria celestial que permite que a história da criação seja encenada visualmente lá no alto. As estrelas que formam a canoa cósmica se movem através do céu antes de mergulhar, na hora em que a rotação da Via Láctea traz o Lugar das Primeiras Três Pedras diretamente ao alto do céu. Quinhentos e quarenta e dois dias depois, a cada 5 de fevereiro, o Primeiro Pai ergue a Árvore da Vida quando a Via Láctea se ergue no horizonte para formar um arco que corta o céu de norte a sul.

Ouço o barulho de alguma coisa se mexendo atrás de mim na grama e me viro para ver Shakti se aproximando, segurando uma garrafa marrom de Belikin pela haste comprida. Ela leva uma pequena lâmpada na cabeça, presa à testa com duas fitas de náilon, como um mineiro estiloso.

— Você também vai descer?

— Maya está dormindo. E eu estou esperando Uzi trocar de lugar comigo.

— Eu posso esperar aqui com ela se você quiser, para você ir à festa.

— Obrigada. Mas eu também não estou no clima para festas.

Ela assente, e a luz em sua testa joga uma sombra cambaleante na grama.

— Então está bem — ela diz. — Acho que eu devo voltar para o Uzi.

Sinto-me na obrigação de esclarecer uma coisa: Shakti não está dizendo que ela vai voltar para o filho dela ou ao refeitório, ou à festa. Ela diz que vai voltar para Uzi, *o meu marido*.

Por fora, eu posso parecer uma mãe de meia-idade com um rabo de cavalo e roupas que parecem um pijama, mas, por dentro, eu sou uma lutadora peso médio pulando na ponta dos pés, com as luvas na altura do queixo, pronta para dar um soco.

Eu ponho as mãos na cintura e a encaro.

— Escuta aqui, *Shakti* — falo, com um cuidado especial para acertar o nome. — Você tem que se afastar do meu marido. Agora mesmo, entendeu?

Sob a luz que ela tem na cabeça, eu vejo o sorriso dela se diluir para uma expressão neutra e continuar assim. E aí, exatamente quando eu espero que os olhos dela endureçam e ela parta para a briga, eles fazem algo completamente diferente.

— Mas eu não queria... Eu não estava... — ela gagueja.

Quando escrevi meu primeiro livro, viajei os Estados Unidos inteiros entrevistando mais de cem mulheres que perderam a mãe na infância ou na adolescência. Eu me sentava com elas, uma de cada vez, em cafés, em salas de estar, em toalhas de piquenique e até mesmo num barco-residência no estreito de Puget. Elas compartilharam comigo algumas das histórias mais tristes de perda e abandono que você possa imaginar e também algumas histórias inspiradoras. Na maioria das vezes, eu não tinha que dizer muita coisa. As mulheres, em algumas ocasiões, haviam esperado trinta ou quarenta anos por alguém que estivesse disposto a ouvir. Eu só precisava fazer uma ou outra pergunta para esclarecer algum detalhe. Isso me deixava livre para observar de perto o rosto das mulheres enquanto elas falavam e não precisou de muito tempo até que percebi que, depois de contar sua história por uns 45 minutos, elas ficavam mais vulneráveis e menos defensivas. Os anos desapareciam dos rostos e eu podia perceber o contorno de um *self* mais jovem aparecer. Podia ver o contorno dos olhos de uma menina de 8 anos por trás das rugas; podia imaginar como ela ficaria de trança. E então as duas mulheres — a garota e a adulta — acabavam terminando de contar a história juntas. Foi assim que eu fui entender que uma garota de 8 anos não precede a mulher de 30, da mesma maneira que uma mulher de 50 anos não renega aquilo que ela foi aos 12. Uma não substitui a outra. Da maneira mais linda que se possa imaginar, elas coexistem.

  E isso é o que eu vejo quando a máscara de garota durona de Shakti se desmancha: uma garota de 10 anos que acabou de levar um tapa e não fazia ideia de que pudesse doer tanto. Sua autoconfiança arrogante se dilui numa dor infantil e a minha raiva se dissolve com ela.

  — Sinto muito — diz Shakti. — Eu só queria ser amiga de vocês. Não quis causar nenhum problema.

  Até a voz dela estava diferente. Estava mais alta, mais fina e despida da falsa atitude de ousadia que se ouvia nela desde que chegamos aqui.

  — Está tudo bem — eu digo, falando a verdade. — Sou eu que peço desculpas. Eu não quis magoar você. — A lembrança de meu ciúme mesquinho me faz estremecer. Será que eu realmente acabei de dizer *agora mesmo, entendeu?* — Geralmente não sou assim — acrescento. — Mas eu já não estou bem há algum tempo. Estou passando por uma fase muito difícil.

Shakti assente lentamente.

— Isso eu posso ver.

— Pode?

— Seria difícil não perceber.

Eu digo:

— Acho que é até bem óbvio. De qualquer maneira, peço desculpas. Eu não quis pular no seu pescoço. É só que... você tem demonstrado bastante interesse no meu marido. Às vezes bem na minha frente. E eu tinha que dizer alguma coisa.

— Ele é simpático. Eu gosto da maneira que ele pensa.

— É um pouquinho incomum, de vez em quando. Mas eu também gosto. As coisas ficam bem mais interessantes.

Shakti assente com a cabeça. É um gesto lento, silencioso, sem raiva ou julgamento, apenas uma maneira pura e gentil de se concordar com alguém. Algo que quer dizer *eu estou ouvindo o que você está me dizendo* e, estranhamente, eu sinto vontade de contar mais.

Eu abraço o meu próprio peito e olho para a imensidão de estrelas esparramadas pelo céu. Os maias viam as estrelas como muito mais do que oráculos ou instrumentos para marcar o tempo. Eles acreditavam que o cosmo era a nossa essência, a nossa fonte, e que nós humanos somos tão ligados aos céus que o que acontece a anos-luz de nós se reflete no nosso comportamento aqui na Terra.

— Sabe de uma coisa? — conto a Shakti. — Lá em casa eu ficava tentando me convencer de que esse negócio da Maya não era lá grande coisa. Talvez eu só estivesse inventando tudo isso porque precisava de um drama ou de um conflito em minha vida, ou seja lá o que fosse. Porque sempre que eu insistia que havia um problema com a Maya, as pessoas me olhavam como se o problema fosse *comigo* e eu comecei a pensar que talvez fosse isso mesmo. E então eu ficava ainda mais determinada a descobrir o que estava acontecendo com ela e consertar tudo, só para provar que todo mundo estava errado. Mas aqui na selva, eu vejo que o problema é real. Ninguém nem pensa por um segundo que o problema possa estar na minha cabeça. É como se eu estivesse entrando numa realidade alternativa. Então você pode achar que eu estou até gostando, mas o fato é que isso me assusta um pouco. Eu não estou acostumada a ser levada a sério quando toco nesse assunto.

As palavras simplesmente jorram de minha boca, como se tivessem sido escoradas por um portão. Agora eu sei como as mulheres que aceitaram me dar as entrevistas devem ter se sentido: incontidas, gratas e aliviadas.

— Aqui em Belize, o veredicto parece ser muito claro: minha filha tem um problema espiritual que tem que ser curado — continuo.
— Eu não sei se acredito plenamente nisso, mas é tentador eu me ver carregada por essa lógica que existe aqui na selva. Eu quero ter esse tipo de certeza. Acho que todo mundo quer. Mas aí, quando você vê, está derramando o sumo de uma planta sobre a cabeça da sua filha porque é isso que você tem que fazer aqui e você nem reconhece mais a pessoa que está fazendo isso. Você olha para as suas mãos derramando a água e pensa *Essas mãos costumavam ser minhas. Agora elas pertencem a quem?* E isso é tudo muito louco!

— A mim não parece loucura — diz Shakti.

— Bem, *parece* loucura. Não na hora que eu estou fazendo, mas depois, com certeza.

— Você sabe que essa viagem vai mudar a sua vida. Acho até que você e Uzi estão sendo muito corajosos em fazê-la.

— Corajosos? Não sei. Às vezes eu acho que "coragem" seria esperar e ver se Maya melhora sozinha, como na Califórnia todo mundo diz que vai acontecer. Às vezes eu acho que forçar uma solução em vez de admitir que eu não tenho controle é que é agir covardemente, e não com coragem.

— Não, eu acho que para o que você e Uzi estão fazendo é que se precisa de coragem. E fé. E sabe de uma coisa? O simples fato de vocês exporem a filha de vocês a esse tipo de pensamento vai ajudar a expandir a consciência dela. É uma menina de sorte.

— Shakti! Eu não posso deixar de falar. Quando você fala uma coisa dessas, isso entra por um ouvido e sai pelo outro.

Ela ri.

— É, eu já ouvi isso muitas vezes. Mas não se preocupe. Um dia vai fazer sentido para você.

— Um dia amanhã, ou um dia daqui a dez anos?

Ela afunda as mãos bem dentro dos bolsos do short e passa o peso de um pé para o outro.

— No dia que for — ela diz. — Eu não sei.

— E você ainda diz que é paranormal?

Ela ri de novo e a luz na lanterna dela sobe e desce um pouco.

— Eu vou lhe contar um segredo. O futuro se desdobra sozinho, independentemente do que eu possa ver ou não.

— Então esse negócio de livre-arbítrio e determinismo é tudo papo furado?

— Não exatamente. Você pode mudar o rumo dos acontecimentos da sua vida, até certo ponto. Mas por que deveria? É muito mais emocionante descobrir o que está planejado.

— Foi isso o que eu quis dizer — digo. Faço um gesto rápido em direção à minha cabeça. — Entrou por um ouvido e saiu pelo outro.

— Pergunte a Uzi. Ele entende o que eu quero dizer.

— Ei — digo para ela numa voz que finge ser durona —, deixe o meu marido fora disso.

Dou-lhe uma cotovelada de leve no braço, como quem faz uma piadinha, mas ela é mais baixa que eu e acaba levando no ombro. Ela me responde com uma cotovelada na cintura.

— Quer um pouco? — pergunta, me estendendo a garrafa de Belikin.

— Não, obrigada. Eu vou descer e pegar uma mais tarde.

Ficamos mais um pouco na grama, olhando para o céu, enquanto a música da marimba aumenta no refeitório atrás de nós. Não consigo ver os músicos, mas pelo som devem estar contorcendo ombros e braços, tocando uma tecla depois da outra num frenesi quase louco para manter um ritmo tão acelerado por tanto tempo.

Aponto para a estrela brilhante no oeste, agora um pouquinho mais alta do que antes.

— Vênus — eu digo.

— Legal. — Shakti aponta bem para cima, levemente à esquerda.

— Aquela ali é Órion — ela diz.

Dentro do Lugar das Primeiras Três Pedras, um conjunto de estrelas brilha na forma de vários pontinhos, como uma impressão digital no céu. A Nebulosa de Órion. Você pode vê-la com um telescópio, mas não é tão fácil a olho nu. Os maias identificaram esse lugar como o Fogo da Criação, o lugar onde começou a vida humana. Os astrônomos de hoje a descrevem como um berçário de estrelas, o lugar onde novas estrelas nascem. Como os maias podem ter tido esse conhecimento há 2 mil anos, apenas com as suas varetas, suas pernas e seus olhos para analisar, é simplesmente inexplicável.

A música atrás de nós chega ao fim abruptamente, como se todos os três músicos tivessem decidido, juntos, interromper a canção na mesma nota. O silêncio parece incomum e profundo. Então, os aplausos abafados dos convidados chegam a nós, filtrados pela grama. Uzi sai a passos largos do refeitório, subindo as escadas e pela grama para trocar de lugar comigo, quando percebe que a festa já está terminando.

Sob os meus pés, aranhas pequeninas se prendem entre as folhas da grama, os olhinhos brilhando como faíscas de esmeralda no escuro. Lá em cima, na nebulosa, gases elementares explodem e se misturam criando novas e brilhantes fontes de luz. Aqui, na camada intermediária, duas mulheres ficam juntas num grande gramado, olhando para uma narrativa suspensa no céu.

Shakti gira nos calcanhares e vai para o refeitório, o facho da lanterna iluminando um triângulo amplo da grama à sua frente para eu seguir. Depois ela olha para trás, para ter certeza de que eu estou atrás dela.

— Pronta? — ela diz.

capítulo dez
Parque Nacional de Tikal, Guatemala
26 de dezembro de 2000

A entrada para o Parque Nacional de Tikal tem a forma de um arco suspenso, uma réplica moderna das abóbadas estruturais construídas aqui há dois milênios. Parece um grande corredor, alto e estreito, com paredes que se erguem direto para o alto, até se inclinarem lentamente para dentro e serem unidas numa viga central. Ponha um triângulo em cima de um retângulo e você já tem uma ideia básica.

Nossa van azul chega à entrada, perto de uma placa de madeira que diz *MA'LO' TALEL TI TIK'AL* no dialeto maia itza. Ou *BEM-VINDOS AO LUGAR DAS VOZES DOS ESPÍRITOS*. O nome "Tikal" foi dado ao lugar pelos exploradores do século XIX que juravam ouvir vozes carregadas pelo vento. Na Antiguidade, o nome da cidade era Mutul e seu símbolo escrito era um laço bem amarrado que muito se parecia com os nós dos cabelos usados pela elite dominante da época. Portanto, no fim das contas, nós estamos visitando uma cidade que recebeu seu nome em homenagem a um corte de cabelo de dois mil anos atrás. O dia promete ser interessante.

Do outro lado do arco, o guarda da entrada usa uma alavanca de mão para levantar uma cancela de ferro e permitir a nossa entrada no parque. Nós acabamos de viajar por uma hora e meia desde a fronteira de Belize com cinco outros hóspedes do Crystal Paradise. Hoje, nossos acompanhantes são o engenheiro Brian e uma família de Montreal, com duas filhas de 20 e poucos anos. Marie, a mãe da família, fica cuidando de Maya e contando histórias sobre as doenças que as filhas dela tinham, quando pequenas. Ela não parece nem um pouco impressionada de estarmos levando Maya para a Guatemala e, mais cedo nesta manhã, Teresa Tut atestou que ela estava suficientemente saudável para fazer a viagem, mas eu ainda não estou convencida de que tenhamos agido bem. Maya já está sem febre há mais de 24 horas, que é a minha referência para mandá-la de volta à escola, mas levá-la à Guatemala?

— É uma viagem tranquila — disse Victor.

Caminhar pelas ruínas é tranquilo?

— Eu carrego ela — prometeu Uzi. Nós trouxemos a mochila para carregar bebê desde Los Angeles com um objetivo, ele disse. Além disso, vamos partir de Cayo em direção à costa do Caribe amanhã. Qual é o sentido de passar a tarde inteira sentados na cabana no nosso último dia na selva? Argumentos como esse me fazem sentir a pior das desmancha-prazeres. Assim, quando a van do Crystal Paradise estava pronta para partir em direção à fronteira, nós nos juntamos ao grupo com destino a Tikal. Meia hora depois, Victor nos levou à sala de imigração do lado de Belize e nos encaminhou a Hugo, um jovem motorista guatemalteco de calças cáqui e baggy e camiseta de Jimmy Hendrix que nos esperava do outro lado.

O adesivo na janela de trás da van de Hugo anuncia TURISMO em elegantes letras azul-claras. Eu não tenho certeza se isso é para nos proteger dos bandidos ou se nos anuncia como alvos em potencial. Tão logo nos acomodamos no veículo, Hugo, que fala pouquíssimo inglês, começa a falar para nós em frases rápidas e monocórdias de espanhol que, felizmente, Karen, a filha mais velha de Marie, consegue entender.

— A viagem vai demorar cerca de uma hora e meia — ela traduz, do banco de trás. — Se alguém quiser ir ao banheiro, é só falar com Hugo. Ou talvez vocês devam me dizer e eu falo para ele.

Karen usa uma camiseta do Greenpeace, bermudas e sandálias Teva. Seu cabelo castanho ondulado é cortado à altura do queixo, sem frescura. Quando nós a vimos hoje de manhã, ela olhou para mim e para Uzi e disse "vocês são americanos?", embora do jeito que ela entoou fosse mais uma afirmação do que uma pergunta.

— Nem me fale daquela eleição — digo. — Ainda estou me recuperando.

— Isso responde à minha pergunta — ela disse, abrindo um sorriso, e a partir daquele momento passamos a nos dar muito bem.

A viagem a Tikal corta direto pelo coração de El Petén, a parte menos populosa do país. El Petén é a chaminé gorda da Guatemala, a província mais ao norte, quadrada, que se projeta em direção ao México. É a maior região e a mais pobre, ocupando cerca de um terço do território do país, mas contendo apenas três por cento da população total. Cerca de metade dos moradores daqui são maias kekchi, mopan e itza, empurrados primeiro em direção a Petén por um programa que prometia lotes aos índios pobres e sem-terra e depois pela guerra civil da Guatemala, que durou 36 anos.

O contraste entre Benque Viejo del Carmen, do lado de Belize na fronteira, e esta região da Guatemala não é tão gritante como, digamos, a diferença entre San Diego e Tijuana, mas mesmo assim é bastante nítido. Aqui nós dividimos a mesma estrada com moradores montados em cavalos ou burros e muita gente a pé. Ao contrário de Belize, onde todas as casas são feitas de madeira ou concreto, aqui cerca de um terço das construções que nós passamos segue o tradicional estilo redondo maia, usado há milhares de anos, com paredes feitas de grandes varas de bambu e tetos com folhas secas de palmeiras bem amarradas. Podem-se ver varais cheios em todos os pátios ou entre postes na entrada, com mulheres descalças e roupas de algodão varrendo o chão com vassouras de palha, enquanto pequenos grupos de crianças olham pelas portas atrás delas.

— Por que você acha que todo mundo aqui lava a roupa no mesmo dia? — pergunto a Uzi. Ele responde:

— Eu acho que, se você não tem muita roupa, tem que lavar o tempo todo.

No banco de trás, Marie e o marido fecham os olhos e encostam a cabeça um no outro, para cochilarem assim. Uzi abre o livro de vidas passadas e começa um novo capítulo. Coloco os braços no banco à minha frente, inclinando para deixar Maya recostar em minhas costas, e abro o exemplar já bem usado de *Sastun*. Já estou no capítulo 20, quase no fim do livro. Dois pais acabaram de aparecer no consultório da Dra. Rosita com a filha de 8 anos, que ficou com paralisia da cintura para baixo depois de uma gripe. O hospital em Belmopan não pôde ajudá-los e eles não têm dinheiro para levá-la aos médicos da Guatemala ou dos Estados Unidos. Meu Deus. Rosita faz o diagnóstico de uma infecção na coluna, que ficou da gripe. Através de uma série de tratamentos de naprapatia, banhos de vapor com três ervas locais e uma tintura feita de plantas da região para combater o vírus, a família, junto com Rosita, consegue que a criança volte a andar depois de seis semanas e ela está 95 por cento recuperada em apenas três meses. Caramba!

Imagino como teria sido a nossa viagem se não tivéssemos perdido a hora marcada com ela, se Maya teria se recuperado mais rápido ou mais devagar, se estaria completamente curada ou nem um pouco. A decepção que eu deixei de sentir quando Carolyn, nossa agente de viagens, disse que não podia remarcar nossa consulta com Rosita, eu sinto agora. Se tivéssemos sido capazes de descrever melhor a situação de Maya e estabelecer uma comunicação melhor durante o tratamento na cabana de Canto, talvez o resultado tivesse sido diferente. Uzi diria que tudo acontece por um motivo, mas eu digo que é uma pena que as coisas tenham se desenrolado assim.

Eu pouso o livro no colo e vejo a paisagem de Petén passar por mim. Deste lado da fronteira, as casas de madeira são cortadas em duas cores, como as bandeiras de muitos países, a parte de cima pintada de uma cor e a de baixo, de outra. Nas casas mais rudimentares, só as portas da frente são pintadas, um rasgo de otimismo contrastando com o tom tristonho da madeira acinzentada. Tiras brilhantes e coloridas de celofane enfeitam as portas e as varandas como um resquício dos festejos de Natal. *CRISTO VIENE* dizem as placas de madeira pintadas à mão, pregadas em casas e árvores.

Diversas vezes Hugo tem de diminuir a velocidade do carro, para deixar uma vaca passar, ou um grupo de galinhas atravessar a estrada. Uma chuva leve começa a cair. Lojas de um só ambiente, pintadas de roxo ou azul-turquesa, surgem aqui e ali com pacotes de batatas chips ou garrafas de água mostradas no interior das janelas escuras. Redes de náilon estão penduradas em quase todas as varandas. *CRISTO SALVA*, diz uma placa.

Por um trecho da estrada, um menino de não mais que 6 ou 7 anos, anda montado num burro no contrafluxo do tráfego. As bolsas listradas de algodão que ele leva na sela estão cheias de produtos. Eu tento imaginar Maya, daqui a três anos, montada sozinha num cavalo no Topanga Canyon Boulevard. Isso é tão impossível de acontecer... Um pouco mais à frente, uma van amassada está inclinada num barranco à direita da estrada. Quando nós passamos, vejo de relance uma placa de *TURISMO* toda torta no para-brisa.

— *Accidente?* — inclino-me para a frente para perguntar a Hugo.
— *Qué pasó?*

Hugo responde por cima do ombro num espanhol rápido. Entendo a frase *no hay muertos*.

— Ninguém morreu — digo a Uzi, recostando no meu assento.
— *Bandidos?* — pergunta Uzi.

Hugo ri bem alto.

— *No. Es un accidente. Los bandidos no molestan a los turistas en este camino. Solo se preocupan por las drogas.*

— Molestam? — A cabeça de Brian, o engenheiro, surge do guia de turismo que está lendo. — Ele disse alguma coisa sobre turistas serem molestados?

— *Molesta* significa "incomodar" — responde Karen, atrás de nós. — Ele disse que os bandidos não incomodam os turistas aqui. Eles só se interessam pelas drogas.

— Ah, *isso* faz eu me sentir bem melhor — comenta Brian.

— *Qué dice?* — pergunta Hugo.

— *Dice... qué le hace sentir mejor* — traduz Karen.

Hugo joga o queixo para cima e ri.

— *Bien. Todos los turistas dicen lo mismo. No se preocupan. Mientras estén en la camioneta conmigo y el guía en el parque estarán seguros.*

— O que foi que ele disse? — Brian me pergunta. Olho para Karen no banco de trás, que olha pacatamente pela janela lateral. Ela tem traduzido tudo quase sem parar desde que saímos de Crystal Paradise e eu não quero incomodá-la mais uma vez.

Tudo o que eu peguei foi *No se preocupan* e *parque*. E não palavras com as quais eu deva me preocupar, como *muertos* ou *molestan*.

— Ele disse não se preocupe e alguma coisa sobre o parque — digo. Mudo um pouco de posição para alongar as costas. Maya ficou recostada em mim na mesma posição por quase uma hora. — Fora isso, eu não faço a menor ideia.

Saímos da sombra de uma enorme nuvem negra e a chuva desaparece. O céu à nossa frente está nublado, mas claro. *FARMACIA LUCKY*, diz a placa ao lado da estrada, com uma seta apontando para a direita, quando passamos por ela.

Houve uma época em que as cidades-estados maias se estenderam da península de Yucatán, no México, por toda Belize e Guatemala até Honduras; para o oeste, foi até a província de Chiapas e englobava uma população de milhões. Fatiar e distribuir o território em dezenas de facções que competiam entre si não era lá um sistema muito eficiente de governo, mas conseguiu durar mais de dois mil anos. As principais sedes do poder se desenvolveram nas planícies do sul do Yucatán e no norte de Petén, onde floresceram as grandes cidades de Calakmul, El Mirador, Uaxactun e Tikal.

Hoje, o Parque Nacional de Tikal é um Patrimônio Histórico da Unesco, espalhando-se por 85 quilômetros quadrados da selva da Guatemala. Em 8,8 quilômetros quadrados se situam as ruínas da antiga cidade-estado maia. Acredita-se que os primeiros maias nessa região tenham se estabelecido em Tikal há cerca de 2.500 anos, criando uma cultura que prosperou até o século IX d.C., quando então a população simplesmente abandonou suas casas, dispersando-se e voltando a uma vida de cidade pequena. Tikal não foi a única cidade onde isso aconteceu. Praticamente todas as cidades-estados maias se esvaziaram por volta do ano 900. Historiadores e antropólogos há muito debatem o porquê de um abandono em tão larga escala: guerra, seca, esgotamento do solo, doença e revolução social são as principais possibilidades apontadas, mas nunca se encontrou uma explicação satisfatória. Os templos, os palácios e as praças abandonadas em Tikal foram lentamente sendo engolidos pela floresta e escondidos por novecentos anos, existindo apenas como lenda, até que, em 1848, um seringueiro local descobriu por acaso os monumentais templos da cidade perdida e correu para contar ao governador de El Petén. Um século de expedições, escavações e restauração se seguiu, incluindo um projeto de 13 anos da Universidade da Pensilvânia para mapear e descobrir muitas das 4 mil construções conhecidas que existem no parque.

Tikal é o sítio arqueológico mais amplo já escavado nas Américas e guiar as mais de 100 mil pessoas que visitam as ruínas todo ano é uma operação muito bem administrada. Hugo para nossa van no estacionamento junto de uma dezena de outras, e nós saímos tropeçando pela porta para o sol do fim da manhã. Uzi joga a mochila de carregar bebê com armação de aço em suas costas, enquanto eu dou a mão a Maya para ela pular pela porta da van.

— Primeiro vai o Dodô — ela insiste.

Eu dou um longo suspiro e finjo ajudar uma criança invisível a descer da van. Então, Maya enlaça o meu pescoço e eu a ponho no chão.

— *Su muñeca* — diz Hugo, jogando Rúrsula Um para fora da van.

— Opa — eu digo, pegando a boneca. — *Gracias.* Bela jogada.

Um senhor baixo e de meia-idade do outro lado do estacionamento se desliga de um grupo de homens quando nos vê e vem direto em nossa direção.

— *Este es el guía* — informa Hugo, afastando-se numa troca perfeitamente coreografada quando o homem se aproxima.

Os outros guias na calçada estão todos vestidos de bermudas e camisas polo, mas o nosso se veste como se fosse trabalhar num escritório, com camisa de mangas curtas, toda abotoada, calças compridas formais e sapatos pretos com solado de borracha. A frente dos seus cabelos pretos forma uma onda ao estilo de Elvis Presley. São apenas 10 horas da manhã, mas a temperatura já deve estar beirando os 27 graus. Uma pequena camada de suor aparece em sua testa.

— *Buenos días* — o guia nos cumprimenta.

— *Buenos días* — ecoamos.

— Hoje de manhã, a viagem de vocês foi...

— Longa — diz Brian.

— Boa, obrigada — comenta Karen.

— Permitam-me que eu me apresente. Meu nome é Rigoberto Sanchez, e sou o guia turístico de vocês pelo dia de hoje. Neste parque, eu já venho servindo há sete anos. Vou dar o meu melhor para fazer com que este seja um dia agradável, um dia interessante, cheio de história para todo mundo. Por quatro horas aproximadamente nós vamos estar no parque, então aqui mesmo comeremos o almoço, depois do qual eu vou devolvê-los ao Hugo. — O inglês dele é uma mistura interessante de um vocabulário sofisticado com uma sintaxe criativa. — Todos agora estão prontos para começar, certo?

Passamos por uma trilha de grama, onde três perus bicam o chão, sem tomar conhecimento de nossa presença. Suas penas brilham luminosamente ao sol. Maya corre direto para o meio deles, subindo e descendo os braços para provocar uma resposta, da mesma maneira que ela faz todas as sextas-feiras com o bando de pombos que pousam do lado de fora do correio de Pacific Pallisades. Os perus se dispersam, cada qual numa direção diferente.

— Maya! — Uzi a recrimina. — Isso é muito feito com os animais!

— Você quer ficar presa nas costas do seu pai? — eu grito, depois que ela corre para se aproximar do grupo, mais à frente. Uzi corre atrás dela, com a mochila vazia saltando em suas costas. — Acho que não — digo a mim mesma, em voz alta.

A caminhada até as ruínas nos faz passar por uma trilha de terra batida, cheia de pedras pequenas e folhas secas que estalam sob os nossos calçados. O ar está pesado e pungente com o cheiro de terra molhada e de folhas apodrecendo. A mata virgem pressiona dos dois lados da trilha, com galhos se juntando sobre as nossas cabeças, praticamente obstruindo uma visão do céu. Estamos passando por um tubo verde. Esse é o habitat dos macacos cuatás e dos tucanos, dos jaguares e dos quatis. Um coro suave de gritos e batidas nos galhos chega até nós, vindo da folhagem acima. Brian está com o binóculo no pescoço, mas leva-o nas mãos ao andar, pronto para focar nos galhos mais altos tão logo Rigoberto der o sinal. Um observador de pássaros sempre viaja preparado.

Uzi aponta para o chão, onde uma fila dupla de formigas cortadoras de folhas abriu um buraco de 10 centímetros no tapete de folhas mortas. Eu me agacho e aponto para Maya.

— Formigas — ela observa com um olhar rápido e continua andando. O comportamento dela está quase dizendo: "Aqui eles têm 535 espécies de borboletas, mais de cem espécies de mamíferos e cinquenta tipos de cobras e tudo o que eu vejo são *formigas*?" Eu dou de ombros, me levanto e continuo a andar.

A trilha é larga e livre o suficiente para outros grupos passarem facilmente pelo nosso. Sem ninguém atrás para nos pressionar, nosso avanço é lento. Rigoberto para a cada 30 metros para nos brindar com um pequeno pacote de história repleto de nomes, datas e fatos.

— Aqui na floresta, vocês veem muitas árvores e folhas, mas essa vegetação inexistia na época dos antigos maias, e por quê? Em seu apogeu, Tikal foi uma cidade que, nós calculamos, tinha mais de 50 mil habitantes, sendo maior até do que Londres ou Paris naqueles tempos, e a terra tinha de abrir espaço para fazendas e casas para servir de apoio a tanta gente. Mas todos os maias abandonaram esta cidade aproximadamente em 900 d.C. e então as árvores e a vegetação passaram a cobrir as construções.

Maya puxa a minha mão.

— O homem disse o meu nome — ela diz.

— É — respondo. — O povo que costumava morar aqui era chamado de índios maias. Igual a você.

— Eu não quero que eles tenham o mesmo nome que eu.

— Agora isso é meio difícil, porque era assim que as pessoas que moravam aqui se chamavam. Mas eles já não moram mais aqui há muito tempo. Eu aposto como hoje você é a única aqui a se chamar Maya.

Ela olha para mim em dúvida, mas deixa o assunto morrer.

— ...e mais de duzentas espécies de pássaros existem aqui em Tikal, e muitos animais, jaguar também, se vocês tiverem a sorte de ver um — continua Rigoberto.

Brian levanta a mão na altura do ombro. Ele tem uma vontade honesta, quase de CDF, de estar permanentemente aprendendo alguma coisa. Eu acho isso encantador. Toda vez que eu o vejo, ele está com um livro de turismo ou um guia de pássaros na mão. Eu espero ter o mesmo apetite para absorver novas informações daqui a dez anos.

— Eu pensei que os jaguares fossem animais notívagos — ele diz.

— Sim, às vezes, de manhã bem cedo, dá para ver, mas muito raramente. Na próxima vez que vocês vierem, talvez possam optar em ficar numa das hospedarias do parque, e por quê? Para que vocês possam passear por aqui por mais de um dia. Hoje, só vamos ver um pouquinho deste lugar magnífico, mas o suficiente para vocês entenderem que centro importante ele foi para os maias que moraram nesta região.

— Nós chegamos a pensar em passar a noite? — Uzi me pergunta, quando o grupo volta a andar.

— Nós podíamos ter passado uma noite em Flores, mais à frente na estrada, mas queríamos que a viagem fosse simples — eu lembro a ele. — Já esqueceu?

— Próxima vez — ele diz. Mas não haverá próxima vez e nós dois sabemos disso — esse é o tipo do lugar distante e suficientemente único para se visitar uma única vez na vida —, mas falar numa "próxima vez" deixa uma opção em aberto, sem fim, o que nós dois preferimos. Uzi joga o braço em volta do meu ombro e a mochila de carregar bebê vazia bate no lado da minha cabeça. Maya corre na frente para se juntar ao resto do grupo, então para no meio da trilha para tossir. Não é tão alto nem tão profundo como há alguns dias, mas ainda tem catarro e faz algumas cabeças de um grupo de turistas que vai para o outro lado se virarem na nossa direção.

— Será que nós poderíamos colocá-la logo na mochila? — pergunto a Uzi. — Estou ficando um pouco preocupada com toda essa correria.

— Ela está bem.

Vejo meu marido entrar pela floresta, com o ar de pacata serenidade e silencioso interesse em tudo aquilo que o cerca que ele carrega aonde quer que vá. Se ele fizer um relato desses últimos dias, vai dizer que a filha estava com um problema, nós a levamos a um médico herborista e agora ela está bem. Problema, solução, resultado positivo: esse é o procedimento padrão e previsível no mundo de Uzi. Ele não é nada menos que consistente, como uma caixa que você abre todos os dias para encontrar o mesmo presente lá dentro. Por outro lado, se você me abrir, o presente que você vai ver vai depender do feriado, da estação do ano, da temperatura ambiente, do dia do meu ciclo menstrual e do tempo que se passou desde a minha última xícara de café. Eu não me convenço com essa facilidade toda de que Maya esteja bem. Melhor, com certeza. Mas ela não está bem.

Maya segue um pouquinho à nossa frente com sua pequena calça estampada, camisa de brim de mangas compridas e tênis branco e cor-de-rosa. O passo dela está começando a diminuir um pouquinho. Eu sou a única capaz de detectar essa desaceleração, os ombros levemente curvados para a frente, a maneira como o pé direito se arrasta um pouco a cada oito ou nove passos que ela dá.

Rigoberto para ao pé de um enorme tronco cinza-claro com escoras tão grandes, que parece um enorme pé preso numa teia de aranha.

— Aqui nós temos uma sumaúma, também chamada de capoque, a árvore sagrada dos maias.

— Ele disse o meu nome de novo! — Maya choraminga na minha perna. — Eu quero que ele pare de falar o meu nome!

— Shhh — faço para ela, sacudindo seus cachos. — Ele está falando da árvore e não de você.

— Quando ela é jovem, o tronco tem muitos espinhos, para que os animais não possam atacar a casca, mas esta sumaúma é madura, com 30 metros de altura. Quase 100 pés.

Todos nós olhamos para cima ao mesmo tempo. O tronco simplesmente se ergue como um cilindro perfeito por pelo menos 15 metros, sem interrupções. E o que está acontecendo com os galhos lá em cima? Cada um parece que está com uma camisa de mangas compridas, feita de pele marrom.

— Lá em cima, vocês podem ver plantas aéreas nos galhos — diz Rigoberto, antecipando-se à pergunta antes de alguém a fazer. — Elas crescem na árvore como um parasita, sem solo, só precisando de luz e água naquela altura. Muitas vezes, elas crescem na sumaúma. Alguma pergunta? Tudo bem?

    — Não há perguntas. Vamos em frente.

— Eu não sabia que uma planta podia crescer sem estar ligada ao solo e continuar sendo uma planta — comento com Rigoberto, quando ficamos bem no meio do grupo.

    — Esse é um tipo especial de planta. Também chamada de epífitas.

    — Você é botânico?

    Ele balança a cabeça.

    — Não, não. Na universidade, eu estudei antropologia. As plantas, eu conheço só de estar aqui. Mas gosto de falar delas, para que vocês possam conhecer mais do que história.

    — Você mora perto do parque?

    — Não, em Cobán, a umas quatro horas de carro.

    — É muito chão — digo.

    — Tem muita coisa para fazer aqui todo dia. Por isso, fico aqui durante a semana e só passo o fim de semana com a família.

Por uns quatro meses no ano passado, Uzi ia a Nova York toda terça de manhã e voltava para casa bem tarde, na sexta-feira à noite. O tipo de separação que Rigoberto descreve não deve ser fácil para família alguma.

    — Quantos filhos você tem? — Eu estou realmente interessada, mas sei que, às vezes, minha curiosidade é mal interpretada e parece um interrogatório. Digo a mim mesma: *sem mais perguntas.*

    — Quatro, mas não são pequenos como a sua. A minha menor já tem quase 14 anos. Vocês só têm uma?

    — Por enquanto — respondo.

    — Filhos são uma bênção. Vocês devem ter mais, para que possam ser ainda mais abençoados. Ah, chegamos.

Ele para em frente a uma pequena árvore, toda desengonçada, ao lado da trilha, e tira algumas folhas. Ele as espreme na mão e estica o braço para nós.

— Quem conhece esse cheiro? — ele pergunta, e nós obedientemente fazemos uma fila para cheirar. Ele abaixa bem a mão, para Maya também aproximar o nariz.

— Biscoitos?

Ela está certa: o cheiro faz lembrar um pão de mel. Tem alguma coisa muito familiar nesse cheiro, mas não consigo determinar exatamente o que é. Não é canela. Nem noz-moscada. É quase como um chá preto aromatizado.

— Algum tipo de especiaria — sugere Brian.

— Cravos? — chuta Marie.

— Quase — responde Rigoberto. — É pimenta-da-jamaica. As pessoas ouvem falar *allspice* em inglês e pensam que isso significa "muitas especiarias", mas na verdade é uma só. Aqui, as folhas de calicanto são usadas para muitas coisas, geralmente no chá para ajudar o estômago. Algumas pessoas também mascam para curar dor de dente. Folhas muito úteis.

Brian levanta a mão.

— Posso levar algumas?

— Algumas poucas — responde Rigoberto. Ele observa Brian tirar algumas folhas e colocá-las na mochila.

Um pouco mais adiante na trilha, o caminho se alarga e bifurca, permitindo que o céu reapareça lá em cima. Nós paramos em frente a uma estrutura de mastros com um teto de folha de flandres, que protege um mapa ilustrado do tamanho de um para-brisa de caminhão. O tempo que se leva para caminhar em cada trilha é indicado nas linhas amarelas. Enquanto esperamos que o grupo à nossa frente siga avante, Rigoberto retoma a narrativa. Hoje não é dia de perder tempo.

— Antes de nós entrarmos no parque, vou lhes dar um pouco da história dos maias que viveram aqui, para que vocês tenham um pouco do contexto. Os primeiros maias se estabeleceram aqui por volta de 600 a.C. e começaram a construir as estruturas que estão debaixo das praças e pirâmides que nós vemos hoje. De 600 a.C. a aproximadamente 250 a.C. é o que nós chamamos de período pré-clássico, seguido de 250 a.C. a 900 d.C. que é o período clássico. Por todo esse tempo, os maias ergueram mais de quatro mil construções e seis pirâmides do tamanho de arranha-céus, quatro das quais vocês vão ver hoje. A última parte do período clássico é chamada de neoclássico, que nós também chamamos de *A Era de Ouro de Tikal*. — Ele fala isso devagar e com muita ênfase. — A maioria das coisas que vocês vão ver hoje é dessa Era de Ouro, que durou 135 anos e seis reis de Tikal, até a cidade ser abandonada. Então, do ano 900 d.C. até a chegada dos conquistadores espanhóis no século XVI vem o que chamamos de período pós-clássico, sem que alguém morasse aqui em Tikal.

O guia à nossa frente termina sua exposição e acompanha o grupo pelo caminho da esquerda. Rigoberto vai até o mapa e aponta para um lugar mais ou menos no meio.

— Aqui é onde nós estamos — diz ele, apontando para uma cabana pintada com os dizeres GARITA DE CONTROL. Ele desliza o dedo por um caminho fino e amarelo com a marca de "10 MIN" através das árvores pintadas até pousar em dois pequenos triângulos seguidos. — Aqui nós começamos com o Complexo Q. Só uma pirâmide aqui foi descoberta, que vocês podem subir. O Complexo R. O Complexo R não foi ainda escavado. E, um pouco mais acima, a Zona Norte, onde vocês vão ver pirâmide com templo em cima, um pouco mais antiga, construída ao redor de 700 d.C., a *Era de Ouro de Tikal*. Lá vocês vão ter uma ideia de que tipo de estrutura eles usavam para as cerimônias em Tikal. E então... — Ele desliza o dedo para baixo, à esquerda, por uma trilha marcada "20 MIN" que termina atrás de uma pirâmide branca com um adesivo com letras vermelhas dizendo TEMPLO II. — E aqui, bem no sul, provavelmente o que será um dos pontos altos do dia. Essa é a Praça Principal de Tikal e o que é isso? A Praça Principal é a praça política e religiosa mais importante que os maias construíram na cidade. Também construída na *Era de Ouro de Tikal*. Lembrem-se, Tikal não era feita principalmente para propósitos residenciais, mas era o *centro cerimonial* da região, onde eventos religiosos e cerimônias de calendário eram realizadas para todo o público. E aqui, no lado leste da Praça Principal, nós localizamos o Templo Um, que é a construção mais conhecida de Tikal, o Templo do Grande Jaguar, com altura de 44 metros. Do outro lado, temos o Templo Dois, menor um pouquinho. Eles olham um de frente para o outro, são os únicos templos totalmente descobertos de Tikal, mas o Templo Um não permite a subida, e por quê? A escada dessa construção é original, os degraus não estão numa boa condição, algumas vezes algumas pessoas caíram, é por isso que não nos deixam subir o Templo Um. Mas vocês podem subir o Templo Dois.

Maya está inclinada sobre as pernas, desenhando na poeira com um galho. Percebo que ela está segurando três pedras que pegou, na mão esquerda.

— Parece que vamos andar muito — sussurro para Uzi.

— Não se preocupe. Eu vou carregá-la.

— ...e então nós subimos por aqui para o Templo Quatro. É o templo mais alto de toda Tikal e qual a altura? Sessenta e quatro metros. Do alto vocês vão ter a foto mais bonita da selva com as pirâmides despontando das árvores, e vocês vão entender por que Tikal ganhou o apelido de "Manhattan dos Maias".

— O que você está entendendo de tudo isso? — sussurro para Uzi.

— Um povo que construía pirâmides morou aqui há muitos anos — ele responde, sussurrando. — Agora, eles não vivem mais aqui.

— Exatamente.

— ...almoço no próprio parque, depois do qual o seu motorista vai levá-los para casa — termina Rigoberto. — Alguma pergunta, tudo bem?

Não há perguntas. Rigoberto faz que sim e sorri.

— Então, vamos em frente — ele anuncia. Ele faz um gesto de "vocês primeiro, por favor" com as duas mãos para nos guiar em direção ao caminho da direita.

— Maya, você está pronta para subir na mochila? — pergunto. Ela mostra que sim e levanta os braços para Uzi, que se agacha para que eu possa colocá-la na armação atrás dele. As pernas dela passam pelos devidos buracos e ela se mexe um pouco até encontrar uma posição confortável. Uzi pega um impulso no chão e se levanta num só movimento. Isso acabaria com as minhas pernas, mas para ele parece ser fácil.

— Você quer que eu segure as suas pedras? — pergunto a Maya, enquanto vamos atrás do grupo.

Ela aperta as pedras com mais força na mão e as prende contra o peito.

— São do Dodô — ela diz.

Eu saio um pouco da trilha, pela direita, e deixo uma picape passar. O caminho para o Compexo Q é mais estreito do que a trilha que nos trouxe até o parque e contorna um pequeno monte. Aqui já se parece mais com uma trilha rudimentar pela selva.

— Eu posso segurá-las para o Dodô. Você vai se sentir melhor com as mãos livres — digo.

Ela balança a cabeça de um lado para o outro.

— O Dodô está dizendo que não. Ele não gosta de você.

Uzi me dá um olhar de *han-haaan* para mostrar que ouviu, mas eu ainda estou pensando na última frase. O Dodô *não gosta* de mim? Eu sinto uma pequena fisgada irracional de injustiça ao ouvir isso. O que é que eu fiz ao Dodô? Quer dizer, além de tentar me livrar dele. Muito bem: acabei de responder à minha própria pergunta.

— E o papai? Ele gosta do papai? — pergunto a Maya. Será que a avaliação de Uzi é igualmente baixa?

— Ei — diz Uzi —, me tire dessa. Eu não fiz nada.

— O Dodô não se importa com o papai — responde Maya. — É de você que ele não gosta.

— Faz sentido — eu digo. — *Todo mundo* põe a culpa na mãe.

Maya funga, confusa.

— O quê? — ela diz.

— Pelo amor de Deus, pare com isso — interfere Uzi. — Ninguém está pondo a culpa em você.

— O Dodô está colocando a culpa em mim.

— O Dodô não existe! — ele diz, exasperado.

— O Dodô é muito real! — grita Maya, batendo com a mão livre na parte de trás da cabeça do pai.

— Ai! — ele grita.

— Ai, meu Deus — digo. — Para mim, já basta! Eu vou lá na frente, andar junto com as pessoas normais!

Eu aperto o passo para me juntar à frente do grupo e passo a acompanhar Rigoberto, que caminha com Marie e o marido dela, George.

— Os reis construíam as pirâmides como uma comemoração, a cada vinte anos — diz o guia.

— Do que vocês estão falando? — pergunto a Marie.

— Pirâmides gêmeas — ela responde. — Como as que nós vamos ver. Só existem em Tikal.

— Eles construíam a cada vinte anos? — pergunta George. — Então, devem existir muitas.

— Somente sete foram encontradas — responde Rigoberto —, mas algumas pirâmides foram construídas em cima de partes de pirâmides mais antigas. Nós chamamos isso de "sistema de construção de cebolas", com edificações sobrepostas a outras. Portanto, debaixo de uma pirâmide que nós vemos pode haver outras.

O dia está esquentando rapidamente, mesmo com nuvens. Eu solto a minha camisa de brim e a amarro na cintura. Dou uma rápida olhada em Uzi e Maya, que parecem estar muito bem. Uzi está usando um blusão por baixo da mochila de carregar bebê e deve estar com calor.

À nossa frente, a trilha dobra à esquerda, revelando uma grande colina à direita. Nós caminhamos pela beirada até que, *o-pa*, não era nada do que eu estava esperando.

A colina não é realmente uma colina, é uma pirâmide disfarçada. Cinco plataformas se sobrepõem como as camadas de um bolo, a de cima sendo um pouquinho menor do que a de baixo. Se você ficar num determinado lugar na beira da colina, é como uma tela de TV dividida em duas. À esquerda: antiga pirâmide de pedra; à direita: uma colina um pouco alta. Pirâmide, colina; pirâmide, colina. É uma maravilha arquitetônica saindo de uma colina ou, se você mudar o botão, uma colina engolindo uma pirâmide com a determinação de um predador. Como uma equipe de arqueólogos conseguiu extrair tudo isso de um monte de nada parece um feito não menos notável do que quem construiu a pirâmide em primeiro lugar.

Só a frente da pirâmide foi escavada, revelando uma escada íngreme de 39 largos degraus que levam direto ao centro. Na frente dos degraus, uma fila de marcos de pedra de 1,5 metro de altura parecem lápides gigantes, numa linha de oito. A nona fica mais à frente como uma professora de dança que quer que os alunos à sua frente sigam seus movimentos. Círculos de pedra ficam respectivamente em frente a cada uma das lápides, com a forma de enormes círculos de queijo. As superfícies de todas as lápides estão quebradas e escurecidas, como se um incêndio tivesse invadido a floresta anos atrás. Isso foi porque os maias daqui construíam com calcário, conta Rigoberto, e com o tempo o calcário vai ficando cinza-escuro.

— Qual era a cor original?

— Clara — diz Rigoberto. — Que então era coberta de estuque branco e isso tudo era coberto de tinta vermelha.

E aí me ocorre que eu não vi nenhuma casa vermelha na Guatemala ou em Belize. Talvez o vermelho seja reservado somente para lugares sagrados.

Nós nos aglomeramos em frente a uma das lápides, que, segundo Rigoberto, não têm nada de lápides. Nada aqui é o que parece ser: estamos tão fora de nossas referências culturais que todos os nossos chutes dão errado. Essas pedras verticais são chamadas de estelas, nas quais são gravadas datas e acontecimentos históricos. Quando entrávamos no parque, ouvimos Rigoberto falar sobre as ruínas só por curiosidade e gentileza, mas agora, diante do produto real, nosso nível de interesse coletivo aumentou enormemente. Até Maya, presa às costas de Uzi como uma criatura simbiótica, se inclina para a frente com a maior atenção enquanto Rigoberto fala.

— Essa pirâmide aqui data do reinado de Chitam, um grande rei durante a Era de Ouro de Tikal, que dedicou essa pirâmide no ano 771. Por quê? Era para celebrar o final de um ciclo de vinte anos chamado *katun*. Quando vinte anos se passavam, os reis construíam pirâmides como essas para comemorar e para dizer: "Ei, eu sou o rei que teve o sucesso de levá-los a essa nova era!" Esta é uma pirâmide radial com quatro escadas, uma de cada lado, mas só uma das escadas foi desenterrada, a que nós estamos vendo. Mais adiante há outra pirâmide como esta, debaixo daquele monte de areia. Os maias construíram essas pirâmides, uma de frente para a outra, do leste e do oeste, e construíram também as edificações ao norte e ao sul da praça para homenagear todas as quatro direções. Ali embaixo, no lado norte, era a direção do céu e também dos reis e lá nós podemos ver o Edifício dos Céus.

Viramos a cabeça para a direita. Tudo o que restou da construção original se parece com um grande muro de pedra e um arco de entrada suspenso.

— Dentro desse edifício norte, vocês vão encontrar a Estela 22, com a imagem talhada de Chitam, e é assim que nós sabemos que foi ele que construiu essas pirâmides — continua Rigoberto. — A Estela 22 é uma cópia, a original está no Museu de Tikal, perto da entrada, que talvez vocês vejam na hora de sair. Na frente da Estela 22 existe um altar, o altar e a estela estão sempre juntos, os dois. E aqui no sul... — ele faz um amplo gesto em direção a uma edificação baixa, larga e alquebrada do outro lado da trilha de entrada — ...é o Edifício Sul, o Palácio dos Nove Portais, muito comum para os maias...

Maya bate na orelha de Uzi outra vez.

— O homem disse o meu nome! — ela grita. Rigoberto interrompe o que está falando e o grupo inteiro olha para nós.

— Ela está com um problema de ouvir tantas vezes o nome dela — digo. — Mas está tudo bem. Pode continuar. — Pego no pulso de Maya e o aperto gentilmente. — Pare com isso, Maya — murmuro em voz alta.

— Se vocês olharem de perto, vocês vão contar nove portais. Os mai... o povo que morava aqui — corrige-se Rigoberto, dando uma olhada em direção a Maya — acreditava em nove senhores do mundo subterrâneo, por isso existem nove portais, um para cada um. Agora. O caminho aberto desta praça sugere que o uso era para alguma utilidade pública, para celebrar o final do *katun*. Nessa época, as pessoas viriam de muito longe para dançar e para as cerimônias, mas só os reis e os sacerdotes podiam ir ao topo da pirâmide, e não todas as pessoas. A maioria dos mai... da vida aqui acontecia ao ar livre, é por isso que todos os ambientes são pequenos e escuros, como depois vocês vão ver. Mas agora vocês vão saber como é subir na pirâmide como um rei e olhar para as pessoas lá embaixo. — Ele faz uma pausa e dá um longo suspiro, como se tivesse sido carregado pelas próprias palavras. — Antes da exploração, alguma pergunta, tudo bem?

— Como é que as pirâmides eram construídas? — perguntou Brian, o engenheiro.

— Esta é uma boa pergunta — diz Rigoberto —, que mostra quantas pessoas devem ter morado em Tikal, porque as pirâmides maiores, especialmente o Templo Quatro, precisaram de muita, mas muita gente para serem erguidas, e provavelmente muitos anos. E lembrem-se, o povo de Tikal construiu essas pirâmides sem rodas ou animais de transporte ou ferramentas de metal, mas só com calcário e ferramentas de pedra e a força humana usando muitos blocos de pedra, e aí também eram necessárias muitas pessoas para manter essas pirâmides limpas e pintadas e não deixar que a floresta voltasse a crescer em cima delas.

— Devia haver toda uma classe de trabalhadores só para isso — diz Karen.

— Sim, muitas pessoas comuns devem ter morado em casas pequenas em volta da cidade, parte das quais foi escavada. Agora, vocês podem muito bem subir nesta pirâmide aqui para que possam fingir ser reis por um dia. Mais tarde, quando vocês subirem o Templo Quatro, opa, aí vocês vão estar bem alto e vão ter uma sensação ainda mais forte. Por favor, quando subirem fiquem apenas nos degraus e no alto para sua segurança e para preservar as pedras. Vocês também podem ver as construções do norte e do sul, mas por favor não subam na pirâmide que ainda não foi desenterrada, de modo a não perturbar o que está lá embaixo.

O grupo começa a caminhar até a pirâmide do leste, a um só passo. Uzi se agacha, de modo que eu possa tirar Maya da mochila de carregar bebê. O sol atinge em cheio as nossas cabeças, pesado e forte. Eu ponho Maya no chão ao meu lado e tiro um pequeno boné de beisebol para ela do bolso exterior da minha mochila.

— Você quer levá-la lá em cima? — pergunta Uzi.

Eu olho para o alto da pirâmide. Fica provavelmente a uns 20 metros do chão da praça. Os degraus não têm corrimão e não há nenhum lugar óbvio para parar e descansar. Houve um tempo em que eu tinha tanto medo de altura que só olhar do parapeito do segundo andar do átrio de um shopping me deixava tão enjoada que eu tinha de sentar na mesma hora. Eu melhorei bastante nesses últimos anos, em boa parte por pura determinação, mas acho que não devo forçar a minha sorte.

— Vou ficar fora desta vez — digo, ajeitando o boné na cabeça de Maya. Ela tira. Eu o tiro da mão dela e coloco-o no mesmo lugar. — Você quer levá-la?

— Tudo bem — ele diz, estendendo a mão para Maya. Eu os vejo começar a subida e quando vejo que Uzi a está segurando com firmeza, me encaminho para o outro lado para investigar a ruína no lado norte da praça. Dentro do anel do muro despedaçado, uma estela vertical com um altar redondo na base se abriga sob uma estrutura retangular com teto de palmeira. Uma pequena e rudimentar cerca quadrada de madeira ladeia a pedra, para evitar que as pessoas se aproximem muito. A maioria das inscrições nessa estela já se apagaram, mas posso ver aquilo que parece ser um turbante bem elaborado na parte de cima à direita, com o perfil de um homem logo abaixo e, à esquerda do perfil, um retângulo na vertical cheio de desenhos entalhados.

— Você não pode ver por aí, mas Chitam era um homem grande e gordo — diz Rigoberto, à minha direita. Ele deve ter me seguido até aqui. — O que era muito incomum para os maias, que eram um povo de baixa estatura. — Ele estica a mão até a altura do meu pescoço para demonstrar a estatura média. — Você percebe que ele está olhando para o oeste? Essa é a direção do mundo subterrâneo, todos os governantes olham nessa direção nas estelas, talvez para ver o lugar aonde um dia eles vão ter que ir. — Ele se inclina e pousa os braços na grade de madeira. — E logo ali, à esquerda do rosto, tem uma inscrição. Está vendo?

Eu me debruço para poder ver melhor. O retângulo entalhado se divide em colunas de quadrados, seis na altura e dois na largura. Posso ver alguns pontos e linhas, mas o resto se parece com pedrinhas cuidadosamente entalhadas. Não posso imaginar quanto tempo demorou para entalhar uma única palavra.

— Você sabe o que quer dizer?

— Fala de Chitam ter se tornado rei em 25 de dezembro de 768...

— O que seria ontem — digo.

Rigoberto olha para cima, como que consultando um calendário celeste, e concorda.

— É verdade. Então podemos pensar que seria um dia como o de hoje. Também acho que a inscrição diz: "Nós completamos mais vinte anos, juntos aqui, comigo sendo agora o seu rei." Inscrições assim eram a maneira deles de guardar a história.

— Eles não tinham livros para escrever? — pergunto. — Teria sido bem mais fácil.

— Eles tinham muitos, eu acho, mas os espanhóis, quando chegaram, queimaram todos os livros porque achavam que a religião maia era coisa do demônio. E outros acabaram com a água e o ar... se desintegraram, eu acho que é como vocês chamam. Portanto, só existem quatro livros agora, de todos os livros que um dia já existiram.

As imagens de livros sendo atirados às fogueiras na Segunda Guerra Mundial vêm logo à minha mente. Olhamos para a estela em silêncio.

— Eu sou escritora — digo —, e essa parece ser a maneira mais difícil que eu já vi para alguém escrever alguma coisa.

— Algumas coisas são símbolos, algumas coisas são palavras e algumas coisas são pedaços de palavras, um sistema muito complicado de se escrever, muito difícil de ler.

— Muito difícil de *escrever*. — Compare isso com as teclas do meu computador e, meu Deus, como as coisas estão fáceis.

— Os escribas também eram artistas e gozavam de alta reputação, trabalhando numa arte sagrada.

— Em Los Angeles, não — digo. — Lá, os escritores são o degrau mais baixo da hierarquia social.

— Há! Isso é engraçado de dizer, mas aqui em Tikal, não. Os escritores eram altamente considerados, faziam uma arte sagrada, às vezes eram até parte das famílias reais. Você viu aqui, no altar? — Ele aponta para a pedra redonda no chão. — É difícil de perceber, mas nela você pode ver imagens talhadas de capturados de guerra com as mãos amarradas.

Só posso ver os desenhos mais leves das imagens nos lados.

— É aqui que eles tiravam o coração das vítimas?

Rigoberto balança a cabeça, firmemente.

— Esses foram os astecas — diz. Parece um pouco aborrecido, como se eu o tivesse ofendido com a pergunta. — Mas os maias também faziam sacrifícios, para oferecer sangue aos deuses. Só que eu só falo assim quando as pessoas perguntam, porque às vezes as famílias ficam tristes em saber.

— Acho que não é o capítulo mais civilizado da história deles.

— Nós pensamos "civilizados" porque achamos que estamos aqui — ele levanta a mão acima da própria cabeça. — Mas do jeito como eu vejo as coisas, uma cultura, ela muda e cresce por muitos anos. Uma vez houve sacrifício de gente, depois foram os sacrifícios de animais e hoje os maias são modernos como eu e você, e alguns dos mais novos preferem não comer carne animal. Eu tenho mais interesse nas partes que sobrevivem. As pirâmides aqui são pirâmides construídas para os reis, mas também com o propósito de olhar as estrelas e o sol e levar as pessoas para mais perto do céu, para se conectar com o espírito. O resto é como ondas no oceano, vêm e vão, vêm e vão. Mas tudo isso que você vê, isso está vindo do próprio oceano.

De volta à praça, Uzi e Maya descem lentamente a escada íngreme atrás do resto do grupo. Cada degrau é tão pequeno que Uzi tem que se virar de lado para descer e eu o vejo incentivando Maya a fazer o mesmo. Eu noto que ele segura a mão dela. Rigoberto e eu caminhamos de volta ao centro da praça vazia, para esperá-los descer.

Os planejadores urbanos dos maias moldaram suas praças na forma de um quincunce, o desenho de quatro cantos e um centro como se fossem os pontos do número 5 de um dado. Primeiro eles formavam um quadrado para homenagear os quatro pontos cardeais, depois plantavam uma sumaúma no meio para representar o eixo central do universo. Desta maneira, eles criaram um espaço sagrado e celestial na terra por 1.500 anos, mas não fizeram isso em troca da permanência eterna. No final do século IX, eles já haviam abandonado as suas praças e se alguma sumaúma foi plantada e cuidada aqui no Complexo Q, não sobrou sinal algum.

Uzi e Maya chegam ao fim das escadas e Maya corre pela grama para agarrar as minhas pernas. Uzi corre logo atrás dela e me passa o boné.

— Mamãe! Nós fomos *tão* alto.

— E o que vocês viram?

— Nada.

— Qual era a vista? — pergunto a Uzi.

— Bonita. Quase sempre a copa das árvores. Lá em cima só tinha grama e areia. Maya queria correr pelo lugar, mas eu preferi não arriscar, então demos uma olhada rápida e começamos a descida.

— Eu esqueci de lhe dar a máquina.

— Não tem importância. Eu estava com as mãos cheias.

Rigoberto bate palmas duas vezes e, com os dois braços, faz um sinal para irmos na direção contrária.

— Muito bem, nosso grupo! Seguindo em frente!

O caminho entre o Complexo Q e a Zona Norte de Tikal é um manancial de biodiversidade, uma maçaroca de árvores e trepadeiras, com um túnel passando bem no meio. Caminhando pela terra úmida, o ar resplandecendo dos ricos aromas das cascas e das folhas molhadas, não é difícil perceber por que essa região recebeu, há dez anos, proteção oficial, quando se criou a Biosfera Maia.

Rigoberto para aqui e ali para olhar os galhos acima. Brian pega o seu binóculo para estar pronto para o que quer que ele mostre. Na terceira vez que paramos, Rigoberto aponta para um lugar bem acima de nós.

— Lá em cima. Estão vendo? Macacos cuatás.

Brian vira a cabeça tão para cima que o seu chapéu de explorador escorrega pelas costas. Eu o apanho no chão e devolvo a ele.

— Onde? — pergunta Uzi. Rigoberto entra no meio de nós e aponta outra vez.

Lá em cima? Muito no alto, entre as folhas banhadas pelo sol, vejo duas formas escuras, uma um pouquinho maior que a outra, agarrando-se aos galhos finos.

— São três — diz Rigoberto. — Um deles está com um bebê. Uma família de cuatás.

— Onde é que está o bebê? — pergunta Maya, da mochila especial.

Brian passa o binóculo para Uzi, que dá uma olhada rápida por ele e então o ajusta para o rostinho de Maya. Ela o leva para perto dos olhos e gira a cabeça fortemente, da esquerda para a direita.

— Onde? Onde?

— Bem lá no alto — digo, guiando a cabeça dela suavemente com a mão.

Eu foco a câmera nos galhos mais altos e depois viro uns 45 graus para enquadrar os dois macaquinhos. Pelo visor, parece uma bela foto, mas, quando o filme é revelado duas semanas mais tarde, posso ver como a luz do sol me enganou naquele dia: os macaquinhos à contraluz já pareciam escuros contra as folhas, quando eu os fotografei da trilha, mas a foto em si parece uma imagem clicada acidentalmente das árvores, onde, se você forçar muito a vista, mal vai poder divisar duas sombras amorfas, que nem se parecem com seres vivos.

Eu devolvo a câmera ao compartimento com zíper da mochila de carregar bebê exatamente quando Uzi volta a andar e, por acaso, fico com os dedos presos na bolsa, puxando-o pelas costas e quase fazendo com que ele perca o equilíbrio.

— Desculpe, foi culpa minha — peço. Ele pareceu tão vulnerável quando quase caiu que o meu coração saltou instintivamente em sua direção. Eu dou um beijo no ombro do casaco dele enquanto passamos a andar no ritmo de Rigoberto.

— Tudo bem com você? — pergunto.

— Estou bem. E a Maya, aí atrás?

Maya está fazendo as Rúrsulas Zero e Um falarem uma com a outra, mudando a voz para indicar quem está falando.

— Ela está bem, mas vai precisar de comida logo logo.

— Eu tenho umas barrinhas de granola na mochila. Podemos comer na próxima parada.

— Tudo bem. E talvez eu consiga encontrar algum lugar no parque onde eles vendam frutas.

— Boa ideia. — Então, ele passa o braço pelo meu ombro e acrescenta, para eu não deixar de ouvir: — Viu como eu sou simpático? Onde é que você poderia achar alguém tão simpático?

— Que eu me lembre, você estava em pé numa esquina de Nova York, esperando alguém que precisasse de um parceiro simpático, e como você é mesmo tão simpático, quando eu cheguei e disse "aquele ali, por favor", você disse tudo bem.

— Isso mesmo! — ele diz, e beija o meu rosto. Leve e inteligente: era assim que ele costumava ser antes de a gente se conhecer. Eu me sinto bem de voltar a esse velho esquema.

— Que estranho você me tratar tão bem nessa viagem... — ele diz.

— Como assim? Eu sempre trato você bem.

— Nem sempre.

Uma parte de mim automaticamente resiste à crítica, mas uma parte maior ainda quer pesar o que ele está dizendo. Apesar de todo o estresse dessa viagem, eu não sinto o ressentimento constante e silencioso que me corrói em casa, quando fico sozinha com Maya e ele está sempre na empresa ou viajando. Aqui nós estamos num campo neutro, tomando decisões e resolvendo problemas juntos, em tempo real. Eu poderia viver sem os problemas, mas se tenho que encarar alguns, então eu pelo menos gostaria de encará-los no mesmo fuso horário do meu marido.

— Você passou quatro dias inteiros com a gente — digo a ele. — Nós não o vemos tanto tempo assim há meses. E você está participando da nossa vida. Isso faz diferença.

— Eu estou participando porque você está me tratando bem. Não é tão complicado.

— E eu estou lhe tratando bem porque você está participando.

— Uuuh! O ovo ou a galinha?

A trilha continua por uma subida íngreme. Rigoberto nos leva a uma clareira de terra e aí acontece tudo de novo. Sem qualquer aviso, aparece uma pirâmide.

— Senhoras e senhores — anuncia Rigoberto —, eu lhes apresento a estrutura de Tikal 3D-43.

Essa aí não se parece em nada com aquela que Uzi e Maya subiram. Enquanto a pirâmide do Complexo Q era quadrada e íngreme, a 3D-43 é retangular e se ergue gradualmente do piso da praça. E onde o alto do Complexo Q era plano e vazio, a 3D-43 guarda os resquícios de um templo de um andar, lá no alto. Uma grande parte das pedras na frente da estrutura desmoronou, mas o resto da construção parece estar intacto. Uma grande porta aberta no centro dá a impressão de uma boca aberta ou a entrada para uma caverna escura.

A área à direita das escadas ainda está enterrada sob uma montanha de areia, mas a da esquerda foi desenterrada e revelou cinco plataformas em camadas de pedras de calcário cortadas cruamente, de tamanhos que vão desde um arquivo de escritório até um melão pequeno. A argamassa entre elas ficou preta ao longo dos anos, e uma camada de limo verde cresce na frente de tudo. É o trabalho em andamento de um arqueólogo de campo, essa estrutura 3D-43, aberta o suficiente para os visitantes apreciarem o quadro geral.

— Portanto, aqui temos a pirâmide da Zona Norte com o templo no alto — explica Rigoberto. — Acreditamos que a construção seja de 700 d.C., talvez um pouco mais antiga, feita por quem? Não sabemos. Esse é um templo de pirâmide menor do que o daquelas que nós ainda vamos ver, e por quê? Também não sabemos, mas talvez essa tenha sido usada apenas numa cerimônia especial ou por pouco tempo. Dentro do templo, vocês vão encontrar três câmaras, as maiores câmaras encontradas em toda Tikal, cada uma menor que a outra, no caminho de volta. Lá em cima era onde o rei fazia as suas orações e pedia ajuda aos deuses e aos antepassados e para mostrar respeito.

— O rei é que fazia as orações? Não eram os sacerdotes?

— O rei também era um sacerdote e também um xamã, no tempo dos mai... nos velhos tempos — explica Rigoberto. — Era um sujeito muito ocupado. Além disso, as pessoas antigamente achavam que os reis tinham uma ligação sanguínea com os deuses, como se eles fossem humanos, mas tivessem também partes de deuses e fossem os únicos capazes de se comunicar com os deuses e os antepassados. O rei ia ao templo lá em cima, e lá ele acenderia um incenso e faria uma dança e daria o próprio sangue e não comeria nada, então em alguns dias ele veria os deuses e falaria com eles para receber respostas e dar proteção às pessoas. Para os maias... — (eu olho para ver se Maya percebeu a derrapada, mas ela parece não ter percebido) — ...um templo era... como é que se diz... uma abertura especial onde o rei poderia ir aos céus e os céus poderiam descer...

— Um portal? — sugere Uzi.

— Sim. Era nisso que eles acreditavam. Agora, nas três câmaras lá no alto, se vocês olharem as paredes, vão poder ver pinturas dos antigos povos, talvez até dos reis xamãs, talvez quando eles estivessem num estado mental especial, portanto olhem de perto para ver. Tudo bem? Alguma pergunta?

Não há perguntas. Todo mundo só quer subir. Uzi está sentado no tronco de uma árvore e assim eu tiro Maya da mochila de carregar bebê.

— Você quer subir nesta? — ele pergunta. Posso afirmar, pela leve hesitação em sua voz, que ele está torcendo para eu levar Maya, para ele poder explorar o alto sozinho desta vez.

Protejo os meus olhos do sol e olho para os degraus da pirâmide. São mais largos dos que o do Complexo Q e não muito íngremes e a porta do templo só está uns 12 metros acima da praça. As câmaras lá em cima são escuras e um tanto sinistras, mas as imagens que elas têm podem valer o esforço.

— Talvez. Você pode deixar Maya aqui comigo, se quiser.

— Eu quero subir — ela diz.

— Talvez daqui a pouquinho — respondo. — Vamos dar uma olhada naquelas pedras grandes ali.

Do outro lado da praça, uma série de estelas quebradas estão jogadas na terra como pedras que foram parar na areia depois de uma maré alta. Damos a volta nos fragmentos cobertos de limo, mas não há nada para se ver ali, e assim caminhamos de volta até a praça. No alto da escadaria do templo, Uzi, Brian, Marie, George, Karen e a irmã dela fazem pose, enquanto Rigoberto fica na praça e tira uma foto deles com a câmera de Marie.

— Mais uma! — eu grito, sacando a máquina fotográfica da minha bolsa. Tiro uma foto rápida antes de eles acenarem e desaparecerem, um por um, no interior escuro do templo.

— Tchau, pai! — grita Maya.

— Ela não quer subir? — pergunta Rigoberto. Ele está na frente de um amontoado de arvorezinhas, de braços cruzados, lentamente passando o peso de uma perna para a outra. Independentemente de quanta história exista num lugar, deve ser um tédio guiar grupos de estrangeiros de uma ruína a outra, todo dia, e recitar sempre as mesmas datas e os mesmos fatos.

— Ela quer. Eu é que não tenho muita certeza.

— Ah, mas você pode ir! Essa aí é uma espécie de treino. As pessoas sobem esta aí para treinar a subida do Templo Quatro.

— Eu, não. Eu não vou subir o Templo Quatro. — Eu não sei direito o que está implícito na subida do Templo Quatro, mas ele já avisou que é o templo mais alto de Tikal, e essa informação, por si só, já é tudo o que eu preciso.

— Todo mundo quer subir o Templo Quatro. É a Manhattan dos maias!

Eu giro a cabeça para ter certeza de que Maya não ouviu ele dizer seu nome outra vez, bem a tempo de vê-la correr para a pirâmide, seus cotovelinhos cheios de determinação. Como é que ela foi daqui para lá tão rápido?

— Onde é que você vai? — eu grito, correndo atrás dela.

— Lá em cima! — ela grita, sobre o ombro. Que cara de pau que essa menina tem, num corpinho tão pequeno!

— Sozinha, não! — Eu olho para o alto da pirâmide procurando Uzi, mas ele ainda está dentro do templo. Maya começa a se dirigir para a escada de pedra, subindo cuidadosamente um degrau de cada vez.

Muito bem, acho que vou ter que subir. Na base da escada, olho rápido para Rigoberto, que levanta a mão, entendendo.

Subo o primeiro degrau escuro e cru. Não chega nem perto do tamanho do meu sapato 39, por isso eu me viro um pouco de lado e assim vou subindo lentamente. Minhas mãos buscam instintivamente alguma coisa para agarrar, num dos dois lados. Alguns degraus à minha frente, Maya sobe sozinha, com firmeza e segura de si, seus pequenos tênis brancos e rosa do tamanho ideal para aqueles degraus curtinhos. Me agacho alguns centímetros e subo mais dois degraus, depois paro. Eu não confio nem um pouco no meu equilíbrio. Vista lá de baixo, eu devo estar parecendo uma maluca com pose de surfista. Jogo um olhar rápido para Rigoberto, que volta a acenar, me encorajando.

Essa ideia de olhar para baixo não foi das melhores. Eu me concentro nos meus pés debaixo de mim. Pé esquerdo sobe, o direito vai depois. Pé esquerdo sobe, o direito vai depois.

— Maya? — chamo, depois de subir oito degraus assim, só para ouvir a voz dela. — Maya? — grito um pouco mais alto, mas ela não responde.

Eu paro e olho para cima, fazendo um movimento com os braços como se estivesse me equilibrando numa corda bamba, quando as duas Húrsulas passam quicando por mim pelos degraus de calcário, dando uma cambalhota depois da outra. A uns seis ou sete degraus à minha frente, Maya pressiona as duas mãos contra os olhos, como se estivesse brincando de pique-esconde com mais alguém lá em cima, mas por que ela estaria fazendo isso aqui? E exatamente quando percebo que não há razão alguma para ela estar fazendo isso aqui, o grito de gelar o sangue que ela deu na cabana do herborista enche todo o espaço abaixo da estrutura 3D-43.

Ai, não, Jesus amado. De novo, não!

— Maya? O que é? — grito, tentando ir até ela mais rápido. Na pressa, o salto do meu sapato direito roça no lado de uma pedra e eu caio de quatro, aterrissando fortemente em cima do meu cotovelo e da minha perna esquerda. Para uma substância que pode ser cortada com pedra, o calcário é terrivelmente duro. Eu quico dois degraus abaixo sem qualquer elegância, minhas mãos tentando agarrar as pedras cheias de limo. Pelo rabo do olho, vejo a camisa de Rigoberto sair pela direita. Ele está indo embora? *Agora?*

Meio afoita, volto a subir os degraus até onde Maya está e a agarro pelas pernas. Ela tenta fugir de mim, a boca fazendo uma careta horrível.

— O que foi? O que aconteceu?

— Não! — ela estrila, apontando para o alto da pirâmide. — *Não, não, não!*

Eu olho na direção do templo, mas tudo o que vejo é a porta aberta e escura, como se fosse uma boca.

— Não tem nada ali — digo para ela. — É só uma porta. Pode ver!

Ela contorce a parte de cima do corpo da esquerda para a direita, gritando "não" com tanta força que tenho medo de ela tropeçar e cair.

Droga! Droga, droga, droga! De todos os lugares em que ela já surtou, esse deve ser o mais inexplicável e o mais difícil de se controlar a situação. Por que eu sempre me vejo passando por esse tipo de problema sozinha? Por que ninguém — nem Uzi, nem minha família, nem meus amigos — nunca está aqui para me ajudar quando eu mais preciso? Se eu fosse o tipo de pessoa que acreditasse no "universo", talvez eu dissesse que é porque tenho que aprender alguma coisa sozinha, mas mesmo se eu fosse uma dessas pessoas, droga, você haveria de pensar que eu já deveria ter aprendido o que quer que fosse a essa altura. Por que as minhas lições não podem ser de colaboração, mas sim de uma autoconfiança contínua?

Não há maneira de eu carregar Maya sozinha até o chão descendo todos esses degraus. Primeiro eu preciso acalmá-la.

— Vem com a mamãe — eu digo, estendendo as mãos para ela, mas ela me dá um tapa, me afastando.

— Não! — ela volta a urrar, de novo e mais uma vez, "Não! Não! Não!", igual a uma sirene com defeito.

Eu deslizo pelos degraus arrastando o bumbum e volto a estender as mãos para ela. É assim que deve se sentir um deficiente físico quando precisa se locomover: preso, em pânico, sem ajuda. Marie sai pela porta do templo, me vê brigando com Maya, se vira e volta a entrar.

— Não! — grita a minha filha. — *Não, não!*

Rigoberto sobe correndo os degraus numa rápida diagonal, dois de cada vez. Então, era para lá que ele estava indo. Ele está ofegante quando chega até nós. O topete do seu cabelo está caindo sobre o olho direito.

— O que está acontecendo? — pergunta.

— *Não!* — grita Maya, tapando as orelhas com as mãos. — *Não!*

— Eu não sei. Ela simplesmente não consegue parar de gritar — digo a ele. — E eu não consigo fazê-la descer.

— Talvez ela me deixe.

Ele estica a mão para Maya, que dá três passinhos rápidos na direção contrária e volta a gritar.

— O que é que está havendo? — Uzi grita do alto da escada, com Marie logo atrás dele.

— Eu não sei! — grito de volta. — Ela não consegue continuar a subir e eu não consigo fazê-la descer!

Ele desce as escadas às pressas, meio que de lado.

— Que diabo, Maya! — ele diz. Maya tenta bater nele quando ele chega, mas ele é mais rápido. Ele a joga sobre o seu ombro como se fosse um saco de farinha e começa a descer com firmeza, um degrau de cada vez, sem se preocupar com os punhos dela dando socos nas costas dele.

— Eu quero que todo mundo pare de falar o meu nome! — ela berra, enquanto é tirada dali. — Eu quero que todo mundo pare de falar o meu nome!

Brian, Marie e os outros começam a descer.

— O que aconteceu? — pergunta Brian.

— Não sei. Nós começamos a subir e então ela começou a gritar. — Aperto as mãos contra o peito para diminuir o ritmo do coração. — Eu só preciso de um minuto.

Marie me dá um tapinha no ombro, enquanto o resto do grupo espera. Quando estou pronta para me levantar, Rigoberto oferece o braço e eu me apoio nele para me equilibrar, enquanto começamos a descer as escadas. O lado esquerdo de meu quadril dói bastante no lugar onde bateu na pedra. Na praça, Uzi está agachado diante de Maya, que parou de chorar e agora limpa o nariz com as costas da mão.

— Agora ela parece bem — diz Karen.

— Parece? — Eu não consigo olhar para baixo. Pé direito, pé esquerdo. Pé direito, pé esquerdo. Concentre-se e fique ereta.

— Ela vai ficar bem — comenta Rigoberto, ao se abaixar para pegar Rúrsula Zero do degrau mais baixo. Descemos o último degrau para a praça, onde eu solto o braço dele com um "muito obrigado" e me abaixo para pegar Rúrsula Um, que está na grama. — Eu já vi, algumas vezes, as crianças ficarem com medo aqui — ele diz.

— E o que provoca isso?

Ele levanta os ombros.

— Quem pode saber?

Uzi acena para nós quando nos aproximamos.

— Está tudo bem — ele diz, tentando se mostrar animado. — Ela está bem. Ficou boa assim que saiu da escadaria. — Ele inclina a cabeça levemente em sua direção, com um sorriso amarelo. — Maia, a ruína da Guatemala

— ele diz, me dando uma pequena cotovelada para me fazer rir. Mas eu não estou com cabeça para piadinhas agora, e ele é capaz de perceber.

Eu posso não entender o que foi que eu acabei de testemunhar nessas escadas, nem ser capaz de descrever adequadamente o horror de Maya a um pai que não estava ali, mas de uma coisa eu sei: apesar de tudo o que tentamos fazer por ela, nossa filha não está "bem". Amanhã de manhã, vamos sair de Cayo, e, cinco dias depois, deixaremos Belize para trás, e, quando voltarmos à Califórnia, nada vai estar diferente e nada vai estar bem. Nada.

— Uzi, querido. Ela não está bem.

Meu marido passa um longo tempo olhando para mim. A pele entre as sobrancelhas franze e volta a se erguer de leve, com o olhar magoado e confuso de uma criança incompreendida. É aí que eu vejo, pela primeira vez, que além da sua fachada de permanente certeza existe um núcleo oculto e vulnerável de dúvida. Ele sabe que Maya não está bem. Ele sabe. E agora nós dois sabemos que a calma dele não é um otimismo irrefreado ou uma autoilusão arbitrária, mas uma tentativa de nos proteger do que nós dois sabemos. Principalmente, para me proteger.

— Tudo bem — diz Rigoberto, com menos entusiasmo do que o normal. — Seguindo em frente!

Eu olho da esquerda para a direita.

— Onde é que Maya está? — pergunto.

Uzi aponta para o meio da praça, onde Maya está de pé, com os braços esticados para fora, o rosto na direção do céu. Ela dá um giro completo, depois mais um, controlada e graciosa. O resto do grupo também para a fim de olhar para ela. Ela é a Árvore do Mundo em flor, a poderosa sumaúma que ancora o quincunce. O centro de todo o cosmos. Nossa filha. Ela é o ponto ao redor do qual todas as estrelas giram.

Por muitas semanas depois que a minha mãe morreu, no verão de 1981, meu pai não conseguiu esvaziar o armário ou a penteadeira dela. Precisou que a primeira neve de inverno caísse até que ele pegasse as coisas que ficaram na mesinha de cabeceira dela. Para um homem que raramente mostrava sua devoção ou mesmo uma pequena afeição diante dos outros, sua tristeza parecia não ter limites. Até para uma adolescente, olhar aquela cena era de partir o coração. No entanto, aquilo também me deixava agoniada e impaciente. Um ano, dois anos, três anos depois que ela morreu, ele não conseguia voltar a ter uma vida familiar normal. Dez anos depois, ele ainda não conseguia falar da morte dela sem chorar. E seu hábito de beber, que era diário, mas moderado, enquanto ela estava viva, ficou mais forte a cada ano depois que ela morreu.

Aos 36 anos, eu posso entender o quanto ele estava arrasado de uma forma que eu jamais poderia, aos 17. As demonstrações físicas de afeto, como eu aprendi, eram apenas uma das maneiras de se verificar a devoção e geralmente uma que engana muito. Sim, eu posso reclamar do comportamento do meu marido, posso fazer cara feia diante de suas crenças, posso até pensar de vez em quando em abandoná-lo e ter uma vida mais simples como mãe solteira. Mesmo assim. Se ele me largasse, eu daria um jeito de sobreviver, mas... e se ele morresse? Acho que eu nunca me recuperaria. Não tenho certeza se eu conseguiria mais do que meramente existir. Eu sou meio descuidada ao demonstrar essas coisas, mas é a esse nível que chega o meu amor.

Talvez essa última meia hora com Maya tenha me feito sentir crua e exposta, pronta para pensar desse jeito, ou então talvez sejam apenas a respeitável imensidão da Praça e a história de amor das duas pirâmides do templo que me deixaram nesse estado de pungente melancolia. Quando Rigoberto leva o nosso grupo até a Praça, a primeira coisa que vemos são os Templos Um e Dois de frente um para o outro, olhando-se num eixo leste-oeste através de um grande gramado. Diretamente ao norte, fica a Acrópole do Norte, uma série de plataformas em ascensão, que um dia foi o local de 16 templos menores. No canto sudeste da praça está uma série de palácios em ruínas que um dia acomodaram as famílias da nobreza e os escritórios administrativos. O tamanho do lugar é quase inimaginável. Nós somos iguais a formiguinhas rastejando pelas ruínas de uma metrópole. Nove meses depois, ao ver as fotos de minúsculos operários de resgate escalando as pilhas monolíticas de destroços do que um dia foi o World Trade Center, eu vou me lembrar dessa cena.

Rigoberto nos reúne na esquina do Templo Dois para nos contar a história do rei Hasaw, também conhecido como Ah Cacau, ou o Lorde Chocolate. Ele foi o avô do rei Chitam e o governante que tirou Tikal de um século de uma opressiva dominação por uma cidade-estado vizinha para restaurar seu antigo esplendor. Quando ele se casou com Lady Doze Macaw, uma mulher nobre de uma cidade vizinha, sua união cimentou uma aliança política e uniu duas poderosas linhagens familiares.

Até para um nobre maia, Lorde Chocolate levou uma vida de grandes privilégios. Ele era quase trinta centímetros mais alto que os seus súditos, o que significava que ele tinha mais comida, e de melhor qualidade, do que os outros e que as suas crianças teriam maiores chances de chegar à idade adulta. Ao contrário da maioria dos habitantes de Tikal, a maioria dos quais morava em casas pequenas feitas de pedras ou bambus, a casa dele era um palácio duplex de pedra. Ele usava robes confeccionados de peles de jaguar e colares pesados de jade. E adorava a sua linda mulher, sua "flor preciosa", que lhe deu um filho no ano de 691, numa noite de lua nova. Quando ela morreu, ainda jovem, no ano 703, Lorde Chocolate encomendou uma pirâmide de 37 metros de altura em sua homenagem, mais alta do que qualquer outra construção que já tivessem tentado erguer em Tikal. Numa ação de planejamento urbano totalmente fora do comum, ele colocou a pirâmide no lado leste da Praça em vez de na Acrópole Norte, que sempre havia sido o lugar de repouso da nobreza.

Hoje, a pirâmide da Lady Doze Macaw é mais prosaicamente conhecida como o Templo Dois, ou o Templo das Máscaras, em homenagem às máscaras extravagantemente talhadas na fachada. Suas três largas plataformas sustentam um templo de três câmaras lá no alto. Num maciço mural de pedras calcárias, uma parede de pedras que se ergue da metade traseira até o teto do templo, Lorde Chocolate fez com que artistas talhassem a imagem de sua falecida rainha olhando para o leste, na direção do nascer do sol. (Essa era a versão maia de um retrato do manto sagrado, só que dando oitenta vezes mais trabalho e umas cem vezes maior.)

Lorde Chocolate viveu por pelo menos mais trinta anos, sendo rei por um total de 52 — uma eternidade na história maia. Quando ele morreu, foi enterrado num túmulo no lado leste da Praça Grande, diretamente em frente ao Templo Dois. Em cima do lugar onde o corpo foi enterrado, outra pirâmide portentosa foi construída, provavelmente pelo filho dele, Yik'in. Esta — conhecida como Templo Um, ou o Templo do Jaguar Gigante — é a imagem icônica de Tikal que se encontra em todos os cartões postais, seus nove terraços construídos para representar as nove camadas do mundo subterrâneo. Gravado na imponente cobertura lá em cima há um retrato de Lorde Chocolate segurando o seu escudo do sol e o cetro real, olhando para o oeste, onde o sol se põe. E assim as imagens de Lady Doze Macaw e Lorde Chocolate foram literalmente gravadas em pedra nos lados opostos da Praça Grande, uma olhando para a outra na eternidade, como um testemunho do poder duradouro daquele amor.

Sussurro para Uzi:

— Você construiria uma assim se eu morresse?

— Perfeitamente. Até maior.

— Tome muito cuidado para o meu cabelo ficar bom na gravura. Uma boa escova, do jeito que eu gosto.

Ele ri.

— Tudo bem. Eu prometo.

Estico a mão para a mochila de carregar bebê e afago os cabelos de Maya, dando a ela biscoitos e água mineral, quando Rigoberto nos libera por vinte minutos, para explorarmos a Praça Grande sozinhos. Nós podemos subir o Templo Dois, mas não o Templo Um, ele lembra.

— Houve gente que já morreu caindo das escadas de lá — torna a avisar.

Uzi e eu não precisamos dessa advertência, já que nenhum de nós tem a menor vontade de subir em qualquer coisa depois da nossa última desventura. Nós deixamos Maya correr pela grama e ela sai levando as Rúrsulas Zero e Um debaixo do braço. A praça é mais ou menos do tamanho de um campo de futebol, talvez um pouco menor.

— Não vá muito longe — grito para ela.

Uma família guatemalteca passa por nós numa formação de três pessoas lado a lado, o homem mais velho e o adolescente com roupas ocidentais escoltando uma senhora cujos cabelos correm por suas costas numa longa trança escura. Ela veste um *huipil* tradicional dos maias, uma blusa bordada com a gola em V, tecida em tons de vermelho, verde e azul. Seu rosto é altamente enrugado, o semblante de uma matriarca, e eu me lembro de quão pouco tempo eu passo na companhia de mulheres mais velhas. Se minha mãe estivesse viva, teria feito 62 anos este ano. Esse é o tipo de informação que eu não consigo digerir adequadamente, não importa quantas vezes eu tente. Fico presa, remoendo o quanto isso parece implausível.

Vejo Maya queimar energia correndo entre duas filas de estelas alinhadas no lado norte da praça. Algumas são protegidas do tempo por coberturas de folha de palmeira e seguras por mastros. Atrás delas, outra grande escada de pedra leva à Acrópole Norte, que apoia uma série de templos arruinados, ligados por plataformas e escadas que sobem, descem e acabam parecendo como que saídas de um desenho de Escher. É um dia de poucos visitantes, perto demais do Natal para atrair mais gente. Umas quarenta pessoas passeiam pela grama, sobem e descem a sequência de escadas. Turistas de tênis e bonés de beisebol e mochilas nos ombros pontuam a escadaria de pedra. Por todo lugar que eu olho, alguém está fazendo pose para uma fotografia, ou ficando em cima de um templo em ruínas, com os dedos erguidos num V de vitória, à la Rocky Balboa. Duas mulheres se agacham em frente a uma estrutura pequena e retangular coberta de folhas de palmeira, no meio de uma plataforma, e enfiam suas máquinas fotográficas pelos buracos entre as varas que a sustentam para bater a foto de alguma coisa lá dentro.

A praça tem hoje provavelmente uns cinco por cento da atividade que deve ter tido durante a Era de Ouro. A Praça Grande era o centro nervoso de Tikal e, para um visitante de uma cidade pequena, ou para os comerciantes de outras partes que aqui paravam no caminho do Caribe para o Pacífico, a pura majestade da arquitetura da cidade deve ter sido uma visão fenomenal. A praça sob nossos pés teria sido toda branca, em vez de coberta de areia e grama, e o ar seria repleto do ruído alto de sacerdotes, funcionários públicos e habitantes locais em seus afazeres diários, em vez dos gritos altos dos guias turísticos. Os templos, em vez de exibirem pedras velhas e aos pedaços, teriam um ótimo acabamento de gesso e seriam pintados de vermelho. Nas cerimônias rituais, milhares de súditos teriam lotado a praça para ver o rei subir as escadas do templo, com um turbante todo ornamentado e uma roupa pesada de conchas e jade, acompanhado pelo som de tambores e sinos, antes de desaparecer no ninho no alto do templo para chamar os deuses e seus ancestrais, para ter sol, chuva ou uma boa colheita.

Brian vem correndo pela grama em nossa direção, num ritmo acelerado.

— Vocês vão ficar aqui embaixo, certo? — ele pergunta. — Poderiam me fazer um favor? Fiquem aqui até eu chegar lá em cima. Eu li em algum lugar que a acústica daqui foi projetada de um jeito que o rei, falando numa voz normal no alto de uma pirâmide, poderia ser ouvido pelas pessoas aqui na praça. Eu gostaria de fazer um teste.

— Claro. Por que não? — responde Uzi.

Brian corre de volta na direção do Templo Dois. De onde eu estou na Praça Grande, o Templo Dois parece uma versão menor e mais gorda do Templo Um. Uma escada larga e íngreme percorre toda a frente até a plataforma de cima, onde outro lance de escadas, menor, leva à única porta do templo. Um grande bloco de pedra fica bem em frente à abertura.

Era ali que os reis se posicionavam para se dirigir à multidão lá embaixo. Tento imaginar o retrato de Lady Doze Macaw no que ainda resta do grande muro, mas a pedra que existe lá já está muito alquebrada e erodida. Na melhor das hipóteses, acho que posso ver uma pequena sombra da cabeça e dos ombros.

Viro-me para dar uma olhada em Maya, que agora corre em círculos em volta de um monte de cinzas no meio da praça, atrás de mim. Um leve cheiro de fogueira permanece no ar, misturado a um discreto odor de incenso ou ervas secas, mais pesado e fumacento que sálvia, mas não tão almiscarado quanto olíbano.

Para subir no Templo Dois, Brian tem que pegar a escada de madeira construída no sul para acomodar os turistas. É mais ou menos como ter de usar a entrada de serviço, só que com uma vista melhor. Uzi e eu esperamos ele aparecer na frente do templo.

— O que você acha que ele vai dizer quando chegar lá em cima? — pergunto.

— "Um, dois, três, testando." Posso apostar 10 dólares que é isso.

— Você quer apostar comigo? Para quê? Se você me der 10 dólares, eu vou comprar comida para a gente.

— Exatamente.

Vemos o chapéu cáqui de explorador de Brian se mover em direção à frente do templo. Ele dá um passo largo para subir no parlatório de pedra e agita os braços fortemente para chamar nossa atenção. Mesmo de pé no pórtico real, ele parece muito pequeno lá em cima, com cerca de 1 centímetro de altura, se eu enquadrá-lo entre meu polegar e o indicador. Um rei olhando para os seus súditos daquele ponto veria um tapete colorido de pessoas se espalhando diante de si, mas as pessoas olhando para ele só veriam uma imagenzinha, diminuída por uma estrutura que ele mesmo criou.

Aceno de volta e faço para Brian um sinal de positivo com os dois polegares.

— Está ouvindo alguma coisa? — pergunto a Uzi, depois de um momento. Estamos longe demais para ver se a boca dele está se mexendo.

— *Nada.*

Levanto bem os cotovelos e faço sinal de polegar para baixo com ambas as mãos, num gesto largo e exagerado.

— Tente outra vez! — eu grito, mesmo sabendo que ele não pode me ouvir.

Rigoberto se aproxima de mim, pela esquerda.

— O que está acontecendo? — pergunta.

— Estamos tentando ver se é verdade que, se você falar lá de cima com um tom de voz normal, as pessoas aqui embaixo podem ouvir você.

— Você pode ouvir do topo de um templo para o outro, mas não do topo para baixo — ele explica.

Não sei como passar essa informação a Brian, que ainda está de pé na frente do templo, falando futilmente para o vazio. Tento imitar um para-brisa de um lado para o outro com as duas mãos para indicar que ele não deve continuar com aquilo e, quando ele não responde, tento me comunicar passando o dedo pelo pescoço como que dizendo "acabe logo com isso". Em resposta, Brian mexe as mãos acima da cabeça mais uma vez e aponta para mim.

Eu aponto para o meu peito. *Eu?* É como brincar de mímica a distância.

Ele agita as mãos com mais força ainda e aponta de novo, pulando para cima e para baixo. Se estivéssemos brincando de mímica, ele estaria dizendo: *É! Você mesma!*

— Vocês sabem o que ele está dizendo? — pergunto a Rigoberto e a Uzi. Brian aponta outra vez, desta vez com um movimento de arco que faz a visão dele se dirigir para trás da minha cabeça. E nós três nos viramos para ver Maya subindo a escada estreita do Templo Um, o tal que é proibido aos turistas.

— Isto não é permitido! — grita Rigoberto.

Partimos em disparada pela grama, numa corrida em grupo, e passamos voando pelo buraco para fogueiras. As escadas do Templo Um são tão estreitas que só uma pessoa pode subir de cada vez, e nós fazemos um gargalo confuso na subida ao perceber que só há espaço para um. Uzi se livra de nós e sobe as escadas com duas largas passadas, agarrando Maya pelas costas.

— *Maya* — eu digo, quando Uzi a traz para baixo. — Rigoberto *disse* que era para não subir nesse templo.

Ela esconde o rosto no ombro de Uzi. Mas mesmo quando eu a recrimino, a bronca parece fraca e dirigida à pessoa errada, uma tentativa de salvar minha própria cara na frente de Rigoberto. Eu não devia ter tirado os olhos dela, nem por um instante. Ou devia ter deixado Uzi vir na excursão e ficado com Maya no Crystal Paradise, quando meus instintos naquela manhã me diziam que esse não era um bom lugar para se trazer uma criança.

Rigoberto coça o espaço entre as duas sobrancelhas com o polegar e o indicador.

— Tem mais coisas para ver naquele lado, subindo as escadas — ele diz, fazendo um gesto para trás, na direção das plataformas suspensas da Acrópole do Norte. — O principal centro religioso de Tikal, cada nova pirâmide construída sobre uma pirâmide anterior. Também há uma grande máscara para se ver, mas vocês têm que olhar pela grade, ali onde ela está.

Ele parece cansado e desconfiado de nós e eu não posso culpá-lo. Por pouco Maya não lhe custou o emprego. Ele nos enxota com a mão.

— Aqui atrás, nós voltamos a nos encontrar num intervalo de dez minutos.

E assim havia o avô Lorde Chocolate e o neto Chitam, e entre eles, na linhagem familiar, Yik'in Chan K'awil. Está difícil guardar o nome de toda essa turma.

— Vocês não devem se preocupar com os nomes — Rigoberto nos assegura, quando deixamos a praça e voltamos a entrar na floresta. Ele voltou à personalidade anterior, animada e dando informações. — Só estou contando a vocês pelo seu interesse.

Yik'in, o pai de Chitam, foi o 28º governante de Tikal. Seu nome significa a "Escuridão do Céu Noturno", provavelmente porque isso foi a primeira coisa que seu pai viu ao sair da sala de parto. Ele subiu ao trono no ano de 734, aos 43 anos de idade, com a morte de Lorde Chocolate. Uma vez instituído rei, Yik'in assumiu e ampliou o papel de seu pai como o grande arquiteto de Tikal. Nos trinta anos seguintes, ele supervisionou algumas das maiores obras públicas jamais construídas na cidade, incluindo o Templo Quatro, que é o próximo destino do nosso tour a pé pela selva.

A primeira visão do Templo Quatro é a distância, quando sua sólida cobertura aparece por um buraco triangular entre as árvores. De uma maneira totalmente pavloviana, nós empunhamos as câmeras ao mesmo tempo e apontamos na diagonal para o céu. A mesma foto deve estar em milhares de álbuns de férias de famílias do mundo inteiro: o cinzento templo de pedra e sua cobertura despontam em meio à vegetação exuberante como se estivesse pousado nas copas das árvores no horizonte, com os pequenos pontos que são as pessoas circulando em frente à entrada única do templo, os galhos que emolduram a imagem tendo sido podados com o propósito de nos dar essa visão tão fotogênica. Uzi põe a câmera na capa, me devolve para colocá-la no bolso da mochila e seguimos adiante.

Houve uma queda nítida na energia do grupo desde que saímos da Praça Grande. A essa altura, estamos cansados e famintos e nossas pernas estão começando a doer, mas também parece um anticlímax coletivo termos saído do esplendor da Praça Grande para entrar outra vez na floresta. Enquanto caminhamos para o oeste, ainda posso sentir a presença dos Templos Um e Dois e a Acrópole Norte pairando atrás de nós, chamando de volta nossa imaginação e nosso desejo. Todas aquelas escadas que não tivemos tempo suficiente para subir, todas aquelas pirâmides abandonadas que não tivemos chance de explorar. Os palácios que não pudemos ver! Subir mais um templo em forma de pirâmide parece um acontecimento morno, tipo "já passei por isso", embora Rigoberto nos assegure que essa última trilha valha o tempo. E eu espero que ele esteja certo, porque, se o meu sentido de orientação espacial estiver certo, nós estamos nos afastando da entrada do parque, em vez de nos aproximando dela, o que significa que vamos ter de andar tudo de novo para chegar ao local do almoço e da van de Hugo.

Rigoberto para e bate a palma da mão contra uma árvore, então aponta para uma série de X cortados na casca áspera.

— Essa aqui é uma árvore de goma — ele diz. — Também conhecido como sapotizeiro ou sapota. É daqui que vem a goma dos chicletes. Mas agora os chicletes são feitos de maneira sintética, de modo que antes essa floresta era cheia de *chicleros* que subiam para tirar o látex das árvores, agora eles não existem mais.

Passo por trás de Brian para dar uma olhada em Maya, que voltou a andar na mochila de bebê, nas costas de Uzi. Ela está dormindo com o rosto encostado no ombro dele. Olho o meu relógio: 13h09. É muito cedo para o cochilo dela, mas toda essa caminhada acabou a deixando cansada. Eu mesma me sinto como se pudesse tirar um cochilo, mas ainda falta pelo menos uma hora até terminarmos o nosso passeio.

— Esta árvore também tem a madeira muita, mas muito grossa que os construtores mai... — Rigoberto olha para ter certeza de que Maya está dormindo, para então continuar — ...maias gostavam de usar, e por quê? Porque ela era bem dura e também porque os insetos não podiam comê-la. Eles usavam os sapotizeiros para fazer as vigas que passavam pelas portas nos palácios e nos templos. Alguma pergunta, tudo bem?

Ninguém pergunta nada. Nós caminhamos silenciosamente até a trilha terminar numa clareira de terra e, *voilà*, o caminho se encerra ao pé do Templo Quatro.

O Templo Quatro é tão imenso — 65 metros de altura — que de sua base ainda enterrada você mal pode dizer que o morro ao seu lado tem um templo no alto, apenas que alguma coisa muito, mas muito alta está atrapalhando a visão do céu. (Apenas para comparação, o primeiro arranha-céu com estrutura de aço, construído em Chicago em 1885, tinha apenas 42 metros de altura. Para construir o Templo Quatro, foram necessários 190 mil metros cúbicos de pedra, acredita-se que por dois anos, e tanta mão de obra que alguns antropólogos aventaram a hipótese de que trazer tanta gente dos campos para o canteiro de obras pode ter gerado um desabastecimento de alimentos na cidade inteira.

Desenterrar a pirâmide inteira, nos dias de hoje, seria um empreendimento quase da mesma escala, portanto somente o templo e seu amplo telhado lá em cima foram desencavados da floresta. Duas estreitas escadas de madeira sobem furtivamente por um lado num ângulo bastante íngreme, atravessando árvores maduras e raízes grossas que se erguem do monte de areia não escavado que forma a sua base.

Brian, Marie, George e suas filhas se dirigem à escada e, com muito espírito esportivo, começam a subir. Eu vejo uma pequena barraca de refrigerantes à esquerda e vou até lá para ver o que eles têm para vender. Há a habitual fila de água engarrafada e refrigerantes à mostra, juntamente com vários tipos de batatas chips e algumas frutas. Eu compro uma Fanta laranja e três bananas e me sento com Uzi e Rigoberto num banco de madeira.

— Imagine só — diz Uzi, quando eu me sento. — Ele é um xamã.

— Quem é um xamã?

— Rigoberto.

— Você? — pergunto a Rigoberto. Passo uma banana para ele. — Você não tem cara de xamã.

— E qual deve ser a cara de um xamã?

Eu faço um slide show mental na minha cabeça de Arthur, meu amigo Mesquakie; Burt, o conselheiro de medicamentos de Iowa; Canto, com seu chapéu de palha e botas de borracha.

— Eu não sei qual deve ser a cara de um xamã. Mas você tem uma cara normal demais para mim.

Rigoberto ri, expondo duas fileiras de dentes brilhantes. É a primeira vez que o vemos rir, no dia todo.

— Ainda estou aprendendo — ele diz. — Eu encontro com o meu professor quando estou na minha casa.

Descasco a segunda banana, parto-a em duas e passo a parte de cima para Uzi. Falo para Rigoberto:

— Nós levamos Maya para visitar um xamã há dois dias, em Belize.

— Seu marido estava me contando. Ela tem o amigo imaginário.

— Isso.

— E o que foi que o xamã fez?

— Ele não teve chance de fazer muita coisa. Quando ele tocou no pulso dela e começou a dizer umas orações, ela começou a berrar e a dar chutes e a cuspir. Foi uma reação tão violenta que eu saí correndo com ela dali. Mas o unguento que ele deu para passarmos no peito dela parece que funcionou. Ela está melhor agora, como você pode ver.

— Foi isso o que realmente aconteceu? — ele pergunta. Parece visivelmente perturbado.

— É — respondo. — Foi isso o que aconteceu.

— Então vocês vão ter que voltar lá.

— Voltar lá? Por quê?

— Porque, pelo que você me contou, o trabalho não foi terminado.

Uzi me lança um olhar bem rápido de *eu não falei?* e eu imagino Canto pedalando com toda força pela estrada lamacenta, com sua camisa usada e suas botas de borracha, pouco antes do meu peito se afundar e eu pensar que ele sabia exatamente o que estava fazendo na cabana, e que a calma dele não vinha de um desinteresse mas de um lugar de profundo conhecimento e uma correspondente falta de alarme.

— Você pode nos ajudar se precisarmos concluir esse assunto? — pergunta Uzi.

Rigoberto balança a cabeça.

— Hoje eu sou um guia e não posso misturar as duas coisas.

— Talvez nós possamos voltar — diz Uzi, embora nós dois saibamos o quanto isso seria impossível. Amanhã de manhã, nós vamos sair do distrito de Cayo para passar seis dias no litoral do Caribe. Além do mais, eu não acho que seja uma boa ideia simplesmente pegar o primeiro xamã que encontramos na rua, embora, pelo amor de Deus, pareça haver uma quantidade bastante grande de xamãs em circulação por aqui. — Ou talvez você possa vir ao nosso hotel amanhã — acrescenta Uzi.

Rigoberto volta a balançar a cabeça.

— Amanhã eu trabalho. Sinto muito.

Ficamos sentados em silêncio e olhamos um fluxo constante de estrangeiros e guatemaltecos subir e descer os degraus íngremes da escadaria de madeira, apoiando-se no corrimão. O que Rigoberto acabou de dizer ficou marcado no meu peito como um soco. Eu não só estraguei tudo quando saí correndo com Maya da cabana de Canto, como, aparentemente, ainda piorei as coisas ao me recusar a levá-la de volta. Enquanto há apenas alguns dias eu questionava os motivos de levar minha filha a um xamã, agora eu questionava a minha decisão de afastá-la dele. Pode esquecer o fato de eu não conseguir lidar com todas as informações que chegam de uma vez só. Eu não consigo lidar sequer com as mensagens que competem dentro de mim.

— Rigoberto — pergunto —, o que você acha que realmente acontece quando as crianças se assustam por aqui? Não como guia turístico, mas como xamã. Ou como uma pessoa normal, se você não puder misturar as duas coisas.

Rigoberto fica me olhando por um momento, como que avaliando o que eu vou fazer com a resposta.

— Tudo bem — ele diz. — Isso é apenas o que eu penso, e não a posição do parque Tikal. Eu acho que talvez elas ainda sejam pequenas o suficiente para ver coisas ou ouvir coisas que nós não podemos mais ver ou ouvir.

— Foi o que pensei. Obrigada.

Um pequeno animal marrom com uma longa cauda enrolada aparece de algum arbusto, pisa levemente numa raiz exposta da árvore, depois começa a se enfiar numa pilha de folhas mortas. Parece um macaquinho misturado com um guaxinim. Seis ou sete visitantes do parque cercam o animal, apontando para ele e batendo fotos.

— Quati, quati — grita uma criança, pulando em círculos e apontando.

— Quer tirar uma foto para Maya? — pergunta Uzi. Eu tiro a máquina da bolsa atrás das pernas de Maya e bato uma foto.

Olho no relógio. Já se passaram 15 minutos desde que o resto do grupo começou a subida.

— Vocês querem subir? — pergunta Rigoberto. — Ainda tem um tempinho.

— Eu não quero acordar Maya — diz Uzi. — Mas você devia ir — ele me diz. — Pode ir. Eu e Maya vamos ficar aqui numa boa.

Massageio as minhas pernas e penso um pouco. As escadas parecem íngremes, mas não traiçoeiras, e tem um corrimão até lá em cima. A pergunta é como eu vou me sentir quando chegar lá no alto.

— O que tem lá em cima? — pergunto.

— Você viu *Guerra nas estrelas?* — pergunta Rigoberto.

— Há muito tempo. Quando eu tinha 12 anos.

— No final, um dos planetas é visto do alto do Templo Quatro. E parece mesmo com um lugar do outro mundo.

— Existe algum lugar para se sentar? E alguma coisa em que eu possa me segurar?

— Você pode se sentar nas escadas do templo, como todo mundo. É muito seguro, você vai ver.

As pessoas que descem pela escada esquerda não parecem traumatizadas ou extenuadas. Mas também não é assim que a maioria das pessoas sai dos passeios de montanha-russa nos parques de diversão, que normalmente me deixam com os nervos à flor da pele. Mesmo assim, ter vindo até aqui e passar o tempo todo no chão, perder aquele que é para ser o ponto alto do dia... parece mesmo uma viagem perdida. Eu dou uma olhada na mochila para ver como Maya está. Ainda dormindo.

Eu me levanto e afasto alguns fiapos de banana das minhas calças.

— Muito bem, vou tentar.

Dou a terceira banana a Uzi, para Maya comer quando acordar, e o beijo no alto da cabeça.

As escadas são ainda mais rudimentares do que dava para ver do banco. Uma pequena placa marrom colocada no pé diz RECOMENDAMOS SUBIR CON PRECAUCIÓN. De perto, parecem apenas umas tábuas de 5x25 centímetros, uma versão em diagonal de uma dessas pontes de histórias em quadrinhos que balançam sobre um desfiladeiro. Mas os corrimãos são firmes e a escada é estreita o suficiente para eu me segurar com as duas mãos enquanto subo.

Ninguém está vindo atrás de mim, por isso eu subo devagar e sempre. No meio do caminho, já estou suando e respirando com dificuldade, com uma dor nauseante no tórax. Eu paro numa pequena plataforma e me encosto no corrimão para recuperar o ar. Árvores me envolvem por todos os lados, cercando-me com os zumbidos leves de insetos e pássaros escondidos. Olho à minha volta para ter certeza de que ninguém está olhando, então suspendo a ponta da camisa preta para enxugar o rosto. Uma pequena explosão de folhas balançando à minha direita assinala que um passarinho decolou de um galho. Eu cometo o erro de olhar para o chão, e meu estômago e minha cabeça giram em direções contrárias.

Três senhoras centro-americanas de uns 60 anos, de sandálias, roupa de praia e bonés de beisebol iguais passam por mim, ao descer. Eu devo parecer tão tonta quanto me sinto. Uma delas me pergunta:

— Tudo bem?

Eu sorrio.

— Tudo bem. *Gracias.*

Quando me sinto pronta para subir de novo, galgo a segunda metade da escadaria sem parar. Ela termina na lateral da plataforma do alto, onde um caminho de pedra circunda o muro de calcário. Eu encosto as costas no muro e ando de lado até passar pela esquina da frente, onde vejo Brian e os outros empoleirados nos pequenos degraus de pedra do templo, olhando para leste.

— Ei! — diz Karen, quando aceno fracamente para ela. — Vejam só quem está aqui!

Eu não posso acreditar a altura em que estamos. Eu dou uma olhada na copa das árvores e tento sentir os degraus, deslizando para o mais próximo. Mantenho os olhos em Karen e Brian por um momento, antes de arriscar dar meia-volta para o leste.

Rigoberto tinha razão. A vista aqui de cima é uma coisa do outro mundo e é fácil imaginar por que George Lucas a usou como a paisagem de outro planeta. Uma vasta extensão de copas verdes onduladas, como flores de brócolis, se estende no horizonte ao norte, sul e leste, interrompida apenas pelas três coberturas dos outros templos irrompendo pelas copas. Logo em frente, os fundos do Templo Dois se erguem por cima das árvores e, logo além dele, a frente do Templo Um. À minha direita, está a estreita cobertura do Templo Três e em algum lugar mais adiante ficam os Templos Cinco e Seis. A uma distância muito, mas muito grande, a 120 quilômetros daqui e mal podendo se perceber no horizonte azul-esverdeado, estão a cordilheira maia de Belize, o Crystal Paradise, a aldeia de San Antonio e a cabana onde mora Canto.

— Nós vamos dar uma olhada no interior do templo — diz Karen, levantando-se. — Quer vir com a gente?

Eu olho para os dez degraus que vão dar na porta do templo. São mais altos do que profundos, sem lugar para me apoiar. Talvez eu possa subir engatinhando — mas como é que eu iria descer? Escorregando de bunda, na frente de todo mundo? Além disso, de onde eu estou sentada, posso ver uma parte da primeira e estreita câmara do templo, que aparenta ser úmida e escura. Pode ter morcego lá dentro.

— Não, obrigada. Eu estou bem aqui, por enquanto.

Uma mulher de cabelos castanhos curtos e cacheados está à minha esquerda numa posição de lótus um tanto modificada, com as costas das mãos pousadas nos joelhos e os polegares tocando os indicadores. Só umas poucas pessoas estão aqui antes do almoço. É a maré baixa do Templo Quatro. O horário de pico é logo antes do amanhecer, quando os turistas ficam na escada encostados uns nos outros, para ver o sol nascer sobre o parque. O momento deve ser magnífico, quando o sol se ergue no horizonte para iluminar um oceano de névoa suspensa sobre as árvores, com os macacos-gritadores soltando berros primitivos, e a floresta acordando para um novo dia.

Sentada aqui, eu consigo entender por que os reis maias optaram em subir sobre a terra para se comunicar com seus mortos. Olhar para essa expansão infinita de vida deve ser o mais próximo que eles devem ter se sentido de visitar o Mundo Superior da mitologia deles. De noite, Yik'in deve ter pensado que estava no mesmo patamar das estrelas que o rodeavam, confirmando suas origens divinas. Talvez essa proximidade com os céus o tenham convencido de que seus antepassados poderiam ouvir suas preces, e que o limite entre o seu mundo mortal e o mundo sobrenatural deles poderia ser atravessado com mais facilidade lá de cima.

Uma vez, e somente uma vez, depois de anos de tentativas frustradas, eu consegui sentir a presença da minha mãe depois que ela morreu, e nessa hora eu também estava a uma boa altura do chão. Foi logo alguns dias depois que os problemas de coração do meu pai começaram a se manifestar, e naquela manhã ele havia me emprestado o carro dele para que eu pudesse ir do meu apartamento em Greenwich Village até o hospital em que ele estava, num subúrbio. Eu trouxe o carro de volta naquele fim de tarde, estacionei em frente ao meu prédio, e subi para dar alguns telefonemas. Quando voltei, uma hora mais tarde, o carro havia sumido. Verifiquei todas as placas: o lugar para estacionar era perfeitamente legal. Teria sido rebocado? Não, segundo o depósito de carros, quando liguei para eles. Teria sido roubado? Era o que parecia.

A semana não tinha como ficar pior. Os médicos, os advogados, os contadores, os membros da família, confusos e frustrados, e agora um carro roubado? Meu namorado, preocupado em me deixar passar a noite sozinha, insistiu que eu dormisse no apartamento dele. Não que eu pudesse dormir muito. Por volta da meia-noite, fui até a sala. Eu sentia que precisava chorar muito e muito alto — mas onde? Eu não queria acordá-lo, o que significava que as minhas opções eram a escada de incêndio do lado de fora da sala, ou o hall do elevador. Era início de julho, uma noite fresca, e então eu saí pela janela da sala, cinco andares acima da East 51st Street, de camiseta e com as pernas de fora. Sentei nas escadas de ferro entre dois fícus e passei os braços em volta das pernas.

Assim que eu me sentei, foi como se uma barragem tivesse se rompido e eu comecei a chorar rápido, alto e aos borbotões. O barulho da rua, mesmo depois da meia-noite, ainda era alto o suficiente para encobrir o meu som, por isso me permiti chorar o mais alto que pude. Chorei pelo fato de meu pai ter quase morrido de repente; pelos seus problemas com o imposto de renda; pela ilusão de segurança familiar que acabara de ser destruída; e pela minha própria conta bancária, que era pequena demais para resolver todos os nossos problemas. E então, no meio de todo esse choro-rô, palavras começaram a se formar, simplesmente por conta própria.

— Mãe — chorei —, eu não tenho força suficiente para enfrentar isso sozinha. Se você puder me ouvir, onde estiver, e puder me ajudar, por favor tente me ajudar. Eu preciso que você me mande alguma ajuda. Por favor, ajude-me a ser forte o bastante para passar por isso. E, vó — implorei —, se você puder me ouvir, por favor, mas por favor, me ajude também.

Como se uma mão passasse na frente do meu rosto, uma sensação de completa calma e bem-estar tomou conta de mim. Deixei mais uns soluços escaparem e depois o choro... simplesmente parou. Eu me vi sentada numa escada de incêndio, com uma camiseta de um número maior que o meu, entre dois fícus, sem uma boa razão para continuar ali. Por isso, voltei a entrar pela janela e de volta para a cama, ao lado do meu namorado, onde dormi profundamente pelas sete horas seguintes.

Pela manhã, saí para pegar o metrô de volta até o meu apartamento, só para perceber que havia deixado as chaves de casa na bancada da cozinha do meu namorado. Voltei ao apartamento dele, onde o encontrei com as chaves e o telefone sem fio encostado ao ouvido.

— É a sua editora — ele disse, com uma expressão da mais absoluta surpresa. E me passou o telefone. — O seu livro acabou de entrar na lista dos mais vendidos do *New York Times*.

Era terça-feira, e não fazia o menor sentido. A lista era publicada no jornal de domingo. Eu nem sabia que os editores a recebiam adiantado. Peguei o telefone e comecei a ouvir os gritos de alegria da minha editora.

— Você conseguiu! Entrou para a lista do *New York Times*, querida!

Fiquei quase nas nuvens os 44 quarteirões até a minha casa. De alguma maneira, eu tinha que acreditar que isso era um sinal. De um jeito ou de outro, eu esperava que essa notícia fosse se transformar em algum tipo de renda que eu poderia usar para ajudar o meu pai.

Quando cheguei ao meu apartamento, telefonei para a seguradora do carro do meu pai para dizer que ele havia sido roubado... mas desliguei antes de terminar o número. Antes de entrar com toda a papelada, achei que valia a pena ligar para o depósito de carros rebocados mais uma vez.

— O carro deu entrada hoje às 6h10 — o gerente me informou. — Sem qualquer tipo de dano. Você pode vir buscar agora.

— *Sem qualquer tipo de dano?*

— Foi o que eu disse.

Se você sabe alguma coisa sobre roubo de carro em Manhattan, você vai saber o quanto essa notícia era absolutamente excepcional. Ter um carro roubado devolvido com todos os pneus e janelas intactos, com todas as calotas ainda afixadas, com todos os CDs no lugar certo e mais da metade do tanque de gasolina — mais do que quando ele fora roubado — é um acontecimento cada vez mais raro. E foi então que eu senti que, de alguma maneira, as barreiras entre onde quer que a minha mãe estivesse e onde eu estava haviam sido transpostas e que naquela manhã ela dera uma passadinha para me ajudar do jeito que podia.

Bem abaixo das escadas de calcário do Templo Quatro chega o ruído distante de um carro freando no cascalho. Uma voz metálica grita "Espera!" de algum lugar entre as árvores. As outras três pessoas na escada de calcário se dirigem para a escada de madeira, deixando-me sozinha no Templo Quatro. Eu olho para cima, para a porta do templo, mas Karen e os outros ainda estão lá dentro. No alto do templo, a cobertura se ergue, ampla e imponente.

A dinastia da família Kawil, que governou Tikal, empossou 27 reis seguidos em seus tronos de rocha. A linhagem familiar significava tudo aqui. Yik'in subia essas escadas para se comunicar com os seus antepassados, oferecendo-lhes incenso, rezas e sangue, em troca de seus insights e proteção. Esse templo aqui atrás de mim era o lugar onde Yik'in teria passado fome e cortado a própria pele com cacos de obsidiana e ferrões de arraia para derramar seu sangue nos potes de oferenda. Ele teria cantado e rezado, provavelmente sozinho, inalando as plumas cinza da fumaça de incenso subindo ao céu, dançando até cair num estado entre o sonho e a exaustão, até ouvir a voz de um antepassado cortando a noite, e então outro e mais outro. Será que ele sentia que havia ganho um lugar na comunidade de antepassados quando os ouvia chamar seu nome? Será que isso reafirmava a sua percepção de ser uma divindade entre os homens? Na primeira vez que ele ouviu um morto falar com ele, será que ficou com medo? Em algumas culturas indígenas, os esquizofrênicos são os xamãs, os profetas, os visionários, reverenciados por ouvirem vozes que os outros não são capazes de detectar. Como a trajetória da nossa família poderia ter sido diferente se a Dra. Diane tivesse nos dito que estávamos criando uma médium em miniatura, ou se a minha irmã tivesse caído de joelhos na cozinha, ansiosa por saber as próximas palavras de Dodô?

Eu olho para o telhado escuro e ondulado acima de mim. Não dá mais para ver, mas um retrato de Yik'in foi talhado no ano em que o templo foi construído, em 741 d.C. Ele teria uns 50 anos, naquela época. E só tinha 12 anos quando a mãe, Lady Doze Macaw, morreu — dois anos mais novo que a minha irmã quando mamãe se foi e três anos mais velho que o meu irmão. Trinta e oito anos depois, quando Yik'in construiu a maior pirâmide-templo de todas as Américas, ele era marido e pai, mas a cobertura que ele encomendou revela que, mesmo aos 50 anos, ele nunca deixou de ser um filho. Há mais de 1.200 anos, quando ele se punha nesses degraus, ele não olhava as copas das árvores como eu vejo hoje. Naquela época, sua cidade era uma metrópole próspera. A terra era batida e ruas brancas existiam entre os templos, e os arredores da cidade eram organizados em aglomerados de casas, pomares e jardins bem cuidados. Do alto do Templo Quatro, Yik'in teria uma visão direta dos fundos do templo erguido para a sua mãe e da frente do de seu pai, um olhando para o outro na Praça Grande. De todas as vistas possíveis que haveria em Tikal, foi essa a que ele escolheu como o lugar do seu próprio monumento público.

Talvez eu esteja divagando demais nesse ponto, acreditando em relacionamentos familiares profundos que talvez não tenham existido. Afinal de contas, o Templo Quatro também foi posicionado de modo que alguém ali em cima pudesse ver o sol do solstício de inverno se erguer sobre o Templo Três no dia 21 de dezembro de cada ano. Mas eu não posso imaginar que o tormento emocional de perder uma mãe aos 12 anos fosse fundamentalmente diferente há 1.200 anos do que sentimos hoje. Yik'in pode ter sido um guerreiro implacável, superconfiante em matéria de recursos naturais e pode ter se iludido quanto à sua própria divindade. Mas ele nunca teria deixado de ser um menino que perdeu a mãe aos 12 anos. Você pode sentir isso aqui nas escadas do templo, a sua tristeza, a sua vontade, a doçura infantil de seu impulso de construir uma estrutura tão alta, mais alta do que o que quer que tenha sido tentado antes. Alta o suficiente para que a sua própria imagem pudesse olhar eternamente para as imagens dos seus pais olhando um para o outro. Cuidando deles. Uma família de três pessoas, gravada na pedra.

capítulo onze
Distrito de Cayo, Belize
27 de dezembro de 2000

Nosso último café da manhã no Crystal Paradise é ao mesmo tempo um momento de união e despedida. Shakti e o filho se juntam ao grupo de Tikal numa das mesas de madeira, onde dividimos tigelas de ovos mexidos com ervilhas, pratos de tortilhas e outros de cubos de melancia. E café — um café ótimo, forte, da Guatemala. Atrás de nós, três famílias que chegaram ontem à noite comem em mesas separadas. Elas vão se apresentar esta tarde nos fundos de uma van, ou vão tomar Belikins no bar self-service, hoje à noite. Amanhã, já vão estar sentadas à mesa do café, como nós, rapidamente se tornando personagens das histórias de férias dos outros.

Marie e Uzi rememoram os pontos altos de nossa excursão a Tikal para Shakti e o filho dela, que passaram o dia de ontem cavalgando até uma cachoeira ali perto, com piscinas naturais. Quando Marie chega à parte em que subimos o Templo Quatro e olhamos para baixo para aquele tapete verde desgrenhado, as bochechas de Shakti se contorcem num leve estremecer de arrependimento.

— Devíamos ter ido com vocês — ela disse. — Tenho a sensação de que perdemos essa.

— Desse jeito, vocês estão deixando alguma coisa para a próxima vez — Uzi conta para ela.

O filho de Shakti levanta os olhos do prato.

— Cara, aqui não tem onda para surfar. Da próxima vez, nós vamos é para a Costa Rica.

Tomamos nossos últimos goles de café e de chá, os pratos são retirados e nós ficamos por ali. Ninguém tem vontade de sair já, mas logo as vans vão estar paradas no estacionamento. Victor caminha com um bule de café bem quente para revisar o planejamento do dia. Na próxima meia hora, nosso grupo vai se dispersar em todas as direções, como as setas de uma bússola. Marie e a família estarão a caminho do aeroporto, para voar de volta para o Canadá; Brian vai pegar a estrada para o Blancaneaux Lodge de Francis Ford Coppola e três dias de observação de pássaros; Shakti e o filho vão na mesma van de Marie para a Cidade de Belize, onde vão pegar um táxi marítimo mais a leste para a ilha de Ambergris Caye para quatro dias de mergulho e, como diz Shakti, "curtir um relax na praia". E Jeronie vai conduzir Uzi, Maya e eu por quatro horas em direção ao sudeste, para a cidade de Placencia, na costa central do Caribe, para a segunda metade da nossa viagem.

Everald mete a cara pela porta da cozinha, procurando Maya.

— Posso brincar? — ela pergunta.

— Tudo bem, mas fique numa parte da grama em que eu possa ver você.

Ela sai correndo, mas volta depois de um minuto ou dois.

— As Rúrsulas — ela explica, pegando-as da mesa e saindo de novo.

Quando Victor sai para preparar as vans, é a deixa para acertarmos nossas contas e pôr na mala as últimas coisas.

— Fico tão feliz de termos passado esse tempo juntos — canta Brian, imitando a melosa Carol Burnett, quando nos dirigimos às cabanas pela última vez. Ontem, na volta de Tikal, Brian e eu conversamos por quase uma hora sobre a logística de se construir um homem biônico, um assunto que eu não achava que pudesse sustentar por mais de dez minutos, mas com um público interessado Brian repentinamente desenvolveu uma oratória igual à de um carismático professor universitário. Vou sentir falta da sede de aprendizado dele. Durante o café, ele e Uzi trocaram cartões de visita com a promessa de também trocar fotos de Tikal, porém, mais tarde, lá em casa, descobrimos que perdemos o cartão dele em algum lugar no caminho entre Crystal Paradise e Los Angeles e a mesma coisa deve ter acontecido entre Belize e Houston, porque nós nunca mais ouvimos falar dele.

Dou uma olhada em Maya e Everald no gramado e vou para a cabana terminar de embalar as coisas. Algumas peças de roupa ainda estão penduradas no armário aberto, e eu as enrolo e aperto bem e as alojo cuidadosamente em seus respectivos lugares. Da prateleira do armário, eu tiro as velas de Hanucá que eu trouxe de casa e que não chegaram a ser usadas e coloco num canto vazio da minha mochila. Sem a menorá que eu esqueci de trazer, elas perderam a utilidade. Enquanto trabalho, uma lagartixa de 10 centímetros corre parede acima e desaparece no teto fazendo um barulho alto de quem arrasta alguma coisa.

No chão do armário, encontro o saco plástico que guardou as folhas de Canto, que eu uso para embrulhar os frascos de xampu e condicionador, que estão pela metade. Quando vou buscá-los no chuveiro, um sapinho quase transparente com olhos pretos que parecem conchas olha para mim de um azulejo perto do ralo. Quatro dias atrás, eu teria chamado Uzi para acompanhar o cavalheiro até a porta, mas agora eu mesma o varro para dentro de um copo de plástico e o solto lá fora. Eu juro que, depois dessa viagem, a fauna de Topanga Canyon vai parecer um zoológico de pequenos animais muito mal sustentado.

Começo a empilhar nossas malas e mochilas ao pé da cama, para Uzi levar até a van.

— Toc toc toc — fala Shakti, pela porta de tela aberta. — Estou vindo para me despedir.

Ela está usando o mesmo top preto que usava no dia em que a conheci, com uma touca da Guatemala ricamente bordada cobrindo toda a sua cabeça. Por cima de seu ombro, vejo Maya e Everald brincando de siga o líder em frente da buganvília roxa. Maya é a líder.

— Quando é que vocês vão dar no pé? — pergunta Shakti.

— Dentro de uns 15 minutos. Jeronie vai nos levar a uma fazenda de borboletas no caminho. Não podemos entrar no hotel de Placencia até depois das 15 horas, por isso temos muito tempo para ficar fazendo hora.

— Pensei que fosse às 14 horas — comenta Uzi, da rede.

— Às 15 — eu digo, entrando na varanda. Tenho certeza de que são 15 horas.

— Jeronie dirige bem — comenta Shakti, e eu concordo. A maior parte da estrada até Placencia não tem asfalto. Acho que é isso o que ela está querendo dizer.

Ela estende os braços para me dar um abraço de despedida e nós nos seguramos fortemente.

— Foi uma experiência e tanto conhecer você — digo a ela. — E estou falando isso no melhor sentido possível. Espero que você aproveite bem a sua praia.

— Você é gente boa. — Ela me dá um abraço extraforte e sussurra no meu ouvido. — Você sabe que vai acabar tudo bem.

— Obrigada. E se algum dia eu quiser que alguém me leia em Santa Cruz, já sei a quem procurar.

— Droga — ela responde. — Eu devia ter lido você aqui. Por que você não pensou nisso?

— Que tal uma leitura de vinte segundos para se despedir, bem aqui?

— Isso significa...

— Eu não sei O que você conseguir ver.

— Tudo bem — ela diz, dando de ombros espirituosamente. — Faça uma pergunta.

Uma pergunta? No terceiro ano, tive que fazer uma dissertação sobre o que eu pediria se um gênio da lâmpada pudesse me conceder um único pedido. Eu pensei bastante e então escrevi que pediria mais três pedidos. "Boa ideia", escreveu a professora na margem, mas eu não creio que seja isso o que Shakti tenha em mente. Só uma pergunta? Tem tantas coisas que eu queria perguntar. O que está realmente acontecendo com esse negócio do Dodô? Será que eu vou escrever outro livro? Uzi e eu vamos continuar juntos daqui a dez anos? Preciso de uma pergunta que seja ampla o suficiente para ser significativa, mas também específica o bastante para oferecer um aconselhamento real. Ou talvez eu esteja simplesmente racionalizando demais. Shakti está esperando e a van também.

— O que nós deveríamos fazer com Maya?

Shakti fecha os olhos, inspira profundamente e depois expira lentamente. Mais uma vez. E eu aguardo. O filho dela aparece por trás e também espera. Finalmente, ela abre os olhos.

— Vejo plantas.

— Shakti, nós estamos nos trópicos. — Faço um gesto em direção ao gramado, onde buganvílias, orquídeas e outras 11 espécies de flores crescem por todo lado. — Eu também vejo plantas por toda parte.

— Ótimo! — ela diz, rindo. Ela e Uzi se abraçam rapidamente e então ele aperta a mão do filho dela e o cumprimenta com firmeza.

— Espero que você encontre umas ondas boas por lá, cara — diz Uzi.

— Eu também — responde o garoto, triste.

A van buzina duas vezes. Shakti e seu filho passam as mochilas pelos ombros e descem as escadas correndo.

— A gente se vê! — grito para eles. O garoto me faz um sinal de paz e dá um sorriso enquanto dobram para o outro lado da cabana. E então, simplesmente assim, eles se foram.

— E então... — diz Uzi. Parece que não há mais nada a acrescentar.

Cada vez que o nosso grupo diminui, eu sinto uma pequena, porém palpável, sensação de perda. Éramos dez na mesa do café da manhã, depois cinco na cabana e agora somos só nos três outra vez. Quatro, se incluirmos Everald Junior, mas ele mora aqui. Em apenas quatro dias — será que foram apenas quatro dias? —, nós criamos laços com os outros hóspedes, não só por força das circunstâncias, mas por curiosidade e um interesse genuíno pela vida dos outros. Talvez algum dia Uzi e eu voltemos aos degraus dessa cabana para visitar os Tut, mas nós nunca mais vamos estar aqui com o mesmo grupo de dez pessoas e saber disso tem me deixado com saudades antes mesmo de ir embora.

Jeronie chega para levar nossas malas para o carro, e Uzi vai chamar Maya no gramado. Everald corre atrás dela e eu me agacho para dar adeus olhando nos olhos dele. É um menino adorável, descalço, sorrindo e de mãos dadas, seguindo Maya por toda parte como um irmão mais novo que a venera, embora a diferença entre eles seja de apenas alguns meses.

— Obrigada por brincar com Maya. Espero vê-lo outra vez.

Ele sorri timidamente e sai correndo na direção da casa da família.

— Tchau, Everald! — Maya grita para ele. A voz dela agora está alta e forte, a congestão em seu peito passou quase que totalmente. Na noite passada seria a nona vez que eu deveria passar o unguento em seu peito, se eu estivesse passando três vezes por dia, mas no fim das contas consegui passar um total de sete vezes. Mesmo assim, deve ter feito algum bem.

Uzi faz a verificação final no quarto, para ter certeza de que não estamos esquecendo nada. Esse é um pequeno ritual que ele faz no fim de todas as nossas viagens, abrindo e fechando as gavetas das mesinhas de cabeceira, ajoelhando-se para olhar debaixo das camas, puxando a cortina do chuveiro. Eu sou cronicamente descuidada com esse tipo de detalhe, e por isso ninguém se surpreende quando ele sai da cabana trazendo o xampu e o condicionador, uma escova de cabelos, três lápis de cera e um dos leopardos malhados de Maya, que estava enrolado nos lençóis.

— Boa pesca, Jim — falo com a minha voz de *Missão impossível*.

Enfio tudo na minha bolsa de mão e fico mais um instante no alpendre. Nem uma única molécula do meu corpo diz que é para eu sair.

— Quero ficar aqui para sempre — digo a Uzi.

— Podemos voltar algum dia.

— Não é a mesma coisa.

Eu já viajei o suficiente para saber que esta sensação de se sentir arraigada a um país onde só passei alguns dias é cuidadosamente cultivada e que, quando um resort entende isso, poucos hóspedes vão querer ir embora. No entanto, não acredito que a família Tut tenha manipulado a nossa experiência dessa maneira. São apenas boas pessoas morando num lugar bonito e o compartilhando com viajantes que ocupam os seus quartos. O que eu sinto agora é mais do que um bom marketing. Uma forte intuição está me dizendo que nós ainda não terminamos a nossa ligação com este lugar. Não está na hora de ir embora.

Será que é a advertência de Rigoberto, de que o tratamento de Canto não terminou, que está fazendo eu me sentir desse jeito? Não, acho que não. É outra coisa, algo que eu posso sentir, mas não posso expressar em palavras.

Eu sempre admirei as pessoas que conseguem fazer uma reviravolta abrupta de 180 graus em seus planos, que cancelam um voo para passar as férias inteiras na primeira parada do trajeto, em vez de seguir para outros três lugares, ou que largam um emprego que elas odeiam sem ter outro já arranjado, e até aquelas que cancelam o casamento uma semana antes da festa, porque acordam e percebem que o casamento está fadado a ser um fracasso. Uma amiga minha foi passar dez dias em Londres e acabou ficando seis anos. Eu não me imagino tomando uma decisão tão impulsiva. Uma atitude dessas exige a capacidade de saber o que se quer, a coragem de agir e um bom grau de autointeresse. É nesse último ponto que eu sempre empaco. Quando penso em informar unilateralmente que não vou embora hoje, penso imediatamente em como isso vai estragar os planos de Jeronie para aquela tarde, e como a hospedaria em Placencia nunca vai conseguir arranjar outro hóspede para o nosso quarto no último minuto (e provavelmente não vai devolver nosso dinheiro), e como o próprio Crystal Paradise pode não ter espaço para nós por mais cinco dias. O grau de complexidade que a minha decisão vai disparar e o sofrimento que isso pode causar aos outros são o suficiente para me convencer a manter o plano original.

Mas o problema é o seguinte: eu quase não sinto prazer com o planejamento original. Ele é quadrado. É maçante. Não tem espontaneidade. Na minha casa em Topanga, os dias são previsíveis e rotineiros, a maioria deles passados sozinha ou na companhia apenas de Carmen e Maya, numa casa no alto de um cânion, esperando Uzi chegar. O pensamento vai se formando até construir uma frase perfeita: *Eu me sinto sozinha em minha casa.* Aqui, eu não me sinto sozinha. Aqui eu me vi cercada por pessoas felizes e pude rir pela primeira vez em meses. Aqui eu me senti parte de uma comunidade, por mais efêmera que ela fosse. Sair daqui parece ser a escolha errada. No entanto, com todo mundo debandando, não há realmente uma razão para ficar. Da maneira mais estranha possível, tenho ciúmes de Maya por ela contar com o Dodô, um amigo que vai aonde quer que ela vá e nunca a abandona.

Dentro de seis dias, nós vamos voltar a um lugar onde a mentalidade insiste que amigos imaginários são apenas a invenção de uma criança e que quando esses amigos se tornam agressivos ou problemáticos, é a mente da criança e não a mentalidade cultural que tem de ser consertada. Na nossa breve estada aqui, eu encontrei uma cultura que não pensa que eu seja uma mãe maluca por acreditar que Dodô seja mais do que uma ideia bem confeccionada. Se, no fim das contas, for realmente um distúrbio mental isso com que nós estamos lidando, então é melhor lidar com isso aqui, onde pelo menos existe a esperança de consertá-lo de fora para dentro, em vez de eu ser pressionada a mudar a minha filha de dentro para fora.

Eu desço os degraus da cabana e olho para os arbustos numa explosão de cores, as orquídeas crescendo grandes e delicadas em meio às árvores maduras, a cabana vermelha e amarela com redes azuis e brancas penduradas na varanda da frente, e eu penso: *Ajude-me a encontrar uma maneira de entender que estou tomando a decisão certa ao sair. Ajude-me a encontrar uma maneira de sentir que ter chegado até aqui já é o bastante.* Trazer Maya até aqui foi um ato de coragem, disse Shakti. Quero crer que ela esteja certa. Talvez romper a rotina de casa, mesmo que apenas por uma semana, já tenha valido alguma coisa, um pequeno ato de fé por si só.

O carro está esperando. Está na hora de ir.

No estacionamento, Jeronie e Victor esperam por nós ao lado de uma Isuzu Trooper 4x4, com as malas já colocadas na traseira. Eles conversam baixo entre si e Victor parece sério, mas seu rosto se abre num sorriso quando vê que nós nos encaminhamos a ele.

— E assim a pequena *reina* já está indo embora — ele diz, roçando os cabelos no alto da cabeça de Maya. — Tão cedo...

— A gente vai ver borboletas — ela diz.

— Vocês vão, sim. Então, nesse caso, eu não vou atrapalhar. — Ele dá um passo ao lado e cumprimenta Uzi. Eles seguram os cotovelos um do outro, um abraço ritual entre homens. Ponho no chão a minha bolsa de mão e lhe dou um abraço de peito aberto.

— O seu hotel é excepcional — digo a ele. — E a sua família é a melhor de todo o Cayo.

— Conte aos seus amigos sobre nós! — fala Victor, apertando o meu ombro. — Nós vamos recebê-los muito bem aqui!

— Eu vou! — E é verdade. No ano seguinte, nós dois vamos cumprir nossas promessas. — Muito obrigado por ter-nos levado a San Antonio — eu digo quando fecho a porta da van.

— Não foi nada! — ele diz. — Foi só um pulinho! Na próxima vez, vamos visitar os menonitas. Não esqueça!

A anta, o animal nacional de Belize, é um parente do cavalo e dos rinocerontes e parece uma mistura de porco com tamanduá; seu apelido é a "vaca da montanha". Eu não ia saber nada disso, já que nunca tinha visto uma anta, mas o parapeito de madeira do Centro de História Natural Chaa Creek exibe uma fila de sete crânios de animais, e Maya imediatamente aponta para o maior e pergunta:

— O que é *aquilo*?

Nós somos os únicos visitantes nesta manhã e a jovem guia está ansiosa em ajudar.

O Centro de História Natural é uma primeira parada obrigatória no caminho para a Fazenda de Borboletas Blue Morpho, o que para nós está muito bem, já que a cabana de duas salas está cheia de informações para leigos sobre as plantas e os animais locais. É o tipo de museu de que Uzi gosta: pequeno, rústico, sem pretensão e que não quer só ganhar dinheiro. Fotografias e ilustrações de répteis, anfíbios, mamíferos e pássaros da região vêm junto de legendas escritas em cartõezinhos, presas a grandes folhas de fórmica e compensado pintado. O parapeito de uma janela exibe uma fila de jarros com formol. Cada um contém uma cobra, todas bem enroladas.

— Urgh — faz Maya, mas eu acho que elas são fascinantes nesse estado de suspensão permanente: a venenosa cobra coral, com suas listras amarelas, pretas e vermelhas; a cobra-rei tropical sem presas; a agressiva e detestada jararaca, da cor da terra.

Um canto da sala da frente reproduz o interior de uma cabana maia tradicional, de varas de bambu e folhas de palmeira, a *xanil na*. A lareira de pedra fica encostada à parede e um tear que funciona de verdade, abóboras vazias e sacolas com roupas e alimentos ficam penduradas no teto. Os únicos móveis da sala são uma rede marrom pendurada na diagonal e uma mesa simples de bambu. A maior parte da vida dos maias, dissera Rigoberto, era em público e ao ar livre, o que faz possível olhar para essa simplória reprodução de uma sala e imaginar uma praça colorida do outro lado da parede, borbulhando de atividade humana.

Na mesa dos fundos do museu, nós compramos os ingressos para a fazenda das borboletas. Quando saímos para o pátio, Jeronie está encostado no parapeito da varanda, os braços cruzados, conversando com o guia. Ele olha o relógio quando nos vê.

— Eu volto para encontrar vocês daqui a meia hora, está bem? — ele diz, e nós vamos até o próximo edifício, onde começa a visita às borboletas.

Algumas informações sobre as borboletas azuis de morpho (Blue Morpho), também conhecidas aqui como "azul de Belize": elas estão entre as maiores borboletas do mundo, com uma envergadura de até 20 centímetros com as asas abertas; elas provam a comida com as pernas; e suas asas difusas parecem ter inspirado o famoso pigmento azul-maia encontrado em oferendas, murais e pinturas pré-colombianas, nos lugares sagrados.

A bióloga de plantão na fazenda das borboletas parece a consultora de um acampamento, com suas calças cáquis, uma camiseta do resort Chaa Creek e rabo de cavalo castanho. Nós nos sentamos numa mesa verde de piquenique, ao ar livre, enquanto ela mostra um diagrama do ciclo de vida de uma Blue Morpho e abre uma série de seis potes de plástico branco para mostrar as larvas em seus diferentes estágios de desenvolvimento, todos se agarrando a pequenas pilhas de folhas. Dentro da estufa de telas que fica lá atrás, nós vamos ver os casulos e, se tivermos sorte, uma borboleta vai fazer sua metamorfose exatamente na hora em que estivermos observando.

— Está entendendo tudo, Maya? — pergunto.

Ela indica que sim.

— Onde estão as borboletas? — ela sussurra.

— Ali atrás. Nós já vamos lá num minuto.

— Ouça o que ela está dizendo — fala Uzi. — É interessante.

O ciclo de vida de uma Blue Morpho, do dia em que o ovo é colocado numa folha até a hora da morte, é de 137 dias. De todo esse tempo, apenas um mês — menos de um quarto de sua existência — é passado como adulto. Essa deve ser a adolescência mais longa do mundo natural. Mas todos esses detalhes são apenas um prelúdio ao acontecimento principal.

Todo mundo vem aqui para ver as borboletas e elas são a última parada do passeio. Olho o meu relógio. Jeronie vai estar de volta em 15 minutos.

Levanto a mão — o que faz eu me lembrar de Brian — e logo sinto uma pontada de nostalgia. A essa hora, ele deve estar passando pela estrada esburacada perto da aldeia de San Antonio. Shakti e o filho provavelmente devem estar numa velocidade bem maior na Western Highway em direção a Belmopan, com a cabeça já pensando nas estrelas-do-mar e na areia fina e branquinha.

— Desculpe — eu digo à bióloga —, mas nós só temos mais 15 minutos. Seria possível visitar agora o viveiro das borboletas?

— Mas é claro — ela diz. Ela põe o quarto pote de volta na prateleira e nos conduz até o viveiro cheio de telas, mas para antes de abrir a porta para a pequena antessala que impede as borboletas de saírem. Pela porta de tela, posso ver asas escuras abanando por todo lado.

— Maya, talvez você deva entrar na mochila para bebê — digo. Minha intenção é proteger as frágeis borboletas, mas acrescento: — Você vai poder ver as borboletinhas lá de cima. — É para convencê-la, e ela sobe na mochila com ansiedade.

O viveiro das borboletas não é mais do que uma grande caixa toda recoberta, com teto e paredes feitos com telas de fios, e um chão de areia e pedrinhas. Centenas de borboletas do tamanho da metade da minha mão se agarram às telas dos nossos lados. As asas, quando fechadas, são de um marrom fosco, com grandes olhos pretos rodeados de amarelo, fazendo os insetos se parecerem mais com mariposas gigantes do que com borboletas. A todo instante, uma delas se desprende do teto e voa para uma das paredes teladas ou para uma das bandejas com pedaços de melancia e melão pequeno, revelando pequenos flashes de azul quando voam, como se fossem pedacinhos de céu.

A bióloga se abaixa e colhe uma borboleta morta do chão.

— O exterior é marrom para elas se camuflarem — explica. Delicadamente, ela abre as asas da borboleta e as mantém abertas com o dedo indicador.

— Ooohh! — exclamamos Maya, Uzi e eu. Lá dentro, as asas são de um tom azul metálico deslumbrante, emoldurado por um anel grosso de marrom escuro. É um tipo de azul que eu nunca vi antes, menos arroxeado que o índigo, mais violeta que azul-celeste, mais claro que o azul-cobalto, mais escuro que uma água-marinha. Eu nunca vi essa cor numa flor, nem nos olhos de uma criança, ou mesmo no céu. Talvez numa pintura de tela abstrata, ou numa luz de neon. O azul da Blue Morpho é de um tom que só ela tem.

— Essa aqui era uma fêmea.

— Como é que dá para saber?

Ela mostra o contorno das asas com o dedo indicador.

— As fêmeas têm duas fileiras de marquinhas brancas nas bordas marrons. Nos machos, são geralmente azuis.

— Venham dar uma olhada — diz Uzi. Ele está diante de uma simples caixinha de madeira perto da porta, onde cinco filas de casulos estão pendurados em varetas horizontais. Eles são lisos e cor de esmeralda, com a forma de conchas perfeitas. Cada um tem uma data marcada num pedaço de esparadrapo, indicando o dia em que eles devem se abrir. Alguns dos casulos da fila de baixo já se abriram e uma grande borboleta que acabou de se formar se agarra à concha vazia de um deles, ainda ligeiramente molhada e se recuperando do esforço.

— Igual à da mamãe — diz Maya e ela está certa. A nova borboleta, de perfil, se parece exatamente com a que eu tenho tatuada na minha cintura esquerda. Eu tinha acabado de completar 30 anos quando entrei numa loja de tatuagens em Sunset Boulevard com a minha irmã. Eu estava procurando um jeito, às vésperas de uma nova década, de marcar o meu corpo com o sinal universal de uma transformação, para comemorar o nascimento de algo novo e não formado. Ainda iria se passar mais um ano até eu conhecer Uzi, e Maya ainda era um esboço mínimo de uma ideia, mas eu já intuía que essas ligações estariam logo ali adiante, e embora eu saiba que isso parece estranho vindo da cínica pragmática que eu era, eu queria de alguma maneira preparar meu corpo para recebê-los.

Uma borboleta pousa suavemente atrás da cabeça de Uzi, em paralelo ao rosto de Maya, e ela vira a cabeça e olha para a borboleta com um olhar do mais puro deslumbramento. Ela espalma as duas mãos e faz elas se abrirem e fecharem, como que imitando o abrir e fechar de suas asas. É um dos gestos mais adoráveis e inocentes que eu já vi. Uma segunda borboleta voa para baixo e aterrissa no ombro de Uzi. Ele vira a cabeça para dar uma olhada nela e sorri.

— Elas gostam de você — eu digo.

Uma terceira pousa na borda da mochila de carregar bebê e uma quarta no ombro de Maya.

— Olhe, Maya — eu digo, esticando o dedo indicador para um ponto bem na frente da que está no cabelo de Uzi, gentilmente incentivando para que ela suba no meu dedo. Suas perninhas delicadas agarram o dedo. A borboleta não pesa mais que uma pluma, tão leve que eu mal sinto resistência ao levantar a mão. Tanta coisa em tão pouco. Elevo o dedo à altura dos olhos e observo-a lentamente bater as asas. É a maravilha da camuflagem, o paraíso azul que se esconde lá dentro.

E é assim que Jeronie nos encontra quando entra no viveiro: cercados de borboletas, inundados de borboletas, impressionados com a maneira como elas pousam em nossas cabeças, nossos ombros e nossas mãos, com tão pouca malícia e tanta confiança. Ele ri ao nos ver girando em pequenos círculos, com os braços bem abertos, tentando atrair fragmentos fugidios de um azul iridescente.

Quando olho para Jeronie, mexo o braço só um pouquinho para deixar uma Blue Morpho partir.

— Prontos?

— Só mais um pouquinho.

— Rosita pode lhes atender daqui a pouco, se vocês quiserem — ele anuncia.

Rosita pode nos atender? Daqui a pouco?

— Desculpe, eu não entendi — digo.

— Rosita pode lhes atender daqui a pouco, se vocês quiserem — repete Jeronie.

São tantas as coisas impressionantes reunidas numa só frase que eu nem sei por onde começar minha confusão. "Rosita" deve ser a Dra. Rosita do livro. Mas por que Jeronie a traria até a fazenda das borboletas? E como é que ela poderia nos atender, quando nós já perdemos a consulta que tínhamos marcado com ela? E *por que* ela iria nos atender, quando nos informaram que ela não tinha mais horário esta semana? Olho para Jeronie boquiaberta, tentando encaixar as peças.

— Perfeitamente — fala Uzi, antecipando-se a mim.

— Podemos ir andando — indica Jeronie. — É só descer a ladeira.

Só descer a ladeira? Esta ladeira? Ah, então é *isso*. Os donos do resort Chaa Creek são amigos e vizinhos de Rosita — ela fala isso no livro —, o que quer dizer que nós nos encontramos ao lado da fazenda dela, exatamente agora. E numa das noites Jeronie comentou que a conhecia. O que significa que... quando ele nos deixou, dizendo que voltava em meia hora, ele deve ter ido lá embaixo para vê-la e perguntar se ela poderia nos atender.

Eu fico tão emocionada com esse ato de generosidade que começo a gaguejar feito uma idiota.

— Jeronie — digo a ele —, eu não posso... eu não sei... eu não sei nem o que dizer. Isso foi... tão... incrivelmente gentil... e atencioso... de sua parte...

— Não foi nada — ele diz, encaminhando-se para a porta, como que para escapar da força da minha gratidão. — Se vocês quiserem, já podemos ir.

A sala de espera na fazenda Ix Chel é um pavilhão octogonal com um teto de folha de flandres vermelho, na beira da floresta. Um banco de concreto branco rodeia cerca de dois terços do interior, capaz de acomodar facilmente uma dúzia de pessoas, mas quando Jeronie nos deixa ali, os únicos outros pacientes esperando são dois fazendeiros menonitas barbados, com chapéus de palha de aba larga. Os suspensórios das calças pretas passam por cima de suas camisas de algodão que são, como eu percebo, de um tom muito parecido com o azul das Blue Morpho. Nós nos sentamos bem diante deles e nos cumprimentamos formalmente, com a cabeça. Nenhum dos dois parece estar doente, mas, se for só isso, nós também não.

O centro tem esse nome em homenagem a Ix Chel, a "Senhora do Arco-Íris", a deusa lunar maia responsável pela cura e pelos partos. Pelo que eu posso ver, o centro é um conjunto de edifícios baixos e brancos com tetos de folha de palmeira pontiagudos, cercado pela selva em três lados. Ao contrário da cabana de Canto, esse parece ser um ambiente profissional, uma espécie de ambulatório. Volta e meia, gente vestida de branco entra e sai de um edifício de dois andares do outro lado da estradinha de cascalho, com uma postura profissional. Eu tenho uma pequena sensação de segurança ao ver que aqui existe um sistema com uma estrutura e regras visíveis. Quantas coisas podem dar errado num lugar com uma sala de espera e atendimento com hora marcada?

Dou uma olhada em Maya, entretida em virar as páginas de um livro infantil sobre répteis da floresta tropical e murmurando algumas palavras ininteligíveis. Estamos prestes a ver uma das curandeiras mais famosas da América Central, mas para Maya ela vai ser apenas mais uma mulher na floresta tropical. Maya não sabe por que estamos aqui e não pensa em perguntar. Para ela, não há nada a esperar e, portanto, nada a temer. Quanto a mim, sinto apreensão suficiente por nós duas. Qualquer emoção que eu tenha por me encontrar com a Dra. Rosita é obscurecida pela preocupação de que o que aconteceu na cabana de Canto possa voltar a acontecer mais uma vez.

Olho para o meu marido para ver se ele demonstra alguma indicação de sentir a mesma coisa, mas ele está sentado no banco com a mesma serenidade que teria se estivesse esperando um ônibus que atravessa a cidade regularmente. Ponho a mão espalmada na perna dele e aperto um pouquinho.

— Isso é muito emocionante! — digo, tentando provocar uma resposta.

— Hm-hum. — Ele sorri e assente bondosamente. É só mais um dia feliz na floresta tropical dele. Qualquer resposta que eu esteja buscando, não é aqui que eu vou encontrar. Sorrio de volta e retiro a mão.

Maya estica o braço para pegar a garrafa d'água. Eu tiro a tampa e passo para ela exatamente quando uma jovem entra no pavilhão e faz sinal para os menonitas a acompanharem. Ela olha para o relógio e se vira para nós.

— Rosita vai estar pronta para atendê-los em aproximadamente 45 minutos, talvez um pouco menos — ela diz. — Se vocês quiserem, podem visitar a lojinha ou passear pela trilha dos remédios e voltar em meia hora.

— Está bem — fala Uzi.

Caminhamos até uma cabaninha branca com mais um teto vermelho octogonal, uma versão menor e anexa da sala de espera. Lá dentro, uma mulher local, de pé, atrás de uma caixa registradora, nos cumprimenta com um alegre "*Buenos días!*"

— *Buenos días!* — respondemos.

Prateleiras baixas de madeira rodeiam o perímetro da sala, exibindo camisas brancas estampadas e carteiras e cintos coloridos da Guatemala. Maya pega um Worry doll* guatemalteco e instintivamente esfrega o polegar no peito dele. Fileiras bem organizadas de frascos e garrafas se alinham na mesa central. Eu pego um frasco de vidro de oito centímetros, cheio de um unguento verde-claro. O rótulo diz UNGUENTO DA SELVA. Um folheto ali ao lado diz que ele é um dos produtos naturais de saúde produzidos na fazenda, a partir de ervas e folhas locais. Viro o frasco para ler o verso do rótulo: "Para picadas de insetos, coceira, plantas venenosas,

---

* Pequeno boneco feito manualmente com linha para descarregar as preocupações.

infecções causadas por fungos e irritações de pele. Ingredientes: *Neurolaena lobata*, nó de porco, chicoloro (*strychnos panamensis*), puro óleo vegetal, cera de abelhas." Uma garrafa fina e escura, com um conta-gotas na tampa, tem o rótulo de BARRIGA BOA. "Para gastrite, constipação, e gases crônicos e dolorosos. Man Vine, Ginweo, Guaco." É como ouvir inglês de semianalfabeto: metade eu entendo, metade não.

— Devíamos comprar um pouco — comenta Uzi.

Devíamos, mas parece meio esquisito ter esse desejo agora, como se aqui, dentre todos os lugares, nós não devêssemos sucumbir ao nosso desejo de consumir.

— Talvez mais tarde — respondo.

Fora da lojinha, setas de madeira nos encaminham para os fundos do pavilhão, onde um caminho de terra circunda a borda da floresta por uns cinquenta passos, passando entre uma palmeira portentosa e uma grande árvore de toranja cheia de frutas, antes de entrar na floresta. Uma placa diz que a trilha medicinal da floresta, criada pela Dra. Rosita depois que Don Elijio morreu, preserva muitas das plantas que ele utilizava nas curas. Quando entramos na floresta, a abertura para o mundo exterior diminui até ficarmos só nós, as plantas dos dois lados da trilha e a terra fofa debaixo de nossos pés. Aqui não há barulho algum, a não ser pelas pisadas macias dos nossos tênis na terra. É uma trilha mais escura e mais fechada do que qualquer um dos caminhos que pegamos em Tikal. Eu tiro os óculos de sol e enfio no bolso da camisa.

A cada sete metros ou algo assim, uma pequena placa impressa aparece espetada no chão, ao pé de alguma árvore ou planta medicinal. Eu me curvo para ler a primeira placa à direita. A planta tem folhas pontudas e variadas que parecem despontar direto do chão, como um fogo verde e amarelo. É uma espada-de-são-jorge, também chamada de *lengua de vaca* em espanhol ou *Sansevieria trifasciata*, em latim. Aqui ela é usada como remédio contra picada de cobra. Eu costumava ter três plantas como essa em cima dos armários da minha cozinha em Nova York, onde nós as chamamos de "língua de sogra" e usamos como decoração.

Mais adiante na trilha, nós encontramos a chicoloro, também conhecida como *Strychnos panamensis*.

— Eu me pergunto se é daí que vem o nome estricnina. — Comenta Uzi. Veneno de rato. — Não deixe Maya tocar nela.

Eu puxo uma folha de uma pimenta-da-jamaica, esfrego em meus dedos e ponho sob o nariz de Uzi.

— Lembra dessa? — pergunto. Isso me faz pensar em Rigoberto, que por sua vez me faz lembrar do dia de ontem em Tikal e, ai, caramba, onde é que Maya foi se meter *agora*?

Ela já pulou à nossa frente, dobrando uma curva no caminho. Eu fico um pouco horrorizada ao ver pais em parques de diversão levando as crianças em coleiras de nylon, mas depois dessa viagem eu posso compreender esse impulso, eu realmente compreendo. Pulo quatro degraus de madeira e passo por um jaborandi-falso e uma árvore branca e venenosa. Quanto mais eu entro, mais escuro vai ficando o ambiente, mesmo em pleno dia. Eu não gostaria de me perder aqui sozinha, e certamente não durante a noite. Ao pensar nisso, um leve calafrio de apreensão irradia de trás das minhas orelhas, até a batata da perna. Eu ando mais rápido. Sou como Martin Sheen navegando pelo rio Nung, até o coração das trevas do Camboja, exceto pelo fato de que em vez de um navio-patrulha da Marinha e uma tripulação de quatro homens eu tenho um par de tênis Nike e uma menina de 3 anos aloprada. Então talvez não seja uma comparação tão boa, no fim das contas.

Encontro Maya arrastando os pezinhos na terra em frente a um pé de inhame selvagem e a carrego pela frente de uma sumaúma, um abacaxizeiro selvagem e uma árvore que cura disenteria. Quantas plantas medicinais você pode enfiar em duzentos metros de uma floresta tropical? Mais do que eu já tinha ouvido falar, pode acreditar.

O caminho faz a volta em direção à fazenda e nos deixa diante de uma reprodução da cabana de Don Elijio, que se parece com uma versão maior e mais escura da *xanil na* que vimos no Centro de História Natural, lá em cima. Mas não há tempo para comparar os interiores, porque a mulher que nos pediu para voltar em meia hora está vindo à nossa procura. Ela faz um sinal do outro lado da grama, na direção de duas casas de estuque branco.

— Ali — ela diz.

A sala de consulta é um terraço de madeira atrás de uma das casas brancas. Quando chegamos, uma mulher caucasiana de meia-idade e pele extremamente bronzeada se levanta de uma cadeira para nos cumprimentar e qualquer ideia preconcebida que eu ainda tivesse sobre como deveria ser a cara de um xamã se esfacela definitivamente.

Rosita usa um vestido de algodão estampado que bate em seus joelhos e um chapéu de palha redondo. Os olhos dela se curvam levemente nos cantos, exatamente como na foto, conferindo-lhe uma expressão de abatimento e compaixão, mas então ela sorri e revela duas fileiras de dentes brancos perfeitos e todo o seu rosto se ilumina.

— Olá — ela diz, indicando umas cadeiras vazias em frente a ela. — Eu sou Rosita Arvigo. — A voz é mais fina e esganiçada do que eu esperava, agradável mas também imperativa. — Sentem-se, por favor.

Fico com a impressão de que, quando Rosita fala para você se sentar, você se senta. Nós nos sentamos. Maya sobe no meu colo e enfia o dedo médio e o indicador na boca.

— Vocês são dos Estados Unidos? — pergunta Rosita.

— Somos da Califórnia — eu digo.

Uzi acrescenta:

— De Topanga Canyon, perto de Los Angeles.

— Obrigada por arranjar uma hora para a gente — falo. — Nós tínhamos uma hora marcada com a senhora no dia 24, mas perdemos o avião para cá e nossa agente de viagens disse que não tinha mais horários para essa semana. Então, nós ficamos muito gratos de a senhora encontrar tempo para nos receber.

— Às vezes, isso acontece — ela diz.

Eu não sei bem se ela se refere ao voo perdido, à agenda lotada de compromissos ou a arranjar tempo para clientes de última hora. Acho que ela está falando do voo. Ou das três coisas.

— E então, o que traz vocês aqui hoje?

— Nós viemos por causa da nossa filha — começo, indicando Maya. — Ela tem um amigo...

A boca de Maya se abre num O zangado, e as sobrancelhas pretas se franzindo num V, como personagens de desenho animado, a expressão de quem se sente repentinamente agredido. O rosto dela diz, sem dúvida alguma: "Você vai falar de *mim* para *ela*?"

Eu posso até adivinhar aonde é que isso vai parar.

— Talvez um de nós dois deva levá-la para dar uma voltinha — digo. Eu olho para Uzi. Ele olha para mim.

— Eu vou — ele diz. — Você conta a história.

Depois de eles desaparecerem atrás da casa, volto a olhar para Rosita.

— E então — ela diz —, ela tem um amigo...

— ...imaginário. Um amigo imaginário com quem ela fala e que ela diz que pode ver. Ele vai com ela para todo lado. Às vezes as coisas ficam meio fora de controle. E é por isso que nós estamos aqui.

— Esse amigo tem algum nome?

— Dodô.

— Dodô. — Ela dá uma risada divertida. — Essa é boa.

Já faz muito tempo, mas muito tempo mesmo, que eu não me sento para ter uma conversa a sós com uma mulher da idade de Rosita. Ela provavelmente tem uns poucos anos a menos do que a idade que teria a minha mãe. E não importa o quanto eu envelheça, na presença de uma mulher mais velha eu automaticamente fico submissa e passo a adorá-la, com uma vontade obsessiva de agradar, com uma necessidade quase desesperada de ser compreendida. Isso faz com que a minha boca comece a trabalhar sem parar, como que dizendo *Você não entendeu o que eu acabei de dizer? Por favor, deixe-me explicar de nove maneiras diferentes, porque eu preciso que você me compreenda inteiramente.*

— Existem muitos Dodôs, segundo ela. Dodôs maus e Dodôs bons, meninos e meninas. Ela diz que consegue ver e ouvir todos eles.

— Isso é um tanto incomum.

— É a senhora que está me dizendo. Existe um em especial que lhe dá muitos problemas. Ela diz que ele é um dos maus e que é um menino.

Eu tenho a sensação de que não preciso falar a palavra "espírito" com Rosita. Já está implícito na descrição.

— Há quanto tempo isso vem acontecendo?

— Começou em setembro — eu digo. — Eu estava trabalhando um dia na minha sala, quando ela veio e me bateu e disse que a culpa foi toda dele. Essa foi a primeira vez que eu a vi dizer o nome dele. Ela nunca tinha tido um amigo imaginário. Eu tive um, quando era menina, mas o meu era bem bonzinho. O de Maya não parece ser tão manso. Ele vai com ela a todo canto. Sempre que ela dá um ataque, ela joga a culpa nele. Existem outras questões de comportamento que ela tem, como não permitir que ninguém que não seja eu ou o meu marido toque nela.

— Talvez isso não seja totalmente mau.

— Talvez não. Mas faz com que uma consulta a um médico ou a um dentista seja praticamente impossível. E às vezes ela tem terrores noturnos, onde grita no meio da noite, mas não acorda completamente. E eu também já a peguei conversando com Dodô numa língua que não consigo entender, que me assusta muito, mas muito mesmo.

— Você se lembra de algum transtorno emocional na época em que tudo isso começou?

— Nela ou em mim?

— Em qualquer uma das duas. Mas aqui nós estamos falando principalmente sobre ela.

Eu viro a cabeça um pouco para a esquerda e tento me lembrar daquele tempo. Setembro foi o mês que Maya começou a pré-escola na Montessori, e que Uzi trabalhava absurdamente, mas eu não consigo me lembrar de um incidente específico que possa ter causado qualquer tipo de trauma em Maya.

— Nada de que eu consiga me lembrar.

Rosita tira o chapéu e pousa-o no chão ao seu lado. Percebo que ela está usando sandálias marrons totalmente lisas com tiras que cruzam o peito do seu pé, que suas canelas não são depiladas e que as unhas não são tratadas. Também percebo que ela tem panturrilhas muito bonitas e bem torneadas para uma mulher da idade dela, e, por alguma razão, isso me sufoca e me dá vontade de tossir. Ela aparenta ser uma pessoa totalmente à vontade em seu ambiente, segura de sua própria autoridade, que não precisa bajular ou impressionar ninguém. A frase que se forma em minha cabeça é: "É assim que eu quero ser quando crescer."

— Ela sempre teve muita imaginação? — ela pergunta.

Quem? Ah, lógico. Estamos falando de Maya.

— Sempre. Muita. Sempre foi muito articulada para a idade dela, é o que todo mundo diz.

— E o que você já tentou fazer por ela, antes de vir aqui?

Levanto as sobrancelhas para dizer *muita coisa*.

— Comecei com o que eu achava que devia fazer. Falei com a professora do pré-escolar dela, falei com a pediatra, consultei uma amiga que é assistente social. Todo mundo disse que amigos imaginários são comuns numa criança de 3 anos. Mas nada disso pareceu normal para mim. Ela vivia e brincava normalmente e então, de repente, como se um botão tivesse sido apertado, a personalidade dela mudava para teimosa, desafiadora e impossível. Ela tem uma babá da Nicarágua que percebeu a situação, disse que ela tinha um espírito encostado e fez um ritual para se livrar dele.

— O que foi que ela fez?

— Ela me disse para esfregar um ovo para cima e para baixo nos braços e pernas de Maya e então tirou um pouco de manjericão da geladeira e disse para eu espremer na água do banho de Maya e despejar sobre a cabeça dela.

Rosita assente lentamente.

— É um bom começo — afirma.

Então, Carmen sabia o que estava fazendo.

— Ela levou o ovo para fora e fez alguma coisa com ele. Acho que uma oração — continuo. — Por alguns dias, deu certo. Mas aí o Dodô voltou mais forte do que nunca. Foi aí que eu comecei a achar que talvez nós estivéssemos lidando com algo fora do normal. Meu marido já tinha entendido isso (na cabeça dele, ele acredita em todas essas coisas), mas eu demorei mais tempo. — Tenho a impressão de que estou me alongando demais, o que me faz falar ainda mais rápido, tentando passar o máximo de informações que puder antes que Rosita me mande parar. — E então, antes de voarmos para cá, Maya teve crupe, o que para ela não é incomum, ela já teve várias vezes, mas dessa vez foi violento e depois de uma semana ela ainda não tinha melhorado. Na hora em que nós chegamos à Cidade da Guatemala, ela estava muito doente e não tomava o remédio contra a tosse de jeito nenhum. Ela gritava dizendo que o Dodô não queria que ela tomasse e que o Dodô não queria que ela melhorasse. Foi aí que tudo deixou de ser só esquisito para ficar realmente assustador.

Eu realmente estou falando demais, eu sei.

— Nós já tínhamos planejado passar as férias em Belize, porque meu marido é mergulhador, por isso pensamos em consultar alguém daqui. Eu comprei o seu livro nos Estados Unidos e comecei a ler e nós marcamos uma consulta com a senhora da Califórnia, mas quando o voo estava superlotado e tivemos que voar para cá só no dia seguinte, acabamos perdendo a hora marcada e a agente de viagens disse que a senhora não tinha outros horários. — Agora eu já estou atropelando. — Assim, no dia em que chegamos, nós fomos à aldeia de San Antonio e estivemos com um herborista de lá. O nome dele era Canto, Ovencio Canto. A senhora o conhece?

Ela faz que sim.

— Já ouvi falar. Ele é bom.

— Mas Maya enlouqueceu na hora em que ele pegou no pulso dela e eu não tive como acalmá-la.

— Orações pelo pulso — ela diz. — Então, o que foi que aconteceu?

— Ela começou a gritar e a dar chutes e a fazer um barulho horrível. Ela já estava com dificuldades de respirar e logo estava engasgando e se debatendo, buscando o ar. Eu não pude ficar sentada ali e deixar aquilo continuar, por isso saí correndo com ela. Ele nos deu uma sacola com folhas para que pudéssemos fazer um chá para ela e também dar um banho nela naquela noite, mas ela nem quis saber de colaborar, quando nós tentamos. Ele também me deu um unguento para passar no peito dela, que parece que ajudou bastante com a tosse. A história é essa. E aí Jeronie trouxe a gente até aqui.

Rosita morde o lábio um pouquinho, pensando.

— E desde que vocês foram ao herborista?

— Fisicamente, ela está melhor. Mas o Dodô ainda existe.

— E o que você acha que está acontecendo?

Eu? Durante tudo o que aconteceu nos últimos quatro meses, essa é a primeira vez que alguém me pergunta o que eu posso estar pensando. Eu tenho me preocupado tanto em pedir a opinião dos outros, e agindo a partir das sugestões que os outros me dão, que nunca parei para me fazer a mesma pergunta. O que *eu* acho que está acontecendo?

Talvez seja porque Rosita seja americana e mãe, como eu, e nós estejamos falando na nossa língua materna. Ou talvez seja porque ela tem o mesmo penteado da minha mãe, mais curto nos lados do que em cima da cabeça, que faz abrir um lugar vulnerável e juvenil dentro de mim. Seja lá o que for, eu posso confiar nela. Que é, provavelmente, por que eu lhe digo a verdade.

— Alguma coisa está acontecendo com a minha filha — respondo.
— Eu não tenho dúvida alguma disso. O comportamento dela mudou dramaticamente de alguns meses para cá. Todo mundo percebeu. Eu não sei se é um espírito, não sei nem se eu saberia o que isso significa. Mas eu também não quero me afundar e tentar me convencer de que é uma doença mental, porque isso seria ainda mais assustador. E então existe todo o outro lado da equação, que é que o meu marido trabalha até bem tarde, mas desde que todo esse negócio do Dodô começou ele tem se interessado muito mais em estar com a gente, tem se dedicado mais à família, o que me faz pensar se eu, inconscientemente, não aumentei ainda mais o drama para que ele continuasse por perto. E com isso...

Eu sinto que estou tentando puxar alguma coisa dela — uma reação, ou uma ligação —, e a crueza de tudo isso me deixa meio constrangida. Eu me obrigo a parar de falar, no meio de uma frase.

Rosita permaneceu inexpressiva durante toda a ladainha. Ela não parece impressionada com nada que eu tenha dito. Nem parece tocada. Eu sinto uma ligeira pontada de decepção, como o volume de som sendo abaixado. Eu pensava que a minha confissão fosse trazer à tona... o quê? Parabéns? Um tapinha maternal nas costas? Um cenho franzido demonstrando compaixão? Eu acho que não é assim que são essas consultas.

— Bem — ela diz —, talvez a sua filha tenha um espírito encostado, ou talvez seja apenas uma menina com excesso de imaginação. Eu não sei. Mas, se for um espírito, nós vamos dar um jeito nele. Então, muito bem — ela diz, levantando-se da cadeira. — Vamos colher algumas plantas.

Dois canteiros suspensos perto do estacionamento exibem uma diversidade voluptuosa de plantas e flores. Rosita caminha pela grama em direção ao primeiro canteiro. Eu corro ao lado. Estou relativamente em forma, mas realmente tenho que me esforçar para acompanhá-la. Diante do primeiro canteiro, Rosita apanha uma sacola plástica de compras que está no chão.

— Vamos começar com os cravos-de-defunto. São muito bons para as crianças. — Ela estica a mão e arranca um punhado de cravos-de-defunto lindamente amarelos dos caules e enfia tudo na sacola. O movimento da mão dela é rápido e certeiro, um ato de mestre. Se alguém me mandasse colher esses cravos, eu os colheria dos caules delicadamente, um por um. Rosita tem as mãos de quem sabe manusear as flores. — E algumas rosas. — De um roseiral grande e florido ali perto, ela extrai um punhado de flores cor-de-rosa. Algumas das pétalas se destacam e se espalham quando ela enfia as rosas na saca.

— Nós temos rosas em casa — ofereço, só para ter o que dizer, embora o nosso solo seja arenoso e seco, totalmente diferente dos trópicos, e nossas rosas só deem flor uns poucos dias por temporada, antes das pétalas começarem a cair.

— Agora, um pouco de manjericão — diz Rosita, caminhando para outro canteiro.

— Igual ao que a babá usou — comento.

— É, mas esse aqui está saindo direto do jardim. Funciona melhor desse jeito. E, finalmente, um pouco de arruda.

— O que é arruda?

— É uma erva. Em espanhol é *ruta*. Eu a utilizo bastante. — Ela pega um punhado bem grande de uma planta verde-claro, grande e delicada, e também joga na saca. — É o bastante — diz, e me passa a sacola. Eu olho lá dentro. Flores amarelas e cor-de-rosa estão todas misturadas a folhas verde-claros e verde-escuros. Eu dou um nó com as alças de plástico para segurar as plantas lá dentro.

— Quanto tempo falta para vocês irem embora?

— Não muito. Vamos de carro até Placencia e então Jeronie tem que voltar para casa sozinho.

Ela morde os lábios como se estivesse pensando.

— Muito bem, então vocês mesmos vão ter que dar um banho nela. Você é capaz de dar um banho na sua filha em Placencia hoje à noite?

— Eu não sei se o hotel tem banheira. Se não tiver, vou ter que inventar alguma coisa.

— Ótimo. Quando você estiver preparando a água, quero que você amasse todas as plantas e flores dentro dela. Realmente, entrar na banheira e amassá-las. Durante o banho, brinque um pouco com a água em volta dela, assim. — Ela faz gestos pequenos em minha direção, com as duas mãos, de alguém que brinca com a água. — E derrame um pouco sobre a cabeça dela, como você fez antes.

— Eu não sei se ela vai topar. Ela não gostou muito da ideia naquela noite.

— Diga a ela que ela está ganhando um banho de flores — sugere Rosita. — Faça ela participar da preparação. Você pode fazer como se fosse um jogo ou uma brincadeira. Geralmente, as crianças gostam muito.

— Vou tentar — digo.

— Mais uma coisa. Quando estiver preparando a água, lembre-se de colocar suas rezas nela. Não precisa ser nada complicado, só algumas orações enquanto você estiver amassando as flores, para abençoar a água.

— Em voz alta? — pergunto. A ideia me deixa um tanto horrorizada. E se alguém entrar e me vir rezando? Vou me sentir uma idiota, mais do que eu conseguiria dizer.

— Você pode sussurrá-las, se preferir.

— Posso só rezar mentalmente?

— Se for preciso. O importante é que você reze.

— E se eu não souber nenhuma oração?

— Então você pode inventar. Não é tão difícil. Você se vira.

— Tudo bem — digo, duvidando um pouco.

— Vá buscar seu marido e sua filha para terminarmos. Eu encontro vocês lá dentro.

Eu atravesso o gramado e caminho por uma estradinha de cascalho, onde Maya e Uzi brincam na frente de uma enorme figueira-da-índia. Não sei o que pensar da Dra. Rosita. O tipo de encontro que nós tivemos exigia que eu abrisse o livro da família e expusesse todos os meus medos, mas então a abordagem dela ao tratamento foi tão profissional e cheia de ordens que eu tive de engolir rapidamente todo o lado emocional para absorver as instruções. Eu entendo por que isso tem que ser assim, como terapeutas impõem limites severos para se proteger, mas eu detesto essa aridez, estas minhas dúvidas, esse peso no peito que eu sinto com terapeutas como Rosita que precisam se proteger de pessoas como eu, que de outra maneira poderiam tentar conseguir mais do que qualquer pessoa esteja disposta a dar.

O que eu quero?, me pergunto, enquanto faço sinal para Uzi e Maya voltarem ao terraço. *Eu. Só eu. O que eu quero?* Vejo meu marido e minha filha atravessarem o gramado para se juntarem a mim, ela correndo apenas alguns passos à frente, ele se apressando para igualar o ritmo dela. *O que eu quero?* A resposta chega com tanta facilidade e tamanha velocidade que a simplicidade dela me assusta. Eu quero a minha família, essa família que eu criei, se sentindo saudável e unida. Só isso.

— Vocês falaram do quê? — pergunta Uzi, quando voltamos para o terraço.

— Eu falei sobre o Dodô. Então ela me deu plantas e flores para o banho de Maya, hoje à noite.

— E como é que ela é?

— Meio dura de roer. Mas eu gostei dela.

No terraço, nós nos sentamos nas duas cadeiras que Rosita e eu acabamos de desocupar.

— Você pode segurar a criança no colo — ela me instrui. — Será que ela deixa eu pôr a mão na cabeça dela?

Só de ouvir a pergunta, Maya se encolhe em meu peito.

— Acho que não. Será que nós poderíamos deixar essa parte de fora?

— Tudo bem. Posso deixar a mão em cima de vocês. Muito bem, juntem-se mais.

— Todos nós? — perguntei. — Uzi também?

— Preciso fazer isso pela família toda — ela explica, erguendo a mão direita até pairar uns dez centímetros sobre as nossas cabeças. Então, ela começa a sussurrar rapidamente em espanhol, girando a mão que está sobre nós. Consigo entreouvir a palavra *diós* (Deus) e acho que também ouvi *espíritu* (espírito).

Existe alguma coisa totalmente relaxante no fato de esperar pacientemente numa floresta quente, com meu marido e minha filha, enquanto uma mulher nos inunda de orações. Até Maya fica quietinha enquanto Rosita reza. Nas árvores atrás de nós, um pássaro faz um som alto de quem está batendo em alguma coisa. Viro meu corpo um pouquinho para a esquerda, para diminuir a pressão do peso de Maya nos meus joelhos. Quando o solado de borracha do meu tênis arrasta no terraço de madeira, ele emite um som agudo e abafado. Não interrompe, nem é irritante. Apenas existe.

Quando termina de rezar, Rosita ainda mantém a mão sobre nossas cabeças por mais alguns segundos, depois retira.

— Antes de vocês irem embora — ela diz —, gostaria que comprassem um pouco de incenso de copal na lojinha. Nós o vendemos ali em saquinhos, e talvez vocês devessem pegar também um pouco de carvão. Deve-se acender o carvão e então jogar um pouco de copal em cima, para gerar fumaça. Deixe fazer bastante fumaça e caminhe com ele por todo o espaço que vocês habitam, cada quarto, cada banheiro. Façam também debaixo das camas e dentro dos armários, qualquer lugar que esteja escuro ou obstruído. Vocês precisam fazer isso na casa inteira nove vezes.

— Nove dias seguidos? — pergunto.

— Podem ser nove dias seguidos ou três vezes três dias. Qualquer combinação que vocês quiserem. Não tem importância. O que importa é que o total seja de nove vezes.

— Nove vezes — repito.

— Nove vezes — sentencia Rosita. — Então está bem. Vocês já podem ir.

Já podemos ir? É *só isso*?

— Já acabou? — pergunto. Depois de todo aquele drama na cabana de Canto, parece que Rosita não fez nada.

— Isso é tudo de que preciso — ela diz.

Eu me levanto, passando Maya para o meu lado esquerdo. A serenidade que eu senti durante a oração se evaporou com a mesma velocidade que chegou. Eu não consigo acreditar que já acabou.

— Quanto é que nós devemos por essa consulta? — pergunta Uzi.

Rosita faz um gesto na direção da lojinha.

— Há envelopes para doações. Você contribui com o que puder.

— Obrigado, Rosita — agradece Uzi.

Ela abana o ar e ri um pouquinho.

— Sem problemas. É o meu trabalho. Obrigada por terem vindo. E boa sorte com o amigo. — Ela faz um pequeno gesto nos encaminhando para a lojinha.

— Obrigada — consigo balbuciar. Não quero parecer ingrata, mas ainda estou tentando compreender por que esperamos tanto de tão pouco: uma conversa de 15 minutos, uma sacola com folhas e uma reza?

Na lojinha, Maya corre de novo para a cesta de Worry doll e remexe os bonecos com as mãos. Encontro a resina copal sendo vendida em bolsinhas de corda listradas, da Guatemala. É difícil me imaginar carregando um pote de incenso esfumaçando por todos os cômodos da casa e levar tudo isso a sério. Uzi pega um pequeno envelope pardo perto da caixa registradora e enfia uma nota de 50 dólares lá dentro.

— Não posso acreditar que nós estejamos pagando por isso — digo.

— Acho que foi bem interessante. E útil.

— Útil? Que parte? — Levanto a sacola de flores. — Isso aqui provavelmente vale uns 5 dólares, o que significa que você acabou de pagar 45 dólares por uma reza.

— Acho que vale isso. — Ele olha para o que sobrou na carteira. — Devia ter dado mais dinheiro a Canto — ele diz. — Você acha que se eu deixar dinheiro para ele aqui, eles levam lá?

— Não sei. Pode ser.

Afasto Maya das garrafas de remédios da floresta tropical e a encaminho de volta aos tecidos da Guatemala. Pego uma pequena bolsa com zíper com uma grande alça para o ombro e faço um nó bem no meio. Depois passo a alça pela cabeça de Maya e ajeito a bolsa em seu peito.

— Para guardar o seu dinheiro — digo a ela.

Por cima do ombro dela, percebo Uzi tentando perguntar à funcionária da loja como ele pode mandar dinheiro a Canto. Ela parece não saber de quem estamos falando.

— *Canto* — fala Uzi. — *En San Antonio. El doctor?* — Ela sacode a cabeça, lamentando muito.

— Rosita disse que tinha ouvido falar dele — digo. — Posso ir perguntar para ver se tem alguém daqui indo para San Antonio.

— Boa ideia.

Saio para a luz do sol e me encaminho outra vez para o terraço. Eu não creio que esta seja a melhor maneira de se levar dinheiro a San Antonio — acho que deveríamos pedir a Jeronie —, mas tem uma coisa que eu quero perguntar a Rosita. Eu não estou sendo sincera quando digo que nada aconteceu no terraço. Alguma coisa aconteceu comigo. Quando Rosita disse que precisava rezar por toda a família, foi como se um balão muito cheio começasse a se esvaziar em meu peito. Queria perguntar a ela por que isso aconteceu e por que ela achava que todos nós precisávamos ser curados. Mas quando volto ao terraço, está vazio. Até as cadeiras em que sentamos alguns minutos atrás já foram retiradas. Eu olho pelo gramado, mas não a vejo em lugar algum, e a porta para o sítio está fechada. A consulta acabou. Não tenho certeza se tudo aconteceu do jeito que eu me lembro. Tão pouco tempo, e todas as provas já se foram.

capítulo doze
Placencia, Belize
27 de dezembro de 2000

Existem dois tipos diferentes de mães — é o que acredito: as Mães que Confiam e as Mães Que Fazem. As Mães Que Confiam mantêm uma fé inabalável na perfeição inerente de seus filhos. Elas intervêm o mínimo possível, acreditando que a maioria dos problemas se resolvem naturalmente, sozinhos. Se Uzi fosse mãe, ele seria uma das que confiam. Carmen seria uma mãe que confia. Shakti, com toda a certeza, é uma mãe que confia. Mães que Fazem exercem um papel mais ativo, acreditando que a felicidade de uma criança depende dos passos que os pais dão para assegurar isso. Elas raciocinam, pesquisam, pesam as diversas alternativas, planejam. Eu sou uma mãe que faz — que interfere, que conserta, uma ajudante perpétua — e desde o dia em que Dodô apareceu, eu acho que Fiz muita coisa. O grau em que ele dita o comportamento de Maya me enerva, é verdade, porém, mais do que isso, eu me sinto ameaçada de vê-la sob o controle dele. Se o meu papel primordial como mãe é o de proteger a minha filha, a supremacia de Dodô faz eu me sentir sem poder e vazia e, por isso, quanto mais forte ele se torna, mais eu reajo.

(Meu Deus, percebo que entrei num jogo de poder com uma ilusão.) No entanto, a alternativa a esta luta — que é relevar a presença de Dodô e torcer para ele um dia desaparecer — parece ser um risco grande demais. Foi isso o que guiou toda a minha insistência em manter o controle. Eu temo que, se não reagir, vou perder. Se ter fé é estar disposto a se entregar ao desconhecido, que eu acredito que é, então o contrário da fé não é o cinismo, nem a descrença. O contrário da fé é o medo.

Tudo isso eu penso nas três horas de viagem entre a fazenda da Dra. Rosita e o litoral do Caribe.

O casal que administra o Mariposa Beach Suites em Placencia não poderia ser mais gracioso. Marcia é uma inglesa de cabelos curtos, louros e elegantes e um toque tropical, e Peter é o perfeito aposentado de São Francisco, de camisa polo de mangas curtas e short cáqui apertado. Há alguns anos, eles compraram uma casa de praia na península de Placencia e aqui construíram o seu retiro para a aposentadoria, uma *hacienda* de dois andares com um vasto apartamento no andar de cima para os proprietários e dois apartamentos menores embaixo, para os hóspedes. Depois de nos despedir de Jeronie e levar as malas para o apartamento da esquerda, eles se oferecem para nos levar por 1,5 quilômetro no carrinho de golfe até o coração da aldeia, mas Uzi prefere fazer isso caminhando pela praia. Três horas na caminhonete, a última delas numa estrada de arrebentar os ossos, o deixaram ansioso para esticar as pernas.

— Tem certeza? — pergunta Marcia. — É um percurso muito grande ir até lá e voltar.

Ele tem certeza, embora diga que, noutro dia, vai aceitar a outra oferta dos proprietários e pegar umas bicicletas emprestadas. Eu realmente não sinto vontade de andar agora — não estou a fim de fazer nada depois da consulta de hoje de manhã — mas não quero manter Uzi e Maya presos aqui dentro e, desde que nós saímos da fazenda da

Dra. Rosita, ela não quer ficar longe de mim. Ela passa o tempo todo querendo estar em contato com alguma parte do meu corpo, mesmo que seja apenas o ombro levemente encostado em meu braço. Hoje ela quer segurança, mas não há nenhuma razão visível para isso. Ela não parece doente nem amedrontada, ela não teve nenhuma reação visível à Dra. Rosita, e a viagem até Placencia foi longa, mas sem incidentes, de modo que eu não consigo entender.

Antes de ir para cima, Marcia nos alerta sobre os mosquitos e assim eu tiro um pouco de repelente da mochila e passo nos tornozelos e nas pernas. Enquanto passo o repelente em Maya, Uzi vai até o banheiro e logo põe a cabeça de volta no quarto.

— Eles têm banheira aqui. E chuveiro.

— Eu quero tomar banho esta noite! — grita Maya. — Por favor, manhê, me dá um banho!

— Foi bom você ter lembrado — digo a ela. — Porque eu tenho um banho bem legal para você esta noite. Um banho de flores.

Olho para a cozinha do outro lado do quarto, onde coloquei a sacola de flores que a Dra. Rosita me deu... será que há apenas quatro horas? Tão pouco tempo e parece que já se passaram vários dias. O tempo ganha uma geometria totalmente diferente nessas bandas.

Maya torce o nariz.

— O queeê? — ela diz, esticando a palavra num perfeito sotaque nova-iorquino. Ela parece o meu querido primo Billie, de 19 anos, que vive falando "O queeê? Está maluca?! O queeê?", e ouvir isso me faz rir em voz alta, porque Maya deve ter pego esse jeito de falar de mim.

— É um banho com flores na água — digo para ela. — Rosas, iguais às que nós temos lá em casa. É bonito. Você vai ver.

— Flores, não. Eu não quero um banho de flores.

— Por que você não dá uma olhada antes de se decidir? Nós temos uma sacola cheia de flores bonitas e você pode me ajudar a colocá-las na banheira. As Rúrsulas também podem entrar.

— *Rúrsulas!* — ela grita em pânico, olhando em volta vigorosamente. Ai, não... será que nós as esquecemos na caminhonete?

— Uzi! — grito para o banheiro. — Você sabe onde é que estão as Rúrsulas?

— Estão na cama grande com as sacolas! Eu encontrei quando dei uma última olhada no carro!

Maya corre para a cama maior e tira as bonecas da pilha. Ela as aperta contra o peito com uma expressão de puro alívio, e depois volta a se colar na minha perna. É desse jeito que caminhamos até a cozinha, onde eu limpo as mãos numa toalha de prato e dou uma olhada no que há nos armários. Estão literalmente abarrotados, com direito a uma panela para cozinhar legumes no vapor e uma caixa de flocos de milho que eu pedi a Marcia por e-mail, quando ela se ofereceu para comprar comida antecipadamente. Abro a geladeira e encontro uma garrafa de leite, duas caixinhas de suco de laranja, um pote de manteiga de amendoim, um tablete de manteiga e seis ovos. Na bancada há uma caixa de flocos de milho e uma tigela com laranjas e bananas, junto de um pão de abobrinha preparado pela própria Marcia — que por sinal é o nome da minha mãe, inclusive com a mesma grafia — com um bilhete inserido na frente do prato: "Bem-vindos e divirtam-se! Marcia e Peter."

Pego Maya no colo e a carrego pelo quarto, embora, com 16 quilos, ela já esteja ficando pesada demais para mim. Do outro lado do apartamento, duas portas venezianas se abrem para um pátio com piso de azulejo. Mais dois degraus e lá está a praia. Uma brisa quente do oceano entra pelo quarto até sair pela janela aberta sobre a pia da cozinha. A varanda tem uma mesinha, duas cadeiras, uma rede e a visão de um coqueiro se erguendo direto da areia. Os cocos lá em cima aparecem como se fossem testículos lisos e verdes na base das folhas. Alguns já caíram na areia, onde ficam meio protegidos da força da gravidade.

Uzi sai do banheiro, o cabelo molhado e brilhando de uma chuveirada rápida e nos cumprimenta com um simpático *au-au*.

— Miau — responde Maya. Ele joga a cabeça para trás e ri e, nesse instante, eu vislumbro um raro relance do garoto que existe no homem. Pelo que deve ser a 178ª vez desde que nos casamos, eu penso que gostaria de tê-lo conhecido mais cedo, antes da empresa, dos prazos e do carrinho de bebê. Embora, como nós sempre lembramos um ao outro, se tivéssemos nos conhecido aos 17 anos, haveria pouquíssimas chances de estarmos juntos agora.

Ele apalpa a parte de fora do bolso da frente para ter certeza de que está levando a carteira. Positivo.

— Você viu as minhas sandálias? — ele pergunta, logo antes de as encontrar, exatamente no lugar onde ele sempre deixa, na porta da frente. Ele me olha com a expressão de um carneirinho. — Quando você quiser — ele me diz.

Desde que estamos juntos, Uzi e eu já percorremos a rua mais visitada do mundo (a Champs-Élysées), a maior do mundo (a Yonge Street, em Toronto) e a mais maluca (a Lombard Street, em São Francisco). A partir de hoje, podemos somar a rua mais estreita do mundo a essa lista, embora eu não tenha certeza de que alguém possa chamar legitimamente a rua principal de Placencia de uma rua. Está mais para uma calçada de concreto de 1,30 metro de largura, bem em cima da praia. Conta a história que ela teria sido construída há trinta anos para que os pescadores pudessem transportar carrinhos de mão com a pesca do dia, sem ter de ficar brigando com a areia.

Hoje essa calçada se estende por cerca de 1.200 metros atravessando o coração da aldeia de Placencia, por jardins dos dois lados repletos de buganvílias e guarnecidos por varais cheios de roupas. Posso esticar a mão e tocar nas cercas de madeira, ou arrancar a flor de um hibisco de árvores que crescem tão perto da cerca que chegam a roçar o meu rosto. Se eu esticar a mão de verdade, meus dedos podem tocar no parapeito de uma janela e mesmo nas laterais das casas. Quando nós três caminhamos lado a lado, Uzi tem que andar com um dos pés na areia. Eu imagino como nós devemos nos parecer vistos de costas, dois pais altos de cabelos pretos, segurando as mãos de uma criança entre eles, como um código de DDD 212 passeando na praia.

A aldeia de Placencia está localizada no extremo sul de uma península de aproximadamente 30 quilômetros que se estende do continente como um dedo apontado para baixo. A maior parte da caminhada até a aldeia se dá em meio à areia fina e branca e de resorts modestos na beira da praia, com cabanas arranjadas em forma de W para maximizar a utilização do espaço. Coqueiros maduros se erguem e balançam na areia. Mais perto da cidade, casas quadradas e atarracadas pintadas de roxo, amarelo, azul-real e verde-hortelã se equilibram em estacas que as sustentam a 1,30 metro da areia. Todas elas têm alpendres que as circundam, dando a cada fileira um apelo delicioso, como se fosse um pirulito. Em praticamente qualquer ponto desse caminho, eu posso formar dois ângulos retos com os polegares e os indicadores e enquadrar uma foto perfeita. Eu nunca fui ao Havaí ou à Polinésia, ou qualquer destino tropical que pudesse ser razoavelmente chamado de paraíso, mesmo como força de expressão, mas aqui é o lugar mais perto que eu posso imaginar. O ar aqui é quentinho em vez de literalmente quente e o cheiro de água salgada não é nem forte demais, nem suave demais. Menos de quinhentas pessoas moram em Placencia, mas, enquanto caminhamos, pelo menos uma dúzia delas param para acenar para nós dos pátios e das varandas.

— Eu quero ficar aqui para sempre — digo a Uzi, que já ouviu essa frase antes.

Passamos por uma igreja anglicana octogonal que mais parece uma tenda mongol branca sobre estacas. Uma garota da região vem correndo descalça pelo caminho e nós saímos, da calçada para a areia, para deixá-la passar. Ela tem a pele negra e perfeita dos creoles, que administram o setor de pesca em Placencia nos últimos cem anos, e olhos incrivelmente azuis, o que significa que é bem possível que haja um escocês na história da família dela. Nos séculos XVIII e XIX, a maior parte destas terras pertenciam a famílias inglesas e escocesas, cujos sobrenomes ainda aparecem na lista telefônica local. Recue ainda mais na história até o século XVII e a cidade foi colonizada por puritanos ingleses da Nova Escócia, ou, se formos ainda mais para trás, teremos 14 comunidades maias ocupando a laguna, o que fez do lugar uma importante localidade pré-colombiana de refino de sal e comércio litorâneo. Dizem que esta faixa de terra é uma das áreas mais antigas de Belize habitadas continuamente.

Atravessamos para a única estrada asfaltada da península, onde um restaurante familiar verde e rosa oferece almoço até tarde. É uma construção de tábuas sobrepostas, de um só ambiente na linha do pôr do sol, onde uma garçonete descalça nos traz o prato vermelho especial do dia, ladeado com repolho, arroz de coco e feijão. Brian, que passou três dias em Placencia antes de ir a Cayo, nos contou que nós tínhamos de desenvolver um gosto por arroz e feijão, porque íamos comer bastante desses dois por aqui. Depois do almoço, ao pararmos num dos armazéns da aldeia, eu descubro por quê. Os compartimentos destinados às frutas e verduras só dispõem de algumas cebolas, uma pequena pilha de batatas e duas bananas já meio passadas, e as prateleiras refrigeradas foram totalmente esvaziadas, enquanto os corredores de produtos prontos guardam bons estoques de comida enlatada e sacos de cinco quilos de arroz e feijão.

— Estou sem manteiga e não sei se vou receber amanhã — diz a gerente ao telefone, atrás do balcão. As prateleiras de pão também estão vazias. Quando pergunto se ela tem pepino, ela diz: — Talvez amanhã. Cheguem cedo, porque as verduras e os laticínios acabam depressa.

— Adorei — diz Uzi. — Dessa maneira, as pessoas só usam o que precisam e não tem desperdício.

— Dessa maneira, não tem verdura para comprar — digo.

Maya vem até onde estou e me passa um pacote de macarrão e uma latinha de *chiles jalapeños*.

— Estou ajudando.

— Obrigada! — Devolvo a ela a lata de comida picante. — Você poderia pôr isso de volta no lugar de onde tirou?

— Você acha que vai ter pão amanhã?

— De que tipo?

— Qualquer um. Não importa.

— Pedro! — ela grita para os fundos da loja. — *Tenemos pan aquí para la mujer?*

Um menino surge de um ambiente nos fundos com um pãozinho branco e coloca em minhas mãos. Eu já vou lhe agradecer quando percebo que posso estar entrando na quota pessoal do proprietário.

— Está tudo bem — eu digo. — Posso voltar amanhã. *Puedo venir mañana.* — Devolvo o pãozinho ao garoto.

— Não tem problema — diz a mulher. — *Daselo a ella*, Pedro. — Pedro empurra o pão de volta para mim. É macio e maleável, como uma coisa que ainda está em formação. E já traz as marcas das nossas duas mãos.

— *Gracias* — digo. Faço uma anotação mental para voltar no dia seguinte e me certificar de que chegou mais pão.

Maya vem saltitando pela loja e me dá uma cebola.

— Muito obrigada — digo a ela. Ela abraça a minha perna direita com os dois braços. Eu compro o pãozinho, a cebola e o pacote de macarrão.

Lá fora, nós passamos a procurar um cibercafé. Prometi ao meu pai, ao meu irmão e à minha irmã que entraria em contato tão logo chegássemos, mas não havia internet no Crystal Paradise e nós já não temos contato com o pessoal da família há seis dias, desde que saímos de Los Angeles. Do outro lado da rua tem um campo de futebol com uma aparente pelada em andamento. Mais ou menos uns 12 meninos correm por todo o campo que parece ter tanta areia quanto grama. Se forem dois times, é impossível dizer quem está de que lado. Um dos garotos corre em nossa direção, chuta uma lata de refrigerante para fora do campo e volta a correr para dentro.

Um homem de cachos grandes e balançantes e vestindo uma camisa de futebol vermelha atravessa a rua em direção ao campo.

— Desculpe — interfere Uzi —, o senhor saberia onde é que nós podemos encontrar um cibercafé por aqui, ou um computador público com conexão para internet?

O homem abre um sorriso exibindo todos os dentes brancos.

— Ai, home, pra que você quer a internet? — Ele bate com o indicador na testa. — Você já tem o mundo inteiro aqui.

— Queremos falar com a nossa família, nos Estados Unidos.

— Ai, home, então vocês precisam do Space Monkey. É logo ali. — Ele aponta para baixo, para um grande quiosque a céu aberto, à esquerda. Seu teto de folhas de palmeira desgrenhadas cobre os degraus da entrada como uma franja mal cuidada.

— Obrigado — fala Uzi. — Bom jogo.

— É só para divertir, home — diz o homem, acenando com dois dedos. — Mesmo assim, obrigado.

O cibercafé Purple Space Monkey só tem três meses de existência, mas já é um ponto de encontro popular entre turistas e imigrantes, com os seus quatro computadores de acesso discado e transmissão via satélite da TV americana. Por fora, nada no lugar faz lembrar um restaurante, mas debaixo do teto pesado de folhas de palmeira se encontram um café e bar esportivo com duas televisões, um bar de madeira com várias prateleiras de bebida alcoólica ao fundo e uma máquina de café expresso de matar de tanto barulho que faz. Mais para o lado há uma estante para troca de livros, onde os viajantes podem escolher um livro de bolso bastante manuseado das grandes prateleiras de madeira e deixar outro em troca.

Os computadores ficam lado a lado em frente à parede dos fundos. Dois estão livres. Uzi pega a cadeira da ponta direita. Maya e eu serpenteamos ao redor das mesas e vasculhamos as prateleiras. Preciso encontrar alguma coisa para deixá-la ocupada, para ter um pouco de tempo no computador. A estrada de Cayo até aqui era esburacada demais para que eu pudesse fazer anotações no meu diário e eu ainda não anotei minhas impressões sobre o que aconteceu hoje de manhã. Os detalhes continuam flutuando disformes, procurando fronteiras definidas. Um por um, eles chegam à superfície aleatoriamente — as filas de casulos de borboleta, os fazendeiros menonitas na sala de espera, os cravos-de-defunto no canteiro da Dra. Rosita — e me lembram o quanto a segunda metade do dia está sendo diferente da primeira. É como se nós tivéssemos saído de um útero verde antes do meio-dia, para comprar pão e cebola no Paraíso antes de o sol se pôr.

Passo os meus olhos pelas prateleiras do Space Monkey: *O grande Gatsby*, *Harry Potter e a Pedra Filosofal*, *A nascente*, de Ayn Rand, e *Eu, Siddharta, o Buda*, de Herman Hesse. Isso é que é leitura de praia. Consigo achar uma velha história em quadrinhos do Homem-Aranha para Maya — dificilmente o que eu escolheria, mas a única opção com desenhos que eles têm aqui.

Sento-me diante do único computador disponível e tento me conectar. A conexão é tão lenta que é quase como se não existisse. Maya se senta aos meus pés e folheia as páginas de seu gibi, enquanto eu espero a home page do Yahoo! terminar de baixar.

— Eu já estou tentando há meia hora — diz a mulher à minha direita, franzindo a testa ao clicar três vezes no botão de Enter. — Em algum momento vai funcionar, só não sei quando. Essa aqui é a BTL [Belize Telecom], que nós apelidamos de "Better Try Later" [É Melhor Tentar Mais Tarde].

Ela é uma coisinha loura, linda, de sandália e shortinho. Seu nome é Monica, ela me conta, dando a mão para me cumprimentar, e veio de carro com uma amiga desde Wisconsin. Amanhã vai se encontrar com o namorado, que trouxe o veleiro novo deles dos Estados Unidos. Ele passa a maior parte do ano aqui. Ela vai e volta.

— É complicado — ela diz, e eu compreendo.

— Há quanto tempo você vem aqui? — pergunto. Estou falando de Belize e não do cibercafé.

— Eu vim aqui atrás de um cara quando tinha 18 anos, portanto em 1980. Ele dizia que o lugar já estava sendo arruinado pelos turistas naquele tempo. — Ela mostra o café com os olhos e aperta a tecla Enter mais duas vezes. — Na verdade, aquela foi uma época muito boa.

Se ela tinha 18 anos em 1980, então agora ela tem... dois anos a mais do que eu. *É mesmo?* Ela parece ter, no mínimo, uns cinco anos a menos. Isso deve ser o que sono suficiente e nenhum filho para cuidar devem fazer por você. A parte do "nenhum filho" é só um chute, já que eu não posso imaginar como ela poderia viver na ponte aérea entre Wisconsin e Belize se tivesse filhos. Mesmo se eu não tivesse uma filha, não acredito que tivesse peito para uma guinada dessas.

— Mamãe — Maya puxa a minha perna. Eu a suspendo e a aninho no colo. Sua boca está se curvando para baixo como se ela estivesse prestes a chorar e... aí acontece. — Yashiii — ela abre um berreiro. — Estou com saudade da Yashiii.

— Está com saudade da *Yashi*? — digo. Onde foi que eu errei?

— Quem é Yashi? — pergunta Monica.

— Nossa gata, na Califórnia. Não faço a menor ideia por que ela está sentindo falta dela agora.

Monica levanta as sobrancelhas.

— Tudo beeeem — ela diz.

— Você não tem filhos? — Aperto Maya ao meu peito e começo a niná-la.

Monica faz que não com a cabeça.

— Dois cachorros. São os meus filhos.

— E você trouxe eles? — Tento imaginar a cena de dois cachorros, duas mulheres e a bagagem numa caminhonete no inverno.

— É melhor nem saber.

Maya me afasta, corre pelo restaurante e se atira dramaticamente no meio do salão, gemendo.

— Yashiii, Yashiiii.

Vários fregueses se viram para buscar a fonte de tanto barulho. Em momentos assim, eu deveria sentir um pouco de compaixão pela minha filha, eu sei que é assim que as mães devem se sentir, mas o que eu mais sinto agora é constrangimento.

Uzi estica o pescoço atrás de Monica.

— O que está acontecendo?

— Ela está com saudade da Yashi.

— Da Yashi? Agora?

— Nem me pergunte. Eu sou só a mãe. — Eu me levanto e empurro a cadeira para trás. — Vou atrás dela. Não estou conseguindo me conectar mesmo. — Quando passo pelo computador de Uzi, percebo que ele conseguiu acessar o e-mail. — Rápido, antes que a conexão caia. Pode mandar um e-mail para a minha família?

— O que você quer que eu diga?

— Diga a eles...

O que eu quero dizer a eles? Os detalhes dos últimos quatro dias vêm a mim numa enxurrada fora de ordem: as infindáveis copas de árvores em Tikal; uma banheira espelhada na Guatemala; o molho de curry à moda do Sri Lanka em San Ignacio; o sapinho luminoso no chuveiro do Crystal Paradise; as borboletas azuis iridescentes; a constelação de Órion na noite de Natal; as instruções da Dra. Rosita para queimar o incenso de copal; o pão de abobrinha na bancada da cozinha; o chão desgastado da cabana de Ovencio Canto; uma casa laranja quadrada numa praia de areias brancas. Eu nem sei por onde começar.

— Diga a eles que chegamos bem. E que vamos voltar na segunda, como planejado.

— Yashi — geme Maya. — Dodô. Dodô-ô-ô...

Minha avó costumava dizer "*Oy gevalt*". Minha mãe dizia "Putz!" para evitar falar coisa pior. Eu não tenho tanto tato quanto as minhas antecessoras. Eu nunca uso eufemismos quando um bom palavrão, curto e grosso, já diz tudo.

— Puta merda — digo logo.

Monica levanta as sobrancelhas. Ela não esperava isso de mim.

— É melhor nem saber — falo para ela.

Na hora em que atravesso o restaurante, Maya já engatinhou para baixo de uma das mesas. Afasto a toalha de pano e entro ali embaixo também.

— O que foi? — pergunto.

— Dodô! — ela chora.

— O que aconteceu com ele?

Ela olha para mim apavorada e recua um pouco, como um caranguejo, batendo na perna da mesa ao lado, onde dois turistas aguardam a refeição. A água em seus copos transborda e molha a mesa. Eles não gostam.

— Desculpem — digo, me ajoelhando e limpando a água com a mão. — Eu sinto muito mesmo. Vou pedir para limpar.

A mulher dá um leve pigarro de irritação e chega a cadeira dois centímetros para a direita, como se nós pudéssemos contaminá-la. Como ela veio parar aqui, na discreta capital da América Central? Algum agente de viagens cometeu um erro terrível. Estico o braço para tirar Maya dali, mas ela põe o ombro na frente do rosto e se inclina o mais longe que pode de mim, sem cair.

— Maya — digo —, *o que* está acontecendo? Conte para a mamãe qual é o problema.

— Nã-ão! — ela grita.

— Com *licença* — diz a mulher.

— Nós vamos sair num minutinho só — falo, olhando para trás. Depois, volto para Maya: — Preciso que você saia daí e venha comigo agora, e eu estou falando *agora*, senão eu vou ter que ir aí e te pegar no colo.

— Quantos anos ela tem? — pergunta a mulher da mesa, amolada.

— Onze! O que você acha? Ela tem 3.

A mulher se recolhe, irritada, mas eu não me importo. Que pergunta mais idiota foi essa? Se ela acha que uma criança deve ser arrastada à força, em público, então ela que faça isso com seu próprio filho e boa sorte.

Maya foge engatinhando, arrastando as duas Rúrsulas com ela. Ela se encolhe como se fosse uma bola debaixo da televisão no canto, onde uma apresentadora em algum lugar dos Estados Unidos fala direto para a câmera, com o volume no mínimo.

— Tudo bem — digo para Maya. — Quer saber de uma coisa? Nós precisamos ir lá para fora. Vamos ver os pescadores. Você quer vir com a mamãe ver os pescadores?

Ela levanta a cabeça e olha para a porta de saída. Percebo uma pequena abertura e enfio o pé.

— Eles devem estar chegando de um dia no mar. Quando os barcos de pesca chegam... eles estão cheios de peixe. E você pode ver todos esses peixes empilhados no atracadouro. É peixe pulando para tudo quanto é lado. Você quer ver? — Eu não tenho a menor ideia se isso realmente acontece, mas parece que sim, portanto não é uma completa ficção.

— Tá.

— Ótimo — digo, esticando a mão. — Vamos contar ao papai aonde estamos indo.

A apenas duas quadras dali, na ponta sul da península, tanto a estrada como a calçada terminam no atracadouro de Placencia. O atracadouro é um deque de madeira, já bem machucado, estendendo-se direto sobre o mar, cercado por uma série de lanchas brancas. Meia dúzia de lojas de mergulho se aglomeram na base. Maya e eu decidimos que a nossa loja favorita é a Natural Mystic Guide Service, com suas letras de arco-íris e um mural do mar tropical pintado na parede da frente. Também há um bar barulhento com som de reggae saindo pela porta, uma loja de variedades vendendo redes de pano e mochilas da Guatemala, e um posto Shell a céu aberto que é pouco mais do que duas bombas de gasolina debaixo de um teto de folha de flandres ondulada e uma grande placa de NÃO FUMAR escrita à mão.

Das lanchas que chegam para estacionar na praia desembarcam mergulhadores, que saltam fazendo barulho nas águas rasas, com o equipamento de mergulho nas mãos. Os mergulhadores parecem focas bípedes em seus trajes pretos e chamam atenção de Maya o suficiente para ela não perceber que até agora não apareceu nenhum barco de pesca. Nós passeamos na base do atracadouro por algum tempo, procurando uma estrela-do-mar. Atrás de nós, o sol já vai bem baixo no horizonte. Eu não prestei muita atenção na trajetória do sol em Cayo, onde os nossos dias eram tão cuidadosamente planejados, e só agora percebo que esta é a primeira vez desde que nós saímos de Los Angeles que nós não temos uma agenda. Ninguém vai nos pegar num aeroporto ou está esperando para jantar e os nossos únicos planos para amanhã são dormir até tarde e talvez dar uma caminhada. Os próximos quatro dias se abrem à nossa frente, tão puros e imaculados como um campo aberto cheio de neve.

Quando Uzi nos encontra, estamos balançando os pés na beira do atracadouro, vendo os tentáculos das algas marinhas balançarem na água lá embaixo. Olho para ele com a expressão de *onde você estava?* nos olhos. Nós temos que andar muito para voltar para casa e não trouxemos lanterna.

— Quanto tempo você acha que ainda temos com a luz do dia?
Ele olha para as lojas e as árvores atrás dele.
— Uma meia hora — ele chuta. Não parece haver táxis por aqui e não está claro se alguma das lanchas que estão metade na areia e metade no mar funciona como táxi.

— Até a gente perguntar a todo mundo e descobrir que ninguém vai nos levar, já vai estar escuro — sentencio. — Acho melhor irmos andando.

Como é estranho que qualquer viagem para um destino pareça durar mais que a volta para casa, a não ser no pôr do sol de Placencia, quando acontece justamente o contrário. Uzi põe Maya no colo e começa a andar para a praia tão rápido que parece até uma máquina e, mesmo assim, a cada cinco minutos, quando eu paro para recuperar o fôlego, me sinto impelida a anunciar:

— Eu não posso *acreditar* que nós caminhamos tudo isso até aqui. Tem certeza de que estamos no caminho certo?

A areia já está quase toda deserta a essa hora do dia, a não ser por um ou outro casal, abraçados um ao outro, olhando as ondas que arrebentam mansamente. Esta noite o mar está calmo, ideal para mergulhos à meia-noite. Uma faixa grossa de algas marinhas marca a linha da maré alta, formando montinhos que mais parecem pilhas de fetuccini integral, com pitadas generosas de sal. Passamos pelas casas cor de guloseima; pelos coqueiros balançando sobre o mar como grandes letras Js; pelo resort que Francis Ford Coppola está construindo à beira-mar; até que, nos últimos instantes do dia, avistamos as pequenas cabanas de teto de palmeira de Kitty's Place, o resort que funciona ao lado do nosso quarto. Uzi, mais do que cansado, devolve Maya ao chão, onde ela se separa de nós e sai galopando à frente.

Ela corre apenas uns dez metros antes de estacar. Um grito de dor de cortar o coração atravessa a última luz do dia.

O choro de uma criança tem um vocabulário todo próprio, uma língua que só uma família sabe falar. O grito de dor que Maya dá é inconfundível, fazendo com que eu largue tudo no meio de uma frase e instintivamente corra em sua direção. O urro de dor acaba quando a criança pega o seu brinquedo ou ganha um carinho. Quando ela está cansada, o choro parece o de uma sereia exausta, e quando ela quer chamar atenção, é um lamento que vem cortado, do fundo da garganta. Esse choro não é o de nenhum desses casos. É agudo e histérico, um grito de susto e de tristeza quando percebe que perdeu alguma coisa. Assim que eu ouço, já sei o que significa.

— Qual foi? — pergunto para Maya, quando corro para ela pela areia.

Ela está na beira da água, com os ombros curvados para a frente, em direção à areia. Quando ela me vê, me olha com uma expressão da mais alta tristeza.

— Rúrsula Um! — ela chora, agarrando a solitária Rúrsula Zero nas mãos. — Foi embora!

A lua de hoje está entrando no quarto crescente, um pequeno sorriso que mal joga luz na areia. Nós nunca vamos ser capazes de encontrar uma boneca perdida na praia esta noite.

— Você se lembra da última vez que a viu? — pergunta Uzi. Tento me lembrar de algum momento da tarde em que eu tenha percebido a presença das duas bonecas. Ela estava com elas no Space Monkey, quando engatinhava pelo chão. Será que estava com as duas no ancoradouro? Eu não me lembro.

— Você estava com ela lá nos barcos?
— Não sei — ela chora. — A gente tem que achar ela.
— Vou pegar a lanterna — sugere Uzi.

Ela pode estar na estrada entre o cibercafé e o ancoradouro, ou no próprio ancoradouro, ou na água perto do ancoradouro ou em qualquer lugar da praia de lá até aqui. Ou alguém pode tê-la pego na última meia hora, o que significa que ela pode estar em qualquer lugar da cidade, a essa altura.

— Eu não sei — digo. — Talvez nós possamos dar uma olhada por aqui agora e então fazer o mesmo caminho outra vez, pela manhã.

— Rúrsula vai sentir a minha falta! — chora Maya. — A gente tem que achar ela! Ela vai ficar com medo!

— Espero que a água não tenha levado ela — digo, pensando em voz alta, o que vem a ser a pior coisa que eu poderia ter dito ao alcance de Maya.

— Não! — ela estrila, pulando para cima e para baixo na areia. — Não!

— Maya, fique calma — fala Uzi. — Nós vamos encontrá-la.

— Não! Rúrsula não sabe nadar! — Antes que eu seja capaz de agarrá-la, Maya entra no mar e as minhas costelas vão atrás como se eu estivesse sendo puxada por uma corda forte. Ela ainda não sabe se virar na água, mas essa ideia não tem sequer tempo de se materializar num pensamento antes de o meu próprio corpo se catapultar no escuro em direção ao seu corpinho em movimento. Eu a agarro ainda na areia molhada, caindo sobre a mesma perna que está dolorida pela queda de ontem. A areia é mais macia que o calcário, mas o impacto ainda manda uma dor aguda por toda a bacia.

Seguro Maya firme e rolo com ela até ficarmos sentadas. A água mal bate nos meus pés. Ainda haveria pelo menos uns seis metros até que a água sequer cobrisse os tornozelos de Maya — portanto muito espaço para eu ou Uzi cortarmos o caminho dela —, e eu não posso deixar de me sentir uma boba por ter me lançado num resgate tão dramático.

Mesmo assim, Uzi fala, parecendo impressionado:

— Bom trabalho.

Maya soluça contra o meu peito:

— Rúrsula! Eu quero a Rúrsula!

Uzi nos ajuda a levantar e nós cambaleamos na diagonal, em direção ao apartamento. A parte de trás e as laterais das minhas pernas estão cobertas de areia molhada. Uzi segura Maya enquanto eu bato a areia das minhas calças na porta de entrada.

— Eu me sinto tão idiota — digo a ele.

— Não podia ser de outro jeito.

— É por isso que eu me sinto uma idiota.

— Não, eu estou querendo dizer que não podia ser de outro jeito porque você a ama. Eu tive o mesmo instinto, só não fui tão rápido quanto você. — Ele passa o meu cabelo por trás da orelha e me beija na têmpora esquerda. — Você é a mãe. É assim que você fica ligada.

No dia do nosso casamento, falei ao rabino que eu estava me casando com Uzi porque ele era o homem mais gentil que eu havia conhecido na vida. Os olhos dele esta noite estão cansados e românticos, mas mesmo assim eu ainda encontro o espírito generoso que me atraiu nele há quatro anos e meio. Maya mete o segundo e o terceiro dedos na boca e se recosta no ombro dele, chorando baixinho. Ele começa a pular da mesma maneira como fez nas primeiras dez semanas da vida dela, quando ela estava com cólica. Ele pulou tanto naquela época que quase arrebentou os joelhos.

— A Dança da Maya — eu digo.

Ele ri um pouco com a lembrança e Maya olha para cima, espantada, como se o som inesperado de uma risada despertasse uma memória antiga.

— Hein? — ela diz entre as lágrimas.

— O papai está fazendo a Dança da Maya — conto a ela. — Era assim que nós chamávamos, quando você era um bebê. — E, por entre os dedos, ela forma o pequeno esboço de um sorriso.

— Por que nós não animamos um pouco ela e depois eu a levo para jantar aqui ao lado? — diz Uzi. — Você pode descansar um pouco aqui e se juntar a nós mais tarde, se quiser.

— Rúrsula — Maya volta a dizer.

— Nós vamos procurá-la no caminho — promete o pai.

Eu abro a porta para o apartamento e entro nele.

— Ei — digo. — Você já tinha percebido isso?

Aponto para a parede à nossa frente, onde três borboletas estão dispostas num triângulo acima da cama de casal. Duas são cor de laranja e a terceira é azul real. Eu não devo ter percebido da outra vez, e agora a presença delas parece significativa, mais do que uma mera coincidência.

—Tem borboletas na nossa *parede*, está vendo?

— Bem, esse lugar se chama Mariposa — diz Uzi, abrindo a mala de Maya e pegando roupas novas para ela. — É borboleta em espanhol.

— E você fala espanhol? — digo. Ele fala hebraico, francês, dinamarquês, um pouco de árabe e sânscrito. Isso tudo eu já sabia. Mas espanhol também? Esse foi um segredo muito bem guardado nos últimos quatro anos e meio, para não falar nos últimos quatro dias.

Ele bate com o indicador na testa e me dá um sorriso irônico.

— Eu já tenho o mundo inteiro aqui, home.

Da praia, os três arcos na varanda superior do Kitty's Place Beach Resort brilham quentes e dourados acima das palmeiras mais baixas. Para chegar ao restaurante, devo subir um lance de escadas do lado de fora. Lá dentro, há flâmulas de futebol e pôsteres do Bob Marley nas paredes, mas não tem nenhum pai e filha esperando na mesa, diz a atendente. Com isso, eu me dirijo ao lobby e à lojinha, esperando encontrar Maya e Uzi por lá.

Eu ouço suas vozes antes de vê-los. O repique do riso de Maya ecoa de um lado até o outro. Eu não ouço esse som há semanas, mas sou capaz de reconhecê-lo em qualquer lugar. Eu diminuo o passo, curiosa por saber o que a está fazendo rir desse jeito e ao mesmo tempo relutante de interromper o que quer que esteja provocando essa alegria.

Uma palmeira em vaso está de pé num canto da sala e eu me escondo atrás dela. No meio das folhas verdes, posso ver Maya e Uzi sentados num alpendre perto da lojinha. Uzi dá um impulso no balanço com o pé.

— Tudo bem, gatinha? Você está pronta?

— Pronta.

— Então tudo bem. Todos coloquem os seus óculos lunares.

Os dois fazem de conta que estão colocando óculos nos olhos.

— Miau! — diz Maya.

— Agora coloquem todos os seus cintos lunares — ele diz. E eles fingem que apertam os cintos.

— Miau!

Um nó bem grande se forma na base da minha garganta. Todas as vezes que critiquei meu marido por suas ausências, todas as vezes que eu o diminuí por não conhecer as sutilezas de cuidar de Maya... E lá está ele, tirando-a sozinho da choradeira pela perda de Rúrsula. E eu sei que isso requer criatividade e uma paciência que não é pequena.

— Todos vistam as suas botas lunares — ele anuncia. Ambos levantam as pernas e sacodem os pés no ar. — Aí está — diz Uzi. — Você... está... pronta? — Ele se apoia no chão até esticar totalmente as pernas. — Dez, nove, oito, sete, seis, cinco...

Ele levanta os pés e o balanço arremete para a frente, rangendo bastante quando isso acontece. Maya solta um gritinho alto de alegria. Quando ela ainda nem tinha completado 2 anos, Uzi às vezes a balançava de cabeça para baixo pelos tornozelos como se ela fosse um pêndulo cantando "tic-tac, tic-tac, eu sou um pequeno cu-co". Antes mesmo de ele terminar, ela já saía gritando "mais uma vez, mais uma vez!". Uzi costumava chamar isso de "a energia do Mais".

O balanço do alpendre vai para a frente e para trás, para a frente e para trás.

— Mais uma vez! — grita Maya. — Mais!

E eu vejo um olhar de reconhecimento passar pelo rosto de Uzi, abrindo a boca num lento sorriso.

Se um pai se liga a uma filha num balanço e a mãe não está ali para testemunhar, será que isso realmente aconteceu? A física quântica conta que o ato de observar uma partícula a retira do campo das possibilidades e a transforma em algo real. Só quando uma consciência é dirigida em direção a algo com uma intenção é que ele se transforma em algo real. Colocando de uma maneira mais simples, o fato de ser observado muda a propriedade do que está sendo observado. Será que a mesma coisa pode se passar com o comportamento humano? É impossível dizer se esse momento entre Uzi e Maya se desdobraria da mesma maneira se eu não estivesse aqui para observar. Provavelmente, não. Nós três somos tão interligados que a ausência de um modifica o comportamento dos outros. A presença de nós três juntos significa mais ainda. Forma um triângulo daquilo que seria apenas uma linha.

Eu saio de trás da palmeira e caminho até lá como se estivesse acabando de chegar.

— Mamãe! — grita Maya, acenando quando me vê. — Eu sou uma gatinha lunar! Nós vamos para a Lua!

Uzi faz um sinal de positivo para indicar que *as coisas estão mudadas*.

— Excelente trabalho, Jim — elogio, com a minha melhor voz de *Missão Impossível*.

— Nós acabamos de partir numa viagem à Lua — ele diz. — Aparentemente, vamos embarcar em mais uma. Quer vir com a gente?

— Claro — digo.

Maya chega mais perto de Uzi para abrir um espaço para mim, pega a minha mão e lambe quando eu me sento.

— Boa gatinha — digo e lhe dou um tapinha no alto da cabeça.

— Nós não encontramos a Rúrsula — ela me diz.

— Está tudo bem — digo. — Eu lhe ajudo a procurá-la amanhã.

— OK — anuncia Uzi —, lá vamos nós. Todos coloquem os seus óculos lunares. — Nós colocamos nossos óculos imaginários na cabeça.

— E todos agora apertem os seus cintos lunares.

Nós fazemos de conta que apertamos os nossos cintos de segurança.

— E não se esqueçam das suas botas lunares.

Nós levantamos as pernas e balançamos os pés no alto.

— E agora os seus... por favor, me ajude aqui...

— Seus chapéus lunares — sugiro.

— *Chapéus* lunares?

— Claro, por que não? Faz frio lá em cima — diz Uzi, me dando uma piscadinha. Nós enfiamos os chapéus imaginários na cabeça.
— Muito bem — ele diz, empurrando o balanço para o ponto mais distante possível. — Prontos para a decolagem? Conte comigo, Maya. Dez... nove... oito...
— Ela não sabe fazer contagem regressiva — digo.
— Sabe, sim. Eu ensinei. Sete... seis...
— Cinco... quatro... três... dois... Miau — ela diz.
— Um. Partiu o foguete! — eles gritam. Uzi toma um impulso forte no alpendre e solta os dois pés. — Segurem-se todos! — diz. Eu seguro no apoio para o braço com Maya enquanto o balanço decola em direção à praia, depois volta a recuar na direção do alpendre, duas vezes, três vezes, quatro, um pêndulo pesado indo de um lado para o outro sobre o chão de cerâmica.

Qual foi a última vez que nós três brincamos juntos, só por diversão, sem um objetivo predeterminado na mente? Não consigo me lembrar de uma única vez no ano passado em que nós tenhamos passado uma hora só querendo nos divertir. Como isso foi possível? Eu faço um slide show mental das imagens desses últimos anos, tentando encontrar uma que sirva — será que levar Maya ao Sea World conta? — e então acontece a coisa mais estranha.

Tudo o que eu preciso — tudo o que *nós* precisamos — está aqui nesse balanço. Sentados. Brincando. Agora. E eu percebo, nesse momento, que é assim que cresce uma família. Não pela presença de mais crianças ou pela corrida de querer sempre acumular mais bens, ou pelas minhas frequentes tentativas de evitar perdas, mas em momentos comuns como esse. Momentos aparentemente simples que conseguem parecer que valem tudo, enquanto dão a impressão de não valerem nada.

Uzi põe as mãos em volta da boca enquanto o balanço diminui a velocidade.

— Hou-ston — ele diz, com sua melhor voz de robô. — A-ter-ris-sa-mos.

— Mais uma vez! — grita Maya. — Mais!

Certas pessoas acreditam que toda espécie de planta tem a sua própria inteligência, com o objetivo de curar alguma coisa. Pessoas que comem as raízes alucinógenas da iboga falam de ser visitados por um homem feito de galhos e folhas que escuta os seus problemas, e Carlos Castañeda descreveu o espírito da mescalina como um cachorro preto que inspira o jogo e a criação. Ao penetrar nesse nível mais alto de inteligência, dizem que os antigos xamãs descobriram quais plantas usar para o quê. E essa pode ser a explicação pela qual curandeiros que moravam em outros continentes aprenderam a usar plantas semelhantes para os mesmos fins.

Se a árvore copal tiver um espírito, ela deve ser a bailarina da floresta tropical, uma criatura diáfana e mercurial bailando graciosamente pelo ar. Uma forma feminina de saias brancas, conclamando-nos a ir atrás dela. Os antigos mesoamericanos que usavam a resina copal nas cerimônias religiosas e para induzir estados de transe chamavam-na de *pom* e acreditavam que ela era o alimento dos deuses. Eles ofereciam sua fumaça às divindades como alimento, acreditando que ela poderia se transformar magicamente em algo comestível e divino. Atualmente, grupos maias na Guatemala, no México e em Belize passam incenso copal ritualisticamente pelo corpo de uma pessoa para limpar o espírito e afastar as más influências e a má sorte, e, embora ela não seja alucinógena, os xamãs inalam a fumaça para ajudá-los a entrar em transe para curar e fazer adivinhações.

O copal que nós compramos na fazenda da Dra. Rosita se parece com pequenas bolinhas ásperas de âmbar claro, salpicado com algumas agulhas de alecrim. Quando espargimos um pouco da mistura em cima de uma bolacha de carvão queimando, as pedrinhas ficam brilhantes e emborrachadas e o alecrim escurece. Eles se misturam para exalar uma fragrância de pinho e madeira que forma uma espiral para cima em pequenos filetes de fumaça. Quando Maya nem tinha completado um ano, Uzi acendeu um palito de incenso, e ela esticou a mãozinha e tentou apanhar um pouco da fumaça. Agora ela faz a mesma coisa com a fumaça copal, rindo ao se lembrar do quanto essa ação é inócua.

— Será que nós devemos fazer cinco noites aqui e quatro lá em casa, ou nove vezes em cada lugar? — pergunto a Uzi.

Ele está erguendo um dos pires de Marcia que nós embalamos em alumínio antes de colocar o carvão em cima. Uma pequena nuvem de incenso vai na frente enquanto ele caminha pelo quarto. As paredes do apartamento são rodeadas de uma faixa grossa com glifos maias pintados à mão, que nos envolvem numa escrita antiga e colorida.

— Não sei — ele diz. Pequenos sopros de fumaça se erguem do pires e escondem parcialmente o rosto dele. O quarto não é muito grande e os meus olhos já estão começando a arder da fumaça. Ele se ajoelha e passa o pires debaixo da cama de Maya.

— Não se esqueça dos armários — falo para ele, lembrando das recomendações da Dra. Rosita. Dou uma olhada no outro lado do quarto. — Você acha que nós deveríamos passar nos armários da cozinha?

— Não custa nada.

Ele abre a porta debaixo da pia, balança o pires, fecha a porta e abre o armário que tem as tigelas e as panelas. Maya rasteja atrás dele miando. A todo instante, eu estico a mão e dou um tapinha na cabeça dela.

Eu disse para Uzi passar o incenso, pensando que me sentiria uma idiota balançando um pires pela casa. Agora que eu vejo ele andar pelo quarto com um sentido de calma e propósito, eu gostaria de ter me oferecido para o trabalho. A arrogância firme de quem não faz parte disso que eu senti há apenas alguns dias começou a se desfazer. Até agora, eu não consegui praticar minhas ações aqui com uma convicção real, como se fazer isso fosse simplesmente me transformar em outra americana ansiosa em fazer papel de indígena por alguns dias. Se eu não pudesse levar a sério as ações espirituais de uma cultura, eu sentia que isso iria me tornar falsa e mal-intencionada — até mesmo desrespeitosa — por sequer participar de tudo isso. Mas a consulta com a Dra. Rosita hoje de manhã mudou tudo. Quanto mais eu tive tempo de pensar a respeito, a atenção calma que ela deu à minha narrativa, sem querer aplicar qualquer tipo de rótulo a ela, sua atitude profissional sobre o problema e como resolvê-lo com eficiência, começaram a retirar minhas camadas de resistência. Não posso dizer que eu esteja ansiosa para dar um banho de flores em Maya esta noite, mas, por outro lado, não reluto nem fico cética quanto a ele. E isso, por si só, já é uma mudança notável.

Quando Uzi termina de incensar o apartamento, eu levo a sacola de flores da cozinha para o banheiro. Maya rasteja atrás de mim e põe suas patas na borda da banheira. Eu não disponho de outro balde para espremer as plantas na água, portanto vou ter que fazer isso na própria água do banho, na banheira.

Eu abro a sacola de plástico e mostro seu conteúdo a Maya.

— Não é bonito? — pergunto.

As folhas e as pétalas lá dentro estão murchas depois de seis horas, mas as cores ainda estão claras e brilhantes, gerando uma salada botânica de amarelo, branco, vermelho e verde.

— Mm — diz Maya. — Posso tocar? — Ela mete a mão na sacola e remexe um pouco.

— Você pode me ajudar a espremê-las na água — digo para ela.
— Mas primeiro vamos tirar sua roupa.

Eu ligo a torneira enquanto tiramos a camiseta verde-limão dos Teletubbies pela cabeça dela. Depois, eu a ajudo a tirar a bermuda. Uzi está de pé na porta do banheiro e com a cabeça eu faço sinal para ele entrar.

Ele balança a cabeça de leve. Está com uma expressão esquisita no rosto. O que há de errado? Eu só estou tirando as roupas dela. Será que estou indo rápido demais? Estou desperdiçando muita água para encher a banheira?

— Que foi? — pergunto.
— Acho melhor não ficar aqui, agora.
— Não ficar onde?
— Aqui. Eu não sei explicar. Mas tenho a sensação de que o que quer que aconteça, deve ser só entre vocês duas. Eu só iria atrapalhar.
— Você enlouqueceu? Eu só vou dar um banho nela. Vem para cá.
Ele volta a balançar a cabeça e se afasta da porta dando um pequeno tchauzinho.
— Eu volto mais tarde.
Eu suspiro, um suspiro grande e profundo e desligo a torneira. Um dia, eu espero entender este homem, mas provavelmente haverá um banho de flores e mais uns vinte anos entre esse dia e hoje.
— O papai está indo embora?
Ergo os ombros e franzo a testa como quem diz *quem é que vai saber?*
— Parece que agora somos só nós duas, gatinha.
Eu a levanto e ponho na água quente.
— Hora do banho.
— Rúrsula — ela diz. Eu pego a Rúrsula Zero do chão e ponho-a na água com Maya, onde ela boia de cabeça para cima.
— Onde estão as flores?
— Aqui mesmo.
Eu tiro um punhado da saca e deixo cair na água. Cada tipo de planta e de flor se separa dos outros ao cair, criando um caleidoscópio de cores em queda. Faço isso mais duas vezes. Então eu viro a sacola de cabeça para baixo e sacudo duas vezes, para ter certeza de que tudo caiu na água.
Os pedaços de plantas flutuam na água. Maya dá dois passinhos para se ajeitar, depois bate bem no meio do jardim flutuante. Eu junto algumas pétalas e folhas num pequeno chumaço dentro da água em frente a ela.
Muito bem, e agora?
— Acho que agora é assim — digo.
Espremo as plantas até elas virarem bagaço na minha mão e então as devolvo à água.

— Você também pode espremer.

Maya faz uma tentativa e ri.

— Flores dentro d'água — ela canta enquanto amassa pétalas e folhas nas mãos. — Flores dentro d'água. — A Dra. Rosita tinha razão: ela estava transformando isso numa brincadeira.

A Dra. Rosita também mandou eu rezar enquanto espremia as flores e eu sinto um aperto no peito como uma forma de resistência, ao me lembrar desta parte. Lugar de rezar são as igrejas e as sinagogas, as mesquitas e os Sêders, corredores de hospitais e grupos de estudos da Bíblia. Vinte pessoas respeitosas reunidas em torno de uma mesa. Eu estou ajoelhada no chão de um banheiro, com água até os cotovelos. É difícil imaginar algo que vá fazer eu me sentir mais ridícula do que começar a rezar agora.

Posso só rezar mentalmente?, perguntei a Rosita. *Se for preciso*, ela disse. *O importante é que você reze.*

Se eu não rezar silenciosamente na cabeça agora, ninguém nunca vai saber. Mas isso não seria trapaça?

O importante é que você reze.

Se não for para fazer direito, então por que fazer?

Eu paro de espremer por um momento e tento pensar numa oração que pareça adequada. Eu conheço as orações para o pão, o vinho e as velas de Hanucá, mas não posso imaginar que elas sirvam. Não conheço nenhuma oração que se refira às plantas. Quem sabe uma reza sobre crianças? Ou alguma coisa neutra? Como é que eu posso ter vivido 36 anos e não saber uma única oração genérica?

Então eu me lembro: há dez anos, quando o alcoolismo de meu pai chegou ao máximo, uma amiga me levou a uma reunião dos Filhos Adultos de Alcoólicos. "Só uma vezinha", ela disse e assim eu fui e me encontrei com algumas pessoas legais e então fui de novo e depois de algum tempo eu já estava indo toda quinta-feira à noite. No final de cada reunião, os membros do grupo faziam um círculo de mãos dadas e recitavam o Pai Nosso. Isso era em Knoxville, no Tennessee, onde todo mundo sabia o Pai Nosso de cor. Eu tive que fingir nas primeiras dez ou doze vezes, até decorar as palavras, mas acho que ainda consigo me lembrar de quase tudo ainda hoje.

Amasso um punhado de flores e penso silenciosamente: *Pai Nosso, que estais no céu, santificado seja o vosso nome...* Maya começa a separar as plantas flutuantes nas quatro categorias: pétalas de rosas, pétalas de cravos-de-defunto, galhos de arruda e folhas de manjericão. Ela é uma aluna de Montessori até os ossos. *Venha a nós o vosso reino, seja feita a vossa vontade, assim na terra como no céu...*

Assim na terra como no céu...

Assim na terra como no céu...

E agora, como é que continua? Eu começo de novo, esperando que a simples força dos dois primeiros versos me levem ao terceiro, que é o que acontece.

Assim na terra como no céu. O pão nosso de cada dia nos dai hoje, perdoai as nossas ofensas...

Existe um ditado que diz que os galhos de uma árvore não podem crescer mais do que as suas raízes e quando eu entrei pela primeira vez naquela reunião dos FAA há 12 anos, eu já vinha me sentindo sem raízes há muito tempo. Os amigos que eu fiz lá dentro se tornaram a minha família no meu "período entrefamílias": Roger, que fazia jantar para mim em sua casa vitoriana; Jason, que me levou para fazer alpinismo na Carolina do Norte para tratar do meu medo de altura; Phoenix, que era o dono da loja de cristais local e me deu uma grande pedra quartzo para eu conseguir dormir; Gayle, que tentou me ensinar a cantar. Eles me mantiveram calma e cuidaram de mim, até eu me mudar para o Meio-Oeste, no ano seguinte. *Perdoai as nossas ofensas, assim como nós perdoamos a quem nos tem ofendido.* Aquelas reuniões foram a primeira vez que eu saí da minha pequena concha de autoconfiança, admiti que precisava de ajuda e aceitei que alguém me desse. *Não nos deixeis cair em tentação, mas livrai-nos do mal, pois Vosso é o reino, o poder e a glória para sempre, amém.*

No final de todas as reuniões dos FAA, o Pai Nosso era seguido imediatamente pela Oração da Serenidade, como se estivéssemos ressuscitando uma estrofe perdida, e agora eu me vejo recitando automaticamente esta também. *Deus, dai-me a serenidade para aceitar as coisas que eu não posso mudar, coragem para mudar as coisas que eu posso e sabedoria para que eu saiba a diferença.* Essa é bem boa e eu torno a declamá-la, enquanto amasso as plantas. E então, como o lenço de um mágico sendo tirado da cartola, com um tecido fortemente amarrado ao outro, a segunda Oração da Serenidade vai desaguar direto no Shemá e eu me vejo rezando silenciosamente: *Shema yisrael, adonai elohainu, adonai echad.* Ouça, ó Israel: o Senhor é o Nosso Deus, o Senhor é Um Só.

Por essa eu não esperava.

O Shemá é a oração mais sagrada do judaísmo, uma declaração de fé num Deus monoteísta. Numa sinagoga, ele é cantado num lamento pesaroso e crescente, cada verso cantado mais alto na escala, como uma estrada para a redenção. É a primeira oração que uma criança judia aprende e a última oração que uma pessoa moribunda deve dizer, formando tanto o caminho para a consciência como a rota de saída. As vítimas do holocausto judeu rezavam o Shemá juntos, enquanto marchavam nus para a floresta, uma ação que nos diz: *eles sabiam, eles sabiam.* Olho para o corpo macio e molhado de Maya na banheira, rodeado por folhas e flores flutuantes e, se eu já não estivesse ajoelhada, a pura beleza de sua existência já me levaria ao chão. Eu me pergunto se a minha mãe, a única crente na família, rezou o Shemá no hospital em seus últimos dias, se ela teve tempo de murmurar as palavras em hebraico ou em inglês antes de entrar em coma, ou se o horror do que aconteceu impediu-a de encontrar as palavras. Nesse último momento de consciência, será que nós nos apegamos instintivamente às palavras conhecidas para viajar, quando somos levados para longe de tudo aquilo que conhecemos? Ou, no nosso último suspiro, descobrimos que o contrário é que vale: que a vida como nós conhecemos era apenas um sonho e uma fuga, e agora é que nós estamos voltando para casa?

Desde a manhã em que a minha mãe morreu, eu nunca consegui ouvir o Shemá sem espontaneamente começar a chorar. E agora as lágrimas escorrem pelo meu rosto e caem na água enquanto eu continuo a espremer as folhas e as flores. Maya abaixa a cabeça e põe o rosto embaixo do meu.

— Você está chorando, mamãe? Por que você está triste?

Eu espremo o sumo de mais um punhado de flores e aperto o bagaço na barriga redonda dela. O bagaço fica preso na pele e ela ri.

— A mamãe não está triste — conto para ela. — A mamãe só está pensando. Às vezes, as pessoas choram quando estão tristes, às vezes elas choram quando estão alegres e às vezes elas choram quando pensam. Eu sei que é meio engraçado, mas às vezes isso acontece.

— Você está pensando numa coisa triste?

Eu me debruço e beijo a sua testa.

— Não, meu amorzinho. Estou pensando numa coisa que foi boa.

Eu tiro as mãos da água e, com as duas mãos, limpo as folhas e pétalas que estão nos meus braços.

— Agora vamos derramar um pouco de água em você.

E é tudo tão rápido, mas acontece. Seu corpo imediatamente se enrijece, recusando.

— Não quero — ela geme.

Eu recuo tão rápido que parece que estou sendo puxada num vácuo. Qualquer nostalgia que eu estivesse sentindo é igualmente sugada.

— Tudo bem. — É difícil retomar o controle emocional depois de levar um tranco desses. — Então... vamos só tentar fazer umas ondinhas.
— Eu faço umas marolinhas na água, jogando nas costas e na barriga de Maya. Faço marolinhas também perto de Rúrsula, que flutua na superfície da água como se fosse uma rolha de borracha. Maya levanta as duas mãos e as abaixa, dando um sonoro tapa na água. As gotas espirram para os dois lados, molhando a frente da minha camiseta.

— Ei! — eu digo, jogando água em cima dela.

Ela ri um pouquinho e joga água de novo em cima de mim. Eu molho o estômago dela.

— Você está vendo? É divertido.

Passamos algum tempo fazendo isso, mexendo na água do banho de modo que as flores e folhas façam uma volta e grudem nos lados da banheira. O movimento da água parece acalmá-la. Ela pega os cravos-de-defunto e as pétalas de rosa de dentro d'água e as aperta contra os braços e o peito.

— Olha para mim! Eu sou uma flor! Paiê! — ela grita. — Vem aqui! Eu sou uma flor!

— E a cabeça? — pergunto a ela, pensando em Carmen e no seu banho de manjericão, lá em casa. — Nós ainda não passamos nem um pouquinho no seu cabelo.

— Tá bem — ela concorda, e se levanta. — Pode dar um banho completo — ela instrui.

Eu mergulho o copo na água, deixando-o encher até a borda.

— Muito bem, gatinha — digo, erguendo sobre a cabeça dela. — Lá vai.

Eu derramo. A água flui sobre o seu rosto e os seus ombros, dividindo-se em pequenos rios que escorrem pela barriga e as pernas dela.

— Pfft! — ela exclama, fazendo barulho, cuspindo água para fora da boca e piscando muito. Pétalas brancas de rosa e pequenas folhas verdes de arruda ficam grudadas em seu cabelo.

— Mais uma vez? — pergunto e ela faz que sim. Eu mergulho o copo na água e derramo sobre a cabeça dela outra vez, dessa vez colocando a mão em sua testa, para desviar a água dos olhos e da boca. E repito a operação. A banheira vira um circuito fechado. Podemos repetir isso cem vezes e não perder água alguma. Eu mergulho o copo e o derramo em movimentos regulares, mecânicos, iguais. Mergulho, derramo, mergulho, derramo.

— Mãe? — diz Maya.

— Sim? — Suspendo o copo cheio, pronta para derramar.

— O Dodô mau vai ter que ir embora agora, mas os bons vão continuar comigo. Tá bem?

Eu congelo na minha posição, com o braço em pleno ar. Será que eu ouvi direito? Tenho certeza de que ouvi direito. Mas... como é que eu pude ouvir exatamente isso direito?

— O Dodô mau? — repito.

— O Dodô mau tem que ir embora — ela diz. — Mas os bons vão ficar. Eles são meus amigos.

Uma estranha sensação de me sentir flutuando toma conta de mim, como se os meus pensamentos estivessem se desconectando da pele. Não consigo sentir a minha mão tremendo, mas posso vê-la, porque a água no copo começa a se mexer de um lado para o outro.

E não é que o banho funciona? Não é que ele funciona *mesmo*?

— Tá bem pra você, mãe? — Maya volta a perguntar.

Derrame a água sobre a cabeça dela, digo a mim mesma. *Derrame a água.* Eu levanto o copo e derramo.

— Está bem — digo.

— E aí a gente vai ficar feliz! Miau! — Ela faz uma dancinha onde está, visivelmente satisfeita consigo mesma e volta a se sentar na água.

Eu ouço um leve barulho de alguma coisa se arrastando atrás de mim, o som do ombro de Uzi encostado na moldura da porta.

— Ela disse mesmo o que eu acho que ela disse? — ele pergunta hesitante, mantendo a voz baixa.

— Hm-*hum* — digo. A segunda sílaba sai como um gritinho estridente. Eu mergulho o copo e derramo de novo.

— Ela acabou de dizer...

— Hm-*hum*. — Eu continuo mergulhando o copo e derramando a água no corpo de Maya como uma máquina que funciona a pilha. Eu não sei o que vai acontecer se eu continuar derramando e não sei o que vai acontecer se eu parar. Então, eu simplesmente continuo.

— Puta que pariu — diz Uzi.

— Hm-*hum*.

Um grande poço de riso começa a borbulhar dentro de mim. Ele começa a surgir na forma de tosses e espasmos que se parecem com pequenas convulsões. Maya olha para mim com curiosidade e começa a mover Rúrsula por entre as pétalas que flutuam na banheira como se fosse um navio fura-gelo. Eu ponho o copo no chão e me debruço sobre a borda da banheira, rindo e chorando na mesma proporção, numa liberação histérica de êxtase, de deslumbramento, de alegria e de alívio.

Maya sorri para mim bondosamente.

— Boa mamãe.

Sinto as mãos de Uzi nos meus ombros.

— Eu não consigo acreditar que isso aconteceu — ele diz. — Você pode explicar como foi que isso aconteceu?

Eu balanço a cabeça, dizendo que não. E aqui há mais uma virada na história: Uzi tentando encontrar um jeito de dar sentido a um incidente que eu, pela primeira vez, não tenho necessidade de explicar.

Em sua sétima noite no Templo Sagrado de Jerusalém, Judas Macabeu e seus seguidores já sabiam que tinham testemunhado um fato extraordinário. O único tonel de óleo purificado que eles encontraram no templo recapturado deveria manter o fogo eterno aceso por apenas 24 horas, no entanto no primeiro dia do mês de Teslev, ele já estava queimando há sete dias seguidos. O fogo ainda ficaria aceso por mais um dia, exatamente o tempo que Macabeu precisava para fazer mais óleo. Será que a crença permanente que eles nutriam numa proteção divina fez com que simplesmente assentissem com a cabeça enquanto o fogo continuava ardendo, pensando *é claro*, enquanto restauravam o templo e prensavam as oliveiras? Ou será que algum deles fez uma pausa para andar lá fora, igual a mim, perguntando que diabos estaria acontecendo?

Você pensa que compreende as leis de causa e efeito, simples e fáceis de se observar, até que uma delas vai e não funciona bem diante dos seus olhos. Um tonel de óleo é igual a um dia de luz, até que de repente o fogo arde por oito dias. Um banho é só uma maneira de se limpar, até revelar uma propriedade que você nunca soube que ele tinha. Ou cinco mais cinco só é igual aos dedos das mãos, até que alguém inventa o zero, uma nova forma de se anotar os números e então toda uma forma de se contar se alastra por um país. E então, mais ou menos na mesma época em que o óleo queima em Jerusalém por mais tempo do que deveria, um bando de índios na Mesoamérica cria um calendário complexo que prevê o fim dos tempos.

O mar em frente ao Mariposa está tranquilo esta noite, as ondas batendo devagar contra a areia fina. Uzi me mandou andar na praia para me acalmar, porque a minha mistura de risos e lágrimas estava começando a assustar Maya e, eu imagino, parecia um tanto maníaca para ele. Os meus olhos ainda estão lacrimejando da fumaça do copal e eu sou grata pelo ar puro e quente desta noite na praia.

No céu não dá para ver a lua crescente. A única luz na praia vem das luzes ambientes do Mariposa e da minha própria lanterna. Lá em cima, Órion ainda se estende pelo céu, como se estivesse deitada de bruços numa parede de vidro. Eu jogo a luz da lanterna em sua direção, o que dá a ilusão de que o facho pode atingir as estrelas. Quando eu o aponto para o mar, ele só ilumina uns sete metros, exatamente onde as ondas fazem espuma na areia. Desligo a lanterna para economizar as pilhas. No horizonte, é quase impossível de se distinguir o que separa o oceano do céu.

Os índios maias que pescaram e acamparam nesta praia podem ter estado exatamente aqui há mil anos, também olhando para o horizonte. De acordo com a lenda, o deus-herói Kukulkan partiu numa jangada feita de cobras, prometendo voltar pelo leste. Em sua forma humana, diziam que ele tinha a pele clara e era barbado, um mito que o conquistador espanhol Hernán Cortés aproveitou em benefício próprio quando chegou ao México e foi confundido como o deus que chegava pelos habitantes locais. Quando foram perceber que Cortés não era um deus, já era tarde demais. E então talvez alguns povos indígenas daqui ainda estejam esperando o retorno de Kukulkan, assim como os judeus esperam o seu Messias; e os cristãos esperam pelo retorno de Cristo; os hindus esperam por Kalki, o avatar; os muçulmanos esperam por Mahdi, aquele que é guiado pelos deuses; e os hópis por Pahana, o Irmão Branco Perdido que descerá das estrelas. Imagine a festa global que seria se todos eles aparecessem ao mesmo tempo.

Todos nós estamos esperando alguma coisa, não estamos, quando as engrenagens desse novo milênio começaram a andar? O ano 2000 começou com a iminência de que um grande ciclo do calendário gregoriano termina agora e outro começa. Os maias também mediam o tempo em ciclos, embora não do mesmo jeito que nós. Os ciclos de cem e de mil anos movem o tempo de uma maneira linear, para a frente. Eles viam o tempo como uma série de ciclos alongados que voltam ao mesmo ponto de partida e então começam outra vez, um passado que vive voltando. O Grande Ciclo de 5.125 anos do calendário da Contagem Longa vai terminar no dia 21 de dezembro de 2012, o que leva alguns pensadores apocalípticos a dizer que os maias estavam nos alertando sobre o fim do mundo do jeito que nós conhecemos. Outros pensadores descartam esse drama, dizendo que um novo Grande Ciclo vai começar, sem alarde, no dia 22 de dezembro, como um marcador de quilometragem que é zerado. E alguns pesquisadores acreditam que a data, que cai exatamente num solstício de inverno [no hemisfério Norte], marca um acontecimento astronômico raro, que só acontece a cada 26 mil anos. Eles afirmam que, nesta manhã, a Via Láctea vai margear o horizonte leste de tal maneira que o Buraco Negro vai parecer estar tocando a Terra, e o sol do solstício vai nascer exatamente através desse centro escuro.

Os antigos maias podiam ver o grande Buraco Negro, a área escura no meio da Via Láctea, a olho nu. Eles o descreveram como a boca de uma serpente, o canal de parto da Grande Mãe e a Estrada Escura, Xibalba Be, que carrega as almas para o mundo subterrâneo depois da morte. Esse era o lugar que os reis-sacerdotes maias acreditavam visitar quando entravam em transe. Na cosmologia maia, Xibalba Be é um portal entre mundos e dizem que o dia em que o calendário terminar, a sabedoria dos antepassados vai fazer o caminho de volta e retornar a nós, na Terra. Na mitologia maia, este dia marca o início do Quinto Mundo, o mundo do éter, e nos leva à Quinta Dimensão, onde a nossa experiência linear de tempo vai acabar.

Eu não entendo, sinceramente, os detalhes mais específicos da astronomia e não acredito que o tempo vá simplesmente frear e parar. (Eu entrei na maluquice do bug do milênio nesta mesma época, no ano passado, e tudo acabou não passando de um enorme alarme falso.) Mas aprecio a ideia de uma sabedoria antiga que volta para casa. Se tem uma coisa que eu esperei este ano é o mesmo que venho esperando desde que Maya nasceu: que as minhas antepassadas percebam que eu estou aqui embaixo, acenando vigorosamente para elas, gritando "Oi, pessoal! Aqui embaixo! Sou eu! O que eu faço agora?". Elas partiram antes que eu tivesse tempo de saber como foi o trabalho de parto delas, perguntasse sobre a minha primeira infância, ou mesmo aprendesse a fazer frango grelhado. A ideia de que uma parte do conhecimento delas possa voltar para mim, como nu filtro, de certa maneira me reconforta.

Mais adiante na praia, alguém acende um cigarro e o fogo de um isqueiro acende e apaga na noite escura. Hoje é a sétima noite do Hanucá. O feriado está quase acabando. Em todos os Hanucás da minha infância, nós passávamos pelo menos uma noite na casa dos meus avós, onde eu jogava *dreidels* no chão da cozinha com a minha irmã e os meus primos, usando moedas para fazer as apostas e mordendo moedas de chocolate, enquanto nossas mães, avó, tias e bisavós levavam canja quente e um peito de galinha gotejando do fogão para a mesa de jantar. Eu nasci numa situação muito diferente do lar distante dos costumes religiosos que eu e Uzi criamos na Califórnia, longe das nossas famílias e das suas tradições. Houve um tempo em que eu achava que tinha de me afastar deles para poder me estabelecer como pessoa, mas hoje eu não tenho tanta certeza se essa foi uma boa ideia. Apesar dos meus sonhos de escolher um lugar exótico e ficar ali para sempre, eu jamais poderia arrumar as malas com a família e me mudar definitivamente para outro país, como o meu marido fez. A própria Califórnia já me parece muito longe de casa.

Eu acendo a lanterna e a aponto de volta na direção do Mariposa. Em breve, Maya estará se aprontando para dormir. Quando estou indo em direção ao apartamento, o facho de luz que ilumina a minha frente se detém numa pedra na areia. À distância parece um pequeno crânio, mas de perto parece um pedaço disforme de queijo suíço, cheio de buracos. Eu a pego na mão e passo os dedos pela superfície áspera. Quando jogo a lanterna em cima dela, percebo que os buracos são mais ou menos do tamanho do meu dedo mindinho. Eu conto os buracos. Oito. Daria uma menorá perfeita para esta noite. E eu ainda estou com as velas na bolsa.

Pelas venezianas abertas do nosso apartamento, posso ver Maya pulando na cama de camisola enquanto Uzi se serve de um copo de vinho na cozinha. Mais 12 passos e eu vou reentrar nessa trindade que é a minha vida de adulta: mulher, esposa e mãe. Antes de entrar no pátio, eu me viro para dar uma última olhada no céu.

Quando eu estava grávida de Maya e não conseguia dormir de noite, eu costumava ficar deitada na cama e olhar as estrelas de Topanga pela janela do quarto. Se o lugar para onde vamos depois da morte e de onde viemos antes da vida fossem o mesmo, pensei, então minha mãe e minha filha que estava para nascer estariam juntas no mesmo lugar. Mas então Maya foi tirada do meu corpo e colocada em meu peito e minha mãe ficou perdida em algum lugar... bem, em algum lugar que vai além dos limites do meu entendimento mortal.

O que seria preciso para ir para lá, tão longe deste mundo físico? Mais do que subir ao alto de uma pirâmide, tenho certeza. Significaria viajar além do céu e além das nuvens. Atravessar todas as camadas da atmosfera. A um lugar além do espaço, além do que já foi descoberto, além inclusive do que se reconhece. Um lugar além do tempo.

capítulo treze
Placencia, Belize
28 de dezembro de 2000

Nos montes da Guatemala, você ainda é capaz de encontrar os Ah K'in, os guardiões do dia, que vêm guardando o tempo para o seu povo há mais de 2.000 anos ininterruptos. Eles usam a contagem sagrada Tzolk'in, de 260 dias, um calendário de 13 números e vinte dias. Ao contrário do nosso calendário gregoriano, que divide o ano solar em 12 fatias de mais ou menos trinta dias — 1º de janeiro, 2 de janeiro, 3 de janeiro etc. — os números e dias no Tzolk'in avançam ao mesmo tempo. O primeiro dia do ano Tzolk'in é 1 Imix, seguido por 2 Ik e então 3 Akbal, até chegar ao 13 Ahau, que sempre é o último dia do ano Tzolk'in.

Acredita-se que todo dia do calendário Tzolk'in seja dotado de características únicas, o que significa que certos acontecimentos são mais bem alinhados com determinados dias. Hoje, por exemplo, é 9 Kan, um dia bom para se plantar. Ontem, 8 Akbal, é tido como um bom dia para contemplar as estrelas. Tradicionalmente, a aldeia Ah K'in consultava o Tzolk'in com propósitos divinatórios e para marcar rituais e eventos, da mesma maneira como os astrólogos védicos da Índia consultam os mapas natais dos clientes para analisar a compatibilidade e para marcar dias propícios para os casamentos. Os maias acreditam que a predisposição de uma pessoa é determinada pelo dia do Tzolk'in em que ela nasce, e as mulheres nas montanhas levam seus filhos a um Ah K'in logo depois do nascimento para conhecer as características, forças e fraquezas a que seus filhos estariam predestinados.

Se eu tivesse levado Maya a um guardião do tempo quando ela tinha uns poucos dias de vida (e você vai ter que esticar a sua imaginação nesse ponto, porque eu nunca ouvi falar de um guardião do tempo em Topanga — embora Topanga seja exatamente o tipo de lugar que *poderia* ter um), teriam me dito que ela nasceu em Chuen, o dia do macaco. As crianças que nascem nesse dia são inteligentes, gostam de chamar atenção e são artisticamente expressivas. Elas se comunicam bem e aprendem rápido e também são artistas natos, cujo desejo de chamar a atenção pode fazer com que elas exagerem seus atos para estar sob os holofotes. Um guardião do tempo poderia ter me dito para esperar que Maya perdesse a atenção facilmente, com uma cabeça que se move facilmente de um assunto para o outro, em vez de se concentrar numa ideia e se fixar nela. Ele também poderia ter dito que, ao criá-la, eu teria de ser criativa e explorar os segredos da natureza para neutralizar as distrações do mundo.

Se a minha mãe tivesse me levado a um guardião do tempo logo depois de eu nascer em 1964 (e aqui realmente é preciso esticar muito a imaginação, já que eu estou certa de que não existiam guardiões do tempo em Westchester County, Nova York, naquela época), ela teria sido informada que o meu nascimento, à 1h25, aconteceu enquanto a energia de um dia estava se transformando na do dia seguinte, o que pode dar a uma criança características de ambos. Como os dias em questão eram Ahau (pronuncia-se a-RÓL) e Imix (i-MISH), o guardião do tempo poderia ter dito à minha mãe que uma criança nascida num dia de Ahau, cujo símbolo é o sol, estaria predestinada a se tornar artista, música, cantora ou bailarina, com grandes expectativas para si mesma e para os outros, enquanto a influência do Imix, o dia do jacaré, significava que ela iria crescer e ter uma enorme energia para cuidar dos outros e dar duro para atingir a segurança emocional para si mesma e para a família. Mas ela também teria a tendência de se tornar superprotetora e excessivamente dominadora, com o potencial de se tornar emocionalmente instável nessas horas. Isso porque, ao se relacionar com o mundo mais pelos sentimentos do que pelo intelecto, as crianças Imix tendem a reagir às mudanças.

Ainda não sabemos como a personalidade futura de Maya vai se desenvolver, mas essas características ficam muito próximas de alguém que queira me descrever. Elas podem explicar por que, no dia seguinte, quando Marcia nos convida para tomar o café da manhã na casa dela, e Maya pega da mesa um cinzeiro em forma de borboleta e Marcia imediatamente o retira das mãos dela (e então Maya torce a cara e começa a chorar de surpresa), meu primeiro instinto é proteger Maya e levá-la rapidamente para baixo. O choro dela não é um exagero ou uma frescura, é só o choro inocente de uma criança que não sabe que fez uma coisa errada, e como o choro é tão natural e não para chamar atenção, eu sinto uma pontada de raiva contra um adulto que a tenha tratado dessa maneira. Eu respiro fundo como Uzi me ensinou e espero respeitosamente cinco minutos — afinal, o cinzeiro é da Marcia e a casa é dela e ela tem todo o direito de proteger suas posses de uma pré-escolar — antes de sugerir que talvez seja melhor levar Maya para a praia, já que um café da manhã tranquilo não é um objetivo muito fácil de se conseguir quando uma criança de 3 anos está à mesa.

— Vamos procurar a Rúrsula — sugiro, enquanto Maya e eu descemos a escada de cerâmica para a praia. Tenho certeza de que a boneca está perdida para sempre, mas não disponho de um plano melhor para a próxima meia hora. E eu tinha prometido a ela que hoje nós iríamos procurar a boneca.

— Tá — ela diz, simpática.

Passamos de mãos dadas sob as palmeiras, em direção ao mar. Peter está na água, varrendo o acúmulo de algas da praia em frente à casa, um trabalho aparentemente interminável. Ele acena e grita "Um bom dia para uma caminhada!" enquanto passamos por ele. Eu percebi que Maya não falou no Dodô uma única vez desde que acordou, há duas horas. Eu sinto que alguma coisa muito, mas muito incomum, talvez beirando o misticismo, aconteceu na banheira ontem à noite, mas não sei se isso vai se manter ou o que devo esperar agora. Não tenho certeza se devo tocar no assunto Dodô hoje ou se devo esperar Maya trazê-lo à baila. Será que eu deveria ligar para a Dra. Rosita e perguntar? Aí eu percebo que não tenho o telefone dela. Não saberia nem encontrar o caminho para a fazenda dela. Talvez eu não tenha mesmo que fazer nada. Eu fico me fazendo estas perguntas, enquanto caminhamos pela beira da espuma. Andando para a cidade, eu olho sem muita esperança para um braço ou uma perna de borracha saindo da areia, uma imagem macabra mesmo sendo somente imaginação.

Finalmente, não consigo segurar mais a minha curiosidade e pergunto:

— Maya, você não comentou nada sobre o Dodô nas últimas horas. Ele está bem?

Ela para para pegar e olhar uma pedra que as ondas molham na areia. Então, ela atira a pedra no mar.

— Maya? Eu acabei de fazer uma pergunta sobre o Dodô. Ele está bem?

— Não sei — ela diz, e depois acrescenta: — Talvez ele esteja com a Rúrsula...

— Dodô está com a Rúrsula?

Ela dá de ombros.

— Talvez.

De qualquer maneira, ela não parece muito interessada.

Um pequeno bando de pássaros bica a areia molhada logo à nossa frente e ela corre bem para o meio deles, batendo os braços e grasnando.

Eu a deixo correr em círculos por algum tempo, antes de perceber que o sol está subindo e as bochechas dela estão ficando cor-de-rosa. Essa manhã está parecendo que vai ser mais quente do que ontem. Eu não trouxe uma garrafa d'água para a praia e também não acho que tenhamos outra no quarto, por isso sugiro que voltemos ao Kitty's Place para comprar duas garrafas de água na lojinha de lá.

As coisas que nós vemos expostas no Kitty's são iguais às coisas que nós vimos em todas as outras partes de Belize, com o detalhe de que o preço aqui é um pouquinho mais alto. Canecas de cerâmica ilustradas com peixes tropicais; objetos de madeira escura de Belize, que podem ser pequenas caixas de joias com dobradiças ou potinhos rasos; camisetas que anunciam YOU BETTER BELIZE IT!*; e intermináveis garrafas de plástico do Marie Sharp's Habanero Hot Sauce [Molho de Pimenta de Havana Marie Sharp]. Eu vejo uma fila de garrafas de água diante de uma parede e levo duas para o balcão. Enquanto espero na fila, fico admirando uma máscara guatemalteca de madeira entalhada pendurada na parede debaixo da caixa registradora. É a cabeça de um cavalo pintada de vermelho com listras amarelas no rosto, como se fosse uma pintura de guerra.

— Mãe. — Maya puxa a perna das minhas calças listradas de algodão.

— Só um instante — digo. Viro a máscara para ver o preço: 45 dólares, ai! E penduro-a de volta no prego.

Maya puxa com mais força.

— Mãe.

— Que foi?

Ela puxa o meu braço até eu me curvar à altura dela.

— Aquela menina — sussurra no meu ouvido. Ela aponta para uma garota do outro lado da loja, um pouco mais velha que ela e usando uma camiseta azul, shortinho de brim e segurando Rúrsula Um.

---

* Trocadilho com "You better believe it!" (É melhor acreditar!), com Belize substituindo "believe". (*N. do T.*)

Pelo menos, eu *acho* que é Rúrsula Um. É uma boneca que parece ser do mesmo modelo que a Rúrsula Um, tirando o fato de que, na última vez que Rúrsula foi vista, ela estava usando um maiô rosa e amarelo e essa boneca está enrolada num retalho de tecido azul-claro. Não posso dizer o que ela está usando por baixo.

Pego Maya pela mão e vou até a menina, que parece estar sozinha na loja. Ela parece ser americana ou canadense, talvez europeia.

— Desculpe-me, querida. A sua mãe está na loja?

Ela faz que não com a cabeça no intervalo certo para a resposta. Isso quer dizer que ela entende inglês.

— Nós vimos a sua boneca. Você trouxe ela de casa?

Os olhos dela se arregalam um pouco. Alguém deve ter dito a ela para não falar com estranhos. Eu dou um passo atrás para não assustá-la.

— Está tudo bem, queridinha. Vou esperar até a sua mãe chegar.

— Posso ajudar? — Um homem com quepe da marinha encosta ao lado dela. Eles têm o mesmo nariz afinado e os mesmos olhos claros, com exceção do fato de os olhos do pai serem mais calculistas, o que dá logo para perceber.

— A minha filha tinha uma boneca igual à sua que ela perdeu ontem na praia. Estávamos nos perguntando se a sua filha a teria encontrado.

A garota aperta a boneca mais perto do peito e se agarra à perna do pai.

— Sinto muito — ele diz, torcendo a boca como quem diz *azar o seu*. — Essa aqui é dela.

Aposto 50 dólares que ele é um executivo de cinema ou um advogado do meio artístico, em Los Angeles. Não, aposto cem.

— *Tem certeza?* — pergunto. — Porque a minha filha está com a boneca gêmea aqui mesmo e, como o senhor pode ver, é a mesma boneca.

O pai dá uma olhada em Rúrsula Zero na mão de Maya.

— Não é exatamente igual.

— Pai — fala a garota, puxando o short do pai exatamente como Maya puxa as minhas calças.

— Pshhh — ele diz, pedindo que ela se cale. — Sinto muito — ele me diz, dessa vez com um sorriso fraquinho. — Mas essa boneca é da minha filha.

— Mãe? — pergunta Maya, confusa.

Na minha outra vida, em Los Angeles, eu teria batido o pé, cruzado os meus braços e lhe dito "pois eu *acho* que não". Ou então teria pedido a Uzi para tratar do assunto de uma maneira muito mais diplomática. Mas nesse momento, não sinto o impulso de fazer nenhuma das duas coisas. A boneca é Rúrsula Um. Isso está bem claro. É da Maya e ela merece tê-la de volta. No entanto, ao mesmo tempo, ver aquele pai e sua filha é igual a olhar uma piscina cheia de água que reflete uma versão um pouquinho anterior da nossa família. A possessividade, a insistência, o ego. E então eu percebo como cada passo dos últimos cinco dias aconteceu quase como uma dança coreografada, cada passo marcado para ter uma sequência perfeita no seguinte, para nos trazer até essa loja. Se nós não tivéssemos perdido o avião para a Guatemala, teríamos consultado Rosita no primeiro dia e, quando isso acontecesse, ela provavelmente teria dado pessoalmente o banho em Maya e eu teria atribuído o resultado a ela, como curandeira, em vez de a forças maiores do que eu. (Embora eu mesma tenha dado o banho, não posso ter crédito por nada do que aconteceu. Sei que não sou nenhuma curandeira.) E se tivéssemos consultado Rosita no primeiro dia, não teríamos viajado a San Antonio e conhecido Canto e talvez não tivéssemos ido a Tikal e encontrado R˙goberto, e Uzi e eu não teríamos as mesmas chances de descobrir o que nós mais amamos um no outro. E talvez eu não tivesse tido a chance de ver Uzi e Maya no balanço ontem à noite. Talvez a razão pela qual o banho funcionou foi porque nós conhecemos Rosita e demos banho em Maya somente depois de todos esses acontecimentos terem ocorrido e eu tivesse tido tempo de absorvê-los um por um. E porque tudo aconteceu exatamente, precisamente e singularmente da maneira como aconteceu é que Maya e eu estamos aqui, de pé em frente a esta outra criança que carrega a Rúrsula Um.

Agora eu entendo perfeitamente o que Uzi queria dizer quando preferiu sair do banheiro ontem à noite, logo antes da hora do banho. Quando você é suficientemente sortudo para testemunhar os acontecimentos se desdobrando com uma inteligência própria, você tem mais é que sair da frente.

— Maya — digo, colocando a mão em seu ombro. — Eu acho que agora essa boneca é dessa garota. Ela não é mais a Rúrsula Um. — Eu falei *agora* e *não é mais* para livrar a cara do pai, para mostrar a ele que eu sabia o que tinha acontecido. — Vamos voltar para o papai, lindinha — digo e conduzo-a gentilmente para a porta.

Logo antes de sairmos da loja, eu não consigo evitar: viro para dar uma última olhada. O pai continua querendo me matar com o olhar, o queixo fixo e empertigado. A filha agarra Rúrsula Um ao peito. O pano azul-claro desceu pelas costas da boneca, revelando um traje de banho rosa.

Que mundo estranho este vai ser, onde os fatos podem tomar rumos inexplicáveis e mesmo assim reais, onde eu sei que existem níveis mais sutis de realidade, mesmo que eu não consiga vê-los ou medi-los.

Por sobre o ombro, mostro ao pai o que é para ser um sorriso de incentivo.

— Boa sorte — digo, e saímos pela porta.

Marcia e Peter dispõem de duas bicicletas para os hóspedes usarem e, aninhando Maya na cesta da garupa de Uzi, nós conseguimos chegar à aldeia na metade do tempo que demoramos para vir andando, ontem à noite. Não é a solução mais segura que nós já inventamos, já que a estrada só tem uma pista e meia pelos padrões americanos, mas só cruzamos com dois ou três carros pelo caminho, e Maya pula e grita de emoção por toda a viagem.

Uzi quer ir de novo ao cibercafé, por isso vamos direto ao Space Monkey. Quando passamos pelo mercado de ontem, grito para Uzi "te encontro em um minuto" e encosto a bicicleta na frente da loja. Eu a deixo numa cerca de madeira perto da porta e meto a cabeça lá dentro. A mesma mulher de ontem está no balcão e Pedro está enchendo a seção refrigerada de laticínios.

— Pepinos! — diz a mulher quando me vê. Mas não é por isso que eu estou aqui. A mesa de pães tem pelo menos uns quinze pãezinhos empilhados. Eu tinha a sensação de que estariam lá: foi por isso que eu não trouxe a parte não usada do nosso pão. Eu só queria ter certeza.

Uma hora depois, retornando para o Mariposa, a estrada está mais movimentada e Maya não quer ficar na cestinha.

— Você acha que nós podemos pedalar na areia da praia? — pergunto a Uzi.

— Vai ser difícil. — Um caminhão de alimentos passa à nossa esquerda, suficientemente perto do meu cabelo para fazê-lo esvoaçar. — Mas vamos fazer uma tentativa — ele diz.

Eu nunca tinha tentado pedalar na areia até hoje, e agora eu sei por quê. Não é nada fácil. Mas o dia está lindo e eu não me incomodo de desembarcar depois de alguns minutos e empurrar a bicicleta pela beira da água. Eu arregaço as calças cáqui até abaixo do joelho e penduro as sandálias Tevas no guidão. Na minha frente, Uzi empurra a bicicleta com Maya equilibrada no assento, para que ela possa fingir que é ela que está guiando. Ela ainda não falou no Dodô, a não ser quando eu toquei no assunto de manhã.

Eu acelero o passo e encosto a bicicleta ao lado da de Uzi.

— Olha só isso — falo para ele. — Maya, como é que vai o Dodô hoje?

Ela dá de ombros.

— Não conheço — responde.

Levanto as sobrancelhas para Uzi, que levanta as sobrancelhas para mim. Então ele aperta os olhos para ver alguma coisa ao longe, sobre o meu ombro.

— Ei. Acho que aquele ali é o Coppola.

Chegamos à parte da praia onde Francis Ford Coppola está construindo o seu segundo resort de luxo em Belize, o Turtle Inn, com 24 cabanas. Este vai se juntar à sua outra propriedade, o Blancaneaux Lodge, perto da aldeia de San Antonio. Do outro lado da praia, num bar a céu aberto, uma pessoa robusta com cabelos pretos se senta debruçada sobre um copo. Quando ele mexe a cabeça um pouquinho, eu vejo um pouco da barba preta. Realmente se *parece muito* com Coppola.

— Você devia ir lá falar com ele — diz Uzi.

— Para dizer o quê? — Em Los Angeles, essa seria a maior sorte de um roteirista, a chance de ter uma entrevista particular com uma lenda dos roteiros, que publica uma revista literária e organiza uma oficina anual de roteiros. Mas aqui em Placencia, ele é apenas um cara sentado sozinho num bar, curtindo um drinque no final da manhã.

— Não sei. Diz que você é escritora. É um lugar calmo. Tenho certeza que ele vai gostar de falar com você — responde Uzi.

Eu podia dizer a Coppola que, na faculdade, quando tive que escrever a dissertação obrigatória de literatura comparando *O coração das trevas*, de Joseph Conrad, com *Apocalypse Now*, eu vi o filme três vezes seguidas e passei vários dias andando em estado de choque com pensamentos que não saíam do dilema moral no acampamento de Kurtz. Ou eu podia lhe dizer que a premissa central do filme, uma jornada profunda a uma paisagem espiritual diferente — no caso do filme, um lugar sem regras morais —, embaça as diferenças entre o *self* e os outros, a matéria e o espírito, o sagrado e o profano, até que essas dicotomias deixem de existir. É quando você percebe que o bem e o mal são meras construções inventadas pelo homem. A natureza sempre quis que fosse tudo a mesma coisa. Mas ele já deve ter ouvido isso umas quatro mil vezes. É melhor, e mais respeitoso, deixá-lo quieto. Podia até não ser o Coppola sentado no bar. Aqui são tão poucas as coisas que realmente são o que aparentam.

Depois de guardarmos as bicicletas no Mariposa, andamos mais um pouco para o norte, pela beira da praia, para almoçar no Rum Point Inn. Este era o lugar mais *in* para se ficar em Placencia na década de 1970 e o resort manteve um pouco do seu charme retrô. A casa principal, com dois andares, é uma construção meio antiga de tábuas brancas sobrepostas, janelas de moldura verde, teto vermelho e um salão grande e confortável com cadeiras acolchoadas, livros e jogos de tabuleiro.

O almoço é servido numa mesa polida de madeira, num grande e estreito salão, com uma parede totalmente ajanelada. É um salão bonito, decorado como a popa de um antigo veleiro, com portas de madeira que se abrem para revelar uma vista para o mar. O garçom vem trazer uma cadeirinha alta para Maya. Ela é grande demais, então nós suspendemos a bandeja e empurramos a cadeira para bem perto da mesa, para deixá-la na altura de um dos bancos do bar. Se fosse na semana passada, ela teria reclamado desse arranjo incomum, mas hoje ela parece não se importar. Eu fico de olho para ter certeza que ela não está prestes a entrar em erupção, mas até agora ela parece mais feliz e mais contente do que em vários meses. Uzi me dá um sorriso confortador cada vez que eu olho para ele.

Ele tira uma caneta e uma folha de papel branco e faz Maya participar de um jogo de ligar os pontos. Eu observo a maneira como ela mete a língua entre os lábios, concentrada, enquanto traça as linhas, a maneira como suas bochechas levemente queimadas de sol contrastam com os cachos escuros. Ela se parece tanto com a minha mãe na mesma idade. Lá em casa, nós temos uma foto da minha mãe sentada num piano aos 2 anos, uma foto icônica na família, já que ela iria estudar música e se tornar professora. Quando Maya tinha uns 18 meses, nós tiramos um retrato em preto e branco dela no qual, por mero acaso, ela estava sentada na mesma posição e com a mesma expressão da minha mãe e nós colocamos as duas fotos juntas. Todo mundo que vai lá em casa pensa que as duas fotos são de Maya, embora uma tenha sido tirada na década de 1940 e a outra, em 1999.

A comida demora um pouco a chegar e enquanto eu vejo Uzi e Maya metodicamente passarem a caneta um para o outro, eu me sinto mais calma do que consigo me lembrar em bastante tempo, embora seja uma calma que incorpora uma espécie de movimento, como um rio correndo permanente e serenamente para o mar. Sentada aqui no restaurante do Rum Point Inn, vendo a minha filha e o meu marido absorvidos numa simples brincadeira caseira, enquanto o sol de dezembro ilumina as areias da praia atrás de nós e o Caribe brilha sobre o ombro de Uzi num claro matiz de água-marinha, sou capaz de sentir alguma coisa remexendo sob a minha superfície, uma nova consciência, talvez, ou o reconhecimento de algo distante, de alguma coisa boa e alguma coisa nova.

Poderia ser só a intuição, que logo vai se mostrar verdadeira, de que depois de hoje Maya nunca mais vai falar em Dodô? Ou será que é a primeira faísca da irmã dela, que nós teremos a coragem de conceber daqui a três meses, numa pensão em Praga, numa viagem que nós ainda não sabemos que vamos fazer e que vai chegar uma semana antes do tempo e nascer quase que exatamente daqui a um ano, pondo-se a chorar pouco antes de 2001 terminar? Ela vai tentar dançar antes mesmo de andar, exatamente como Terry e Linda, as Gêmeas Paranormais, disseram que ela faria.

Mas eu percebo que é outra coisa o que estou sentindo. Talvez seja humildade. Talvez até os primeiros movimentos da fé. Ou talvez seja algo tão simples como uma graça.

O garçom chega com o nosso pedido e põe o prato à nossa frente. Uzi silenciosamente ergue as mãos sobre o prato e fecha os olhos. Eu abro a boca para dizer alguma coisa, mas então fecho. O que quer que ele esteja fazendo é entre ele e seja lá com quem ele estiver se comunicando. Ele abre os olhos e, quando me pega olhando para ele, sorri e ergue o garfo num pequeno brinde.

— *Bon appétit.*

Eu olho para a comida no meu prato, tilápia grelhada com arroz e feijão. Esta refeição... este restaurante... esta família, este dia, esta viagem... esta vida... me preenchem.

O místico alemão do século XIII Meister Eckehart dizia que se a única oração que as pessoas dissessem fosse "muito obrigado", já seria o bastante. Para Uzi, uma gratidão assim ocorre naturalmente. Para mim, nem tanto. Mesmo assim, o desejo que eu sinto agora mesmo é meu. Eu ainda não estou pronta para erguer as mãos sobre o prato, mas me permito fechar os olhos. E por um único momento neste dia 28 de dezembro em Placencia, o tempo parece parar.

Muito acima de nós, no Mundo Superior, os céus e as forças ocultas do Universo fazem suas mágicas secretas.

Em algum lugar do éter do Mundo Subterrâneo, onde nossos antepassados residem, uma avó e uma bisavó olham para esta cena e sorriem.

E aqui, no Mundo do Meio, no campo da nossa existência comum, uma mãe junta as mãos debaixo da mesa de madeira, abaixa a cabeça e agradece a todos.

agradecimentos

Para a minha editora, Marnie Cochran, por seu entusiasmo com esta história desde o começo e por me ajudar a transformá-la num livro muito melhor do que de outra forma teria sido.

Para a minha agente, Elizabeth Kaplan, há 16 anos defendendo o meu trabalho, por sua amizade e seus conselhos.

Para o meu espetacular grupo de escritoras que se reúne às terças-feiras — Elizabeth Berman, Melissa Cistaro, Amy Friedman, Deborah Lott, Samantha Robson e Christine Schwab —, cujo feedback e incentivo me apoiaram da primeira até a última página.

Aos amigos que leram as primeiras versões do livro ou ajudaram de tantas outras maneiras, sinto-me abençoada de tê-los em minha vida e orgulhosa de dizer seus nomes: Jeff Wynne, Jama Laurent, Mary Swander, Bruce Bauman, Sue Schmitt, Kate Vrijmoet, Shelly Cofield, Electra Manwiller, Teri Carcano, Sky Kunerth, Noel Alumit, Leslie Schwartz, Meghan Daum, Leslie Lehr, Monica Holloway, Sherry e Melody Raouf, Lisa Solovay, Julie McInally, Betty Budack, Hazel Williams-Carter, Paula

Derrow, Karen Bender, Rachel Resnick, Spike Gillespie, Rolonda Watts, Nancy Wartik, Allison Gilbert, Dana Hilmer, Jennifer Margulis e Jane Marla Robbins.

Ao Water Lily Café e ao Mimosa Café, em Topanga; Mogan's Café, em Pacific Palisades; The Office, em Brentwood; e à biblioteca de Santa Monica, por me deixar ficar sentada várias horas, para que eu tivesse a ilusão de estar na companhia de seres humanos enquanto escrevia.

Para o Will Geer Theatricum Botanicum em Topanga, por proporcionar um escritório tranquilo.

Para Jessica Hernandez, Wendy Berman e Jenny Mulligan, por ensinar à minha filha o que eu não consegui.

Para Amy Margolis, nossa Grande Poobah do Festival de Verão de Iowa para Escritores, e para os alunos que eu tenho lá, todo mês de julho.

Para Belen Ricoy, por me ajudar com o espanhol e as crianças.

Para todos os professores de história e cultura maias, cujos escritos me proporcionaram um caminho para outro mundo, especialmente as obras de David Friedel e Linda Schele.

Para Van, no Indigonight.com, pelos mapas astrais.

Para todo mundo que participou do workshop da Cura Espiritual Maia 2008, em Belize: Trudy, Leah, Nicole, Gloria, Charlotte, Hayley, Breanna, Eva, Megan, Ticia, Margaret, Jen, Valerie, Steve, Sondra, Andrew, Patricia, Elizabeth, Carol, Michele, Graciela, Kas, Jennifer, Lizzy e principalmente Heidi e Seth por irem até San Antonio comigo — e para Vanda e Diane, por me ajudarem a realizá-lo. Saber que vocês todos existem e fazem a obra que realizam me inspira diariamente.

Para Docio e Francelia, por tratarem bem de nós em Belize, e a Hugo, pelo transporte seguro. Para Petronila e Bol pela ajuda na tradução e a Teresita, da biblioteca de San Ignacio, por todo o seu ótimo trabalho pela alfabetização em Cayo.

A Ovencio Canto, por compartilhar sua sabedoria com quem vem de tão longe para vê-lo.

Para a família Tut, por compartilhar suas terras, seus conhecimentos e seu excelente espírito com todos aqueles que têm a sorte de chegarem até vocês.

A Rosita Arvigo, pela sua generosidade, sua experiência e a comunidade extraordinária que você criou no mundo inteiro. Queira Deus que um dia nós sejamos tão sábias quanto você, e que você seja dez vezes mais sábia.

Para os membros das nossas famílias, longe e perto, da Califórnia a Nova York, Flórida, Israel e Austrália, pelo seu querido apoio e suas mentes abertas, especialmente Michele Edelman, Glenn Edelman, Allyson Edelman, Amy Jupiter, Arlene e Glenn Englander e Eleanor Nelson.

Para Eden, por sua doçura e paciência.

Para Maya, por me permitir contar sua história e por sempre e sempre me fazer rir.

E para Uzi, por tudo o mais e muito mais.

Este livro foi composto na tipologia Adobe Garamond (T1),
em corpo 12/16,6, e impresso em papel off-white 80g/m²
no Sistema Cameron da Divisão Gráfica
da Distribuidora Record.